Oliver Fehrenbacher | Anusch Tavakoli

Besteuerung der GmbH & Co. KG

Oliver Fehrenbacher | Anusch Tavakoli

Besteuerung der GmbH & Co. KG

GABLER

Bibliografische Information Der Deutschen Nationalbibliothek
Die Deutsche Nationalbibliothek verzeichnet diese Publikation in der Deutschen Nationalbibliografie; detaillierte bibliografische Daten sind im Internet über <http://dnb.d-nb.de> abrufbar.

1. Auflage 2007

Lektorat: RA Andreas Funk

Der Gabler Verlag ist ein Unternehmen von Springer Science+Business Media.
www.gabler.de

Umschlaggestaltung: KünkelLopka Medienentwicklung, Heidelberg
Druck und buchbinderische Verarbeitung: Wilhelm & Adam, Heusenstamm
Gedruckt auf säurefreiem und chlorfrei gebleichtem Papier
Printed in Germany

ISBN 978-3-8349-0416-4

Vorwort

Die GmbH & Co. KG ist nach wie vor eine Rechtsform, die gerade bei mittelständischen Familienunternehmen weit verbreitet ist. Das Zusammenspiel des Personen- und Kapitalgesellschaftsrecht sowie des Steuerrechts machen die Beschäftigung mit der GmbH & Co. KG in der Praxis, aber auch im Studium zu einer großen Herausforderung. Alle drei Rechtskreise sind von zahlreichen Einzelproblemen, einer Vielzahl an Rechtsprechungsentscheidungen und einer Fülle von Literatur geprägt. Eine Hilfe zur Orientierung bei der Lösung von Fragestellungen ist daher wünschenswert.

Ziel dieses Buches ist es, Ihnen eine solche Hilfestellung zu geben. Typische Problemfelder insbesondere im einschlägigen Gesellschafts- sowie Steuerrecht werden erläutert. Die Lektüre des Buches soll Ihnen eine aktuelle und kompetente Orientierung bei den typischen Rechtsfragen der GmbH & Co. KG bieten. Gleichzeitig ist das Buch mit seinen Praxishinweisen ein Wegweiser für eigene Problemlösungen.

Die optisch ansprechende Gliederung soll Ihnen das Studium des Buches erleichtern und das schnelle Auffinden von Lösungen ermöglichen. Dadurch wird das Buch zum praxisorientierten Begleiter bei Ihrer Beschäftigung mit der GmbH & Co. KG im Studium oder im Beruf.

Danken möchte wir dem Gabler Verlag und insbesondere Herrn RA Andreas Funk, Lektor Management, Steuern und Wirtschaftsrecht, für die freundliche Unterstützung bei der Fertigstellung des Buches. Unser Dank gilt auch dem Lehrstuhlteam von Prof. Dr. Fehrenbacher an der Universität Tier.

Ihnen als Steuerberater, Wirtschaftsprüfer, Geschäftsführer oder Unternehmer, aber auch als Studierende wünschen wir viel Erfolg bei Ihrer Arbeit mit dem Buch. Für Anregungen und Kritik aus dem Leserkreis sind wir dankbar.

Stuttgart/Trier, im April 2007 — Oliver Fehrenbacher und Anusch Tavakoli

Inhaltsübersicht

Abkürzungsverzeichnis

AfA	Absetzung für Abnutzung
AktG	Aktiengesetz
AO	Abgabenordnung
BAG	Bundesarbeitsgericht
BB	Betriebsberater (Zeitschrift)
BewG	Bewertungsgesetz
BFH	Bundesfinanzhof
BFHE	Sammlung der Entscheidungen des Bundesfinanzhofs
BFH/NV	Sammlung der Entscheidungen des Bundesfinanzhofs (mit allen amtlich und nicht amtlich veröffentlichten Entscheidungen)
BGB	Bürgerliches Gesetzbuch
BMF	Bundesminister der Finanzen
BStBl	Bundessteuerblatt
DB	Der Betrieb (Zeitschrift)
DBA	Doppelbesteuerungsabkommen
DStR	Deutsches Steuerrecht (Zeitschrift)
EFG	Entscheidungen der Finanzgerichte
ErbStG	Erbschaftsteuer- und Schenkungsteuergesetz
EStDV	Einkommensteuer-Durchführungsverordnung
EStG	Einkommensteuergesetz
EStR	Einkommensteuer-Richtlinien
FG	Finanzgericht
FinMin	Finanzministerium
FR	Finanz-Rundschau für Einkommensteuer mit Körperschaftsteuer und Gewerbesteuer (Zeitschrift)
GewSt	Gewerbesteuer
GewStG	Gewerbesteuergesetz
GewStR	Gewerbesteuer-Richtlinien
GG	Grundgesetz
GmbH	Gesellschaft mit beschränkter Haftung
GmbHG	Gesetz betreffend die Gesellschaften mit beschränkter Haftung
GmbHR	GmbH-Rundschau (Zeitschrift)
GoB	Grundsätze ordnungsmäßiger Buchführung
HGB	Handelsgesetzbuch

i.L.	in Liquidation
InsO	Insolvenzordnung
i.S.d.	im Sinne des
KG	Kommanditgesellschaft
KGaA	Kommanditgesellschaft auf Aktien
KSt	Körperschaftsteuer
KStG	Körperschaftsteuergesetz
KStR	Körperschaftsteuer-Richtlinien
MitBestG	Mitbestimmungsgesetz
m.w.N.	mit weiteren Nachweisen
NJW	Neue Juristische Wochenschrift (Zeitschrift)
OFD	Oberfinanzdirektion
OFH	Oberster Finanzgerichtshof
R	Richtlinie(n)
RFH	Reichsfinanzhof
rkr.	Rechtskräftig
RStBl	Reichssteuerblatt
SGB	Sozialgesetzbuch
StSenkG	Steuersenkungsgesetz
StuW	Steuer und Wirtschaft (Zeitschrift)
u.Ä.	und Ähnliches
UmwStG	Umwandlungssteuergesetz
UStG	Umsatzsteuergesetz
UStR	Umsatzsteuer-Richtlinien
vGA	verdeckte Gewinnausschüttung
ZIP	Zeitschrift für Wirtschaftsrecht

Literaturverzeichnis

Kommentare:

Baumbach, Adolf/Hopt, Klaus, HGB, 32. Aufl. München 2006;

Kirchhof, Paul, EStG, Kompaktkommentar, 7. Aufl. Heidelberg 2007;

Münchner Kommentar zum Handelsgesetzbuch, 2. Aufl. München 2005;

Schmidt, Ludwig, Einkommensteuergesetz, 26. Aufl. München 2007.

Lehrbücher/Handbücher:

Binz, Mark/Sorg, Martin, Die GmbH & Co. KG im Gesellschafts- und Steuerrecht, 10. Aufl. München 2005;

Birk, Dieter, Steuerrecht, 9. Aufl. Heidelberg 2006;

Brönner, Herbert/Rux, Hans-Joachim/Wagner, Heidemarie, Die GmbH & Co. KG, 8. Aufl. Freiburg 1998;

Crezelius, Georg, Steuerrecht II, 2. Aufl. München 1994;

Fehrenbacher, Steuerrecht, Baden-Baden 2005;

Fichtelmann, Helmar, Die GmbH & Co. KG im Steuerrecht, 8. Aufl. Heidelberg 1999;

Hesselmann, Malte, Handbuch der GmbH & Co. KG, 19. Aufl. Köln 2005;

Jakob, Wolfgang, Einkommensteuer, 3. Aufl. München 2003;

Knobbe-Keuk, Brigitte, Bilanz- und Unternehmenssteuerrecht, 9. Aufl. Köln 1993;

Niemeier, Gerhard/Schlierenkämpfer, Klaus-Peter u.a., Einkommensteuer, 21. Aufl. Achim 2005;

Rose, Gerd, Die Ertragsteuern, 18. Aufl. Berlin 2004;

Scheffler, Wolfram, Besteuerung von Unternehmen I, 8. Aufl. Heidelberg 2005;

Schulze zur Wiesche, Dieter/Ottersbach, Jörg, GmbH & Co. KG, 3. Aufl. Baden-Baden 2005;

Sudhoff, Heinrich/Reichert, Jochem, GmbH & Co. KG, 6. Aufl. München 2005;

Tipke, Klaus/Lang, Joachim, Steuerrecht, 18. Aufl. Köln 2005;

Weber-Grellet, Heinrich, Bilanzsteuerrecht, 8. Aufl. Münster/Köln 2004;

Zenthöfer, Wolfgang/Schulze zur Wiesche, Dieter, Einkommensteuer, 9. Aufl. Stuttgart 2007;

Zimmermann, Reimar/Hottmann, Jürgen u.a., Die Personengesellschaft im Steuerrecht, 9. Aufl. Achim 2007.

§ 1 Die GmbH & Co. KG

A. Grundlagen

Mit einer GmbH & Co. KG lassen sich die Vorteile einer Kapitalgesellschaft mit denen einer Personengesellschaft kombinieren. Aus diesem Grund erfreut sich diese Rechtsform nach wie vor einer ungebrochenen Beliebtheit, insbesondere bei Familienunternehmen. Nach einhelliger Meinung kann Gesellschafter einer Personengesellschaft grundsätzlich auch eine juristische Person, insbesondere eine GmbH, sein. Dies hat das RG bereits im Jahre 1922 anerkannt.[1] Auch der BGH hat sich dieser Auffassung zeitnah angeschlossen.[2] Wenn weiterhin einzelne Stimmen in der Literatur die Unzulässigkeit der GmbH & Co. KG und deren Abschaffung propagiert hatten, wurden diese durch den Gesetzgeber selbst widerlegt, der in zahlreichen gesetzlichen Vorschriften die GmbH & Co. KG ausdrücklich anerkannt hat.[3] 1

Das entscheidende Wesensmerkmal einer GmbH & Co. KG besteht darin, dass „Vollhafter" nicht eine natürliche Person ist, sondern eine GmbH. Die GmbH & Co. KG ist also eine KG, bei der einziger persönlich haftender Gesellschafter eine GmbH ist. Gläubigern der KG haftet somit keine natürliche Person unbeschränkt mit ihrem gesamten Vermögen; Vollhafter ist lediglich die sog. Komplementär-GmbH. Ein Rückgriff auf das Vermögen natürlicher Personen ist bei dieser Gesellschaftsform nicht möglich. Die Firmierung als „GmbH & Co. KG" ist seit der Neuschaffung von § 19 HGB zwingend; die Gesellschaftsform „KG" oder „Kommanditgesellschaft" muss hiernach Bestandteil der Firmierung sein. Die früher anzutreffende Bezeichnung als „GmbH & Co." ist heute nicht mehr zulässig. 2

Die **steuerrechtliche Anerkennung** der GmbH & Co. KG erfolgte bereits durch den RFH; ursprünglich betrachtete dieser die GmbH & Co. KG als „ungewöhnliche Gesellschaftsform"[4] und rechnete deren Gewinne der Komplementär-GmbH zu, sodass hierauf Körperschaftsteuer anfiel. Bereits nach wenigen Jahren rückte der RFH aber von dieser Ansicht ab.[5] Auch der BFH folgt dieser Auffassung und qualifiziert die GmbH & Co. KG steuerlich als Personengesellschaft. Aus dieser Qualifikation als echte Personengesellschaft folgt auch die fehlende Eigenschaft als Steuersubjekt im Sinne des Einkommen- und Körperschaftsteuerrechts. Zu beachten ist aber, dass bspw. für die Gewerbesteuer, Umsatzsteuer und Grunderwerbsteuer die GmbH & Co. KG selbst Steuerschuldner ist. 3

B. Vorzüge einer GmbH & Co. KG

Unabhängig von den unterschiedlichen steuerlichen Rahmenbedingungen aufgrund der sich stets verändernden Steuergesetzgebung kombiniert die GmbH & Co. KG in gesellschaftsrechtlicher Hinsicht zahlreiche Vorzüge miteinander. 4

1 RGZ 105, 101.
2 BGH GmbHR 1957, 41.
3 §§ 19 Abs. 2, 130 a, 131 Abs. 2 S. 1, 264 a Abs. 1 HGB, 4 MitbestG.
4 RFHE 10, 65 ff.
5 RFH RStDl. 1929, 329.

1

I. Personengesellschaft mit beschränkter Haftung

Die Beschränkung oder Vermeidung einer persönlichen Haftung ist für einen Unternehmer oder Kapitalgeber zu Recht von großer Bedeutung. Eine Personengesellschaft und insbesondere auch eine Kommanditgesellschaft ist jedoch grundsätzlich nicht ohne persönliche Haftungsübernahme durch zumindest einen Gesellschafter denkbar. Mit der Möglichkeit, eine juristische Person als persönlich haftenden Gesellschafter vorzusehen, wird das gewünschte Ziel erreicht: **Keine natürliche Person** muss mit ihrem Vermögen haften. Die Kommanditgesellschaft besitzt zwar sehr wohl einen persönlich haftenden Gesellschafter, allerdings ist dieser keine natürliche, sondern eine juristische Person. Eine juristische Person wiederum haftet nur mit ihrem vorhandenen Vermögen. Ein **Durchgriff** auf das Vermögen ihrer Gesellschafter ist grundsätzlich nicht möglich. Im Ergebnis führt dies dazu, dass lediglich die GmbH mit ihrem Vermögen (z.B. mit ihrem Stammkapital in Höhe von mindestens EUR 25.000,–) voll haften muss. Dass an der GmbH als Gesellschafter wiederum die (beschränkt haftenden) Kommanditisten beteiligt sind, ändert hieran nichts. Die zwischengeschaltete GmbH verhindert die persönliche Haftung der GmbH-Gesellschafter. Gläubiger der GmbH & Co. KG können also nur auf das Vermögen der KG selbst sowie auf das Vermögen der GmbH als persönlich haftenden Gesellschafter zugreifen. Die Gesellschafter der GmbH haften hingegen grundsätzlich nicht. Die Haftung der Kommanditisten beschränkt sich auf die Erbringung der im Handelsregister eingetragenen **Haftsumme**, wobei die im Innenverhältnis zwischen den Gesellschaftern vereinbarte Kommanditeinlage nicht mit der im Handelsregister eingetragenen Haftsumme identisch zu sein muss.[6]

5 Diese Möglichkeit zur Vermeidung einer persönlichen Haftung aller an einer Gesellschaft beteiligten natürlichen Personen, stellt im deutschen Gesellschaftsrecht nichts Außergewöhnliches dar; vielmehr eröffnet jede Kapitalgesellschaft – aber auch nur eine solche – diese Möglichkeit. Die GmbH & Co. KG ermöglicht es, das Privatvermögen aller hinter einer Gesellschaft stehenden natürlichen Personen gegenüber Gläubigern der KG abzuschotten. Dieses erwünschte Ergebnis ermöglicht die GmbH & Co. KG unter Geltung der sämtlichen für eine Personengesellschaft geltenden gesellschafts- und steuerrechtlichen Vorteile.

II. Gesellschaftsrechtlicher Einfluss ohne Haftung

6 Das gesellschaftsrechtliche System der Personengesellschaften ist dadurch geprägt, dass Geschäftsführungs- und Vertretungsbefugnis einerseits und persönliche Haftung andererseits untrennbar miteinander verbunden sind. Die aus dem Grundsatz der **Selbstorganschaft** resultierende organschaftliche Vertretungsbefugnis ist untrennbar mit der Gesellschafterstellung verbunden. Bei der KG obliegt einzig dem Komplementär als persönlich haftendem Gesellschafter die organschaftliche Vertretungsbefugnis; hiervon zu unterscheiden ist freilich die Möglichkeit, einem Kommanditisten oder sonstigen Dritten **kraft Rechtsgeschäft** Vertretungsbefugnisse einzuräumen, wie bspw. durch Einzel- oder Generalvollmacht, Prokura oder Handlungsvollmacht. Da bei einer GmbH & Co. KG die Komplementär-GmbH persönlich haftender Gesellschafter ist, steht dieser hiernach die organschaftliche Vertretungs- sowie die Geschäftsführungsbefugnis zu. Die Komplementär-GmbH wiederum handelt durch ihre Organe, d.h. durch die rechtsgeschäftlich bestellten Geschäftsführer. Da im Recht der Kapitalgesellschaften der Grundsatz der Selbstorgan-

6 Sofern die Parteien in der Praxis lediglich den Begriff der „Kommanditeinlage" benutzen, ist davon auszugehen, dass diese mit der im Handelsregister einzutragenden Haftsumme identisch ist; BGH DB 1977, 1249.

schaft nicht gilt, kann Geschäftsführer der GmbH jede beliebige Person sein; sie kann, muss aber nicht Gesellschafter der GmbH oder der KG sein.

Die praktischen Vorteile der Komplementärstellung durch eine GmbH liegen nicht nur darin, dass keine natürliche Person haftungsrechtlich für Verbindlichkeiten der KG einzustehen hat, sondern auch in der möglichen Trennung von **Gesellschafterstellung und Management**. Während bei der reinen KG die Stellung als Geschäftsführer mit der Übernahme der persönlichen Haftung einhergeht, übernimmt der Geschäftsführer der Komplementär-GmbH (mittelbar) die Geschäftsführung der KG, ohne dass es auf eine etwaige Gesellschafterstellung ankommt. Gerade im Bereich der Unternehmensnachfolge und der damit einhergehenden Frage des Führungswechsels im Unternehmen ermöglicht die GmbH & Co. KG sinnvolle Gestaltungen. Steht beispielsweise (noch) kein geeigneter familieninterner Nachfolger zur Verfügung, der die Geschäftsführung (alleine) übernehmen kann, ist die Einsetzung eines **Fremdgeschäftsführers** sinnvoll oder zwingend. Nach dem Grundsatz der Selbstorganschaft müsste dieser Fremdgeschäftsführer nicht nur als Gesellschafter aufgenommen werden, sondern auch die persönliche Haftung für die KG übernehmen. Dass dies sowohl für den Gesellschafterkreis, als auch für den Fremdgeschäftsführer selbst ein kaum gangbarer Weg ist, liegt auf der Hand. Bei einer GmbH & Co. KG hingegen kann der Dritte zum Geschäftsführer der Komplementär-GmbH bestellt werden und übt somit die gesellschaftsrechtliche Herrschaftsmacht auch über die KG aus, ohne dass sich vorgenannte Probleme stellen. Zwar könnte dem Dritten die Herrschaftsmacht bei der KG auch rechtsgeschäftlich – durch Einräumung einer **Generalvollmacht** o.Ä. – übertragen werden; das erwünschte Auftreten im Rechtsverkehr als „Geschäftsführer“ ist jedoch nicht möglich. 7

III. Trennung von Kapital und Herrschaft

Bei einer GmbH & Co. KG hat die Komplementär-GmbH kraft ihrer Stellung als persönlich haftender Gesellschafter die Befugnis zur Geschäftsführung und Vertretung. Indem die Gesellschafter der GmbH den Geschäftsführer entsprechend anweisen, können sie bestimmenden Einfluss auf die laufende Geschäftsführung der KG nehmen.[7] Die Kommanditisten hingegen sind kraft Gesetzes **von der Geschäftsführung ausgeschlossen** und verfügen lediglich über ein Widerspruchsrecht. Dieses **Widerspruchsrecht** bezieht sich auf Maßnahmen der Geschäftsführung, die über den gewöhnlichen Geschäftsbetrieb hinausgehen. Nur diesbezüglich ist die Zustimmung der Kommanditisten erforderlich.[8] Die wesentlich stärkere Rechtsstellung der Komplementär-GmbH sowie deren Gesellschafter im Verhältnis zur Rechtsstellung der Kommanditisten hat keine tatsächlichen Auswirkungen bei einer sog. „identischen“ GmbH & Co. KG. Sind sowohl an der KG als auch an der GmbH dieselben Gesellschafter in jeweils gleichem Verhältnis beteiligt, obliegt der gesellschaftsrechtliche Einfluss einheitlich denselben Personen. 8

Sind die Gesellschafter von KG und GmbH aber nicht personenidentisch oder weichen die Beteiligungsverhältnisse – bei Personenidentität – in den beiden Gesellschaften voneinander ab, wirkt sich die stärkere Rechtsposition des persönlich haftenden Gesellschafters aus. Die GmbH-Gesellschafter bestimmen unmittelbar die Geschäftsführung der GmbH und mittelbar die der KG. Bei der „nicht-identischen“ GmbH kann die **starke Position der GmbH-Gesellschafter** als bewusstes Gestaltungsinstrument genutzt werden. Insbesondere im Bereich der Unternehmensnachfolge kann es erforderlich sein, lediglich einem von mehreren Gesellschaftern den entschei- 9

7 Vgl. § 37 Abs. 1 GmbH.
8 Vgl. §§ 164, 116 Abs. 2 HGB.

1 denden Einfluss auf die Geschäftsführung zu sichern. Ein Unternehmer beabsichtigt etwa, seine drei Kinder zu gleichen Teilen wirtschaftlich am Unternehmen zu beteiligen, insbesondere weil er über kein nennenswertes Privatvermögen verfügt, das als „Ausgleichsmasse" dienen könnte. Zur operativen Führung des Unternehmens ist jedoch nur eines der Kinder befähigt. Diesem soll dann, obwohl wirtschaftlich nur zu einem Drittel beteiligt, der Einfluss auf die operative Geschäftsführung des Unternehmens gesichert werden. Indem der Unternehmer einen bestimmten Abkömmling als alleinigen oder Mehrheitsgesellschafter der Komplementär-GmbH vorsieht, wird dieses Ergebnis erreicht. Denn die gesellschaftsrechtliche Macht liegt in diesem Fall beim Mehrheitsgesellschafter der GmbH; **wirtschaftlich** wirkt sich dieser Umstand aber nicht aus. Denn die GmbH selbst nimmt lediglich die Stellung als persönlich haftender Gesellschafter ein, ohne jedoch kapitalmäßig an der KG und somit an deren Vermögen beteiligt sein zu müssen. In der Praxis ist denn auch die GmbH regelmäßig nicht am Kapital der GmbH beteiligt. Die Verteilung des Kapitals erfolgt ausschließlich über die Beteiligungsverhältnisse der Kommanditisten untereinander. Über Herrschaft und Macht hingegen entscheiden die Beteiligungsverhältnisse in der GmbH.

IV. Erleichterte Kapitalbeschaffung

10 Gegenüber einer GmbH bietet die GmbH & Co. KG flexiblere Gestaltungsformen zur Kapitalbeschaffung. Dies beruht insbesondere auf der gesellschaftsvertraglichen Gestaltungsfreiheit im Personengesellschaftsrecht. Die **Satzungsstrenge im Innenrecht der GmbH** beschränkt hingegen die Gestaltungsmöglichkeiten deutlich stärker. Beruht die Aufnahme weiterer Gesellschafter einzig darauf, die Eigenkapitalausstattung der Gesellschaft durch Zuführung von Eigenkapital zu stärken, sollen die Einfluss- und Mitbestimmungsrechte solcher Gesellschafter regelmäßig nur gering ausfallen. Sie sollen die Stellung als reine Kapitalgeber mit möglichst geringem Einfluss auf die Geschäftsführung und die Gesellschafterversammlung haben. Das Innenrecht der GmbH sieht ein **zwingendes Auskunfts- und Informationsrecht** aller Gesellschafter vor (§ 51 a GmbHG). Hiernach haben sämtliche Gesellschafter das Recht, Auskunft über die Angelegenheiten der Gesellschaft zu verlangen und sämtliche Bücher und Schriften der Gesellschaft einzusehen. Der Gesellschafter kann sich somit über § 51 a GmbHG grundsätzlich vollumfänglich über die Interna der Gesellschaft informieren. Darüber hinaus obliegt die Bestellung und Abberufung der Geschäftsführer den Gesellschaftern (§ 38 GmbHG). Schließlich steht der Gesellschafterversammlung gegenüber der Geschäftsführung ein Weisungsrecht zu, das auf der dominierenden Stellung der Gesellschafter in der Verfassung der GmbH und auf § 37 Abs. 1 GmbHG beruht.

Die Rechtsstellung von Kommanditisten einer KG ist hingegen mit deutlich schwächeren Rechten verbunden. Gem. § 164 HGB sind Kommanditisten von der Geschäftsführung der Gesellschaft ausdrücklich ausgeschlossen; lediglich bei außergewöhnlichen Geschäften bedarf es ihrer Zustimmung.[9] Das in §§ 116 Abs. 2, 164 HGB verankerte Zustimmungsrecht der Kommanditisten kann gesellschaftsvertraglich weitestgehend abbedungen werden.[10] Auch haben die Kommanditisten kein dem § 51 a GmbHG entsprechendes Auskunfts- und Informationsrecht.[11] Bei der GmbH & Co. KG lässt sich somit eine **deutlich schwächere Rechtsstellung der Kommanditisten** erreichen, als dies bei Gesellschaftern einer GmbH rechtlich möglich wäre. Bei einer GmbH &

9 Entgegen dem Wortlaut des § 164 HGB handelt es sich nicht nur um ein bloßes Wiederspruchsrecht, sondern es ist gem. § 116 Abs. 2 HGB ein Beschluss sämtlicher Gesellschafter erforderlich.
10 Freilich kann hierdurch gegebenenfalls die Stellung als Mitunternehmer gefährdet sein.
11 Gem. § 166 HGB können sie lediglich eine schriftliche Mitteilung des Jahresabschlusses verlangen.

1

Co. KG können reine Kapitalgeber einerseits als echte Gesellschafter beteiligt werden, andererseits lassen sich deren Gesellschafterrechte aber auf ein niedriges Mindestmaß beschränken. Die Gesellschaft muss also nicht um die Preisgabe sensibler Interna fürchten, wenn sie die Türe für kapitalgebende Dritte öffnet.

V. Publikums-Kommanditgesellschaft

Ausgehend vom personalistischen Gepräge einer Kommanditgesellschaft, erscheint eine sog. 11
Publikums-KG geradezu systemfremd. Die ursprüngliche Gesetzesintention bei einer KG ging von einem überschaubaren Gesellschafterkreis aus; zwischen den Personengesellschaftern bestehendes Vertrauen auf die gemeinsame Unternehmung bildet die Grundlage für die gemeinsame wirtschaftliche Betätigung und die gemeinsame Haftung. Verfügt eine Kommanditgesellschaft jedoch über mehrerer hundert oder gar tausend Gesellschafter, die allesamt als reine Kapitalgeber fungieren, steht dies im **Widerspruch zu der personalistisch geprägten Struktur** einer jeden Personengesellschaft. Die GmbH & Co. KG ist in einem solchen Fall lediglich das Instrument zur Bündelung von Kapital. Man spricht in diesem Zusammenhang auch von einer **Kapitalgesellschaft im „Kleid" einer KG.**[12] Die grundsätzliche Zulässigkeit dieser Gesellschaftsform ist zwischenzeitlich unbestritten.[13]

Der Gesellschaftsvertrag einer Publikums-KG beschneidet die Gesellschafterrechte der Kommanditisten regelmäßig bis zur Untergrenze des rechtlich Möglichen. Darüber hinaus erfolgt die Aufnahme neuer Gesellschafter nicht durch einen Vertragsschluss zwischen sämtlichen Gesellschaftern und den Beitrittswilligen.[14] Vielmehr wird aus Praktikabilitätsgründen bereits im Gesellschaftsvertrag die KG selbst oder die Komplementär-GmbH dazu ermächtigt, weitere Gesellschafter aufzunehmen.[15] Wird aber bspw. eine Wirtschaftsprüfungsgesellschaft mit allen Handlungen betraut, um neue Gesellschafter in einen Immobilienfonds aufzunehmen, sieht der BGH hierin aber zu Recht einen Verstoß gegen Art. 1 § 1 S. 1 RBerG.[16] Da die Publikums-KG vom gesetzlichen Leitbild einer von gegenseitigem Vertrauen und persönlichen Bindungen getragenen Personengesellschaft gravierend abweicht, hat die Rechtsprechung **spezielle rechtliche Maßstäbe für diese Gesellschaftsform** herausgearbeitet. Der Gesellschaftsvertrag einer Publikums-KG ist zwangsläufig vorformuliert und wird gerade nicht individuell zwischen sämtlichen Gesellschaftern ausgehandelt. Aus diesem Grund nimmt die Rechtsprechung eine Inhaltskontrolle des Gesellschaftsvertrages gem. § 242 BGB vor.[17] Die Grundsätze für die rechtliche Beurteilung von **Allgemeinen Geschäftsbedingungen** können hier ebenso Leitbild sein wie die gesetzlichen Vorgaben für Aktiengesellschaften. Es gilt, eine ausgewogenes Chance-Risikoverhältnis für die Anleger sicherzustellen und den Anlegerschutz auf die körperschaftliche Struktur einer Publikums-KG zu übertragen. Die Rechtsprechung wendet bei der Publikums-KG auch die Grundsätze der sog. **Prospekthaftung** an. Hiernach haben die Gründer und Initiatoren der Publikumsgesellschaft den Anlegern haftungsrechtlich dafür einzustehen, dass die in Prospekt- und Werbematerial enthaltenen Aussagen zutreffend und vollständig sind.[18] Im Hinblick auf die gesellschaftsvertragliche

12 BGHZ 64, 238; BGH NJW 1988, 971.
13 K. Schmidt Gesellschaftsrecht § 57 II 1 a.
14 BGH WM 1976, 15.
15 BGH NJW 1987, 1000; 1983, 1117.
16 BGH DB 2007, 513; hierzu auch BGH WM 2007, 108.
17 BGHZ 64, 241; 84, 15; 104, 50.
18 BGH NJW 1981, 1449; 1982, 1095; 1988, 1584; 1992, 242. Den Gründern gewährte Sondervorteile müssen offengelegt werden, BGH NJW 1995, 130.

Abweichung vom gesetzlichen Einstimmigkeitsprinzip sind die Grundsätze der Kernbereichslehre einzuhalten.[19]

VI. Versterben des Komplementärs

12 Ist bei einer KG persönlich haftender Gesellschafter eine natürliche Person, stellt sich die Frage, welche Auswirkungen deren Versterben hat. Gem. § 131 Abs. 3 Satz 1 Nr. 1 HGB führt seit der Handelsrechtsreform der Tod eines Gesellschafters mangels abweichender gesellschaftsvertraglicher Bestimmungen nicht zur Auflösung der Gesellschaft, sondern lediglich zum Ausscheiden des verstorbenen Gesellschafters. Diese nunmehr gesetzlich verankerte Fortsetzungsklausel hilft jedoch nicht darüber hinweg, bei Versterben des einzigen persönlich haftenden Gesellschafters einen Ersatz-Komplementär zu benennen. Selbst wenn der Gesellschaftsvertrag eine Nachfolgeregelung bei Versterben des persönlich haftenden Gesellschafters vorsieht, kann der Gesellschafter gem. § 139 HGB sein Verbleiben in der Gesellschaft davon abhängig machen, dass ihm die Stellung eines Kommanditisten eingeräumt wird. Die erforderliche Planungssicherheit für die Gesellschaft ist somit nicht gegeben. Denn grundsätzlich ist eine **Personengesellschaft ohne Vollhafter nicht denkbar**. Ist hiernach keiner der Kommanditisten oder eine sonstige Person zur Übernahme der persönlichen Vollhaftung bereit, **wird die KG aufgelöst**. Dieses – regelmäßig unerwünschte – Ergebnis kann sich bei einer GmbH & Co. KG nicht ergeben. Ein Versterben der Komplementär-GmbH ist nicht denkbar. Aus Praktikabilitätsgründen empfiehlt es sich, bereits zu Lebzeiten des Vollhafters eine GmbH für den Fall des Versterbens vorzuhalten und den automatischen Eintritt der GmbH als persönlich haftenden Gesellschafter in die KG bei Versterben des bisherigen Vollhafters gesellschaftsvertraglich zu fixieren; gegebenenfalls hierdurch notwendige Änderungen des Gesellschaftsvertrages sollten ebenfalls im Vorfeld (aufschiebend bedingt) vorgenommen werden. In der ohnehin schwierigen Situation nach Versterben des bisherigen Vollhafters sind dann gesellschaftsvertragliche Abstimmungen überflüssig.

C. Erscheinungsformen

13 Die GmbH & Co. KG eröffnet mit ihrer Gesellschaftsstruktur vielfältige Gestaltungsmöglichkeiten. Da die Geschäftsführung einer gesonderten Gesellschaft, nämlich der Komplementär-GmbH, obliegt, können durch die gezielte Steuerung der Beteiligungsverhältnisse diverse Gestaltungsziele erreicht werden.

I. Persönliche Haftung durch GmbH und eine natürliche Person

Eine KG kann grundsätzlich auch mehrere persönlich haftende Gesellschafter haben. Ist neben einer GmbH auch eine natürliche Person persönlich haftender Gesellschafter, bestehen gegenüber einer „normalen KG" keine haftungs- oder gesellschaftsrechtlichen Besonderheiten. Gläubigern der KG steht neben der natürlichen Person zusätzlich die GmbH als Vollhafter zur Verfügung. Da zumindest eine natürliche Person als Vollhafter vorhanden ist, muss somit auch **keine Firmie-**

19 BGHZ 71, 53, 58; NJW 1991, 692. Den Bestimmtheitsgrundsatz hat der BGH in diesem Bereich schon seit 1995 nicht mehr angewandt, BGH NJW 1995, 194; nachfolgend: BGH NJW 1996, 1678; neuerdings: BGH NJW DB 2007, 564.

rung unter „GmbH & Co. KG“ erfolgen. Denn eine besondere Warnung des Rechtsverkehrs ist nicht erforderlich. Aus diesem Grund ist richtigerweise begrifflich auch nicht von einer GmbH & Co. KG, sondern von einer KG zu sprechen. Insbesondere gelten hiernach die für die GmbH & Co. KG geltenden Publizitäts- und Mitbestimmungsvorschriften für eine KG mit natürlichen **und** juristischen Personen als Komplementäre gerade nicht.

II. Die personenidentische GmbH & Co. KG

Sind die Kommanditisten der KG und die Gesellschafter der Komplementär-GmbH personenidentisch und sind deren Beteiligungen an beiden Gesellschaften jeweils gleich groß, spricht man von einer sog. „(personen-)identischen“ GmbH & Co. KG oder auch von einer GmbH & Co. KG „im engsten Sinne“. 14

Bei einer personen- und beteiligungsidentischen GmbH & Co. KG sind die **Willensbildungsprozesse beider Gesellschaften gleichgeschaltet**. Vorraussetzung hierfür ist jedoch, dass die von Gesetzes wegen unterschiedlich ausgestalteten Mehrheitsquoren in der GmbH und der KG gesellschaftsvertraglich angeglichen sind. Das im Personengesellschaftsrecht geltende Einstimmigkeitsprinzip kollidiert ansonsten mit dem einfachen Mehrheitsprinzip des GmbH-Rechts, was zu unerwünschten Brüchen in der Willensbildung führen könnte. Um die Einheitlichkeit der Willensbildung kontinuierlich sicher zu stellen, müssen die Gesellschaftsverträge für einen künftigen Gleichlauf der Beteiligungsverhältnisse sorgen. Die Übertragungs- und Vererbungsmöglichkeiten von Gesellschaftsanteilen müssen aufeinander abgestimmt sein. Die Übertragungsmöglichkeiten unter Lebenden sind durch entsprechende Vinkulierungsklauseln gleichzuschalten; die einheitliche Vererbung von Gesellschaftsanteilen wird durch eine qualifizierte Nachfolgeklausel in der KG und eine entsprechende Zwangseinziehungsklausel in der GmbH erreicht.

III. Die nichtpersonenidentische GmbH & Co. KG

Bei der nichtpersonenidentischen GmbH & Co. KG ist die Gesellschafterstruktur in KG und GmbH nicht identisch. So kann zwar derselbe Kreis von Personen Gesellschafter bei der einen wie der anderen Gesellschaft sein, die jeweilige Beteiligungshöhe kann aber unterschiedlich ausfallen. Ferner können Gesellschafter auch nur an einer Gesellschaft beteiligt sein, wodurch bereits keine Identität der Gesellschafterkreise besteht. Eine nichtidentische GmbH & Co. KG bietet sich als Gestaltungsmittel an, wenn es darum geht, bestimmte Gesellschafter zwar kapitalmäßig am Vermögen der KG zu beteiligen, diesen aber keinen oder möglichst geringen Einfluss auf die operative Geschäftsführung zu geben. Derartige Konstellationen ergeben sich regelmäßig bei Planung und Durchführung einer Unternehmensnachfolge,[20] wenn **einzelnen Nachfolgern ein stärkerer Einfluss** auf die Unternehmensführung eingeräumt werden soll. Im Rahmen der vorweggenommenen Erbfolge kann der Übergebende zu Lebzeiten bereits weite Teile seines Vermögens auf die nächste Generation übertragen, das Zepter des Handelns aber in der Hand behalten, indem er die **Herrschaft über die Komplementär-GmbH** behält; den Einfluss der Kommanditisten, insbesondere deren Widerspruchsrecht nach § 164 HGB, wird er vor Übertragung der Kommanditanteile durch Änderung des Gesellschaftsvertrages weitestgehend reduziert haben.[21] 15

20 Siehe hierzu oben § 1 Rn. 7.

21 Bei Beschneidung der Kommanditistenrechte ist jedoch stets darauf zu achten, dass die Mitunternehmerstellung, insbesondere die Mitunternehmerinitiative erhalten bleibt. Siehe hierzu § 4 Rn. 47.

1

IV. Einheitsgesellschaft

1. Gesellschaftsrechtlicher Gleichlauf

16 Bei einer identischen GmbH & Co. KG, bei der also in der KG und der GmbH Beteiligungsidentität besteht, wünschen die Beteiligten regelmäßig einheitliche gesellschaftsvertragliche Regelungen. Insbesondere die Regelungen zu Abstimmungen sowie Übertragung und Vererbung von Gesellschaftsanteilen sollen in beiden Gesellschaften gleich lauten. Ferner soll regelmäßig sicher gestellt sein, dass der Gleichlauf der Beteiligungsverhältnisse auch zukünftig, d.h. über Generationen hinweg, gesellschaftsvertraglich sichergestellt ist. Angesichts des grundsätzlichen Wesensunterschieds zwischen einer Personengesellschaft und einer Kapitalgesellschaft und den damit verbundenen unterschiedlichen gesetzlichen Ausgangsregelungen erfordert die **Verzahnung der beiden Gesellschaftsverträge** doch einen gewissen Aufwand bei Gestaltung und praktischer Handhabung der GmbH & Co. KG. **Einfacher und effektiver** ist die Verzahnung der beiden Gesellschaften durch die sog. Einheitsgesellschaft zu erreichen.

Die Gesellschaftsstruktur einer GmbH & Co. KG als Einheitsgesellschaft ist dadurch gekennzeichnet, dass sämtliche Geschäftsanteile der Komplementär-GmbH von der KG selbst gehalten werden. Die „eigentlichen" Gesellschafter sind als Kommanditisten an der KG beteiligt; an der GmbH sind sie nicht unmittelbar beteiligt, sondern nur mittelbar über die KG, die sämtliche Anteile der GmbH hält. Die GmbH wiederum ist als persönlich haftender Gesellschafter an der KG beteiligt, wobei eine kapitalmäßige Beteiligung der GmbH am Vermögen der KG in der Praxis regelmäßig unterbleibt.

2. Gesellschaftsrechtliche Zulässigkeit

17 Die Zulässigkeit der Einheitsgesellschaft ist nach anfänglichen Diskussionen zwischenzeitlich allgemein anerkannt, und zwar nicht nur vom Schrifttum, sondern auch vom Gesetzgeber selbst, der in § 172 HGB die Zulässigkeit dieser Gesellschaftsform unterstellt.

3. Interne Willensbildung

18 Die Frage der internen Willensbildung bei einer Einheitsgesellschaft erscheint zunächst komplex. Denn die Gesellschafterrechte in der GmbH werden durch deren Gesellschafter, nämlich die KG, wahrgenommen. Die KG wiederum wird allgemein und somit auch bei der Wahrnehmung von Gesellschafterrechten in einem Beteiligungsunternehmen durch den persönlich haftenden Gesellschafter – nämlich die GmbH – vertreten. Für die GmbH handelt dann deren Geschäftsführer. Im Ergebnis führt dies dazu, dass der Geschäftsführer der GmbH selbst auch die Rechte der GmbH-Gesellschafter wahrnimmt. So würde bspw. der Geschäftsführer der GmbH selbst über **seine eigene Entlastung und Abberufung beschließen**. Dieses aus der wechselseitigen Beteiligung resultierende Ergebnis, dass die GmbH durch ihren Geschäftsführer die Gesellschafterrechte bei sich selbst wahrnimmt, ist freilich weder praktikabel noch rechtlich zulässig. Die Ausübung der Gesellschafterrechte in der Gesellschafterversammlung der GmbH kann sinnvollerweise nur **den Kommanditisten zustehen**. Über dieses Ergebnis besteht allgemeine Einigkeit. Lediglich die rechtlichen Konstruktionen zur Erreichung dieses Ergebnisses sind mannigfaltig. Teilweise wird

vertreten, die mit der Einheitsgesellschaft verbundene Gleichschaltung auch auf die Gesellschafterversammlungen der beiden Gesellschaften zu beziehen, sodass die Gesellschafterversammlung der KG und die der Komplementär-GmbH eine untrennbare Einheit bilden.[22] Weiter wird vertreten, dass die Ausübung des Stimmrechts im Wege der ergänzenden Vertragsauslegung den Kommanditisten automatisch zuwächst.[23] Unabhängig von den hierzu vertretenen Auffassungen, die allesamt zum selben Ergebnis gelangen, sollte in der beratenden Praxis schon aus Gründen der Rechtssicherheit folgender Weg beschritten werden:

Praxishinweis:

Im Gesellschaftsvertrag der KG ist eine Regelung dahingehend aufzunehmen, dass die Gesellschafterrechte aus den Geschäftsanteilen an der Komplementär-GmbH unmittelbar von den hierzu bevollmächtigten Kommanditisten wahrgenommen werden. 19

Die Wahrnehmung der Gesellschafterrechte wird also bereits im Gesellschaftsvertrag selbst rechtsgeschäftlich im Wege der Vollmacht auf die Kommanditisten übertragen.

Alternativ könnte auch geregelt werden, dass zwar der Geschäftsführer die Gesellschafterrechte in der Gesellschafterversammlung der GmbH wahrnimmt, hierzu aber nur nach entsprechender **Weisung der Kommanditisten** befugt ist. Die eigentliche Entscheidungsbefugnis würde somit inhaltlich bei den Kommanditisten liegen, der Geschäftsführer wäre lediglich zur Ausführung der von den Kommanditisten betroffenen Entscheidung berechtigt und verpflichtet.

4. Gläubigerschutz

Die besonderen Aspekte zur Wahrung des Gläubigerschutzes bei der Einheitsgesellschaft resultieren nicht aus deren besonderen gesellschaftsrechtlichen Struktur; vielmehr ergeben sie sich regelmäßig bei allen Gestaltungen wechselseitiger Gesellschaftsbeteiligungen. Zur Wahrung des Gläubigerschutzes ist bei der Einheitsgesellschaft sicherzustellen, dass einerseits das **Stammkapital der Komplementär-GmbH** und andererseits die **Hafteinlagen der Kommanditisten** unabhängig voneinander erbracht werden. Denn die Gläubiger der KG können darauf vertrauen, dass die im Handelsregister eingetragene Haftsumme durch die Kommanditisten und daneben auch das Stammkapital des Vollhafters aufgebracht wurde. Die beiden Haftungsmassen müssen unvermischt nebeneinander existieren. 20

Zur Erreichung der Struktur einer Einheitsgesellschaft bieten sich grundsätzlich zwei Wege an: Die Kommanditisten der KG gründen auch die Komplementär-GmbH, um anschließend ihre Beteiligung an der Komplementär-GmbH auf die KG zu übertragen. Oder die KG übernimmt selbst die Gründung der GmbH, sodass die Struktur der Einheitsgesellschaft ohne notariell zu beurkundenden Übertragungsakt erreicht wird.

Praxishinweis:

Bei erster Variante ist darauf zu achten, dass die KG die Beteiligung an der GmbH nur aus freiem, die Haftsumme übersteigendem Vermögen erwirbt.[24] Wird die Komplementär-GmbH nach der zweiten Variante durch die KG selbst gegründet, darf die KG die Stammeinlage der GmbH ebenfalls nur aus freiem Vermögen erbringen.

22 Schilling FS Barz, 72 ff.
23 Scholz/K. Schmidt GmbHG Anh. § 45 Rn. 58 ff.
24 Schlegelberger/Martens § 161 Rn. 102; Sudhoff/Liebscher § 3 Rn. 12.

1

§ 172 Abs. 6 HGB verbietet ferner ausdrücklich die Möglichkeit, dass ein Kommanditist zur Erbringung der Haftsumme seine Beteiligung an der Komplementär-GmbH einbringt; in einem solchen Fall gilt die Haftsumme des Kommanditisten als nicht erbracht. Trotz Einbringung seiner GmbH-Anteile schuldet der Kommanditist weiterhin die Erbringung seiner Haftsumme. Veräußert der Kommanditist hingegen seine Komplementärbeteiligung entgeltlich an die KG, führt dies wirtschaftlich zur Rückgewähr der Kommanditeinlage, sodass die zunächst erloschene Kommanditistenhaftung gemäß § 172 Abs. 4 HGB wieder auflebt.

21 Im Hinblick auf den Kapitalerhalt der GmbH sind die §§ 30, 31 GmbHG zu beachten. Hat die Komplementär-GmbH bspw. eine Vermögenseinlage bei der KG zu leisten, darf diese nur aus dem das Stammkapital übersteigenden Vermögen der GmbH erbracht werden; dasselbe gilt bei einer Leistung unmittelbar an die Kommanditisten. Gemäß § 31 GmbHG sind die Kommanditisten insoweit zur Erstattung an die GmbH verpflichtet, als diese Zahlungen an die KG geleistet hat. Ist die GmbH auch kapitalmäßig an der KG beteiligt, stellt diese Beteiligung einen Vermögenswert in der GmbH dar; wird durch Auszahlungen von der KG an deren Kommanditisten unmittelbar das Vermögen der KG geschmälert, verringert sich hierdurch mittelbar auch das Vermögen der GmbH. Denn **die Vermögenseinlage bei der KG stellt einen Beteiligungswert bei der GmbH dar**. Reduziert sich dieser nun durch Auszahlungen der KG an die Kommanditisten soweit, dass bei der GmbH das Stammkapital unterschritten wird, haften die Kommanditisten der GmbH auf Rückzahlung gem. § 31 GmbHG.[25]

Praxishinweis:

Zur Vermeidung o.g. Haftungsrisiken sollten die GmbH-Anteile unentgeltlich auf die KG übertragen werden. Möchte man (aus Kostengründen) auf eine beurkundungspflichtige Übertragung der GmbH-Anteile verzichten, und gründet deshalb die KG selbst die GmbH, ist auf eine ausreichende Kapitalausstattung der KG zu achten. Neben der Haftsumme ist der KG das für die GmbH-Gründung erforderliche Stammkapital zur Verfügung zu stellen, damit letzteres von der KG erbracht werden kann, ohne dass hierdurch die Haftsumme angegriffen wird.

V. Mehrstufige GmbH & Co. KG

22 Begrifflich wird unter einer mehrstufigen oder doppelstöckigen GmbH & Co. KG eine solche verstanden, deren **Komplementärin wiederum eine GmbH & Co. KG ist.** Als Vollhafter fungiert also nicht – wie im Normalfall – eine GmbH, sondern eine GmbH & Co. KG. An der Zulässigkeit einer solchen mehrstufigen GmbH & Co. KG bestehen heute keine Zweifel mehr.[26]

Die praktische Bedeutung der mehrstufigen GmbH & Co. KG ist heute gering. Das Umwandlungsgesetz 1969 stand der Umwandlung einer Kapitalgesellschaft in eine Personengesellschaft entgegen, wenn an der Personengesellschaft wiederum eine Kapitalgesellschaft (bspw. als Komplementärin) beteiligt war. Die Umwandlung einer GmbH in eine GmbH & Co. KG war somit nicht möglich. Aus diesem Grund bediente man sich der mehrstufigen GmbH & Co. KG.[27] Mit Neufassung des Umwandlungsgesetzes ist seit 1994 auch die Umwandlung einer Kapitalgesellschaft in eine GmbH & Co. KG möglich, deren Komplementärin eine GmbH ist.

23 Problematisch nach früherem Recht war die Frage, ob die als Komplementärin fungierende (Ober-)GmbH & Co. KG neben ihrer Geschäftsführungstätigkeit für die (Unter-)GmbH & Co.

25 BGHZ 60, 324, 328.
26 Vgl. nur Baumbach/Hopt Anh. 177 a, Rn. 9.
27 Schlegelberger/Martens § 161 HGB Rn. 4; Sudhoff/Liebscher § 3 Rn. 19.

1

KG noch über einen originären eigenen Geschäftsbetrieb verfügen musste. Da diese Frage mehrheitlich bejaht wurde, durfte sich die Komplementär-GmbH & Co. KG nicht mit der Stellung als Vollhafter begnügen, sondern musste zusätzlich ein eigenes Handelsgewerbe betreiben. Dieses Erfordernis wurde jedoch mit Inkrafttreten des Handelsrechtsreformgesetzes obsolet. Denn nunmehr stellt § 105 Abs. 2 HGB ausdrücklich klar, dass die Personenhandelsgesellschaft auch rein vermögensverwaltend tätig sein kann.

In diesem Zusammenhang stellt sich aber dennoch die Frage, ob für das Entstehen einer derartigen GmbH & Co. KG deren **Eintragung in das Handelsregister** erforderlich ist. Vertritt man die Auffassung, dass die Übernahme der Geschäftsführung für die (Unter-) GmbH & Co. KG zugleich ein eigenes Handelsgewerbe der (Ober-) GmbH & Co. KG darstellt, ist eine Eintragung hiernach überflüssig,[28] was u.E. überzeugend ist. Verneint man dies jedoch, ist die Eintragung der GmbH & Co. KG (mangels Betrieb eines Handelsgewerbes) konstitutiv und somit zwingend erforderlich für das Entstehen der Gesellschaft.[29]

Auch **in mitbestimmungsrechtlicher Hinsicht** bietet die mehrstöckige GmbH & Co. KG aufgrund der Regelungen in § 4 Abs. 1 S. 2 und 3 MitbestG keine Besonderheiten oder Vorteile. Denn eine Umgehung der Mitbestimmungsregeln durch derartige Gestaltungen ist nicht möglich. Lediglich für den Fall, dass zwischen Ober- und Unter- GmbH & Co. KG keine Mehrheitsidentität besteht oder die Ober-GmbH & Co. KG einen eigenen Geschäftsbetrieb mit mehr als 500 Arbeitnehmern aufweist, gelten die Arbeitnehmer der (Unter-) GmbH & Co. KG nicht als solche der (Ober-) GmbH & Co. KG. Zusammenfassend lässt sich hiernach festhalten, dass für eine mehrstufige GmbH & Co. KG heute kein echtes Bedürfnis mehr besteht. 24

D. Die KG mit Komplementären anderer Rechtsform

Die GmbH & Co. KG ist dadurch gekennzeichnet, dass die Komplementärstellung durch eine GmbH wahrgenommen wird. Anstelle der GmbH kann aber auch jedes andere rechtsfähige Gebilde die Stellung des Vollhafters bei der KG übernehmen. Neben der Aktiengesellschaft als weitere Kapitalgesellschaft, kommen hierfür insbesondere auch ausländische Gesellschaften sowie Stiftungen in Betracht. 25

I. Aktiengesellschaft

Bei einer AG & Co. KG übernimmt die AG die Komplementärstellung. Auf die Rechtsverhältnisse der AG kommen die Regelungen des Aktiengesetzes zur Anwendung. Dieses wird bestimmt vom Prinzip der Satzungsstrenge. Abweichungen von den im Aktiengesetz enthaltenen Form- und Verfahrensvorschriften sind nur dann zulässig, wenn das Gesetz dies ausdrücklich vorsieht. Aus diesem Grund sind die Gestaltungsmöglichkeiten für die Organe deutlich eingeschränkter als dies bei der GmbH der Fall ist.[30] Mögliche Vorteile einer AG & Co. KG liegen zum einen in der Möglichkeit, den Weg an die Börse zu beschreiten und zum anderen in dem nach wie vor gesteigerten Ansehen, das die Rechtsform der AG genießt.[31] 26

28 Vgl. hierzu BGHZ 34, 293, 296; 45, 282, 284; Binz/Sorg § 12, Rn. 9.
29 So Baumbach/Hopt § 105, Rn. 19.
30 Für sog. „kleine" AG's gelten gewisse Vereinfachungen, z. B. §§ 121 Abs. 4 und 6, 130 Abs. 1 S. 3 AktG.
31 Sudhoff/Liebscher § 3 Rn. 32.

1

Ferner kann sich die AG als geeignete Rechtsform für die Komplementärin darstellen, wenn eine direkte Einflussnahme der Gesellschafter auf die Geschäftsführer der Komplementärin vermieden werden soll. Denn die organisationsrechtliche Struktur einer AG ist dreistufig aufgebaut. Dem Vorstand der Gesellschaft obliegt die Geschäftsführung und Leitung der Gesellschaft (§ 76 Abs. 1 AktG). Dem Aufsichtsrat obliegt die Bestellung und Abberufung des Vorstands sowie dessen Kontrolle. Der Aufsichtsrat wiederum wird gem. § 119 Abs. 1 Nr. 1 AktG von der Hauptversammlung berufen. Ein unmittelbares Weisungsrecht der Aktionäre gegenüber dem Vorstand existiert nicht. Die **Aktionäre können somit keinen unmittelbaren Einfluss auf die Geschäftsführung der Komplementärin ausüben**, was im Einzelfall durchaus sachgerecht sein kann.[32] Die Entkoppelung der Geschäftsführung vom Einfluss der Gesellschafter ist insbesondere bei einem inhomogenen oder gar verstrittenen Gesellschafterkreis von Vorteil.

27 Die gesellschaftsrechtliche „Verzahnung" bei einer personen- und beteiligungsidentischen AG & Co. KG kann wiederum durch die Struktur einer Einheitsgesellschaft erreicht werden. Die KG ist dann einziger Aktionär der Komplementär-AG. In diesem Zusammenhang stellt sich allerdings die Frage, ob einer solchen Gesellschaftsstruktur die Regelungen des AktG entgegenstehen. § 71 AktG erlaubt den **Erwerb eigener Aktien** nur in den dort genannten Ausnahmefällen und zumeist der Höhe nach begrenzt auf maximal 10 % ihres Grundkapitals. Diese Beschränkungen gelten gemäß § 71 d S. 2 AktG auch für den Fall, dass die Aktien nicht durch die KG selbst, sondern durch ein abhängiges oder im Mehrheitsbesitz der AG stehendes Unternehmen erworben werden. Die KG ist jedoch regelmäßig kein von ihrer Komplementärin abhängiges Unternehmen. Denn nach zweckbezogener (teleologischer) Interpretation des Unternehmensbegriffs[33] ist nur dann von einem herrschenden Unternehmen auszugehen, wenn neben der Möglichkeit zur Einflussnahme auf das beherrschte Unternehmen gleichzeitig auch eine anderweitige wirtschaftliche Interessenbindung besteht.[34] Führt die AG jedoch keinen eigenen Geschäftsbetrieb, sondern beschränkt sich ihre Tätigkeit auf die Komplementärstellung in der KG, verfolgt sie keine anderweitigen wirtschaftlichen Interessen in diesem Sinne. Die Einheitsgesellschaft ist somit nicht nach §§ 71 d, 71 AktG unzulässig.[35]

II. Ausländische Komplementärgesellschaft

28 Die Komplementärstellung durch eine ausländische Kapitalgesellschaft hat in der Praxis erhebliche Bedeutung. Grund hierfür ist die **fehlende Anwendbarkeit der deutschen Mitbestimmungsregeln auf ausländische Kapitalgesellschaften**. Ausländische Kapitalgesellschaften fallen gem. § 1 Abs. 1 MitbestG nicht in dessen Anwendungsbereich, sodass insbesondere die in § 4 Abs. 1 MitbestG enthaltenen Regelungen auf ausländische Komplementärgesellschaften einer KG keine Anwendung finden. Voraussetzung dafür, dass eine ausländische Gesellschaft als Komplementärin einer deutschen KG fungieren kann, ist deren Rechtsfähigkeit. Diese **Rechtsfähigkeit europäischer Gesellschaften** richtet sich entsprechend den Entscheidungen des EUGH in „Centros", „Überseering" und „Inspire Art"[36] nach ihrem **Gründungsstatut**. Eine Beurteilung der Rechtsfähigkeit nach dem Recht des inländischen Gesellschaftsrechts, d.h. nach der Sitztheorie würde

32 Binz/Sorg § 25 Rn. 61.
33 Schmidt ZGR 1980, 277, 280.
34 Hüffer AktG § 15 Rn. 8.
35 Sudhoff/Liebscher § 3 Rn. 32.
36 EuGH 9.3.1999, Rs. C-212/97, NJW 1999, 2027 (Centros Ltd./Erhvervs- og Selskabsstyrelsen); EuGH 5.11.2002, Rs. 208/00, NJW 2002, 3614 (Überseering BV/Nordic Construction Company Baumanagement GmbH); EuGH 30.09.2003, Rs. C-167/01, NJW 2003, 3331 (Kamer van Koophandel en Fabrieken voor Amsterdam/Inspire Art Ltd.).

einen Verstoß gegen Art. 48, 43 EGV darstellen, wenn keine Rechtfertigung aufgrund zwingender Gemeinwohlinteressen vorliegt.[37] Wurde also eine europäische Gesellschaft nach dem Recht ihres Gründungsstaates ordnungsgemäß errichtet, steht ihrer Beteiligung als Komplementärin an einer deutschen KG nichts entgegen.

Für die Beurteilung der Rechtsfähigkeit **außereuropäischer Gesellschaften** kann nach wie vor die **Sitztheorie** Anwendung finden.[38] D.h. Maßstab ist dann deutsches Recht, wenn sich der Verwaltungssitz der Gesellschaft im Inland befindet.[39] Ist die Gesellschaft nach dem hiernach anwendbaren Recht rechtsfähig, kann sie auch die Komplementärstellung bei einer deutschen KG einnehmen.[40] Bei Nicht-EU-Gesellschaften kann es der Gläubigerschutz gebieten, dass die Registergerichte nicht nur die vertretungsberechtigten Organe in das Handelsregister eintragen, sondern auch eine klare Firmenbezeichnung unter Nennung der ausländischen Gesellschaftsform fordern.[41] Darüberhinaus kann für die Eintragung im Handelsregister auch ein dem deutschen Stammkapital entsprechendes Mindestkapital der nicht EU-Gesellschaft gefordert werden.[42] Handelt es sich hingegen um eine EU-Gesellschaft, könnte ein niedrigeres Stammkapital oder die Geltung einfacherer Gründungsvorschriften der Eintragung der Gesellschaft im Handelsregister nicht entgegengehalten werden. Dies widerspräche den Art. 48, 43 EGV. 29

III. Stiftung

1. Allgemeines

Bei der Stiftung & Co. KG wird die persönliche Haftung durch eine Stiftung übernommen. Die §§ 80–88 BGB sowie die Stiftungsgesetze der Länder regeln die rechtsfähige privatrechtliche Stiftung. Die Stiftung selbst ist ein selbständiger Rechtsträger, der keine Gesellschafter oder ähnliches hat. Die Stiftung dient langfristig dem vom Stifter vorgegebenen Stiftungszweck. Die staatliche Anerkennung ist gem. § 80 BGB konstitutive Voraussetzung für das Entstehen einer rechtsfähigen Stiftung. 30

Als Komplementärin einer KG wird in der Praxis regelmäßig die sog. Familienstiftung eingesetzt. Die Familienstiftung ist dadurch gekennzeichnet, dass die Förderung der Familie des Stifters im Vordergrund steht. Die bezugsberechtigten Familienmitglieder (Destinatäre) erhalten Leistungen aus den laufenden Erträgen der Stiftung. Die Einbringung von Vermögen in eine Familienstiftung ist grundsätzlich erbschaftsteuerpflichtig. Allerdings ist für die Steuerklasse gem. § 15 Abs. 2 S. 1 ErbStG das Verwandtschaftsverhältnis zwischen dem Stifter und den Destinatären maßgeblich, was im Regelfall die Anwendbarkeit der Steuerklasse I begründet. Nachteilig ist hingegen die gem. § 1 Abs. 1 Nr. 4 ErbStG alle dreißig Jahre anfallende Ersatzerbschaftsteuer, die regelmäßig den Eintritt eines Erbfalls fingiert.

37 EuGH 30.09.2003, Rs. C-167/01 Rn 133 (Kamer van Koophandel en Fabrieken voor Amsterdam/Inspire Art Ltd.) Behrens, IPRax 2004, 20, 25.
38 Anders aber u.U. bezüglich US-Gesellschaften augrund Art. XXV Abs. 5 S. 2 des Freundschafts-, Handels- und Schifffahrtsvertrages (FHSV); vgl. hierzu Fehrenbacher Steuerberater Rechtshandbuch Fach D Kapitel 13 a II. Rn. 109.
39 BGHZ 151, 204; Weller, IPRax 2003, 324.
40 Vgl. Sudhoff/Liebscher § 3 Rn. 32.
41 BayOLG DB 1986, 1325; OLG Saarbrücken GmbHR 1990, 348.
42 Sudhoff/Liebscher § 3 Rn. 32.

1

31 In der Praxis kommen hauptsächlich zwei Aspekte für die Rechtsform der Stiftung & Co. KG in Betracht: **Sicherung der Unternehmenskontinuität sowie Vermeidung der Mitbestimmung**. Der zuerst genannte Aspekt kommt immer dann zum Tragen, wenn der Unternehmensgründer eine Fortführung des Unternehmens über Generationen hinweg sichergestellt haben möchte. Das Instrumentarium der Testamentsvollstreckung ist hierfür nur begrenzt tauglich.[43] Mit der Einsetzung einer Stiftung als Komplementärin lässt sich der Wille des Stifters hingegen zeitlich unbegrenzt perpetuieren. Die staatliche Stiftungsaufsicht verhindert die Umgehung des vom Stifter geäußerten Willens. Jede Satzungsänderung bedarf zwingend der Genehmigung der Stiftungsbehörde.[44]

Praxishinweis:

Da es dem Stifter um die Einflussnahme auf den Fortbestand der KG geht, ist der Komplementär-Stiftung eine starke Position in der KG zu verschaffen. So sollte der Gesellschaftsvertrag der KG für jede Änderung des Gesellschaftsvertrages, die Zustimmung der Komplementärin verlangen. Ferner sollte auch bei wichtigen Geschäften oder für die Übertragung von Kommanditanteilen die Zustimmung der Komplementärin erforderlich sein.

Allerdings ist zu beachten, dass die Kommanditisten die gesetzlich zwingende Möglichkeit haben, die Gesellschaft zu kündigen. Zwar kann die erstmalige Kündigungsmöglichkeit bis ca. 30 Jahre gesellschaftsvertraglich hinausgeschoben werden[45] oder das Abfindungsguthaben ausscheidender Gesellschafter im Rahmen des gesetzlich Möglichen verringert werden, dauerhaft ausgeschlossen werden kann das Risiko einer Kündigung der Gesellschaft hierdurch aber nicht.

2. Mitbestimmungsfreiheit

32 Eine Kommanditgesellschaft mit einer juristischen Person als Komplementärin unterliegt unter zwei Voraussetzungen der Mitbestimmung: Zum einen muss die KG mehr als 2.000 Arbeitnehmer beschäftigen und zum anderen müssen dieselben Personen sowohl die KG als auch die Komplementärgesellschaft beherrschen.[46] Weitere Voraussetzung für das Eingreifen der Mitbestimmung ist jedoch, dass es sich bei der Komplementärin um eine Kapitalgesellschaft i.S.d. § 1 Abs. 1 MitBestG handelt. Die dort aufgeführten Kapitalgesellschaften stellen einen abschließenden Katalog dar, der keinen Raum für Analogien lässt. Da in dieser **enumerativen Aufzählung** die Stiftung gerade nicht enthalten ist, unterliegt eine Stiftung & Co. KG nicht der Mitbestimmung.[47]

43 Gem. § 2210 BGB gilt grundsätzlich eine Höchstfrist von 30 Jahren. Ferner kann der Erbe sich der Testamentsvollstreckung entziehen, indem er die Erbschaft ausschlägt und gem. § 2306 BGB den Pflichtteil verlangt.
44 Vgl. im Einzelnen Binz/Sorg § 25 Rn. 38.
45 Vgl. etwa BGH WM 1967, 316.
46 § 4 Abs. 1 MitBestG.
47 Ulmer/Hanau MitBestG § 4 Rn. 7; Schneider ZGR 1977, 335 (343).

1

E. Die GmbH & Co. KGaA

I. Gesellschaftsrechtliche Struktur

Die hybride Gesellschaftsform der KGaA ist in den §§ 278 ff. AktG geregelt. Gem. § 278 Abs. 1 AktG besitzt die KGaA eigene Rechtspersönlichkeit. Sie ist, wie die AG, juristische Person, Kapitalgesellschaft und Formkaufmann.[48] Die Strukturelemente einer Kommanditgesellschaft und einer Aktiengesellschaft werden miteinander kombiniert. Die KGaA hat – anders als die AG – zwei Arten von Gesellschaftern, nämlich einen **persönlich haftenden Gesellschafter** (Komplementär, Geschäftsinhaber) und die sog. **Kommanditaktionäre**. Letztere sind an dem in Aktien eingeteilten Grundkapital beteiligt und haften für Verbindlichkeiten der Gesellschaft nicht persönlich. Kommanditisten einer KG hingegen sind nur dann von der persönlichen Haftung befreit, wenn die vereinbarte Haftsumme an die Gesellschaft geleistet wurde.[49] 33

Auf das Rechtsverhältnis der KGaA kommen die Regelungen der AG zur Anwendung. Zu beachten ist jedoch, dass die KGaA zwar über die Organe Aufsichtsrat und Hauptversammlung verfügt, aber keinen Vorstand hat. Die Geschäftsführung und Vertretung obliegt dem Komplementär.[50] Die Kommanditaktionäre hingegen sind von der Geschäftsführung ausgeschlossen.[51]

Grundsätzlich ermöglicht die KGaA flexiblere Satzungsregelungen im Vergleich zu dem von der Satzungsstrenge geprägten Aktienrecht.[52] Die KGaA kombiniert die aktienrechtlichen Vorteile der Börsenfähigkeit mit der gesellschaftsrechtlichen Flexibilität einer Personengesellschaft. Gerade Familienunternehmern bietet diese Rechtsform die Möglichkeit, sich einerseits Zugang zum Kapitalmarkt zu verschaffen, andererseits hierfür aber nicht die eigene Herrschaftsmacht im Unternehmen an einen (mitbestimmten) Aufsichtsrat abgeben zu müssen. Denn **der Aufsichtsrat einer KGaA hat keine Personalkompetenz**, kann also nicht – wie bei der AG – die Geschäftsführung bestellen und abberufen. Darüberhinaus hängt die Durchführung bestimmter Geschäftsführungsmaßnahmen nicht von seiner Zustimmung ab, wie dies gem. § 111 Abs. 4 AktG bei der AG der Fall ist. 34

II. Besonderheiten der GmbH & Co. KGaA

Zunächst ging man davon aus, dass die Rechtsform der KGaA nur dann zur Verfügung stehe, wenn persönlich haftender Gesellschafter eine natürliche Person ist. Aufgrund des damit verbundenen Haftungsrisikos für den Komplementär war die praktische Bedeutung dieser Gesellschaftsform eher gering. Nachdem der BGH [53] aber die Zulässigkeit der GmbH & Co. KGaA anerkannt hatte, hat diese Gesellschaftsform auch an praktischer Bedeutung gewonnen. 35

Der Gesetzgeber hat diese Gesellschaftsform im Anschluss an das Grundsatzurteil des BGH ebenfalls explizit anerkannt, indem er § 279 Abs. 2 AktG novellierte. Hiernach muss aus dem Namen der KGaA ersichtlich sein, wenn keine natürliche Person persönlich haftet, wie dies bei der GmbH & Co. KGaA gerade der Fall ist.

48 Vgl. § 278 Abs. 3 AktG in Verbindung mit §§ 1, 3. Hierzu auch Hüffer AktG § 278 Rn. 4.
49 §§ 161 Abs. 1, 171 ff. HGB.
50 § 278 Abs. 2 AktG i.V.m. §§ 114 – 118 HGB i.V.m. § 161 Abs. 2 HGB.
51 Entsprechend § 164 HGB.
52 Schaumburg/Schulte, Die KGaA, 4; Sethe, Die personalistische Kapitalgesellschaft mit Börsenzugang, 1999.
53 BGHZ 134, 392.

1

III. Steuerliche Behandlung der GmbH & Co. KGaA

36 Die hybride Natur der Gesellschaftsform einer KGaA setzt sich in ihrer steuerlichen Behandlung fort. Bei der steuerrechtlichen Beurteilung ist zunächst zwischen den verschiedenen Steuersubjekten zu differenzieren, nämlich der **Gesellschaft** selbst, deren **Komplementär** sowie den **Kommanditaktionären**. Der Gewinn der Gesellschaft ist gem. § 1 Abs. 1 Nr. 1 KStG der Körperschaftsteuer unterworfen, wobei sich die Vergütung für die Geschäftsführungstätigkeit der Komplementäre gewinnmindernd als Betriebsausgaben auswirkt. Die dem Komplementär zufließende Vergütung für seine Geschäftsführertätigkeit hat er gem. § 15 Abs. 1 Nr. 3 EStG wie ein Mitunternehmer der Einkommensteuer zu unterwerfen; ist Komplementär eine juristische Person, unterliegt die Geschäftsführervergütung der Körperschaftsteuer. Die den Kommanditaktionären zufließenden Gewinnanteile stellen Einkünfte aus Kapitalvermögen dar und sind wie Dividenden einer AG zu versteuern.[54]

54 Vgl. MünchHdB.GesR IV/Kantenwein § 80 Rn. 2; Sudhoff/Liebscher § 3 Rn. 36.

§ 2 Die Gründung der GmbH & Co. KG

A. Gesellschafts- und handelsrechtliche Regeln

Wie bei anderen Gesellschaftsformen auch, kommen für die Gründung einer GmbH & Co. KG zwei Varianten in Betracht. Ist bereits ein entsprechender Geschäftsbetrieb im Rahmen einer anderen Gesellschaftsform vorhanden, kann die bisherige Gesellschaftsform in die gewünschte GmbH & Co. KG umgewandelt werden (Umwandlungsfälle). Soll der Geschäftsbetrieb erst aufgenommen werden oder scheitert die Umwandlung einer bestehenden Gesellschaftsform aus steuerlichen Gründen, kann die GmbH & Co. KG im Wege der Neugründung geschaffen werden (Neugründungsfälle). 1

In beiden Gründungsvarianten ist zu beachten, dass bei Gründung einer GmbH & Co. KG stets mindestens zwei Gesellschaften beteiligt sind. Zu unterscheiden ist zwischen der Errichtung der KG selbst und der Gründung der Komplementär-GmbH.

I. Gründung der KG

Grundvoraussetzung einer jeden GmbH & Co. KG ist der Abschluss eines KG-Gesellschaftsvertrages zwischen mindestens zwei Gesellschaftern, nämlich der GmbH als Komplementärin und einem Kommanditisten. Als Mindestinhalt muss der KG-Vertrag insbesondere Folgendes beinhalten: 2

- Bestimmung des gemeinsamen Zwecks der Gesellschaft[1]
- Benennung der Kommanditisten und deren zu erbringenden Haftsumme
- Benennung der GmbH als persönlich haftenden Gesellschafter

Für den Abschluss des Gesellschaftsvertrages gelten keine juristischen Besonderheiten. Die für das Zustandekommen von Verträgen geltenden §§ 145 ff. BGB sind auch hier maßgeblich. So kann der Vertragsschluss insbesondere auch durch Einschaltung von Stellvertretern erfolgen. § 167 Abs. 2 BGB gilt auch hier, sodass die Vollmacht auch dann formfrei erteilt werden kann, wenn der Abschluss des KG-Vertrages formbedürftig ist.

Ferner kann das Gesellschaftsverhältnis im Innenverhältnis bedingt oder befristet sein. So kann etwa das Entstehen der Gesellschaft vom Eintritt bestimmter Umstände abhängig gemacht werden oder die Gesellschaft zu einem bestimmten Zeitpunkt erlöschen. Ist die Gesellschaft aber **bereits nach außen als solche aufgetreten**, kommt eine rückwirkende Auflösung nicht mehr in Betracht. Eine solche ist dann nur noch mit Wirkung **ex nunc** möglich.[2] Umgekehrt scheidet aber auch das Entstehen einer Gesellschaft mit Rückwirkung aus; die Gesellschafter können sich lediglich im Innenverhältnis so stellen, als ob die Gesellschaft bereits in der Vergangenheit bestanden hätte.[3] 3

1 Dieser kann auf den gemeinsamen Betrieb eines Handelsgewerbes (§ 105 Abs. 1 HGB) oder auf die Verwaltung des eigenen Vermögens (§ 105 Abs. 2 HGB) gerichtet sein.

2 Hierzu GK/Ulmer HGB § 10 Rn. 165; Sudhoff/Ihrig § 9 Rn. 16.

3 Hierzu BGH NJW 1978, 264; Müko/K. Schmidt HGB § 105 Rn. 127.

Grundsätzlich bedarf der **Abschluss eines KG-Vertrages keiner Form**. Bereits aus Gründen der Rechtssicherheit und Beweisbarkeit empfiehlt sich aber zumindest die schriftliche Fixierung des Gesellschaftsvertrages. Enthält der KG-Vertrag aber Verpflichtungen der Gesellschafter, die einem Formerfordernis unterliegen, ist für den gesamten KG-Vertrag zwingend dieses Formerfordernis zu erfüllen. Praktisch wichtigste Fälle sind **gesellschaftsvertragliche Verpflichtungen zur Einbringung eines Grundstücks** (§ 311 b Abs. 1 S. 1 BGB)[4] oder eines GmbH-Geschäftsanteils (§ 15 Abs. 4 GmbHG).[5] Häufig enthält der Gesellschaftsvertrag auch Regelungen dergestalt, dass bei Ausscheiden aus der KG auch die Anteile an der Komplementär-GmbH abzutreten sind; auch in diesem Fall ist das Formerfordernis des § 15 Abs. 4 GmbHG für den KG-Vertrag zu beachten.[6] Keine notarielle Beurkundung des KG-Vertrages ist hingegen erforderlich, wenn der Zweck der Gesellschaft ausschließlich auf den Erwerb und die Veräußerung von Grundstücken gerichtet ist, der Vertrag aber keine Verpflichtung der Gesellschafter zur Einbringung o.Ä. von Grundstücken beinhaltet.[7] Steht die **Gründung der GmbH in innerem Zusammenhang mit der Gründung der GmbH & Co. KG**, kann die Gründung beider Gesellschaften als ein einheitlicher Vorgang betrachtet werden, auf den dann einheitlich die Formvorschrift des § 2 Abs. 1 S. 1 GmbHG Anwendung findet. Wegen des inneren Zusammenhangs mit der GmbH-Gründung wäre somit auch der KG-Vertrag notariell zu beurkunden.[8]

4 Ist nach vorgenannten Grundsätzen der Abschluss eines KG-Vertrages ausnahmsweise formbedürftig, kann die Nichteinhaltung der entsprechenden Formvorschrift nach allgemeinen Grundsätzen zur Gesamtnichtigkeit des Gesellschaftsvertrages führen, § 139 BGB. Der Wille der Parteien kann hiernach aber auch ergeben, dass sich die Nichtigkeitsfolge lediglich auf den Teil des Gesellschaftsvertrages erstreckt, der die Formbedürftigkeit begründet.[9]

Der Zeitpunkt des Entstehens der GmbH & Co. KG hängt grundsätzlich nicht von der Eintragung im Handelsregister ab. Die Eintragung ist nur deklaratorischer Natur. Entscheidend für das Entstehen der Gesellschaft im Außenverhältnis ist die Aufnahme der Geschäftstätigkeit.[10] Voraussetzung dafür, dass die GmbH & Co. KG ohne Eintragung im Handelsregister mit Aufnahme ihrer Tätigkeit im Außenverhältnis entsteht, ist die Ausübung eines Handelsgewerbes (§ 1 Abs. 2 HGB). Betreibt die Gesellschaft lediglich einen kleingewerblichen Betrieb oder beschränkt sich ihre Tätigkeit auf die Verwaltung des eigenen Vermögens, wirkt die Eintragung im Handelsregister hingegen konstitutiv.[11] Die Bedeutung der Handelsregistereintragung einer GmbH & Co. KG erschöpft sich jedoch nicht in der konstitutiven Wirkung für kleingewerbliche und vermögensverwaltende Gesellschaften; vielmehr ist die Eintragung bei jeder Kommanditgesellschaft Grundvoraussetzung dafür, dass sich die Kommanditisten gegenüber Dritten auf die Beschränkung ihrer persönlichen Haftung berufen können.[12]

5 Eine GmbH & Co. KG, die nur vermögensverwaltend oder ohne Handelsgewerbe tätig ist, stellt bis zu ihrer Eintragung im Handelsregister im Außenverhältnis eine GbR dar. Auf das Innenver-

---

4 Vgl. weitergehend Müko/K. Schmidt HGB § 105 Rn. 133 ff.
5 Vgl. hierzu Röhricht/Graf von Westphalen HGB § 105 Rn. 23.
6 Vgl. hierzu Baumbach/Hueck GmbHG § 15 Rn. 32.
7 Hierzu BGH NJW 1996, 1279; NJW 1978, 2505; zur Frage einer Umgehung der Formvorschrift des § 311 b Abs. 1 BGB vgl. nur den Meinungsstand bei GK/Ulmer HGB § 105 Rn. 174 f.
8 So Sudhoff/Ihrig § 9 Rn. 20; im einzelnen Wiesner NJW 1984, 95.
9 BGH NJW 1982, 877; Koller/Roth/Morck HGB § 105 Rn. 26; vgl. Müko/K. Schmidt HGB § 105 Rn. 137; a.A. Sudhoff/Ihrig § 9 Rn. 21, der stets Gesamtnichtigkeit annimmt.
10 § 123 Abs. 2 i.V.m. § 161 Abs. 2 HGB.
11 Vgl. Röhricht/Graf von Westphalen HGB § 105 Rn. 10.
12 Die Haftung beschränkt sich gem. § 176 Abs. 1 HGB auf die Erbringung der im Handelsregister eingetragenen Haftsumme.

2

hältnis kommen jedoch die Regelungen der KG zur Anwendung. Handelt es sich hingegen um eine KG mit Handelsgewerbe, stellt diese auch im Außenverhältnis bereits mit ihrer Aufnahme der Geschäftstätigkeit eine KG dar. Auf die Beschränkung ihrer Haftung können sich die Kommanditisten gegenüber Dritten jedoch erst mit Eintragung der Gesellschaft im Handelsregister berufen (§ 176 Abs. 1 HGB).[13] Voraussetzung für eine persönliche Haftung der Kommanditisten ist jedoch eine zuvor erteilte Zustimmung zur Aufnahme des Geschäftsbetriebs vor Eintragung im Handelsregister. Eine Haftung nach dieser Vorschrift ist aber dann nicht gegeben, wenn die Beteiligung als Kommanditist dem Gläubiger bekannt war (§ 176 Abs. 1 S. 1 Hs. 2 HGB). Nach h.M. genügt für diese haftungsausschließende Kenntnis bereits das Auftreten der Gesellschaft als GmbH & Co. KG.[14] Der BGH hat zumindest angedeutet, dass er diese Rechtsauffassung teilt.[15]

Von dem Entstehen der Gesellschaft im Außenverhältnis zu unterscheiden ist die Entstehung der 6
KG im Verhältnis der Gesellschafter untereinander. Im Innenverhältnis entsteht die Gesellschaft grundsätzlich mit Abschluss des Gesellschaftsvertrages. Ist die Gesellschaft lediglich auf den Betrieb eines kleingewerblichen Unternehmens oder auf die Verwaltung des eigenen Vermögens gerichtet, gelten im Innenverhältnis die im Gesellschaftsvertrag vereinbarten Regelungen sofort und unmittelbar. Denn nach dem Grundsatz der Vertragsfreiheit können die Gesellschafter unabhängig von den Vorgaben des HGB zur Kommanditgesellschaft Vereinbarungen treffen, die inhaltlich einer Kommanditgesellschaft wesenseigen sind. Es entspricht dann dem Parteiwillen, dass auf das Rechtsverhältnis der Gesellschafter untereinander auch mit sofortiger Wirkung die gesetzlichen Regelungen des KG-Rechts Anwendung finden,[16] und nicht die der GbR.[17]

II. Gründung der GmbH

1. Abschluss des Gesellschaftsvertrages

Grundvoraussetzung für die Gründung einer GmbH ist der Abschluss eines notariell beur- 7
kundeten GmbH-Vertrages (Satzung).[18] Der GmbH-Vertrag wird durch sämtliche Gründer, d.h. die Gesellschafter, abgeschlossen. Der Gesellschaftsvertrag enthält Angaben zum Stammkapital, der Firma, dem Sitz der Gesellschaft sowie dem Gegenstand des Unternehmens.[19] Mit Abschluss des notariell beurkundeten GmbH-Vertrages entsteht die sog. Vor-GmbH,[20] die bereits die Stellung als Komplementär übernehmen kann.[21] Die Eintragung der KG im Handelsregister kann bereits erfolgen, auch wenn die Komplementär-GmbH selbst noch nicht im Handelsregister ein-

13 Wobei diese Zustimmung bereits im Dulden entsprechender geschäftlicher Aktivitäten liegen kann. Zum Schutz der Kommanditisten empfiehlt sich daher, ein entsprechendes Verbot zur Aufnahme geschäftlicher Aktivitäten vor der Eintragung im Gesellschaftsvertrag zu verankern.

14 LG Lübeck DZWIR 2004, 390; Müko/K. Schmidt HGB § 176 HGB Rn. 15; ders. GmbHR 2002, 341.

15 BGH NJW 1983, 2258.

16 Insbesondere die Regelung zur Stimmrechtsausübung, zur Gewinn- und Verlustverteilung und zur Geschäftsführung.

17 Voraussetzung für die sofortige Geltung der KG-Regelungen ist jedoch, dass die Gesellschafter auch tatsächlich die Geltung des KG-Rechts wünschen. Ein Indiz hierfür ist die zeitnahe Anmeldung der Gesellschaft beim Handelsregister. Vgl. hierzu Binz/Sorg § 3 Rn. 42.

18 § 2 Abs. 1 GmbHG.

19 § 3 Abs. 1 S. 2 GmbHG.

20 Vor Abschluss des notariellen GmbH-Vertrages besteht zwischen den Gründern der GmbH ggf. eine GbR, deren Gesellschaftszweck auf die Gründung der GmbH gerichtet ist. Verpflichten sich die Gründer bereits (bspw. im Rahmen der Vorgründungsgesellschaft) zur gemeinsamen Gründung der GmbH, ist auch dieser Vertrag formbedürftig gem. § 2 Abs. 1 GmbHG; vgl. hierzu BGH BB 1988, 159; Michalsky GmbHG § 2 Rn. 75.

21 Vgl. BGHZ 80, 129; BGH GmbHR 1981, 114; WM 1985, 165; a.A. früher BayObLG GmbHR 1969, 22; OLG Hamm DB 1976, 1859.

getragen ist.[22] Mit Eintragung der Gesellschaft im Handelsregister gelangt die GmbH schließlich zur Entstehung.

Praxishinweis:

Wegen den vor der Eintragung der GmbH bestehenden Haftungsrisiken empfiehlt sich jedoch, mit der Aufnahme der Geschäftstätigkeit bis zur Eintragung zu warten.[23]

2. Der Unternehmensgegenstand

a) Sinn und Zweck

8 Mit der Angabe des Unternehmensgegenstandes soll sichergestellt werden, dass sich die Geschäftsführer der Gesellschaft lediglich im vorgegebenen Geschäftsbereich betätigen. Die Gesellschafter geben somit den Geschäftsführern vor, in welchen Geschäftszweigen und in welchem Umfang die Gesellschaft tätig sein darf. Mit der Verlautbarung des Unternehmensgegenstandes im Handelsregister ist auch für den Geschäftsverkehr erkennbar, in welchem Bereich die Gesellschaft tätig ist; das Registergericht selbst wird in die Lage versetzt, zu überprüfen, ob die Geschäftstätigkeit der Gesellschaft genehmigungsbedürftig ist. [24] Bei der Formulierung des Unternehmensgegenstandes ist auf eine möglichst detaillierte und individualisierte Beschreibung zu achten.

b) Inhaltliche Anforderungen

9 Weitgefasste Generalklauseln, die praktisch jede Geschäftstätigkeit umfassen, vereiteln die mit der Angabe des Unternehmensgegenstandes bezweckte Information des Rechtsverkehrs und die Absicherung der Gesellschafter gegenüber den Geschäftsführern.[25] Umstritten ist, **ob im Unternehmensgegenstand einer Komplementär-GmbH auch die von der KG ausgeübte Geschäftstätigkeit zum Ausdruck kommen muss.**[26] Dies wird heute überwiegend zu Recht abgelehnt. Denn die GmbH ohne eigenen Geschäftsbetrieb übt faktisch den Unternehmensgegenstand der KG als deren Geschäftsführerin aus und haftet hierfür auch mittelbar mit ihrem Vermögen; eine Wiedergabe der Geschäftstätigkeit der KG im Unternehmensgegenstand der GmbH ignorierte aber die rechtliche Selbständigkeit der Komplementär-GmbH und qualifizierte deren (Fremd-) Geschäftsführungsmaßnahmen zu Unrecht als Eigengeschäfte.[27]

Praxishinweis:

Um in der Praxis nicht Gefahr zu laufen, dass ein Registergericht unter Berufung auf vorgenannte Rechtsauffassung eine Handelsregistereintragung versagt, könnte der Unternehmensgegenstand einer Komplementär-GmbH vorsorglich wie folgt gefasst werden:

„Gegenstand des Unternehmens ist die Beteiligung als persönlich haftender Gesellschafter an der X GmbH & Co. KG mit Sitz in …, deren Unternehmensgegenstand … ist."

22 BGH NJW 1985, 736; Scholz/K. Schmidt GmbHG § 11 Rn. 162.
23 So auch Sudhoff/Ihrig § 9 Rn. 23.
24 § 8 Abs. 1 S. 6 GmbHG; Michalsky GmbHG § 3 Rn. 7.
25 Hiernach verbieten sich Formulierungen, wie „Handel mit Waren aller Art" oder „Betreiben von Handelsgeschäften"; BayObLG GmbHR 1996, 360.
26 So zunächst das BayObLG DB 1976, 287; OLG Hamburg BB 1968, 267.
27 Zum Ganzen auch Binz/Sorg § 3 Rn. 8 ff.

2

Übt die Komplementär-GmbH nicht nur die Geschäftsführung für die KG aus, sondern verfügt darüber hinaus auch über einen eigenen Geschäftsbetrieb, muss diese Tätigkeit freilich im Unternehmensgegenstand genannt sein. Ob umgekehrt der Unternehmensgegenstand auch die Stellung als Komplementär zum Ausdruck bringen muss, ist wiederum umstritten. Die Übernahme der persönlichen Haftung für eine andere Gesellschaft stellt regelmäßig eine nicht nur unwesentliche Erweiterung des Unternehmensgegenstandes dar. Eine wesentliche Änderung des Unternehmensgegenstandes bedarf somit der Satzungsänderung, für die mindestens eine ¾-Mehrheit erforderlich ist.[28]

c) Überschreitungen des Unternehmensgegenstandes

Vereinbaren die Geschäftsführer der GmbH trotz fehlender Satzungsänderung einen Beitritt der GmbH als persönlich haftenden Gesellschafter zu einer KG, machen sich die Geschäftsführer in jedem Fall schadensersatzpflichtig. Weiter stellt sich aber die Frage, ob der Beitritt der GmbH zu der KG überhaupt rechtlich wirksam ist. Grundsätzlich ist zwar jegliches Handeln der Geschäftsführer im Außenverhältnis wirksam, auch wenn die Geschäftsführer Beschränkungen im Innenverhältnis missachtet haben.[29] Ist die **Überschreitung der Vertretungsmacht** jedoch für den Vertragspartner **evident**, schlägt die Überschreitung der Befugnisse im Innenverhältnis auf die Wirksamkeit des Rechtsgeschäfts im Außenverhältnis durch. Der Vertragspartner kann sich nicht auf die Unbeschränkbarkeit der Vertretungsmacht im Außenverhältnis berufen, wenn er die Überschreitung der Vertretungsmacht der Geschäftsführer kannte oder sich ihm der Verdacht einer Kompetenzüberschreitung aufdrängen musste.[30] Ist nach diesen Grundsätzen ein Beitritt der GmbH nicht wirksam erfolgt, verfügt die KG über keinen Komplementär. Die GmbH & Co. KG ist somit nicht zustande gekommen. Ist die Gesellschaft im Außenverhältnis gleichwohl in Vollzug gesetzt, kommen dort die Grundsätze zur fehlerhaften Gesellschaft zur Anwendung.[31] Nach diesen Grundsätzen wird die Gesellschaft als wirksam betrachtet, eine Auflösung kommt nur mit Wirkung für die Zukunft in Frage. **Im Innenverhältnis** der Gesellschafter untereinander ist es im Fall der bewussten und kollusiven Überschreitung der Geschäftsführerkompetenzen hingegen nicht angebracht, die Grundsätze zur **fehlerhaften Gesellschaft** anzuwenden. Vielmehr sind im Innenverhältnis die Geschäftsführer der GmbH gem. § 179 BGB so zu behandeln, als ob sie selbst die Komplementär-Stellung bei der KG übernommen hätten.[32] 10

3. Erbringung des Stammkapitals

Das Stammkapital einer GmbH muss mindestens EUR 55.000,– betragen.[33] Bei einer Bargründung hat jeder Gesellschafter mindestens **ein Viertel** seiner Stammeinlage zu erbringen, **mindestens jedoch EUR 12.500,–**.[34] Handelt es sich hingegen um eine **Einmann-Gründung gelten strengere Regeln** zur Kapitalaufbringung. Gemäß § 7 Abs. 2 S. 3 GmbHG hat der Gründer für die noch nicht einbezahlte Stammeinlage eine **Sicherung** zu bestellen. Als Sicherheitsleistung im 11

28 §§ 3, 53 Abs. 2 GmbHG.
29 Gem. § 37 Abs. 2 GmbHG ist selbst eine satzungsmäßige Beschränkung der Vertretungsmacht gegenüber Dritten unwirksam.
30 BGH DB 1976, 1278; DB 1984, 661; NJW 1988, 3012.
31 Hierzu K. Schmidt Gesellschaftsrecht § 6 ???.
32 So Binz/Sorg § 3 Rn. 20.
33 § 5 Abs. 1 GmbHG.
34 § 7 Abs. 2 S. 1 GmbHG.

Sinne von § 232 BGB kommt bspw. die Hinterlegung von Geld oder Wertpapieren in Betracht oder die Bestellung einer Bürgschaft.[35] Bei Anmeldung der GmbH zum Handelsregister ist eine Versicherung des Geschäftsführers abzugeben, dass die Stammeinlagen entsprechend der gesetzlichen Mindesthöhe erbracht wurden.[36] Bei der Einmann-Gesellschaft ist zudem zu versichern, dass die nach § 7 Abs. 2 S. 3 GmbHG erforderliche Sicherung bestellt ist.

4. Erhalt des Stammkapitals

12 Übernimmt eine GmbH wirksam und mit Einverständnis aller Gesellschafter die Komplementär-Stellung bei einer KG, bildet diese Tätigkeit regelmäßig den alleinigen Unternehmensgegenstand der Gesellschaft; ein eigener Geschäftsbetrieb wird von der Komplementär-GmbH meist nicht unterhalten. Das in der GmbH zwingend vorhandene **Stammkapital steht somit für das operative Geschäft nicht zur Verfügung**. Die im Rahmen der Geschäftstätigkeit anfallenden Aufwendungen und Kosten der GmbH werden dieser von der KG ersetzt, sodass das einmal eingezahlte Stammkapital nahezu unangetastet bleiben kann. Soll das Stammkapital der GmbH für das operative Geschäft (der KG) nutzbar gemacht werden, könnte der Betrag **darlehensweise von der GmbH an die KG überlassen werden**. Hierbei ist jedoch zu beachten, dass eine derartige Darlehensgewährung jedenfalls dann als **Einlagenrückgewähr** gelten kann, wenn zwischen den GmbH-Gesellschaftern und den Kommanditisten Beteiligungsidentität besteht. Wirtschaftlich stellt sich dann die Auszahlung des Darlehensbetrages an die GmbH & Co. KG so dar, als ob der Betrag direkt an die Gesellschafter der GmbH (zurück-) geflossen wäre.[37] Ist die Darlehensauszahlung an die GmbH & Co. KG von vornherein geplant, ist hierin ein „Hin- und Herzahlen" zu sehen. In einem derartigen Fall ist von vornherein das Stammkapital von den GmbH-Gesellschaftern nicht im Wege der Bareinlage erbracht worden. Eingebracht wurde lediglich eine Darlehensrückzahlungsforderung, wobei die Regelungen zur Sachgründung hierbei freilich nicht eingehalten wurden.[38]

Praxishinweis:

Um den Anschein eines geplanten „Hin- und Herzahlens" zu vermeiden, sollte zwischen der Eintragung der Gesellschaft im Handelsregister und der nachfolgenden Darlehensgewährung von der GmbH an die KG ein möglichst langer Zeitraum liegen. Von welcher Dauer eine derartige „Schamfrist" sein soll, kann naturgemäß nicht verbindlich festgestellt werden.[39]

B. Ertragsteuerrecht

13 Eine GmbH & Co. KG gelangt in steuerlicher Hinsicht zur Entstehung, sobald erstmals eine gewerbliche Betätigung ausgeübt wird. Hingegen ist nicht von Belang, zu welchem Zeitpunkt der Gesellschaftsvertrag abgeschlossen oder die Gesellschaft im Handelsregister eingetragen wurde.[40] Maßgeblich für den Beginn der (steuerlichen) Mitunternehmerschaft ist das **Handeln in gesellschaftsrechtlicher Verbundenheit**. Unabhängig davon, ob die GmbH & Co. KG handels-

35 Vgl. Regierungsbegründung, BT-DR. 8/1347, 32; Hachenburg/Ulmer GmbHG § 7 Rn. 66.
36 § 8 Abs. 2 GmbHG.
37 Hierzu auch OLG Koblenz GmbHR 1989, 377.
38 Hierzu Bummert in MünchHdB. GmbH § 51 Rn. 54.
39 In der Literatur reichen diesbezügliche Zeitangaben von sechs Monaten (Scholz/Winter GmbHG § 5 Rn. 77) bis zur zwei Jahren (D. Mayer NJW 1990, 2593).
40 So Hesselmann/Geuenich § 4 Rn. 130.

rechtlich bereits zur Entstehung gelangt ist, bilden die künftigen Gesellschafter bereits eine Mitunternehmerschaft, wenn sie im Hinblick auf die künftige Gründung der Gesellschaft in ihrer gesamthänderischen Verbundenheit vorbereitende oder vorweggenommene Geschäfte oder Betriebsausgaben tätigen. Der Beginn der steuerlichen Mitunternehmerschaft einerseits und die gesellschaftsrechtliche Entstehung der GmbH & Co. KG andererseits brauchen also zeitlich nicht zusammenzufallen. Bevor auf die unterschiedlichen Gründungsvarianten und deren ertragsteuerlichen Konsequenzen eingegangen wird, soll zunächst auf das Steuersubjekt und die Mitunternehmerschaft eingegangen werden.

I. Steuersubjekt

Eine GmbH & Co. KG unterliegt **als Personengesellschaft nicht der Körperschaftsteuer**. Denn 14
sie stellt kein in § 1 KStG genanntes Steuersubjekt dar. Auch unterfällt die GmbH & Co. KG **nicht der Einkommensteuer**, da diese gem. § 1 EStG nur natürliche Personen erfasst. Das Einkommen einer Personengesellschaft wird also nicht bei dieser selbst ertragsteuerlich erfasst, sondern ihren **Gesellschaftern anteilig zugerechnet**. Handelt es sich bei dem Gesellschafter um eine natürliche Person, unterliegt der zugerechnete Gewinnanteil dort der Einkommensteuer. Handelt es sich um eine juristische Person, kommt die Körperschaftsteuer zur Anwendung. Im Hinblick auf die **Gewerbesteuerpflicht ist** die GmbH & Co. KG jedoch selbst als Steuersubjekt anzusehen. Denn gem. § 2 Abs. 1 GewStG unterliegt der Gewerbesteuer jeder stehende Gewerbebetrieb, soweit er im Inland betrieben wird.[41]

II. Mitunternehmerschaft

Dem gesellschaftsrechtlichen Begriff der Personenhandelsgesellschaft entspricht die steuerrecht- 15
liche Bezeichnung der Mitunternehmerschaft. Dies bedeutet jedoch nicht, dass beide Begriffe stets bedeutungsidentisch sind. Die Frage, ob eine Personenhandelsgesellschaft eine Mitunternehmerschaft darstellt, ist anhand steuerlicher Kriterien zu prüfen. Das Steuerrecht fordert hierfür insbesondere das Vorliegen von **Mitunternehmerinitiative und Mitunternehmerrisiko**.[42] Nur wer diese beiden Kriterien in seiner Person erfüllt, ist steuerrechtlich als Mitunternehmer anzusehen. Bei Vorliegen von **mindestens zwei Mitunternehmern spricht man dann von einer Mitunternehmerschaft**. Auf der Grundlage und am Maßstab der Kriterien der Mitunternehmerinitiative und des Mitunternehmerrisikos können auch solche Personen als Mitunternehmer gelten, die gesellschaftsrechtlich nicht als Gesellschafter der GmbH & Co. KG gelten. Insbesondere wenn Nichtgesellschafter aufgrund anderweitiger Vereinbarungen oder faktischer Verhältnisse über Einwirkungs- und Mitbestimmungsrechte in der Gesellschaft verfügen und darüber hinaus am wirtschaftlichen Risiko der Gesellschaft teilhaben, können sie steuerrechtlich Mitunternehmer sein, auch wenn sie keine Gesellschafterstellung innehaben.[43] Umgekehrt kann ein Gesellschafter in seinen Einwirkungsmöglichkeiten auf die Gesellschaft und in seiner Teilhabe am unternehmerischen Risiko derart beschränkt sein, dass er trotz seiner Stellung als Gesellschafter nicht als Mitunternehmer im Sinne des Steuerrechts anzusehen ist.[44] Maßstab für die Beurteilung ist für die Rechtsprechung die gesetzliche Regelung bei OHG bzw. KG. Die bei diesen Gesellschaften

41 Vgl. hierzu im Einzelnen die Ausführungen in § 3 Rn. 25 ff.
42 Hierzu im Einzelnen in § 4 Rn. 46.
43 BFH BStBl. II 1984, 751; BStBl. II 1986, 10.
44 BFH BStBl. II 1989, 762.

bestehenden Rechte und Pflichten der Gesellschafter sind die Bewertungsbasis für die Beurteilung einer Mitunternehmerstellung. Je mehr die Rechtsstellung eines Gesellschafters dem gesetzlichen Regelstatut bei OHG bzw. KG entspricht, desto eher kann die Mitunternehmerschaft bejaht werden.[45] Grundvoraussetzung für das Vorliegen einer Mitunternehmerschaft ist ferner, dass die GmbH & Co. KG gewerblich tätig oder zumindest gewerblich geprägt ist.[46]

III. Gründung durch Bar- und Sacheinlage

1. Gründung durch Bareinlage

16 Die Gründung einer GmbH & Co. KG mittels Bareinlage stellt die steuerlich unkomplizierteste Form der Gründung dar. Die Kommanditisten erbringen die im Handelsregister eingetragene Haftsumme durch Einzahlung von Barmitteln. Dasselbe gilt, soweit sich die Gesellschafter zur Erbringung einer über die Haftsumme hinausgehenden Kommanditeinlage verpflichtet haben.[47] Haben die Kommanditisten ihre Kommanditeinlage in voller Höhe erbracht, ist diese als Kapital des Kommanditisten zu passivieren; soweit die Kommanditeinlage nicht vollständig erbracht wurde, ist eine entsprechende Forderung der Gesellschaft zu aktivieren. Stellen die Kommanditisten der Gesellschaft darüber hinaus weitere Finanzmittel darlehensweise zur Verfügung, sind diese als Verbindlichkeiten der Gesellschaft gegenüber Gesellschaftern anzusehen und so auch in der Handelsbilanz auszuweisen. Während in der Gesamthandsbilanz eine Verbindlichkeit der Gesellschaft gebucht wird, wird in der Sonderbilanz des entsprechenden darlehensgebenden Gesellschafters eine Forderung in entsprechender Höhe gebucht. Bei Gesamtbetrachtung von Gesamthands- und Sonderbilanz heben sich also Forderung und Verbindlichkeit gegeneinander auf.[48] Das sich aus der Sonderbilanz ergebende Sonderbetriebsvermögen eines Gesellschafters ist allerdings nicht als steuerrechtliches Eigenkapitalkonto des Kommanditisten im Sinne des § 15 a EStG zu betrachten.[49] Im Gegensatz zu einem GmbH-Gesellschafter kann ein Kommanditist seine geschuldete Bareinlage **auch durch Aufrechnung** erbringen. Voraussetzung für eine volle Tilgung der Einlageverpflichtung ist jedoch die Vollwertigkeit der dem Kommanditisten zustehenden Forderung gegen die Gesellschaft. Nur wenn die Gesellschaft zahlungsfähig ist und die Forderung auch erbringen könnte, kann die Aufrechnung durch den Gesellschafter zu einer vollwertigen Tilgung seiner Einlageverpflichtung führen. Ist dies nicht der Fall, bleibt seine Einlageverpflichtung in entsprechender Höhe bestehen.[50] Nichts anderes gilt, wenn der Kommanditist anstelle der Einzahlung eine Verbindlichkeit der Gesellschaft gegenüber einem Drittgläubiger übernimmt. Maßgeblich ist hier die **Werthaltigkeit** der dem Drittgläubiger zustehenden Forderung.[51]

17 Die Komplementär-GmbH ist in der Praxis regelmäßig nicht am Gesellschaftskapital der KG beteiligt; sie ist also Gesellschafterin ohne Kapitalanteil.[52] Der Gesellschaftsbeitrag der Komplemen-

45 Grundlegend BFH BStBl. II 1972,10; BStBl. II 1981, 663.
46 Vgl. hierzu die Ausführungen in § 3 Rn. 13 ff.
47 Grundsätzlich braucht die Höhe der Kommanditeinlage nicht mit der im Handelsregister einzutragenden Haftsumme übereinzustimmen. Vgl. hierzu die Ausführungen in § 3 Rn. 11 und § 4 Rn. 25.
48 Vgl. hierzu BFH BStBl. II 1985, 243; Sieker, Eigen- und Fremdkapital der Personengesellschaft, 1991 87 ff.
49 Hierzu BMF-Schreiben vom 30.05.1987 BStBl. I 1987, 627; BFH GmbHR 1991, 541. Hierzu auch § 4 Rn. 92 ff.
50 Vgl. hierzu nur BGHZ 95, 188 (194 ff.).
51 Hierzu BGHZ 95, 188; BFH GmbHR 1997, 462.
52 Zur Sicherheit kann der Komplementär-GmbH in der Gesellschafterversammlung der KG aber zumindest eine Stimme gewährt werden, um das Entfalten von Mitunternehmerinitiative i.S.d. § 15 Abs. 1 S. 1 Nr. 2 S. 1 EStG begründen zu können; so Hesselmann/Geuenich § 4 Rn. 34.

tär-GmbH besteht lediglich in der Übernahme der persönlichen Haftung sowie der Geschäftsführung für die KG. Für diese Tätigkeit erhält die Komplementär-GmbH regelmäßig ein Entgelt, welches sich üblicherweise an der Höhe ihres (für die KG haftenden) Eigenkapitals orientiert.[53] Darüber hinaus erhält die GmbH Ersatz ihrer für die KG getätigten Aufwendungen, wie bspw. Geschäftsführervergütungen o.Ä.

2. Gründung durch Sacheinlage einzelner Vermögensgegenstände

Sieht der Gesellschaftsvertrag der KG vor, dass die Kommanditisten ihre Pflichteinlage ganz oder teilweise durch Sacheinlage erbringen können, gelten diesbezüglich nicht die im GmbH-Recht geltenden strengen Regelungen zur Sachgründung. Insbesondere ist keine Erstellung eines Sachgründungsberichts notwendig. **Das Handelsregister prüft nicht**, ob die im Handelsregister verlautbarte Haftsumme tatsächlich oder auch nur teilweise erbracht wurde. Die **Werthaltigkeit** der eingebrachten Sacheinlage ist allerdings entscheidend für den Haftungsausschluss des Kommanditisten gem. § 171 HGB. Soweit der Wert der Sacheinlage hinter der Höhe der Haftsumme zurückbleibt, ist der Kommanditist nicht gem. § 171 Hs. 2 HGB von seiner persönlichen Haftung befreit. Er haftet also persönlich auf die Differenz zwischen dem wahren Wert der Sacheinlage und der zu erbringenden Haftsumme.[54] 18

In steuerrechtlicher Hinsicht ist bei der Sacheinlage danach zu unterscheiden, ob die eingebrachten Gegenstände aus dem Privat- oder Betriebsvermögen des Kommanditisten stammen.

a) Einlage aus dem Privatvermögen

Wirtschaftsgüter aus dem Privatvermögen können nach Auffassung des BFH[55] und der Finanzverwaltung[56] lediglich dann unter Anwendung des § 6 Abs. 5 EStG steuerneutral eingebracht werden, wenn dies im Wege einer verdeckten Einlage erfolgt. Der eingebrachte Vermögenswert muss also dem gesamthänderisch gebundenen Rücklagenkonto gutgeschrieben werden und es dürfen für die Einbringung keine Gesellschaftsrechte gewährt werden.[57] Im Übrigen stellt sich die Einbringung von privaten Vermögenswerten gegen Gewährung von Gesellschaftsrechten als **tauschähnlicher Vorgang** dar. Aufgrund dieses tauschähnlichen Vorgangs ist das eingebrachte Wirtschaftsgut mit seinem gemeinen Wert anzusetzen. Dies hat zur Folge, dass die im eingebrachten Wirtschaftsgut enthaltenen stillen Reserven aufgedeckt werden. Werden hiernach wesentliche Beteiligungen im Sinne des § 17 EStG oder sonstige Vermögensgegenstände innerhalb der Spekulationsfristen des § 23 EStG in die GmbH & Co. KG eingebracht, sind die darin enthaltenen **stillen Reserven** der Einkommensteuer zu unterwerfen. 19

Übersteigt der Wert der eingebrachten Vermögensgegenstände den Wert der gewährten Gesellschaftsanteile, ist der Vorgang in einen entgeltlichen und in einen unentgeltlichen Teil aufzugliedern. Wenn das Wirtschaftsgut im Tausch gegen die Gesellschaftsrechte (entgeltlich) eingebracht wird, ist dieses zwingend mit seinem gemeinen Wert anzusetzen. Soweit der Wert der einzubrin- 20

53 Bspw. eine Vergütung in Höhe von 5 % des bilanziellen Eigenkapitals der GmbH pro Jahr. Hierzu auch § 4 Rn. 78 f.
54 Hierzu RGZ 150, 166; BGHZ 39, 319; 95, 188.
55 BFH BStBl. II 2000, 230.
56 BMF-Schreiben vom 29.03.2000, BStBl. I 2000, 462; a.A. Schmidt/Glanegger EStG § 6 Rn. 440.
57 Bei der Einbringung von Grundstücken ist aber die Sperrfrist des § 23 Abs. 1 S. 5 EStG zu beachten.

genden Wirtschaftsgüter den Wert der Gesellschaftsanteile übersteigt, liegt eine (unentgeltliche) verdeckte Einlage vor. Diesbezüglich ist der Teilwert des Einbringungsgegenstandes im Zeitpunkt der Einlage zugrunde zu legen. Wurde das Wirtschaftsgut innerhalb der letzten drei Jahre vor der Einlage angeschafft oder hergestellt oder handelt es sich um einen Anteil im Sinne von § 17 EStG, ist der Ansatz zum Teilwert auf die Höhe der fortgeführten Anschaffungs- oder Herstellungskosten begrenzt.[58]

b) Einlage aus dem Betriebsvermögen

21 Wirtschaftsgüter aus dem Betriebsvermögen eines Gesellschafters werden gem. § 6 Abs. 5 S. 3 EStG zwingend zum Buchwert in das Gesamthandsvermögen der Personengesellschaft eingebracht. Nach dieser Regelung können einzelne Wirtschaftsgüter in folgenden drei Fällen steuerneutral in eine GmbH & Co. KG eingebracht werden:

- Ein Wirtschaftsgut wird unentgeltlich oder gegen Gewährung oder Minderung von Gesellschaftsrechten aus einem Betriebsvermögen des Mitunternehmers in das Gesamthandsvermögen einer Mitunternehmerschaft überführt; dasselbe gilt für den umgekehrten Fall.
- Ein Wirtschaftsgut wird unentgeltlich oder gegen Gewährung oder Minderung von Gesellschaftsrechten aus dem Sonderbetriebsvermögen eines Mitunternehmers in das Gesamthandsvermögen derselben Mitunternehmerschaft oder einer anderen Mitunternehmerschaft, an der der Mitunternehmer beteiligt ist, überführt; dasselbe gilt für den umgekehrten Fall.
- Ein Wirtschaftsgut wird unentgeltlich zwischen den jeweiligen Sonderbetriebsvermögen verschiedener Mitunternehmer derselben Mitunternehmerschaft übertragen.

22 Zu beachten ist, dass vom Wortlaut des § 6 Abs. 5 S. 3 EStG nicht der Fall erfasst ist, dass ein Wirtschaftsgut vom Gesamthandsvermögen einer Mitunternehmerschaft in das Gesamthandsvermögen einer anderen Mitunternehmerschaft desselben Mitunternehmers übertragen wird. Teilweise möchte man aus dem Wortlaut dieser Vorschrift die Intention des Gesetzgebers lesen, eine Übertragung **zwischen Schwesterpersonengesellschaften** nicht steuerneutral zuzulassen.[59] Ungeachtet dessen, darf die Möglichkeit der steuerfreien Übertragung nicht davon abhängen, ob die Übertragung zwischen Schwesterpersonengesellschaften oder aus dem jeweiligen Sonderbetriebsvermögen erfolgt. Eine derartige Differenzierung erscheint willkürlich und nicht gerechtfertigt, da die Besteuerung der stillen Reserven in jedem Fall sichergestellt ist. Aus diesem Grund muss u.E. richtigerweise eine Buchwertübertragung von Wirtschaftsgütern zwischen Schwestergesellschaften möglich sein. Die Finanzverwaltung lässt eine solche Übertragung zwischen Schwesterpersonengesellschaften jedoch nicht steuerneutral zu.

Praxishinweis:

Wählt man in der Gestaltungspraxis den Umweg über das Sonderbetriebsvermögen, ist das Risiko zu berücksichtigen, dass auf eine derartige Gestaltung die Grundsätze der Gesamtplanrechtsprechung[60] angewandt werden könnten.[61] Aufgrund dieses Risikos ist von einer solchen Vorgehensweise abzuraten.

58 Vgl. hierzu Hesselmann/Geuenich § 4 Rn. 143.
59 So Schulze zur Wiesche DStZ 2002, 744; Roser FR 2002, 316; Brandenberg DStZ 2002, 555; Wendt FR 2002, 65 erachtet eine steuerneutrale Übertragung jedenfalls bei personenidentischen Schwesterpersonengesellschaften als möglich.
60 BFH BStBl. II 2001, 229.
61 Zum Ganzen Hoffmann GmbHR 2002, 131; Düll/Fuhrmann/Eberhard DStR 2000, 1715; Düll StBJb. 2002/03, 138.

Hat eine steuerneutrale Übertragung gem. § 6 Abs. 5 EStG stattgefunden, gilt eine **Sperrfrist von drei Jahren** nach Abgabe der Steuererklärung für den Veranlagungszeitraum der Übertragung, in der das eingebrachte Wirtschaftsgut weder veräußert noch entnommen werden darf. Erfolgt dies dennoch, ist das übertragene Wirtschaftsgut rückwirkend auf den Zeitpunkt der Übertragung mit seinem Teilwert anzusetzen. Für das abgebende Betriebsvermögen hat dies die Realisierung eines Veräußerungsgewinns zur Folge. Die aufnehmende GmbH Co. KG hat spiegelbildlich hierzu höhere Anschaffungskosten. Somit sind die während der Besitzzeit der GmbH & Co. KG entstandenen stillen Reserven von den Kommanditisten zu versteuern. 23

Ein solches Ergebnis lässt sich aber vermeiden, indem die gebildeten **stillen Reserven in einer Ergänzungsbilanz ausgewiesen** und dem übertragenden Gesellschafter zugewiesen werden. Auf diese Weise lassen sich die in der Gesamthandsbilanz entstandenen Mehrwerte durch den entsprechenden negativen Wert in der Ergänzungsbilanz neutralisieren.[62] Ein rückwirkender Ansatz zum Teilwert ist gem. § 6 Abs. 5 S. 6 EStG auch dann vorzunehmen, wenn innerhalb einer **weiteren Sperrfrist von sieben Jahren** nach der Übertragung des Wirtschaftsgutes der Anteil einer Körperschaft an dem Wirtschaftsgut unmittelbar oder mittelbar begründet wird oder dieser sich erhöht. Dies ist bspw. dann der Fall, wenn ein Gesellschaftsanteil an eine Kapitalgesellschaft übertragen wird oder wenn eine Personengesellschaft Kommanditistin der GmbH & Co. KG ist und dann innerhalb der 7-Jahresfrist in eine Kapitalgesellschaft umgewandelt wird.[63] Ist die Komplementär-GmbH an der GmbH & Co. KG auch kapitalmäßig beteiligt, gehen insoweit die anteiligen stillen Reserven auf die Komplementär-GmbH über. Nach dem Gesetzeswortlaut kann in diesem Fall der Teilwertansatz nicht durch die Bildung einer Ergänzungsbilanz vermieden werden.[64]

Eine buchwertneutrale Einbringung nach vorstehenden Grundsätzen scheidet jedoch dann aus, wenn mit dem eingebrachten Wirtschaftsgut **auch Verbindlichkeiten** auf die GmbH & Co. KG mit übergehen. In diesem Fall liegt wiederum ein **tauschähnlicher Vorgang** mit entsprechenden Rechtsfolgen vor. Wird bspw. ein fremdfinanziertes Grundstück in die GmbH & Co. KG eingebracht, kann zur Vermeidung dieser Rechtsfolge überlegt werden, ob die Verbindlichkeiten ggf. nicht mitübertragen werden, sondern beim bisherigen Eigentümer verbleiben. Der entsprechende Gesellschafter könnte die bei ihm verbliebenen Verbindlichkeiten dann als negatives Sonderbetriebsvermögen II führen. 24

Praxishinweis:

Werden die Verbindlichkeiten hingegen auf die GmbH & Co. KG mitübertragen, kann der hierdurch entstehende Veräußerungsgewinn (in Folge Aufdeckung stiller Reserven) in eine ***§ 6 b EStG-Rücklage*** *eingestellt werden. Anschließend könnte die Rücklage aus dem Betriebsvermögen des Gesellschafters auf das eingebrachte Wirtschaftsgut der GmbH & Co. KG übertragen werden. Im Ergebnis wird hierdurch eine Einbringung zum Buchwert erreicht, die von der Finanzverwaltung anerkannt wird.*[65]

Voraussetzung für eine derartige Gestaltung ist freilich, dass die in § 6b EStG genannten Voraussetzungen im Einzelfall vorliegen.[66]

62 Van Lishaut DB 2001, 1519 (1524).
63 Schmidt/Glanegger EStG § 6 Rn. 535.
64 Vgl. Sudhoff/Eberhard § 12 Rn. 15.
65 OFD Koblenz vom 23.12.2003 DStR 2004, 314; Sudhoff/Eberhard § 12 Rn. 13.
66 So muss das Wirtschaftsgut insbesondere mindestens sechs Jahre zum Anlagevermögen einer inländischen Betriebsstätte gehören.

2

3. Gründung durch Einbringung eines Betriebes, Teilbetriebes oder Mitunternehmeranteils

a) Allgemeines

25 Im Rahmen der Gründung einer GmbH & Co. KG kann die Einbringung eines bereits existierenden Betriebes, Teilbetriebes oder Mitunternehmeranteils erwünscht sein. § 24 UmwStG findet auf derartige Vorgänge Anwendung; im Einzelnen ist der Anwendungsbereich dieser Vorschrift in folgenden Fällen eröffnet:

- Gründung einer GmbH & Co. KG durch Einbringung eines bestehenden Einzelunternehmens.
- Aufnahme eines weiteren Gesellschafters in ein Einzelunternehmen/Beitritt der Komplementär-GmbH.
- Beitritt eines Neugesellschafters in eine bereits bestehende GmbH & Co. KG gegen Leistung einer Einlage.
- Einlage aller Gesellschaftsanteile einer Personengesellschaft (z.B. OHG) in eine neugegründete GmbH & Co. KG, wodurch das Gesellschaftsvermögen der Personengesellschaft der GmbH & Co. KG anwächst.
- Ausgliederung aus einer Körperschaft, Personengesellschaft oder einem Einzelunternehmen auf eine GmbH & Co. KG gem. § 123 Abs. 3 UmwG.
- Verschmelzung einer Personengesellschaft auf eine andere Personengesellschaft gem. §§ 2, 39 UmwG.

Vorgenannte Fallgestaltungen können allesamt nach § 24 UmwStG realisiert werden. § 6 Abs. 5 EStG findet auf derartige Vorgänge keine Anwendung, da § 24 UmwStG als speziellere Vorschrift Vorrang hat.

b) Einbringung eines Betriebs

26 Praktisch relevant ist die Einbringung eines Betriebs in dem Fall der „Umwandlung" eines Einzelunternehmens in eine GmbH & Co. KG. Der Einzelunternehmer beabsichtigt, seinen Betrieb künftig als GmbH & Co. KG zu führen. Weitere Gesellschafter sollen bei dieser Gelegenheit aber nicht aufgenommen werden. Gesellschaftsrechtlich erfolgt die Umwandlung dadurch, dass eine Komplementär-GmbH dem bisherigen Geschäftsinhaber als Gesellschafter beitritt, wobei die Komplementär-GmbH regelmäßig am Kapital der hierdurch entstehenden Gesellschaft nicht beteiligt wird.

Dieser steuerrechtlich als Einbringung zu bewertende Vorgang ist von § 24 UmwStG erfasst. Voraussetzung ist allerdings, dass **sämtliche wesentliche Betriebsgrundlagen** des Einzelunternehmens in die GmbH & Co. KG überführt werden. Während **nichtwesentliche Wirtschaftsgüter** nicht unbedingt in das Gesamthandsvermögen der GmbH & Co. KG überführt werden müssen, sondern der Gesellschaft **auch zur Nutzung überlassen werden können** und somit steuerrechtlich Sonderbetriebsvermögen I darstellen,[67] müssen wesentliche Betriebsgrundlagen regelmäßig

67 BMF-Schreiben vom 25.03.1998 BStBl. I 1998 268 Rn. 24.04 und 20.08.

in das Gesamthandsvermögen der Gesellschaft selbst übergehen. Eine Nutzungsüberlassung und steuerliche Einordnung als Sonderbetriebsvermögen I genügt nicht.[68] Werden hiernach nichtwesentliche Betriebsgrundlagen zurückbehalten und der Gesellschaft lediglich zur Nutzung überlassen, findet für die Bewertung dieser Gegenstände im **Sonderbetriebsvermögen** ebenfalls die nach § 24 UmwStG vorzunehmende Bewertung Anwendung. Die Bewertung hinsichtlich des Sonderbetriebsvermögens und hinsichtlich des Gesamthandsvermögens erfolgt **nur einheitlich.** Denn die Wirtschaftsgüter des Sonderbetriebsvermögens einerseits und des Gesamthandsvermögens andererseits stellen in ihrer Gesamtheit den Betrieb bzw. den Teilbetrieb im Sinne des Steuerrechts dar.[69]

c) Einbringung eines Teilbetriebs

27 Unter einem Teilbetrieb versteht man einen funktional oder regional getrennten Teil eines Unternehmens, der mit einer gewissen Selbständigkeit ausgestattet ist und eigenständig lebensfähig ist. Dies ist bspw. der Fall bei einer eindeutigen Zuordnung von Personal- und Produktionsanlagen und einem eigenständigen Rechnungswesen.[70] Wird eine wesentliche Betriebsgrundlage eines Teilbetriebs nicht in das Gesamthandsvermögen mitübertragen, steht dies – im Gegensatz zur Einbringung eines Betriebs – einer Anwendbarkeit des § 24 UmwStG nicht entgegen. Voraussetzung hierfür ist jedoch die Eigenschaft der wesentlichen Betriebsgrundlage als steuerliches Sonderbetriebsvermögen I des Gesellschafters bei der GmbH & Co. KG.[71] Ein in der Praxis regelmäßig als wesentliche Betriebsgrundlage anzusehendes Betriebsgrundstück muss der GmbH & Co. KG also zumindest zur Nutzung überlassen werden. Wird dieses Grundstück aber von mehreren Teilbetrieben genutzt, wird den Anforderungen des § 24 UmwStG genügt, wenn ein entsprechender Miteigentumsanteil an diesem Grundstück auf die GmbH & Co. KG übertragen wird.[72] Ebenso denkbar ist aber auch eine Übertragung des entsprechenden Miteigentumsanteils in das Sonderbetriebsvermögen des Gesellschafters bei der GmbH & Co. KG. Diese Übertragung in das Sonderbetriebsvermögen des Gesellschafters vollzieht sich freilich nur in steuerrechtlicher Hinsicht; zivilrechtlich bleibt der Gesellschafter alleiniger Eigentümer.[73]

d) Einbringung eines Mitunternehmeranteils

28 Bei der Einbringung eines Mitunternehmeranteils gilt es zu beachten, dass auch damit zusammenhängendes Sonderbetriebsvermögen mit eingebracht werden muss. Denn dieses ist Bestandteil des Mitunternehmeranteils. Bei Zurückbehaltung des Sonderbetriebsvermögens ist § 24 UmwStG nicht anwendbar.

---

68 Hierzu auch Hesselmann/Geuenich § 4 Rn. 136.
69 Haritz/Schlößer § 24 UmwStG Rn. 96.
70 Zum Ganzen BFH BStBl. II 1995, 403.
71 BMF-Schreiben vom 25.03.1998 BStBl. I 1998, 268 Rn. 24.06.
72 BMF-Schreiben vom 25.03.1998 BStBl. I 1998, 268 Rn. 15.07.
73 Steuerrechtlich ist das Unternehmen somit teilweise als Sonderbetriebsvermögen des Gesellschafters bei der GmbH & Co. KG erfasst und teilweise im Betriebsvermögen des anderen Teilbetriebs, welcher das Grundstück ebenfalls nutzt. Zivilrechtlich ist eine derartige fiktive Aufteilung bei ein- und demselben Eigentümer freilich nicht denkbar.

4. Bewertungswahlrecht bei Einbringung

2

29 Wird ein Betrieb, Teilbetrieb oder Mitunternehmeranteil in eine GmbH & Co. KG eingebracht, stand dieser bislang ein Bewertungswahlrecht zu. Die GmbH & Co. KG konnte die eingebrachten Vermögenswerte mit dem Buch-, Teil- oder Zwischenwert ansetzen. Mit Inkrafttreten des „Gesetzes über steuerliche Begleitmaßnahmen zur Einführung der Europäischen Gesellschaft und zur Änderung weiterer steuerrechtlicher Vorschriften“[74] (SESTEG) am 13.12.2006 ist nunmehr bei der Bewertung des eingebrachten Betriebsvermögens grundsätzlich der gemeine Wert anzusetzen. Auf Antrag der übernehmenden Personengesellschaft kann jedoch ein Ansatz zum Buch- oder einem Zwischenwert erfolgen, soweit das Recht Deutschlands hinsichtlich der Besteuerung des Gewinns aus der Veräußerung des eingebrachten Betriebsvermögens bei der übernehmenden Gesellschaft nicht ausgeschlossen oder beschränkt wird. Der Antrag ist durch die übernehmende Gesellschaft bei dem für sie zuständigen Finanzamt spätestens bis zur erstmaligen Einreichung der steuerlichen Schlussbilanz zu stellen. Der Wertansatz in der GmbH & Co. KG entscheidet auch darüber, ob und in welcher Höhe der Einbringende einen **Veräußerungsgewinn** erzielt. Gem. § 24 Abs. 3 S. 1 UmwStG ist der Wertansatz in der Eröffnungsbilanz der GmbH & Co. KG unter Berücksichtigung der Ergänzungsbilanz maßgeblich dafür, ob der einbringende Gesellschafter einen Veräußerungsgewinn realisiert und zu versteuern hat. Wird auf Antrag gem. § 24 Abs. 2 S. 2 UmwStG der Ansatz zum Buchwert gewählt, findet keine Realisierung von stillen Reserven statt.

Grundvoraussetzung für die Anwendbarkeit von § 24 UmwStG ist, dass der **Einbringende Mitunternehmer der aufnehmenden Personengesellschaft wird**. Dies liegt dann vor, wenn die eingebrachten Wirtschaftsgüter auf dem Festkapitalkonto (Kapitalkonto I) verbucht werden. Erfolgt die Verbuchung hingegen ausschließlich auf einem steuerrechtlichen Fremdkapitalkonto der Gesellschaft (Darlehens- oder Privatkonto), sind die Voraussetzungen des § 24 UmwStG nicht erfüllt. Grundvoraussetzung ist also stets, dass dem Einbringenden Mitunternehmeranteile (Gesellschaftsanteile) gewährt werden. Werden die eingebrachten Vermögenswerte in Höhe der gewährten Gesellschaftsanteile auf dem Kapitalkonto I gebucht, der darüber hinausgehende Betrag auf dem gesamthänderisch gebundenen Rücklagenkonto der Gesellschaft, ist § 24 UmwStG ebenfalls anwendbar.[75] Erfolgt die Verbuchung lediglich teilweise auf Kapitalkonto I und im Übrigen auf einem Fremdkapitalkonto der Gesellschaft, werden nach Auffassung der Finanzverwaltung die auf das Fremdkapitalkonto entfallenden stillen Reserven zwingend aufgedeckt.[76]

30 Überträgt der Gesellschafter seinen Mitunternehmeranteil nachfolgend unentgeltlich, führt dies nicht zur nachträglichen Aufdeckung der Reserven. Vielmehr **übernimmt der Beschenkte zwingend die steuerbilanziellen Buchwerte** gem. § 6 Abs. 3 S. 1 u. 3 EStG. Überträgt der Schenker lediglich einen Teil seines Miteigentumsanteils, bleibt er nach wie vor Mitunternehmer. Verfügt er darüber hinaus über Sonderbetriebsvermögen bei der GmbH &Co. KG, muss er dieses nicht quotenentsprechend[77] oder gar vollständig auf den Beschenkten mitübertragen. Er ist frei, das Sonderbetriebsvermögen ganz oder teilweise zurückzubehalten, sofern er selbst Gesellschafter bleibt. Allerdings ist der Rechtsnachfolger gem. § 6 Abs. 3 EStG mit einer **Sperrfrist von fünf Jahren** belegt, innerhalb derer er den erlangten Mitunternehmeranteil nicht veräußern oder aufgeben darf, ansonsten ist der Übertragungsvorgang nachträglich zu versteuern.

---

74 BGBl. I 2006, 2782 ff.

75 Widmann in Widmann/Mayer § 24 UmwStG Rn. 158.

76 BMF-Schreiben vom 25.03.1998 BStBl. I 1998, 268 Rn. 24.08; so auch Wacker BB 1998 Beilage 8 zu Heft 26, 30.

77 Bis einschließlich 2001 musste auf der Grundlage der Rechtsprechung zu § 6 Abs. 3 EStG zwingend eine quotenentsprechende Mitübertragung des Sonderbetriebsvermögens erfolgen. BFH BStBl. II 2001, 26; BFH GmbHR 2000, 1166.

Aber selbst bei einem über dem Buchwert liegenden Ansatz kann das Entstehen eines (steuerpflichtigen) Veräußerungsgewinns vermieden werden. Der handelsbilanzielle Ansatz zum Teilwert (Aufstockung) wird steuerlich neutralisiert durch eine entsprechende negative Ergänzungsbilanz (Abstockung).[78] 31

Beispiel:

X möchte sein bisheriges Einzelunternehmen zum 01.01.2007 in eine GmbH & Co. KG überführen. Zum 31.12.2006 weist das Einzelunternehmen des X folgende Schlussbilanz auf:

Einzelunternehmen X 31.12.2006

Anlagevermögen	100	Kapital	100
Umlaufvermögen	900	Verbindlichkeiten	900
	1.000		1.000

Das Anlagevermögen beinhaltet stille Reserven in Höhe von 800, das Umlaufvermögen beinhaltet stille Reserven in Höhe von 100. Diese stillen Reserven sollen im Zuge der Umwandlung in eine GmbH & Co. KG aufgedeckt werden. Durch Bildung einer negativen Ergänzungsbilanz ergeben sich in der Zusammenschau mit der Gesamthandsbilanz der GmbH & Co. KG dieselben Bilanzwerte wie in der Schlussbilanz des Einzelunternehmens. 32

X GmbH & Co. KG

Anlagevermögen	900	Eigenkapital	1.000
Umlaufvermögen	1.000	Verbindlichkeiten	900
	1.900		1.900

Ergänzungsbilanz X

Ergänzungskapital	900	Minderbetrag Anlagevermögen	800
		Minderbetrag Umlaufvermögen	100
	900		900

Die in der Handelsbilanz der X GmbH & Co. KG aufgestockten Werte ermöglichen grundsätzlich höhere Abschreibungen. Diesen Abschreibungen stehen jedoch korrespondierend entsprechende Erträge aus der Auflösung der Minderwerte aus der Ergänzungsbilanz gegenüber. Der höhere Wertansatz in der Handelsbilanz wird hierdurch neutralisiert, sodass im Ergebnis die bisherigen Buchwerte fortgeführt werden.[79]

Erfolgt die Einbringung hingegen zum Teilwert unter Realisierung des Einbringungsgewinns, ist dieser gem. § 16 EStG zu versteuern; Gewerbesteuer fällt diesbezüglich aber nicht an.[80] Weiter stellt sich dann die Frage, ob auf den Einbringungsgewinn, der aus der Aufdeckung der stillen Reserven resultiert, die **Tarifbegünstigung der §§ 16 Abs. 4, 34 EStG** anwendbar ist, um eine Reduzierung der Steuerlast zu erreichen. Eine Tarifbegünstigung setzt hiernach voraus, dass es sich bei dem eingebrachten Vermögen um eine Sachgesamtheit handelt, d.h. um einen Betrieb, Teilbetrieb oder den gesamten Anteil eines Mitunternehmers. Sämtliche Wirtschaftsgüter müssen sowohl in der Eröffnungsbilanz der GmbH & Co. KG als auch in etwaigen Sonderbilanzen der Gesellschafter mit dem **Teilwert** angesetzt werden.[81] Darüber hinaus sind die eingebrachten Vermögenswerte 33

78 Kirchhoff/Söhn/Reiß EStG § 15 Rn. E 281.
79 Hierzu Sudhoff/Eberhard § 12 Rn. 30; Kirchhoff/Söhn/Reiß EStG § 15 Rn. E 283.
80 Abschn. 40, Abs. 1 GewStR.
81 § 24 Abs. 3 S. 2 UmwStG.

zwingend mit dem Teilwert anzusetzen und nicht etwa mit einem Zwischenwert.[82] Die Aufdeckung stiller Reserven muss sich auf sämtliche materielle und immaterielle Wirtschaftsgüter des Gesamtbetriebs erstrecken. Selbst nichtentgeltlich erworbene immaterielle Wirtschaftsgüter müssen mit dem Teilwert angesetzt werden. Das gesetzliche Aktivierungsverbot des § 5 Abs. 2 EStG für nichtentgeltlich erworbene immaterielle Wirtschaftsgüter hat hinter den spezielleren Regelungen zur Einlage von Wirtschaftsgütern zurückzustehen.[83] Vor dem Hintergrund der Rechtsprechung des BFH stellt sich die **Aktivierungspflicht für sämtliche immaterielle Wirtschaftsgüter** aber nur scheinbar als Ausnahme zum Aktivierungsverbot des § 5 Abs. 2 EStG dar. Denn in der Aufdeckung stiller Reserven sieht der BFH einen entgeltlichen Erwerb des gesamten übertragenen Geschäftswertes, d.h. die ursprünglich nichtentgeltlich erworbenen immateriellen Wirtschaftsgüter werden von der Personengesellschaft gerade entgeltlich erworben; aufgrund dieser Entgeltlichkeit des Erwerbs ist eine Aktivierung somit grundsätzlich zulässig.

34 Schließlich **darf der Einbringende nicht Mitunternehmer der übernehmenden GmbH & Co. KG werden.**[84] Wird der Einbringende hingegen Mitunternehmer bei der GmbH & Co. KG, führen die aufgedeckten stillen Reserven zu einem laufenden und nicht zu einem tarifbegünstigten Veräußerungsgewinn.[85] Hierdurch soll verhindert werden, dass in der Folgezeit die Aufstockungen zu erhöhten Abschreibungen führen und dieser Aufwand somit den laufenden Gewinn mindert. Im Ergebnis würde hierdurch tarifbegünstigtes Abschreibungspotential den regulär besteuerten Gewinn verringern können, was gem. §§ 16 Abs. 4, 34 EStG gerade verhindert werden soll.

Erfolgt die Einbringung hingegen auf Rechnung eines eintretenden Neugesellschafters, kann die Tarifbegünstigung in Anspruch genommen werden.[86] Zahlt der neu eintretende Gesellschafter eine Ausgleichszahlung nicht in das Betriebsvermögen der GmbH & Co. KG, sondern in das Privatvermögen des Einbringenden, kann diesbezüglich die Tarifbegünstigung der §§ 16 Abs. 4, 34 EStG eingreifen.[87]

35 Die Einbringung eines Betriebes, Teilbetriebes oder Mitunternehmeranteils kann im Anwendungsbereich des § 24 UmwStG auch mit Rückwirkung erfolgen.[88] Die **allgemeine Rückwirkungsfrist von acht Monaten**[89] im Umwandlungsteuerrecht findet auch auf § 24 UmwStG Anwendung. Allerdings eröffnet § 24 Abs. 4 Hs. 2 UmwStG diese Möglichkeit der Rückwirkung ausschließlich für die Fälle der Gesamtrechtsnachfolge bzw. der partiellen Gesamtsrechtsnachfolge. Die Finanzverwaltung erblickt lediglich in den Fällen der Verschmelzung (§§ 2, 39 ff. UmwG) und der Ausgliederung (§ 123 Abs. 3 UmwG) eine derartige Gesamtrechtsnachfolge. Da die Einbringung eines Betriebes keine Gesamtrechtsnachfolge, sondern Teilrechtsnachfolge darstellt, gelten diesbezüglich die allgemeinen Grundsätze zur Rückwirkung im Steuerrecht.[90]

82 Gem. § 24 Abs. 2 S. 3 UmwStG bildet der Teilwert die Obergrenze für den Wertansatz.
83 BMF-Schreiben vom 25.03.1998 BStBl. I 1998, 268 Rn. 24.01.
84 § 24 Abs. 3 S. 3 UmwStG i.V.m. § 16 Abs. 2 S. 3 EStG.
85 BMF-Schreiben vom 25.03.1998 BStBl. I 1998, 268 Rn. 24.16; BFH BStBl. II 2001, 178; a.A. Haritz/Schlösser § 24 UmwStG Rn. 152.
86 BFH BStBl. II 2001, 178.
87 BFH BStBl. II 2001, 178; BMF-Schreiben vom 25.03.1998 BStBl. I 1998, 268 Rn. 24.12 a.
88 Dötsch/Patt UmwStG § 24 Rn. 150.
89 §§ 2, 20 Abs. 7 UmwStG.
90 Haritz/Schlößer § 24 UmwStG Rn. 76 erachtet eine kurze Zeitspanne von 3 Monaten für zulässig, wenn sie der technischen Vereinfachung der Besteuerung dient. Schmitt in Schmitt/Hörtnagl § 24 UmwStG Rn. 135 hingegen sieht lediglich 4 bis 6 Wochen als zulässig an.

IV. Beitritt der Komplementär-GmbH

2

Grundvoraussetzung für das Entstehen einer GmbH & Co. KG ist die Beteiligung einer GmbH als Gesellschafter der KG. In welcher Form und auf welchem Wege diese Beteiligung erfolgt, kann von den Beteiligten frei gewählt werden. Grundsätzlich bieten sich hier verschiedene Möglichkeiten an. 36

1. Komplementär-GmbH ohne Kapitalanteil an der KG

Die Rechtsform der GmbH & Co. KG eröffnet die Gestaltungsmöglichkeit, dass sich im Rahmen einer Personengesellschaft keine natürliche Person als Vollhafter zur Verfügung stellen muss. Denn diese Funktion wird von der GmbH übernommen. Eine kapitalmäßige Beteiligung der GmbH am Vermögen der KG ist darüber hinaus nicht erforderlich und regelmäßig von den Beteiligten auch nicht gewünscht. In den allermeisten Fällen beschränkt sich die gesellschaftsrechtliche Beteiligung der GmbH daher auf ihre Komplementär-Stellung, ohne vermögensmäßige Beteiligung an der KG. 37

a) Identitätswahrende Umwandlung

Das Ziel, eine GmbH & Co. KG zu gründen, kann über den Weg einer identitätswahrenden Umwandlung erreicht werden. Hiernach wird eine bestehende Personengesellschaft durch identitätswahrende Umwandlung als GmbH & Co. KG fortgeführt. Erreicht wird diese Umwandlung durch den Beitritt der GmbH als Gesellschafterin der KG, wobei sich die Gesellschafterstellung auf die Übernahme der persönlichen Haftung beschränkt und eine vermögensmäßige Beteiligung unterbleibt. Das Vermögen der KG steht hingegen den bisherigen persönlich haftenden Gesellschaftern zu, die künftig als Kommanditisten beteiligt sind. In handels- oder steuerbilanzieller Sicht ändert sich hierdurch nichts. Die bislang von den persönlich haftenden Gesellschaftern gehaltenen Beteiligungen werden künftig als Kommanditbeteiligungen mit dem Buchwert weitergeführt.[91] Eine solch identitätswahrende Umwandlung ist dadurch gekennzeichnet, dass die **bisherigen Gesellschafter durch Beschluss künftig Kommanditisten sind** und die Haftungsübernahme durch die neu beigetretene GmbH erfolgt. Eine Übertragung von Gesellschaftsanteilen findet hierbei nicht statt. Dies ist aber auch der Grund dafür, dass die Finanzverwaltung den Anwendungsbereich von § 24 UmwStG für derartige Fälle nicht für eröffnet hält.[92] Dennoch kann in der Praxis die identitätswahrende Umwandlung praktiziert werden, da unabhängig von der Anwendbarkeit des § 24 UmwStG eine Aufdeckung stiller Reserven nicht erfolgt.[93] 38

Praxishinweis:

Ist die Aufdeckung stiller Reserven beabsichtigt, empfiehlt sich die Variante der identitätsaufhebenden Umwandlung, da § 24 UmwStG grds. den Ansatz zum Teilwert vorsieht

91 BFH BStBl. II 1985, 695; BFH GmbHR 1995, 238.
92 BMF-Schreiben vom 25.03.1998, BStBl. I 1998, 268 Rn. 24.1 d) u. 24.2.
93 Hierzu auch Hesselmann/Geuenich § 4 Rn. 147.

b) Identitätsaufhebende Umwandlung

39 Während bei der identitätswahrenden Umwandlung die Gesellschaft lediglich ihre „äußere Gestalt“ dadurch ändert, dass die bisherigen persönlich haftenden Gesellschafter durch entsprechenden Beschluss Kommanditisten werden, kann der Weg in die GmbH & Co. KG auch dergestalt erfolgen, dass die bisherigen Gesellschafter eine **eigenständige neue GmbH & Co. KG gründen**. Im Anschluss hieran bringen sie ihre sämtlichen Anteile als persönlich haftende Gesellschafter in die neugegründete GmbH & Co. KG ein, was gemäß § 24 UmwStG auf Antrag und bei Vorliegen der dort genannten Voraussetzungen zu Buchwerten möglich ist. Die ursprüngliche Gesellschaft hat infolge dieser Einbringungen nunmehr nur noch einen Gesellschafter, nämlich die neugegründete GmbH & Co. KG. Diese Eigenschaft als „Einmann-Personengesellschaft“ führt schließlich zur Anwachsung gem. § 738 BGB, wonach sämtliches Vermögen der bisherigen Gesellschaft der GmbH & Co. KG anwächst. Zwischen ursprünglicher Gesellschaft und GmbH & Co. KG besteht keine Identität.

c) Bewertungswahlrecht des § 24 UmwStG

40 Ist die Komplementär-GmbH nicht kapitalmäßig an der KG beteiligt, kommt nach vorgenannten Ausführungen sowohl eine identitätswahrende als auch eine identitätsaufhebende Umwandlung in Frage, um die Aufnahme der Komplementär-GmbH in die GmbH & Co. KG zu erreichen. Während bei der identitätswahrenden Umwandlung nach Auffassung der Finanzverwaltung § 24 UmwStG keine Anwendung findet, eine Buchwertfortführung aber dennoch möglich ist, ist bei der identitätsaufhebenden Umwandlung § 24 UmwStG in jedem Fall anwendbar. Nach dieser Vorschrift ist der eingebrachte Mitunternehmeranteil grundsätzlich mit dem gemeinen Wert anzusetzen soweit die Besteuerung der stillen Reserven durch die Bundesrepublik Deutschland sichergestellt ist, kann auf Antrag auch ein Ansatz zum Buchwert (oder Zwischenwert) erfolgen. Erfolgt die Einbringung hiernach zum Buchwert, werden die bisherigen Steuerbilanzwerte in der GmbH & Co. KG fortgeführt. Bei Einbringung zum Teilwert, sind die stillen Reserven aufzudecken. Der sich hieraus ergebende Veräußerungsgewinn ist gem. § 24 Abs. 3 S. 3 UmwStG in Verbindung mit § 16 Abs. 2 S. 3 EStG nicht tarifbegünstigt; vielmehr handelt es sich um einen laufenden Gewinn, der der normalen Besteuerung unterliegt. Finanzverwaltung und Rechtsprechung begründen dies damit, dass sich die bisherige Beteiligungsquote des Einbringenden unverändert in der GmbH & Co. KG fortsetzt.[94]

2. Komplementär-GmbH mit Beteiligung am Vermögen der KG

41 Die vermögensmäßige Beteiligung der GmbH an der KG ist in der Praxis unüblich und regelmäßig auch steuerlich problematisch.

94 BMF-Schreiben vom 25.03.1998 BStBl. I 1998, 268 Rn. 24.16; BFH BStBl. II 2001, 178 (181).

a) Unentgeltliche Beteiligung der GmbH an der KG

2

Die vermögensmäßige Beteiligung der Komplementär-GmbH an der KG lässt sich erreichen, indem sämtliche Gesellschafter der bisherigen Personengesellschaft im Verhältnis ihrer Beteiligungsquoten Anteile an einer GmbH erwerben. In diese GmbH bringen sie sodann jeweils einen Teil ihres Mitunternehmeranteils gem. **§ 20 UmwStG**[95] ein.[96] Anschließend wechseln sämtliche bisherigen Gesellschafter durch einstimmigen Gesellschafterbeschluss in die Rechtsstellung von Kommanditisten; darüber hinaus tritt die GmbH bei und übernimmt die Komplementär-Stellung. In jedem Fall führt die vermögensmäßige Beteiligung der GmbH aber dazu, dass in der bisherigen Gesellschaft und in der nachfolgend entstandenen GmbH & Co. KG **keine Identität** besteht. Denn der Beitritt der Komplementär-GmbH unter vermögensmäßiger Beteiligung an der KG führt zu einer Verschiebung der Beteiligungsverhältnisse vor und nach dem Beitritt der GmbH. Den Gesellschaftern steht im Hinblick auf die bei ihnen verbliebene Gesellschaftsbeteiligung das Ansatzwahlrecht gem. § 24 UmwStG zu.[97]

b) Entgeltliche Beteiligung der GmbH am Vermögen der KG

Die Beteiligung am Vermögen der KG kann schließlich auch erreicht werden, indem die Komplementär-GmbH Mitunternehmeranteile an der KG entgeltlich oder gegen Bar- oder Sacheinlage erwirbt. Von dem veräußernden Gesellschafter ist ein hierbei **realisierter Veräußerungsgewinn** gem. § 16 Abs. 1 S. 1 Nr. 2 EStG zu versteuern. Auf die Tarifbegünstigung des § 34 EStG[98] kann sich der veräußernde Gesellschafter nur berufen, wenn er seinen verbliebenen Gesellschaftsanteil in der „neuen“ GmbH & Co. KG mit dem Teilwert ansetzt.[99] Wird der verbleibende Gesellschaftsanteil im Rahmen der GmbH & Co. KG jedoch mit dem Buch- oder Zwischenwert angesetzt, kann der Gesellschafter die Tarifbegünstigung nicht in Anspruch nehmen.[100] 42

Zu beachten ist, dass eine Veräußerung im vorgenannten Sinn nicht nur bei ausdrücklicher Vereinbarung eines Entgelts anzunehmen ist. Erbringt der neu eintretende Gesellschafter – bspw. die Komplementär-GmbH – eine Bareinlage in das Vermögen der GmbH & Co. KG und fließt der Wert der Einlage anschließend an die bisherigen Gesellschafter, kann dieser Vorgang wirtschaftlich **einer entgeltlichen Veräußerung gleichgestellt** werden. Dies gilt jedenfalls dann, wenn die bisherigen Gesellschafter ausdrücklich[101] zur überproportionalen Gewinnentnahme berechtigt sind.

Erfolgt die über die kapitalmäßige Beteiligung hinausgehende Gewinnberechtigung nicht nur als vorübergehende darlehensweise Auszahlung, sondern erlangen die Alt-Gesellschafter durch die disquotale Gewinnausschüttung[102] endgültig einen entsprechenden Übergewinn, ist dieser wirt- 43

95 Gem. § 20 Abs. 2 UmwStG erfolgt die Einbringung zum gemeinen Wert; auf Antrag kann aber bei Vorliegen der dort genannten Voraussetzungen ein Ansatz zum Buchwert erfolgen.
96 Vgl. BMF-Schreiben vom 25.03.1998 BStBl. I 1998, 268 Rn.20.13.
97 Hierzu Hesselmann/Geuenich § 4 Rn. 149.
98 I.V.m. § 16 Abs. 4 EStG.
99 Da im Fall der vermögensmäßigen Beteiligung der GmbH an der KG zwischen „Alt-Gesellschaft“ und „Neu-Gesellschaft“ keine Identität besteht, wird der bisherige Gesellschaftsanteil in die „neue GmbH & Co. KG“ eingebracht; hierzu Hesselmann/Geuenich § 4 Rn. 150.
100 § 24 Abs. 3 S. 3 UmwStG i.V.m. § 16 Abs. 2 S. 3 EStG.
101 Bspw. durch den Einbringungsvertrag, den Gesellschaftsvertrag oder kraft einstimmigen Gesellschafterbeschlusses.
102 Zu den gesellschafts- und steuerrechtlichen Voraussetzungen der disquotalen Gewinnausschüttung vgl. Tavakoli DB 2006, 1882 ff.

schaftlich als Veräußerungsentgelt zu werten.[103] Freilich kann die Vereinbarung einer disquotalen Gewinnausschüttung zugunsten der Alt-Gesellschafter im Zusammenhang mit der Aufnahme eines Neu-Gesellschafters gerade hierin wirtschaftlich begründet sein; erbringen die Alt-Gesellschafter etwa gegenüber der Gesellschaft besondere Leistungen oder stellen sie dieser spezielles Know-how zur Verfügung, kann gerade dies der Beweggrund für ihren Übergewinn sein und gerade nicht eine „verschleierte" Auszahlung der Bareinlage des Neu-Gesellschafters. Ist die disquotale Gewinnausschüttung zugunsten der Alt-Gesellschafter jedoch von vornherein zeitlich begrenzt oder gar der Gesamthöhe nach fixiert, kann hierin nur die Auszahlung eines Veräußerungsentgelts in Teilbeträgen gesehen werden.[104]

44 Sind – wie im Regelfall – an der Komplementär-GmbH die Kommanditisten beteiligt, und ist der Wert des übernommenen Gesellschaftsanteils höher als das hierfür entrichtete Entgelt,[105] hat dies zweierlei zur Folge: Zum einen tritt insoweit bei den Alt-Gesellschaftern eine Gewinnrealisierung ein und zum anderen kommt es nach dem Korrespondenzprinzip[106] zu einer entsprechenden verdeckten Einlage[107] in die Komplementär-GmbH.[108] In Höhe der aufgedeckten Einlage erhöhen sich dann auch die nachträglichen Anschaffungskosten der an der Komplementär-GmbH beteiligten Kommanditisten; im Falle einer Veräußerung der GmbH-Anteile durch die Kommanditisten verringern die erhöhten Anschaffungskosten einen etwaigen (zu versteuernden) Veräußerungsgewinn.[109]

V. Gründungskosten

45 Bei den Gründungskosten muss unterschieden werden zwischen den Kosten für die Errichtung der Komplementär-GmbH und denjenigen für die Errichtung der GmbH & Co. KG. Die bei Errichtung der Komplementär-GmbH anfallenden Kosten, bspw. für **Rechtsberatung und notarielle Beurkundung der Satzung**, können nur bei der GmbH selbst Betriebsausgaben darstellen. Voraussetzung hierfür ist jedoch, dass die Satzung eine Regelung enthält, wonach die Gründungskosten von der GmbH getragen werden.[110]

Auch wenn die GmbH ausschließlich zu dem Zweck gegründet wurde, die persönliche Haftung bei der GmbH & Co. KG zu übernehmen, können ihre Gründungskosten nicht als Betriebsausgaben im Rahmen der einheitlichen und gesonderten Gewinnfeststellung bei der GmbH & Co. KG angesetzt werden. Wenn die GmbH & Co. KG der Komplementär-GmbH die angefallenen Gründungskosten ersetzt, ist dies als Zahlung eines Vorabgewinns ohne steuermindernde Auswirkungen zu qualifizieren.[111]

46 Weitere Kosten können entstehen, wenn in die GmbH & Co. KG Vermögenswerte eingebracht werden. Insbesondere bei Einbringung eines Betriebs, Teilbetriebs oder Mitunternehmeranteils entstehen regelmäßig Kosten für die Erstellung der **Einbringungsbilanz** und für Rechtsberatung.

103 Vgl. hierzu BMF-Schreiben vom 25.03.1998 BStBl. I 1998, 268 Rn.24.12.
104 Vgl. hierzu FG München EFG 1990, 319.
105 Zu vergleichen ist einerseits der Nominalwert des Gesellschaftsanteils zzgl. der darin enthaltenen stillen Reserven und andererseits die Gegenleistung in Form eines Kaufpreises oder einer Bar- oder Sacheinlage.
106 Hierzu Fehrenbacher, Steuerrecht § 3 Rn. 11 f.
107 Die Höhe der verdeckten Einlage berücksichtigt auch einen originären Firmen- oder Geschäftswert; vgl. hierzu BFH GmbHR 1997, 222.
108 Hierzu Hesselmann/Geuenich § 4 Rn.152.
109 Der Veräußerungsgewinn errechnet sich aus dem Verkaufserlös abzgl. der Anschaffungskosten sowie Veräußerungskosten.
110 BFH BStBl. II 1968, 678.
111 Vgl. hierzu BFH BStBl. II 1996, 295.

Auch diese durch die Einbringung verursachten Kosten sind keine Betriebsausgaben der GmbH & Co. KG. Vielmehr handelt es sich um **Aufwand, der dem Einbringenden entstanden ist**. Folglich hat dieser die Kosten bei Buchwertfortführung im Rahmen seiner erworbenen Gesellschaftsbeteiligung zu aktivieren.[112] Erfolgt die Einbringung hingegen nicht unter Fortführung der Buchwerte, sondern unter Realisierung stiller Reserven, mindern diese Kosten für die Einbringung den zu versteuernden Veräußerungsgewinn.[113]

VI. Umsatzsteuer

Die Gründung einer GmbH & Co. KG kann – je nach Fallgestaltung – auch umsatzsteuerliche Relevanz besitzen. Während die GmbH & Co. KG in ertragsteuerlicher Hinsicht „transparent" ist und der Gewinn ausschließlich bei den Gesellschaftern versteuert wird, gilt dies im Umsatzsteuerrecht nicht. **Gesellschafter und Gesellschaft bilden in umsatzsteuerlicher Sicht gerade keine Einheit**. Leistungen des Gesellschafters an die Gesellschaft und umgekehrt gelten daher als potentielle Umsatzsteuertatbestände. Bei Gründung der GmbH & Co. KG besteht die Leistung des Gesellschafters an die Gesellschaft regelmäßig in der Erbringung einer Geld- oder Sacheinlage, wofür er im Gegenzug von der Gesellschaft Anteile an der GmbH & Co. KG erhält. 47

Der BFH legte mit Beschluss vom 27.09.2001 dem EuGH die Frage vor, ob die im Zusammenhang mit einer Bar- oder Sacheinlage erfolgte Gewährung von Gesellschaftsrechten eine (steuerfreie) Dienstleistung der Gesellschaft gegen Entgelt[114] an den Gesellschafter darstellt.[115] Ferner legte der BFH die Frage vor, ob die Gesellschaft im Hinblick auf ihr in Rechnung gestellte Eingangsleistungen (insbesondere Beratungsleistungen) zum Vorsteuerabzug berechtigt ist. Mit Urteil vom 26.06.2003 hat der EuGH entschieden, dass die Aufnahme eines neuen Gesellschafters in eine Personengesellschaft keine Leistung gegen Entgelt seitens der Gesellschaft darstellt.[116] Auf die Frage des Vorsteuerabzugs musste der EuGH nicht mehr eingehen. Dem EuGH folgend, hat der BFH anschließend entschieden, dass eine Personengesellschaft bei Aufnahme eines Gesellschafters **gegen Bareinlage an diesen keinen steuerbaren Umsatz** und damit auch keinen nach § 4 Nr. 8 f. UStG steuerfreien Umsatz erbringt.[117] Ferner führte der BFH aus, dass die in Rechnung gestellte Umsatzsteuer auf Eingangsleistungen bei Gründung der GmbH & Co. KG (insbesondere Beratungsleistungen) als **Vorsteuer abgezogen werden kann**; für die Beantwortung dieser Frage ist nicht auf die (fehlende) Umsatzsteuerbarkeit der Aufnahme eines Gesellschafters abzustellen. Vielmehr sind die Kosten für Eingangsleistungen direkt und unmittelbar im Zusammenhang mit der wirtschaftlichen Tätigkeit des Unternehmens zu sehen. Ob für derartige allgemeine Kosten ein Vorsteuerabzug möglich ist, entscheidet sich nach allgemeinen Grundsätzen: **Soweit die Gesellschaft umsatzsteuerpflichtige Umsätze tätigt, ist ein Vorsteuerabzug möglich**.[118] 48

Wenn EuGH und BFH die Gewährung von Gesellschaftsrechten seitens der Gesellschaft an den Gesellschafter nicht als umsatzsteuerbare Leistung erachten, präjudiziert dies nicht auch den umgekehrten Fall. Die Frage, ob die Erbringung einer Bar- oder Sacheinlage eine umsatzsteuerliche Leistung des Gesellschafters an die Gesellschaft darstellt, ist vielmehr differenziert zu beantwor- 49

112 Ggf. in einer Ergänzungsbilanz.
113 Schmitt/Hörtnagl UmwStG § 24 UmwStG Rn. 255; Widemann/Mayer UmwStG § 24 Rn. 244; Hesselmann/Helde § 4 Rn. 159.
114 Art. 2 Nr. 1 i.V.m. Art. 13 Bd. Nr. 5 der Richtlinie 77/388/EWG.
115 BFH NV 2002, 143.
116 EuGH DB 2003, 1611 hierzu auch Korf DB 2003, 1705 ff.; Lohse BB 2003, 1713 f.
117 BFH DStR 2004, 1425.
118 BFH DStR 2004, 1425.

ten. Die Leistung einer Bareinlage ist als **reine Geldzahlung nicht umsatzsteuerbar.**[119] Bei einer **Sacheinlage ist wiederum danach zu differenzieren**, ob die eingebrachten Vermögenswerte aus dem unternehmerischen oder aus dem nichtunternehmerischen Bereich des Einbringenden stammen. Ist der Einbringende kein Unternehmer im Sinne des Umsatzsteuergesetzes, stellt die einmalige Lieferung eines Vermögenswertes an die Gesellschaft keine nachhaltige unternehmerische Tätigkeit dar, sodass die Einbringung selbst auch nicht die Umsatzsteuerbarkeit begründet. Stammen die eingebrachten Vermögenswerte hingegen aus dem unternehmerischen Bereich, liegt ein tauschähnlicher steuerbarer Umsatz vor.[120] Auf den Wert der gewährten Gesellschaftsanteile ist somit zusätzlich Umsatzsteuer zu entrichten. Die gezahlte Umsatzsteuer kann die Personengesellschaft aber als Vorsteuer geltend machen und somit neutralisieren.

50 Bringt ein Gesellschafter nicht nur einzelne Vermögenswerte, sondern sein **ganzes Unternehmen** oder einen Teilbetrieb in die GmbH & Co. KG ein, ist hierauf **gem. § 1 Abs. 1 a UStG keine Umsatzsteuer** zu entrichten. Zwar hält der Einbringende als Gegenleistung Gesellschaftsanteile an der GmbH & Co. KG, was grundsätzlich als tauschähnlicher steuerbarer Umsatz zu werten ist. Die gesetzliche Ausnahmeregelung des § 1 Abs. 1 a UStG stellt einen solchen Fall der Geschäftsveräußerung aber seit dem 01.01.1994 explizit von der Umsatzsteuer frei. Dies gilt nach Auffassung des BFH selbst dann, wenn der Einbringende einzelne wesentliche Betriebsgrundlagen nicht dinglich auf die GmbH & Co. KG überträgt, sondern dieser lediglich im Rahmen einer schuldrechtlichen Vereinbarung zur Verfügung stellt.[121]

51 Die im Rahmen der Gründung einer GmbH & Co. KG anfallenden (Beratungs-) Kosten unterliegen regelmäßig der Umsatzsteuerpflicht. Für die GmbH & Co. KG und die Komplementär-GmbH stellt sich somit die Frage, ob die auf die Gründungskosten bezahlte Umsatzsteuer als Vorsteuer geltend gemacht werden kann. Wie bereits oben beschrieben, hat der EuGH mit Urteil vom 26.06.2003 entschieden, dass die Aufnahme eines neuen Gesellschafters gegen Bareinlage keine Dienstleistung gegen Entgelt[122] an den Gesellschafter darstellt.[123] Der BFH hat hieran anschließend den Vorsteuerabzug für Gründungskosten insoweit zugelassen, als die Gesellschaft nachfolgend umsatzsteuerpflichtige Geschäfte vornimmt.[124] Die Gründungskosten der Komplementär-GmbH berechtigen nach der Rechtsprechung des BFH dann zum Vorsteuerabzug, wenn und soweit die Komplementär-GmbH als Unternehmer tätig wird.[125] Die Komplementär-GmbH kann die auf die Gründungskosten entfallende Umsatzsteuer jedenfalls dann **als Vorsteuer geltend machen, wenn die GmbH für ihre Geschäftsführertätigkeit und die Übernahme der persönlichen Haftung ein gesondertes Entgelt erhält.**[126] Entscheidend für die Umsatzsteuerbarkeit ist das Vorliegen eines entgeltlichen Leistungsaustausches. Hieraus folgt, dass ein Leistender und ein Leistungsempfänger vorhanden sein müssen sowie eine Leistung gegen Entgelt erbracht wer-

---

119 Rau/Husmann UStG § 1 Rn. 251.

120 Sudhoff/Eberhard § 12 Rn. 47.

121 BFH DStR 2002, 1988; DStR 2003, 203. Soweit der Kommanditist die wesentliche Betriebsgrundlage an die GmbH & Co. KG vermietet, liegt jedoch eine umsatzsteuerpflichtige Leistung gem. § 1 Abs. 1 Nr. 1 UStG vor.

122 Im Sinne des Art. 2 Nr. 1 der 6. EG-Richtlinie.

123 EuGH DB 2003, 1611; s. hierzu S. 53.

124 BFH DStR 2004, 1425. Der BFH sieht diese Grundsätze nicht nur in Übereinstimmung mit den Art. 17 u. 19 der Richtlinie 77/388/EWG, sondern auch mit der Rechtsprechung des EuGH. Hierzu auch Hesselmann/Helde § 4 Rn. 178.

125 BFH BStBl. II 2003, 36. Ursprünglich bejahte der BFH die Umsatzsteuerpflicht der Leistungen der Komplementär-GmbH unabhängig von der Frage der rechtlichen Ausgestaltung und Vergütung dieser Geschäftsführertätigkeit, BFH BStBl. II 1973, 764. Im Jahre 1980 (BFH BStBl. II 1980, 622) gab er diese Rechtsauffassung ausdrücklich auf, um im Jahre 2002 zu seiner ursprünglichen Auffassung zurückzukehren.

126 Da die Komplementär-GmbH regelmäßig über keinen eigenen Geschäftsbetrieb verfügt, kommen einzig diese Tätigkeiten für die Gründung einer unternehmerischen Tätigkeit in Frage.

den muss. Erbringt die Komplementär-GmbH ihre Geschäftsführertätigkeit und Haftungsübernahme aufgrund gesellschaftsvertraglicher Vereinbarungen, liegt nach Auffassung des BFH kein Leistungsentgelt vor. Dies ist nur dann der Fall, wenn die Gesellschaft hierfür ein Sonderentgelt erhält. Ein solches liegt bspw. dann nicht vor, wenn die Leistungen der Komplementär-GmbH von dieser als Gesellschafterbeitrag auf Grundlage des Gesellschaftsverhältnisses geschuldet werden und mit der allgemeinen Gewinnbeteiligung abgegolten werden.[127]

Praxishinweis:

Der Gesellschaftsvertrag der GmbH & Co. KG sollte – um der Komplementär-GmbH den Vorsteuerabzug zu ermöglichen – der GmbH ein Sonderentgelt für die Übernahme der Haftung und die Geschäftsführertätigkeit explizit einräumen.

VII. Grunderwerbsteuer

Bei Gründung einer GmbH & Co. KG werden regelmäßig auch Grundstücke in das Gesellschafts- 52
vermögen eingebracht, sei es durch Einbringung eines Einzelunternehmens mit Grundbesitz oder durch alleinige Übertragung eines bestimmten Grundstücks im Wege der Sacheinlage. Die GmbH & Co. KG als selbständiger Rechtsträger kann grundsätzlich Steuerschuldnerin im Sinne des Grunderwerbsteuergesetzes sein.[128] Wird ein Grundstück auf eine GmbH & Co. KG als selbständiger Träger von Rechten und Pflichten übertragen, stellt dies grundsätzlich einen grunderwerbsteuerbaren Vorgang gem. § 1 Abs. 1 GrEStG dar. Zu beachten ist jedoch die **Befreiungsvorschrift des § 5 GrEStG**. Soweit der einbringende Gesellschafter am Vermögen der aufnehmenden Gesellschaft beteiligt ist, ist die Übertragung des Grundstücks von der Grunderwerbsteuerpflicht befreit. Entscheidend ist die Beteiligungshöhe des Einbringenden am Gesellschaftsvermögen der GmbH & Co. KG; die Beteiligung am Gewinn und Verlust oder die Höhe der Stimmrechte sind hingegen nicht maßgeblich. Überträgt ein Gesellschafter ein Grundstück auf die GmbH & Co. KG, an welcher er zu 100 % beteiligt ist, fällt keine Grunderwerbsteuer an. Hält er nur einen Teil des Gesellschaftskapitals, greift die Befreiungsvorschrift nur in dieser Höhe. In diesem Zusammenhang ist jedoch die Sperrfrist des § 5 Abs. 3 GrEStG zu beachten. Hiernach ist die Einbringung nur insoweit steuerbefreit, als der Einbringende seine Beteiligung an der Personengesellschaft innerhalb von **fünf Jahren** ab der Übertragung des Grundstücks nicht vermindert.[129]

Ausgangspunkt für die Überführung eines Einzelunternehmens in eine GmbH & Co. KG ist nicht 53
selten die anstehende Durchführung einer Unternehmensnachfolge. Häufig wird der Unternehmer an der neugegründeten GmbH & Co. KG bereits seine Kinder im Wege der vorweggenommenen Erbfolge beteiligen. Die Befreiungsvorschrift des § 3 Abs. 3 GrEStG stellt jedoch auch diesen Fall von der Grunderwerbsteuer frei. Beteiligt der Einbringende an der Gesellschaft bspw. auch seinen Ehegatten, folgt aus § 3 Nr. 4 GrEStG ebenfalls die Grunderwerbsteuerfreiheit.

Praxishinweis:

Die Einbringung eines Grundstücks in eine Familien-GmbH & Co. KG kann somit ohne jeglichen Anfall von Grunderwerbsteuer realisiert werden.

---

127 Hierzu Hesselmann/Helde § 8 Rn. 509.
128 § 13 Abs. 1 GrEStG.
129 Vgl. Erlasse der obersten Finanzbehörden der Länder vom 26.02.2003 DStR 2003, 980.

54 Ist an der neugegründeten GmbH & Co. KG die **Komplementär-GmbH** – ausnahmsweise – auch **kapitalmäßig beteiligt**, kommt diesbezüglich eine Steuerbefreiung nicht in Betracht. Sind Gesellschafter der Komplementär-GmbH der Einbringende selbst, dessen Ehegatte oder Abkömmlinge, mag zwar wirtschaftlich eine den Befreiungstatbeständen vergleichbare Situation gegeben sein. Das Grunderwerbsteuerrecht lässt eine solch transparente Betrachtungsweise aber nicht zu, sondern **orientiert sich streng an den zivilrechtlichen Eigentumsverhältnissen**.[130]

Liegt nach Vorgenanntem ein steuerbarer Vorgang vor, ist die maßgebliche Bemessungsgrundlage zu ermitteln. Gem. § 8 Abs. 2 GrEStG ist hierfür auf den Grundbesitzwert abzustellen, der wiederum nach den Vorschriften des Bewertungsgesetzes zu ermitteln ist.[131] Der Steuersatz schließlich beträgt 3,5 %.[132]

VIII. Erbschaft- und Schenkungsteuer

55 Die Gründung einer GmbH & Co. KG beruht nicht selten auf dem Wunsch des (bisherigen) Einzelunternehmers, weitere Personen gesellschaftsrechtlich an der Unternehmung zu beteiligen, sei es die Aufnahme von Kindern im Wege der Unternehmensnachfolge, sei es die Aufnahme sonstiger Personen zwecks Kapitalbeschaffung. Ein schenkungsteuerlich relevanter Tatbestand liegt unzweifelhaft vor, wenn **Gesellschaftsanteile** unentgeltlich an eine andere Person übertragen werden. Aber auch ohne eine derartige Übertragung kann wirtschaftlich gleichwohl eine Vermögensmehrung bei bestimmten Personen eintreten. Überträgt der Einzelunternehmer sein Unternehmen auf die von ihm gegründete Einmann-GmbH & Co. KG und überträgt er im Anschluss hieran Kommanditanteile im Wege der vorweggenommenen Erbfolge an seine Kinder, ist dieser Vorgang unzweifelhaft als Schenkung zu betrachten. Nichts anderes kann jedoch gelten, wenn die GmbH & Co. KG bereits durch den Einzelunternehmer gemeinsam mit seinen Kindern gegründet wird. Überträgt der Unternehmer sein Einzelunternehmen **zur Erfüllung sämtlicher den Gesellschaftern obliegenden Einlageverpflichtungen**, findet zwar keine Übertragung von Gesellschaftsanteilen statt; der Eintritt einer Vermögensmehrung bei den weiteren Kommanditisten ist jedoch unzweifelhaft. Regelmäßig erfolgt eine derartige Einbringung dergestalt, dass aus den eingebrachten Vermögenswerten zunächst die Kapitalkonten I sämtlicher Gesellschafter dotiert werden und der darüber hinausgehende Betrag dem gesamthänderisch gebundenen Rücklagenkonto gutgeschrieben wird. Neben dem Wert ihres individuellen Kapitalkontos I partizipieren die übrigen Gesellschafter in Höhe ihrer Beteiligungsquote auch an dem auf dem gesamthänderisch gebundenen Rücklagenkonto gebuchten Vermögen. Soweit sich hiernach eine Vermögensmehrung bei den übrigen Gesellschaftern einstellt, ist diese der Schenkungsteuer unterworfen.

130 Hierzu Kroschewski GmbHR 2003, 757; Hesselmann GmbHR 1957, 159.
131 § 138 Abs. 2 oder 3 BewG.
132 § 11 Abs. 1 GrEStG.

§ 3 Die GmbH & Co. KG

A. Gesellschaftsrecht

I. Organisation und Struktur

Wesensmerkmal einer GmbH & Co. KG ist die Kombination zweier unterschiedlicher Gesellschaftsformen, nämlich einer Personengesellschaft und einer Kapitalgesellschaft. Beide Gesellschaftsformen basieren auf einem grundlegend verschiedenen Grundkonzept. Die interne Willensbildung in der jeweiligen Gesellschaft folgt unterschiedlichen gesetzlichen Vorgaben, die es durch entsprechende Regelungen zu harmonisieren gilt. Ansonsten können unbeabsichtigte Brüche in der Willensbildung der GmbH & Co. KG auftreten. 1

Für die Gesellschafterversammlung der GmbH & Co. KG gelten die allgemeinen Regelungen des HGB zur OHG. Eine explizite Regelung der Gesellschafterversammlung existiert dort aber gerade nicht. Vielmehr geht § 161 Abs. 2 HGB davon aus, dass alle persönlich haftenden Gesellschafter die Geschäftsführung und Vertretung der Gesellschaft wahrnehmen. Für Entscheidungen der Gesellschaftsführer ist die Abhaltung einer Gesellschafterversammlung nicht vorgeschrieben. Soweit einzelne Gesellschafter von der Geschäftsführung ausgeschlossen sind, was bei Kommanditisten gem. § 164 HGB der Fall ist, bedürfen die Geschäftsführer zumindest deren Zustimmung. Diese Zustimmung muss aber wiederum nicht zwingend in einer Gesellschafterversammlung erteilt werden, sondern kann auch auf sonstige Weise (bspw. durch schriftlichen Beschluss) herbeigeführt werden. 2

Praxishinweis:

Mangels einer gesetzlichen Vorgabe für die Gesellschafterversammlung bei der Personengesellschaft empfiehlt sich in jedem Fall die Aufnahme einer entsprechenden Regelung in den Gesellschaftsvertrag der GmbH & Co. KG. Nur auf diese Weise können klare und verbindliche Vorgaben für Rechtssicherheit und Praktikabilität in der GmbH & Co. KG sorgen.

Die Befugnisse der Gesellschafterversammlung einer GmbH & Co. KG ergeben sich aus den allgemeinen Regelungen des HGB. Hiernach obliegen der Gesellschafterversammlung insbesondere die Entziehung der Geschäftsführung und Vertretungsmacht sowie die Durchführung des Ausschließungsverfahrens.[1] Darüber hinaus steht ihr die Entscheidungskompetenz zu bei außergewöhnlichen Geschäften, Auflösung der Gesellschaft, Bestellung und Abberufung der Liquidatoren, den Fortbestand der Gesellschaft bei Insolvenz sowie Geltendmachung von Ansprüchen wegen Verstoßes gegen das gesetzliche Wettbewerbsverbot.[2] Die Feststellung des Jahresabschlusses ist die Grundlage für die Gewinnermittlung der Gesellschaft und ist als grundlagenähnliches Geschäft der Gesellschafterversammlung übertragen. 3

Durch gesellschaftsvertragliche Regelungen lassen sich die Kompetenzen der Gesellschafterversammlung **erweitern oder einschränken**. Der Grundsatz der Vertragsfreiheit eröffnet hier weitgehenden Gestaltungsspielraum. Eine stärkere Anbindung der Geschäftsführung an die Willens-

1 Vgl. §§ 117, 127, 140 HGB.
2 Vgl. §§ 116 Abs. 2, 131 Nr. 2, 146 Abs. 1, 147, 144, 113 Abs. 2 HGB.

bildung der Gesellschafterversammlung ist ebenso möglich, wie eine entsprechende Stärkung der Kommanditistenrechte. Regelmäßig wird die Kommanditistenversammlung mit weitgehenden Weisungs- oder gar Geschäftsführungsrechten ausgestattet unter Beschneidung der Rechte der Komplementär-GmbH. Auch wenn die **organschaftliche Vertretungsmacht der Komplementär-GmbH nicht disponibel** ist, können Geschäftsführungskompetenzen mittels rechtsgeschäftlicher Vertretungsmacht[3] oder Prokura auf die Kommanditisten übertragen werden.

4 Die Abstimmung und Beschlussfassung in der GmbH & Co. KG folgt dem **Prinzip der Einstimmigkeit** gem. §§ 161 Abs. 2, 119 Abs. 1 HGB.

Praxishinweis:

Um die Handlungsfähigkeit der Gesellschafterversammlung sicherzustellen, empfiehlt sich regelmäßig die Statuierung des Mehrheitsprinzips im Gesellschaftsvertrag.

Hierbei sind aber der Bestimmtheitsgrundsatz sowie die Kernbereichslehre zu beachten. Nach dem Bestimmtheitsgrundsatz sind besonders wichtige, d.h. sog. Grundlagenbeschlüsse, explizit im Gesellschaftsvertrag zu benennen und dem Mehrheitsprinzip zu unterstellen.[4] Grundlagenbeschlüsse können somit nur dann wirksam dem Mehrheitsprinzip unterstellt werden, wenn diese explizit im Gesellschaftsvertrag bestimmt und aufgeführt sind.

5 Mit Urteil vom 15.01.2007 hat der BGH seine Rechtsprechung zum Bestimmtheitsgrundsatz allerdings geändert.[5] Grundsätzlich muss zwar weiterhin eine die Abweichung vom personengesellschaftsrechtlichen Einstimmigkeitsprinzip legitimierende Mehrheitsklausel dem Bestimmtheitsgrundsatz entsprechen. Dieser verlangt aber nach neuester Auffassung des BGH nicht eine Auflistung der betroffenen Beschlussgegenstände. Vielmehr können sich Grund und Tragweite der Legitimation für Mehrheitsentscheidungen **auch durch Auslegung** des Gesellschaftsvertrages ergeben. Ob der konkrete Mehrheitsbeschluss wirksam getroffen worden ist, ist dann auf einer zweiten Stufe zu prüfen. Hiernach kann bspw. die Feststellung des Jahresabschlusses nunmehr mit Mehrheit beschlossen werden, wenn der Gesellschaftsvertrag (lediglich) eine **allgemeine Mehrheitsklausel** enthält. Der Bestimmtheitsgrundsatz erfordert nicht die explizite Benennung dieses Beschlussgegenstandes im Gesellschaftsvertrag. Der Bestimmtheitsgrundsatz erfordert nach diesem Urteil des BGH nicht, sämtliche betroffenen Beschlussgegenstände „minutiös" aufzulisten. Vielmehr genügt es, wenn der Gesellschaftsvertrag eindeutig erkennen lässt, dass der entsprechende Beschlussgegenstand der Mehrheitsentscheidung unterliegen soll. Eine explizite und einzelne Auflistung sämtlicher Beschlussgegenstände würde den Bestimmtheitsgrundsatz zu reiner „Förmelei" denaturieren. Es bleibt abzuwarten, ob auf der Grundlage und am Maßstab dieser Rechtsprechung der Bestimmtheitsgrundsatz überhaupt noch einen Anwendungsbereich besitz oder ob sich die Frage nach der Zulässigkeit einer Mehrheitsentscheidung künftig ausschließlich nach den materiellen Grundsätzen der Kernbereichslehre richten wird.

6 Nach der sog. **Kernbereichslehre** können aber auch bei Beachtung der formalen Vorgaben durch den Bestimmtheitsgrundsatz solche Rechte des Gesellschafters nicht dem Mehrheitsprinzip unterstellt werden, die den Kernbereich der Gesellschaftsbeteiligung betreffen. Rechtsverkürzende oder pflichterhöhende Gesellschafterbeschlüsse sind nur mit Zustimmung aller betroffenen Gesellschafter zulässig. Dem Kernbereich zuzurechnen sind hiernach insbesondere das Stimm-,

3 Bspw. durch Einräumung einer notariell beurkundeten Generalvollmacht.
4 Vgl. hierzu BGH NJW 1988, 411; Scholz/K. Schmidt GmbHG Anh. § 45 Rn. 24.
5 BGH DB 2007, 564 unter ausdrücklicher Aufgabe seiner Rechtsprechung in BGHZ 132, 263, 268.

Gewinnbezugs- und Informationsrecht. Ferner zählen hierzu auch gesellschaftsvertraglich eingeräumte Sonderrechte.[6]

Auch bei der GmbH stellt die Gesellschafterversammlung das wichtigste Willensbildungsorgan dar. Aufgrund ihrer Allzuständigkeit kann die Gesellschafterversammlung fast jede Angelegenheit an sich ziehen und für die Geschäftsführer (im Innenverhältnis) bindend vorgeben.[7] Umfassende Regelungen zu Einberufung und Beschlussfassung der Gesellschafterversammlung finden sich in den §§ 47, 48 GmbHG. Die Einberufung der Gesellschafterversammlung erfolgt durch die Geschäftsführer der GmbH (§ 49 Abs. 1 GmbHG).[8]

Im Gegensatz zum gesetzlichen Einstimmigkeitsprinzip bei der Personengesellschaft ordnet das 7
Gesetz bei der GmbH die **Beschlussfassung nach Mehrheit** der abgegebenen Stimmen an.[9] Die in der Gesellschafterversammlung der GmbH zu treffenden Entscheidungen **beziehen sich regelmäßig auf die Geschäftsführungstätigkeit der Gesellschaft für die GmbH & Co. KG**. Auch wenn die Gesellschafterversammlung somit mittelbar über Belange der GmbH & Co. KG entscheidet und somit auch die Interessen der Kommanditisten berührt, haben Letztere kein Stimmrecht in der Gesellschafterversammlung der Komplementär-GmbH. Bei einer beteiligungsidentischen oder einer Einheitsgesellschaft kann hieraus naturgemäß kein Nachteil für die Kommanditisten erwachsen. Bei einer nichtbeteiligungsidentischen GmbH & Co. KG haben die GmbH-Gesellschafter bei ihren Entscheidungen die Belange der KG aber **angemessen zu berücksichtigen**. Eine derartige Interessenberührung ergibt sich insbesondere bei Bestellung und Abberufung des Geschäftsführers, von Prokuristen und Handlungsbevollmächtigten sowie der Prüfung und Überwachung der Geschäftsführung. In all diesen Fällen wirkt sich die entsprechende Maßnahme sowohl bei der GmbH selbst als auch bei der GmbH & Co. KG aus.[10]

II. Geschäftsführung und Vertretung

Begrifflich ist unter der Geschäftsführung jede Maßnahme rechtsgeschäftlicher oder tatsächlicher 8
Art zu verstehen, die in Erfüllung des Gesellschaftszwecks und auf Grundlage der gesellschaftsrechtlichen Kompetenzverteilung getroffen wird. Die Vertretung hingegen bezeichnet die Vornahme rechtsgeschäftlicher Handlungen für die Gesellschaft im Verhältnis zu gesellschaftsfremden Dritten.[11] Gem. §§ 161 Abs. 2, 114 Abs. 1, 115 HGB sind alle persönlich haftenden Gesellschafter der KG **einzelgeschäftsführungsbefugt**. Durch den Gesellschaftsvertrag kann gem. § 115 Abs. 2 HGB auch Gesamtgeschäftsführung angeordnet werden, sodass grundsätzlich jedes Geschäft der Mitwirkung aller geschäftsführenden Gesellschafter bedarf. Die Kommanditisten hingegen sind bereits kraft Gesetzes von der Geschäftsführung der KG ausgeschlossen (§ 164 HGB). Hiervon abweichend kann ein Kommanditist aber rechtsgeschäftlich mit entsprechender Geschäftsführungskompetenz ausgestattet werden; organschaftliche Vertretungsbefugnis kann ihm aber nicht eingeräumt werden. Nach dem im Recht der Personengesellschaft geltenden Prinzip der **Selbst-**

6 Bspw. Sonderstimmrecht, Sonderrecht auf Geschäftsführung oder erhöhte Gewinnbezugsrechte.

7 Im Außenverhältnis ist die Geschäftsführungsbefugnis der Geschäftsführer freilich unbeschränkt; lediglich bei Abschluss, Änderung oder Beendigung des Geschäftsführeranstellungsvertrages sind die Geschäftsführer nicht zu Vertretung der GmbH befugt. Hierzu nur Scholz/K. Schmidt GmbHG § 45 Rn. 6.

8 Gesellschafter, die 10 % des Stammkapitals innehaben, können eine Einberufung verlangen und ggf. selbst vornehmen, § 50 Abs. 1, 3 GmbHG.

9 Eine ¾-Mehrheit ist lediglich gem. §§ 53, 60 Nr. 2 GmbHG erforderlich.

10 Scholz/K. Schmidt GmbHG Anh. § 45 Rn. 7.

11 Hierzu nur K. Schmidt Gesellschaftsrecht § 47 V. 1; § 7 I 3 I.

organschaft können organschaftliche Geschäftsführer der KG grundsätzlich nur Gesellschafter sein. Gesellschaftsfremde oder Kommanditisten kommen hierfür nicht in Betracht.[12]

9 Bei der GmbH & Co. KG übernimmt die GmbH aufgrund ihrer Stellung als Komplementärin die Geschäftsführung und Vertretung. Die Geschäftsführung der GmbH wiederum wird durch einen dort bestellten Geschäftsführer wahrgenommen. Der Geschäftsführer der GmbH handelt somit nicht nur für die Komplementär-GmbH, sondern im Ergebnis auch für die GmbH & Co. KG. Auch wenn der Geschäftsführer faktisch die Geschäftsführung der GmbH & Co. KG übernimmt, besteht das Organverhältnis als Geschäftsführer ausschließlich mit der GmbH. Der Geschäftsführer ist vollumfänglich zur Vertretung der Gesellschaft im Außenverhältnis gem. §§ 35 Abs. 1, 37 GmbHG berechtigt. Im Innenverhältnis erteilte Weisungen der Gesellschafterversammlung hat der Geschäftsführer aber zu befolgen, ansonsten macht er sich ggf. schadensersatzpflichtig und kann aus wichtigem Grund abberufen und sein Anstellungsvertrag gekündigt werden.[13] Beschränkungen der Geschäftsführungskompetenzen im **Gesellschaftsvertrag der GmbH & Co. KG hat der Geschäftsführer der GmbH gleichfalls zu beachten**. Er hat als für die GmbH handelndes Organ die zulasten der GmbH angeordneten Beschränkungen durch den Gesellschaftsvertrag der GmbH & Co. KG zu berücksichtigen, wie wenn er selbst unmittelbar Geschäftsführer der KG wäre. Diese Verpflichtung ergibt sich bereits daraus, dass der Geschäftsführer keine Maßnahmen vornehmen darf, die zu einer Schadensersatzpflicht der GmbH (gegenüber der KG) führen können.[14] Welche Beschränkungen der Geschäftsführungsbefugnis zu beachten sind, richtet sich nach der konkreten Maßnahme des Geschäftsführers. Trifft er Maßnahmen, die Wirkung für und gegen die GmbH & Co. KG entfalten, hat er die von der GmbH & Co. KG auferlegten Beschränkungen zu beachten; nimmt er hingegen ein **Eigengeschäft der Komplementär-GmbH** wahr, binden ihn ausschließlich die von der GmbH auferlegten Beschränkungen, wobei letztere durch Satzung, Geschäftsordnung für die Geschäftsführung oder Gesellschafterbeschluss statuiert sein können.

III. Haftung

10 Bei dem Haftungsregime der GmbH & Co. KG ist zu unterscheiden zwischen der Haftung der Gesellschaft selbst, ihrer Kommanditisten und dem Komplementär. Die Gesellschaft selbst haftet ihren Gläubigern mit ihrem gesamten Vermögen. Gegen die Gesellschaft gerichtete Forderungen können sich aufgrund rechtsgeschäftlicher Verpflichtungen oder aus gesetzlichen Haftungstatbeständen ergeben. Eine rechtsgeschäftliche Verpflichtung der Gesellschaft folgt originär aus dem Handeln der Komplementär-GmbH aufgrund ihrer Organstellung. Das Handeln der Komplementär-GmbH – die wiederum durch ihren bestellten Geschäftsführer handelt – stellt eigenes Handeln der GmbH & Co. KG dar; dasselbe gilt für ein Verschulden auf Seiten der Komplementär-GmbH. Eine deliktische Haftung für das Handeln der GmbH folgt für die GmbH & Co. KG aus § 31 BGB analog.[15] Eine Exkulpationsmöglichkeit der Gesellschaft scheidet mangels Anwendbarkeit des § 831 BGB auf die Komplementär-GmbH aus.[16]

11 Ein Kommanditist haftet für die Verbindlichkeiten der Gesellschaft unmittelbar und persönlich. Allerdings ist seine Haftung gem. § 171 Abs. 1 Hs. 1 HGB auf seine in das Handelsregister eingetra-

12 BGHZ 36, 292.
13 OLG Düsseldorf ZIP 1984, 1476.
14 BGH GmbHR 1976, 14.
15 K. Schmidt Gesellschaftsrecht § 10 IV 2 c; Baumbach/Hopt HGB § 124 Rn. 25.
16 So jetzt auch Hesselmann/Schiessel § 6 Rn. 28.

gene Haftsumme begrenzt. Soweit er die im Handelsregister verlautbarte Haftsumme tatsächlich an die Gesellschaft erbracht hat, haftet er gegenüber Gesellschaftsgläubigern gem. § 171 Abs. 1 Hs. 2 HGB nicht mehr. Im Hinblick auf die zu leistende Einlage ist streng zu unterscheiden zwischen der im Handelsregister eingetragenen **Haftsumme** und der vereinbarten **Kommanditeinlage**. § 171 HGB bezieht sich ausschließlich auf die im Handelsregister verlautbarte Haftsumme. Diese bringt gegenüber Gesellschaftsgläubigern zum Ausdruck, mit welcher Summe der Kommanditist persönlich haftet. Die vereinbarte Kommanditeinlage hingegen wird durch eine reine Vereinbarung im Innenverhältnis zwischen Gesellschaft und Gesellschaftern statuiert. Außenwirkung entfaltet die Kommanditeinlageverpflichtung nicht.

Praxishinweis:

Zu bedenken ist aber, dass Gläubiger der GmbH & Co. KG die der Gesellschaft zustehende Einlageforderung pfänden und sich zur Einziehung überweisen lassen können. Über diesen Weg wird mittelbar eine Haftung der Kommanditisten wegen ihrer Einlageverpflichtung gegenüber den Gläubigern begründet.

Der Höhe nach können Kommanditeinlage und Haftsumme in beide Richtungen voneinander abweichen; entscheidend für die Haftungsbefreiung des Kommanditisten ist die Erbringung einer Einlage zumindest in Höhe der Haftsumme. In der Praxis entsprechen sich jedoch Kommanditeinlage und Haftsumme meist.[17]

Die **Komplementär-GmbH haftet den Gesellschaftsgläubigern gem. § 161 Abs. 2 HGB unmittelbar, persönlich und unbeschränkt** mit ihrem gesamten Vermögen. Diese Haftung der Komplementär-GmbH ist im Außenverhältnis nicht beschränkbar. Allenfalls möglich ist eine Haftungsfreistellung im Innenverhältnis durch die Kommanditisten oder die GmbH & Co. KG selbst. Soweit dieser Freistellungsanspruch aber wirtschaftlich nicht durchsetzbar ist, verbleibt es bei der wirtschaftlichen Belastung der Komplementär-GmbH. Ist die Komplementär-GmbH aus der GmbH & Co. KG ausgeschieden, haftet sie für bis zu ihrem Ausscheiden begründete Verbindlichkeiten fort; Voraussetzung ist aber, dass die Verbindlichkeiten vor Ablauf von fünf Jahren nach dem Ausscheiden fällig und daraus Ansprüche gegen sie gerichtlich geltend gemacht sind.[18] 12

B. Ertragsteuern – Laufende Besteuerung

I. Gewerbliche Einkünfte

Voraussetzung für die steuerliche Anerkennung einer GmbH & Co. KG als Mitunternehmerschaft, ist eine **gewerbliche Tätigkeit** gem. § 15 Abs. 3 Nr. 1 EStG oder eine **gewerbliche Prägung** gem. § 15 Abs. 3 Nr. 2 EStG. 13

1. Gewerbliche Tätigkeit

Nicht zu verwechseln mit dem Begriff der Gewerblichkeit i.S. d. Steuerrechts ist die zivilrechtliche Definition des Handelsgewerbes. Nach § 1 Abs. 2 HGB ist Handelsgewerbe jeder Gewerbebetrieb, es sei denn, dass das Unternehmen nach Art und Umfang einen in kaufmännischer Weise ein-

17 Siehe hierzu auch die Ausführungen in § 1 Rn. 4.
18 §§ 161 Abs. 2, 160 Abs. 1 HGB.

gerichteten Geschäftsbetrieb nicht erfordert.[19] Insbesondere fällt unter den handelsrechtlichen Gewerbebetriebs-Begriff auch die Land- und Forstwirtschaft. Eine rein vermögensverwaltende Tätigkeit fällt hingegen nicht hierunter. Unabhängig hiervon liegt jedoch ein Handelsgewerbe vor, wenn die Gesellschaft im Handelsregister eingetragen ist.[20] Dies gilt selbst dann, wenn die Tätigkeit der Gesellschaft ausschließlich in der Verwaltung des eigenen Vermögens besteht.[21]

3

14 **Der Gewerbe-Begriff des Ertragsteuerrechts ist hingegen in § 15 Abs. 2 EStG definiert.** Hiernach liegt ein Gewerbebetrieb vor bei einer **selbständigen, nachhaltigen Betätigung mit Gewinnerzielungsabsicht**, die sich als Beteiligung am allgemeinen wirtschaftlichen Verkehr darstellt; die Ausübung von Land- und Forstwirtschaft oder eines freien Berufes ist hiervon ausgeschlossen. Ungeschriebenes Tatbestandsmerkmal ist nach Auffassung des BFH, dass die Tätigkeit über die reine (private) Vermögensverwaltung hinausgehen muss.[22] Im Vergleich zum handelsrechtlichen Gewerbebetriebs-Begriff ist die steuerrechtliche Definition hiernach enger gefasst. Während bspw. die Land- und Forstwirtschaft sowie die Verwaltung des eigenen Vermögens kein Gewerbe i.S.d. Ertragsteuerrechts darstellen, ermöglicht das Handelsrecht sehr wohl die Eigenschaft als Handelsgewerbe. Eine gewerbliche Mitunternehmerschaft i.S.d. § 15 Abs. 1 EStG liegt hiernach vor, wenn die Personengesellschaft folgende Voraussetzungen erfüllt:

- Selbständigkeit
- Nachhaltigkeit
- Gewinnerzielungsabsicht
- keine (bloße) Vermögensverwaltung
- keine freiberufliche Tätigkeit
- keine Land- und Forstwirtschaft

15 Selbst wenn keine den Voraussetzungen des Handelsrechts entsprechende Tätigkeit vorliegt, ergibt sich die Eigenschaft als Handelsgewerbe zumindest nach erfolgter Eintragung der Gesellschaft im Handelsregister.[23] Umgekehrt muss aber auch nicht jeder Gewerbebetrieb i.S.d. Steuerrechts ein Handelsgewerbe i.S.d. Handelsrechts sein. Erfordert nämlich der Gewerbebetrieb nach Art und Umfang keinen in kaufmännischer Weise eingerichteten Geschäftsbetrieb, liegt handelsrechtlich nur ein Kleingewerbebetrieb gem. § 2 S. 2 HGB vor; steuerrechtlich handelt es sich gleichwohl um einen Gewerbebetrieb. Letzteres gilt auch bei gesetzes- oder sittenwidrigen Tätigkeiten[24] oder bei nicht einklagbaren Geschäften, wie bspw. der Heiratsvermittlung. Trotz handelsrechtlicher Nichtigkeit liegt in diesen Fällen dennoch ein Gewerbebetrieb i.S.d. Steuerrechts vor.

16 Erzielt eine GmbH & Co. KG nur in einem gewissen Umfang gewerbliche Einkünfte, werden hierdurch auch sämtliche nicht-gewerbliche Einkünfte (z.B. aus Vermögensverwaltung) „infiziert“. Nach der Infektionstheorie oder **Abfärbetheorie**, die sich nunmehr auch im Wortlaut des § 15 Abs. 3 Nr. 1 EStG wieder findet, **genügt bereits eine geringfügige gewerbliche Tätigkeit**, um sämtliche Einkünfte der GmbH & Co. KG als gewerblich zu qualifizieren.[25] Lediglich in Ausnah-

19 Sind Einrichtungen notwendig, um einen Betrieb übersichtlich und zuverlässig zu führen, liegt ein Handelsgewerbe i.S.d. § 1 Abs. 2 HGB vor. Derartige Einrichtungen sind bspw. eine Kassenführung, kaufmännische Buchführung, Korrespondenzakten, regelmäßige Inventarerstellung usw.; vgl. hierzu nur Baumbach/Hopt § 1 HGB Rn. 23.

20 §§ 2, 3 HGB.

21 § 105 Abs. 2 HGB.

22 BFH BStBl. II 1999, 448; BStBl. II 2003, 520, 522.

23 §§ 2, 3, 105 Abs. 2 HGB.

24 Vgl. § 40 a.o., der nach BVerfG NJW 1996, 2086 nicht verfassungsrechtlich bedenklich ist.

25 BFH BStBl. II 1995, 171; BStBl. II 1998, 603.

mefällen, in denen die gewerbliche Tätigkeit einen „äußerst geringen Anteil" am Gesamtumsatz der Gesellschaft ausmacht, wird eine Abfärbewirkung von der Rechtsprechung verneint.[26]

Zu beachten ist ferner, dass bereits die Beteiligung an einer gewerblichen Personengesellschaft dazu führt, dass der Gesellschafter Einkünfte aus einer gewerblichen Tätigkeit erzielt, sodass alleine aufgrund der Beteiligung an einer Mitunternehmerschaft die (Ober-)GmbH & Co. KG in vollem Umfang als Gewerbebetrieb gilt.[27]

Praxishinweis:

Eine „Infektion" der übrigen Einkünfte kann in der Praxis dadurch vermieden werden, dass die gewerblichen von den nicht-gewerblichen Einkünften separiert und in einer Schwester-Personengesellschaft betrieben werden.

2. Gewerblich geprägte Mitunternehmerschaft

a) Voraussetzungen

Stellt sich die Tätigkeit einer Personengesellschaft nach vorgenannten Grundsätzen nicht als gewerblich dar, sondern als bloße Vermögensverwaltung, liegt keine Mitunternehmerschaft i.S.d. § 15 Abs. 1 EStG vor. Auf der Grundlage eines BFH-Urteils aus dem Jahre 1966[28] entwickelte sich die sog. Geprägerechtsprechung. Diese bejahte die Gewerblichkeit eines Unternehmens, wenn dieses im Handelsregister eingetragen und die geschäftsführende GmbH alleiniger persönlich haftender Gesellschafter war. Mit Beschluss vom 25.06.1984[29] beendete jedoch der Große Senat des BFH die bis dahin herrschende Geprägetheorie. Schließlich modifizierte der Gesetzgeber mit dem Steuerbereinigungsgesetz 1986 die Geprägetheorie durch Einführung des § 15 Abs. 3 Nr. 2 EStG.[30] Eine Personengesellschaft gilt hiernach als gewerbliches Unternehmen, 17

- wenn bei dieser ausschließlich eine oder mehrere Kapitalgesellschaften persönlich haftende Gesellschafter sind und
- nur diese zur Geschäftsführung befugt sind bzw. lediglich Personen, die nicht gleichzeitig Gesellschafter der Personengesellschaft sind und
- die Gesellschaft Einkünfte zu erzielen beabsichtigt und nicht bloß Liebhaberei betreibt.

Grundvoraussetzung für eine gewerbliche Prägung ist hiernach, dass ausschließlich Kapitalgesellschaften persönlich haftende Gesellschafter der GmbH & Co. KG sein dürfen. Die GmbH, Aktiengesellschaft oder KGaA kommen hiernach ebenso in Frage wie rechtsfähige Vorgesellschaften der entsprechenden Kapitalgesellschaft, deren Eintragung im Handelregister noch aussteht.[31] Über den Wortlaut des § 15 Abs. 3 Nr. 2 EStG hinausgehend kann nach h.M. eine gewerbliche Prägung auch erreicht werden, wenn eine weitere GmbH & Co. KG als Komplementär fungiert.[32] 18

Weitere Voraussetzung der gewerblichen Prägung ist die Übernahme der Geschäftsführung lediglich durch den persönlich haftenden Gesellschafter oder durch eine zwar natürliche Per-

26 Z.B. BFH BStBl. II 2000, 229; der gewerbliche Anteil betrug hier lediglich 1,25 % des Gesamtumsatzes der Gesellschaft.
27 Aus diesem Grund ist die in § 15 Abs. 3 Nr. 1 EStG kodifizierte Abfärbetheorie auch nicht verfassungswidrig, BFH BStBl. II 2002, 221, 224.
28 BFH BStBl. III 1966, 171.
29 BFH BStBl. II 1984, 751 (762).
30 BR-Dr. 165/85.
31 Hierz Sudhoff/Düll § 4 Rn. 30.
32 L. Schmidt § 15 EStG Rn. 217; Groh DB 1987, 1009; a.A. Herzig/Kessler DStR 1986, 456.

son, die aber nicht gleichzeitig auch Kommanditist sein darf. Ist also ein Kommanditist neben der Komplementär-GmbH zur Geschäftsführung befugt, scheidet eine gewerbliche Prägung gem. § 15 Abs. 3 Nr. 2 EStG zwingend aus.[33]

3

Praxishinweis:

Zur Sicherstellung der gewerblichen Prägung empfiehlt sich die Aufnahme einer Regelung im Gesellschaftsvertrag der KG, wonach deren Kommanditisten von der Geschäftsführung ausdrücklich ausgeschlossen sind.

Der gewerblichen Prägung steht hingegen nichts entgegen, wenn die Geschäftsführung durch die Komplementär-GmbH übernommen wird und Geschäftsführer dieser GmbH wiederum ein Kommanditist ist.[34]

19 Bei der **Einheits-GmbH & Co. KG** steht die Geschäftsführungsbefugnis der Komplementär-GmbH zu, die wiederum der KG gehört. Die Ausübung der Gesellschafterrechte in der Gesellschafterversammlung der Komplementär-GmbH ist regelmäßig den Kommanditisten übertragen. Ob diese Übertragung von Gesellschafterrechten zugleich auch eine „Geschäftsführungsbefugnis" der Kommanditisten im Sinne von § 15 Abs. 3 Nr. 2 EStG begründet, ist umstritten. Die herrschende Meinung verneint dies jedoch und bejaht deshalb zurecht die Möglichkeit der gewerblichen Prägung einer Einheits-GmbH & Co. KG.[35]

b) Rechtsfolgen

20 Liegen die Voraussetzungen für eine gewerbliche Prägung gem. § 15 Abs. 3 Nr. 2 EStG vor, gilt die Tätigkeit der GmbH & Co. KG in vollem Umfang und in jeglicher Hinsicht als gewerblich. Die GmbH & Co. KG unterliegt daher, wie eine gewerblich tätige Personengesellschaft der Gewerbesteuer, wobei § 35 EStG diese Rechtsfolge für die Mitunternehmer relativiert.[36] Ferner ist zu beachten, dass nicht nur die in der GmbH & Co. KG befindlichen Vermögenswerte steuerlich verhaftet sind, sondern auch solche, die der Gesellschaft dienen und somit Sonderbetriebsvermögen darstellen.[37] **Die gewerbliche geprägte GmbH & Co. KG ist in jeglicher Hinsicht wie eine gewerblich tätige Personengesellschaft zu behandeln.** Dies gilt nicht nur in ertragsteuerlicher, sondern auch in erbschaftsteuerlicher Hinsicht. Die erbschaft- und schenkungssteuerlichen Privilegien[38] für Betriebsvermögen gelten auch zugunsten der gewerblich geprägten Personengesellschaft.[39]

Als probates Mittel kann die gewerblich geprägte GmbH & Co. KG auch zur Absicherung einer Betriebsaufspaltung dienen.[40] Eine ungewollte Beendigung der Betriebsaufspaltung – bspw. durch personelle Entflechtung – ist nicht zu befürchten, wenn die Besitzgesellschaft in Form einer gewerblich geprägten GmbH & Co. KG betrieben wird.

21 Schließlich können mittels einer gewerblich geprägten GmbH & Co. KG einzelne Wirtschaftgüter gem. § 6 Abs. 5 EStG zwischen dem Gesamthandsvermögen einer Mitunternehmerschaft und

33 BFH BStBl. II 1996, 93; R 138 Abs. 6 EStR.

34 L. Schmidt § 15 EStG Rn. 223.

35 Hierzu Spiegelberger ZEV 2003, 391, 395, Ettinger/Eberle GmbHR 2004, 548, 552; Binz/Sorg § 16 Rn. 53.

36 Vgl. hierzu § 4 Rn. 97 ff.

37 Bei Veräußerung derartigen Sonderbetriebsvermögens oder bei Entfallen der Eigenschaft als Sonderbetriebsvermögen können folglichVeräußerungsgewinne anfallen.

38 Betriebsvermögenfreibetrag von EUR 225.000,– sowie ein Bewertungsabschlag von 35 % gem. § 13 a Abs. 1 u. 2 ErbStG sowie Tarifbegünstigung gem. § 19 a ErbStG.

39 Eine Beschränkung der Privilegien auf sog. „produktives Betriebsvermögen" ist künftig wohl zu erwarten; vgl. den Gesetzentwurf der Bundesregierung vom 03.11.2006, BR-Drucks. 778/06.

40 Vgl. hierzu § 8 Rn. 14.

einem anderen (Sonder-)Betriebsvermögen eines Mitunternehmers sowie zwischen den Sonderbetriebsvermögen verschiedener Mitunternehmer transferiert werden. Wird ein einzelnes Wirtschaftsgut hiernach in die gewerblich geprägte Personengesellschaft überführt, bleibt es dort Betriebsvermögen, sodass keine stillen Reserven aufzudecken sind.

II. Gewinnermittlung

1. Allgemeines

Ausgangsbasis für die steuerliche Gewinnermittlung bei der GmbH & Co. KG ist zunächst das Betriebsvermögen der Gesellschaft. Wirtschaftsgüter, die der GmbH & Co. KG zuzurechnen sind, bilden den Ausgangspunkt für die steuerliche Gewinnermittlung nach den allgemeinen Vorschriften der §§ 4 ff. EStG. Erzielt die GmbH & Co. KG keine gewerblichen Einkünfte und ist sie auch nicht gewerblich geprägt, vermittelt sie ihren Gesellschaftern jeweils solche Einkünfte, die den Gegenstand des Zuflusses bilden (z.B. Einkünfte aus Vermietung und Verpachtung[41] oder Einkünfte aus Kapitalvermögen[42]). In diesem Fall stellt der Überschuss der Einnahmen über die Werbungskosten die entsprechenden Einkünfte bei den Gesellschaftern dar.[43] Erzielt eine GmbH & Co. KG - sei es auch nur in geringem Umfang - gewerbliche Einkünfte, färben diese auf die sämtlichen übrigen Einkünfte der Gesellschaft ab (Abfärbetheorie), sodass die Gesellschaft vollumfänglich gewerbliche Einkünfte erzielt.[44] 22

2. Zweistufige Gewinnermittlung

Auf Grundlage der sog. „Einheitstheorie“[45] ist die GmbH & Co. KG zunächst für Zwecke der Gewinnermittlung als Steuerrechtssubjekt anzuerkennen. Nach der Einheitstheorie wird die Personengesellschaft für einkommensteuerliche Zwecke als „partielles Steuerrechtssubjekt“ angesehen.[46] Auf der ersten Gewinnermittlungsstufe wird das Ergebnis der gesamten Mitunternehmerschaft auf Basis des **handelsrechtlichen Jahresabschlusses** gem. § 5 Abs. 1 S. 1 EStG ermittelt (Maßgeblichkeitsprinzip). Das Ergebnis der Gesamthandsbilanz wird den Gesellschaftern der GmbH & Co. KG gem. § 15 Abs. 1 S. 1 Nr. 2 S. 1 Hs. 1 EStG entsprechend ihrer Gesellschaftsbeteiligung zugerechnet. Darüber hinaus können Wertkorrekturen durch die Einbeziehung der entsprechenden **Ergänzungsbilanzen** der Gesellschafter erfolgen. Die in der Gesamthandsbilanz angesetzten Vermögenswerte und Schulden werden für jeden einzelnen Gesellschafter mittels Ergänzungsbilanz korrigiert.[47] 23

Auf der zweiten Gewinnermittlungsstufe finden nunmehr gem. § 15 Abs. 1 Nr. 2 EStG ggf. vorhandene **Sonderbilanzen** Berücksichtigung. Auf diese Weise wird die aufgrund der Einheitstheorie auf der ersten Stufe ermittelte Gesamthandsbilanz der Gesellschaft auf die individuellen 24

41 §§ 2 Abs. 1 Nr. 6, 21 EStG.
42 §§ 2 Abs. 1 Nr. 5, 20 EStG.
43 §§ 2 Abs. 2 Nr. 2, 8, 9, EStG.
44 § 15 Abs. 3 Nr. 1 u. 2 EStG. Vgl. hierzu § 3 Rn. 16.
45 BFH BStBl. II 1984, 751, 761.
46 Im Gegensatz hierzu betonte die früher herrschende Bilanzbündeltheorie die steuerliche Rechtssubjektivität der einzelnen Gesellschafter; hierzu nur RFH RStBl. 1937, 937; BFH BStBl. III 1957, 105; BStBl. II 1970, 618.
47 Eine Korrektur durch Ergänzungsbilanz ist bspw. vorzunehmen, wenn ein Gesellschafter seine Beteiligung zu einem vom Buchwert abweichenden Preis erworben hat; darüber hinaus sind personenbezogene Steuerbegünstigungen in der Ergänzungsbilanz zu berücksichtigen.

steuerlichen Rahmenbedingungen der einzelnen Gesellschafter transferiert. So werden in der Sonderbilanz[48] bspw. solche Vermögensgegenstände erfasst, die zivilrechtlich im Alleineigentum des Gesellschafters stehen, der GmbH & Co. KG jedoch auf schuldrechtlicher Basis zur Nutzung überlassen werden. Ferner sind von der Gesellschaft gezahlte Vergütungen (bspw. für Dienstleistungen oder Nutzungsüberlassungen) in der Sonderbilanz des jeweiligen Gesellschafters seinen gewerblichen Einkünften als Mitunternehmer hinzuzurechnen.[49] Umgekehrt sind individuelle wirtschaftliche Belastungen eines Gesellschafters ebenfalls in der Sonderbilanz als Sonderbetriebsausgaben abzuziehen (z.B. Beratungskosten im Zusammenhang mit der Gesellschaftsbeteiligung oder Reisekosten zu Gesellschafterversammlungen).

Durch die Zusammenführung der Ergebnisse aus der ersten und der zweiten Gewinnermittlungsstufe ergibt sich der steuerliche Ergebnisanteil des Mitunternehmers für das betreffende Geschäftsjahr.[50] Die steuerliche Gesamthandsbilanz[51] der GmbH & Co. KG sowie die Sonderbilanzen der Gesellschafter können in einer Gesamtbilanz zusammengefasst werden.[52]

III. Gewerbesteuer

1. Die GmbH & Co. KG als Steuersubjekt

25 Das Transparenzprinzip, welches die Einkünfte der Mitunternehmerschaft in ertragsteuerlicher Hinsicht den Gesellschaftern der GmbH & Co. KG zurechnet, gilt bei der Gewerbesteuer nicht. Die Personengesellschaft selbst ist Steuersubjekt und gem. § 5 Abs. 1 S. 3 GewStG Steuerschuldner. Der Gewerbesteuerpflicht unterliegt jedes im Innland gelegene gewerbliche Unternehmen i.S.d. EStG.[53] Übt eine Gesellschaft nur teilweise eine gewerbliche Tätigkeit aus und ist sie i.Ü. vermögensverwaltend tätig, gilt sie gem. § 15 Abs. 3 Nr. 1 EStG aufgrund der Abfärbetheorie[54] in vollem Umfang als gewerblich tätig. Der Gewerbesteuerpflicht unterliegen somit die gesamten Einkünfte der GmbH & Co. KG.

26 Beginn und Ende der Gewerbesteuerpflicht richten sich nach der tatsächlichen Geschäftstätigkeit der Gesellschaft. Nicht ausschlaggebend ist die Eintragung der Gesellschaft im Handelsregister bzw. deren Löschung. Vielmehr beginnt die Gewerbesteuerpflicht dann, wenn der Gewerbebetrieb erstmals aufgenommen wird. Bloße Vorbereitungsmaßnahmen genügen noch nicht.[55] Die Gewerbesteuerpflicht endet mit der Einstellung der werbenden Tätigkeit.[56] Maßgeblich sind die Umstände des Einzelfalls unter Berücksichtigung der tatsächlich gelebten Tätigkeit und nicht etwa handelsrechtliche Vorgänge, wie bspw. ein Auflösungsbeschluss, die Austragung aus dem Handelsregister oder die Liquidation der Gesellschaft im Innenverhältnis.

48 Siehe hierzu ausführlich § 4 Rn. 55 f.
49 Diese stellen Sondervergütungen i.S.d. § 15 Abs. 1 S. 1 Nr. 2 S. 1 Hs. 2 EStG dar.
50 BFH BStBl. II 1981, 164.
51 Einschließlich Ergänzungsbilanzen.
52 BFH BStBl. II 1996, 219, 225, a.A.: Sudhoff/Düll § 5 Rn. 4, der eine Gesamtbilanz nicht für erforderlich hält.
53 Vgl. § 2 Abs. 1 S. 1 u. 2 GewStG.
54 Siehe § 3 Rn. 16.
55 Z.B. das Anmieten von Fahrzeugen oder Räumlichkeiten; vgl. BFH BStBl. II 1986, 527.
56 Hierzu Abschn. 19 Abs. 1 u. 2 GewStR 1998.

2. Bemessungsgrundlage

Ausgangsgrundlage für die Gewerbesteuer vom Ertrag ist der Gewinn der GmbH & Co. KG. 27
Gem. § 7 GewStG wird insofern auf den nach einkommensteuerlichen Grundsätzen ermittelten Gewinn verwiesen. Von der Gewerbesteuer werden aber nicht sämtliche von der Gesellschaft erwirtschafteten Gewinne erfasst, sondern lediglich solche, die im Rahmen des **laufenden Geschäftsbetriebs** erwirtschaftet wserden. Folglich unterliegen Gewinne aus der Veräußerung des gesamten Geschäftsbetriebes oder aus der Veräußerung eines Mitunternehmeranteils nicht der Gewerbesteuerpflicht. Derartige außerordentliche Erträge werden dem Gewerbeertrag grundsätzlich nicht hinzugerechnet. § 7 S. 2 Nr. 2 GewStG fingiert jedoch auch Gewinne aus der Veräußerung des Geschäftsbetriebes oder des Anteils an einer Mitunternehmerschaft ausdrücklich als Gewerbeertrag. Diese Fiktion greift allerdings nur insoweit, als der Gewinn von einer natürlichen Person erzielt wird und diese mittelbar an der Mitunternehmerschaft beteiligt ist. Der mittelbar beteiligte Mitunternehmer soll mit seiner Gewerbesteuerbelastung durch § 35 EStG entlastet werden, was jedoch nicht vollumfänglich gelingt.[57] Soweit der Gewinn bei unmittelbar beteiligten Mitunternehmern anfällt, wird er dem Gewerbeertrag hingegen nicht hinzugerechnet.

Durch den Verweis auf die ertragsteuerlichen Gewinnermittlungsvorschriften sind auch etwaige 28
Ergänzungs- und Sonderbilanzen bei der Ermittlung des Gewerbeertrags zu berücksichtigen.[58] Der Gewerbeertrag erhöht sich also um an die Gesellschafter gezahlte Sondervergütungen, etwa in der Form von Beratungs- oder Geschäftsführervergütungen, Miet- oder Pachtzinsen usw. Umgekehrt mindern individuelle Verluste eines Gesellschafters aus seiner Sonder- oder Ergänzungsbilanz den Gewerbeertrag der Gesellschaft.[59] Individuelle steuerliche Besonderheiten auf der Ebene der jeweiligen Gesellschafter wirken sich somit unmittelbar auf die Gewerbesteuerpflicht der Gesellschaft aus.

Der auf Grundlage der ertragsteuerlichen Vorschriften ermittelte Gewerbeertrag ist nach Maßgabe der §§ 8 u. 9 GewStG um bestimmte Positionen zu erhöhen bzw. zu verringern. Bspw. ist gem. § 8 Nr. 1 GewStG die Hälfte der Zinsen für Dauerschulden dem Gewerbeertrag wieder hinzuzurechnen, soweit sie bei der Gewinnermittlung in Abzug gebracht wurden. Umgekehrt ist etwa gem. § 9 Nr. 1 GewStG eine Kürzung des Gewerbeertrags vorzunehmen, soweit Grundbesitz zum Betriebsvermögen gehört.[60]

Für die Berechnung der Gewerbesteuer wird zunächst der Freibetrag gem. § 11 Abs. 1 Nr. 1 GewStG 29
in Höhe von EUR 24.500,– in Abzug gebracht. Sodann wird auf den so ermittelten Gewerbeertrag die Steuermesszahl gem. § 11 Abs. 2 GewStG angewendet. Der sich hiernach ergebende Gewerbesteuermessbetrag bildet die Grundlage für die eigentliche Gewerbesteuer. Unter Zugrundelegung des individuellen Gewerbesteuerhebesatzes der entsprechenden Gemeinde ergibt sich schließlich die Höhe der zu zahlenden Gewerbesteuer.[61]

57 Vgl. L. Schmidt § 35 EStG Rn. 8 m. w. N.
58 Vgl. BFH BStBl. II 1986, 58; BStBl. II 1985, 212.
59 Bspw. Aufwendung auf das Sonderbetriebsvermögen oder Aufwendungen im Zusammenhang mit dem Anteilserwerb.
60 Befinden sich die Grundstücke im Sonderbetriebsvermögen eines Gesellschafters, findet ebenfalls eine Kürzung des Gewerbeertrags statt.
61 Siehe hierzu das Berechnungsbeispiel bei Sudhoff/Düll § 5 a Rn. 8.

3. Gewerbeverlust

30 Für die Berechnung des Gewerbeertrags ist die Gesamthandsbilanz der Gesellschaft einschließlich sämtlicher Ergänzungs- und Sonderbilanzen der Gesellschafter heranzuziehen. Ergibt sich hiernach und unter Berücksichtigung der gewerbesteuerlichen Hinzurechnungen bzw. Ermäßigungen ein gewerbesteuerlicher Verlust, kann dieser gem. § 10 a GewStG unbeschränkt vorgetragen werden. Eine periodenübergreifende Verlustverrechnung ist nur eingeschränkt möglich, denn der **vorgetragene Gewerbeverlust ist stets von Amts wegen zu berücksichtigen.**[62] Der Steuerpflichtige kann den Zeitpunkt der Geltendmachung des Verlustvortrags nicht selbst bestimmen. Voraussetzung für einen Verlustvortrag ist die Identität zwischen dem Unternehmen, bei dem der Verlust angefallen ist und demjenigen Unternehmen, das den vorgetragenen Verlust anrechnen möchte (**Unternehmensidentität**).[63] Darüber hinaus kann ein Unternehmer den Verlustabzug nur für solche Fehlbeträge beanspruchen, die ihm früher als Unternehmer desselben Unternehmens entstanden sind (**Unternehmeridentität**).[64] Ein Wechsel im Gesellschafterbestand führt somit dazu, dass der Verlustabzug untergeht. Scheidet ein Gesellschafter aus oder veräußert er seinen Gesellschaftsanteil, geht der Fehlbetrag in Höhe des auf ihn entfallenden Anteils unter.[65]

4. Gewerbesteuerpflicht der Komplementär-GmbH

31 Als Kapitalgesellschaft unterliegt die Komplementär-GmbH bereits kraft ihrer Rechtsform zwingend der Gewerbesteuer (§ 2 Abs. 2 S. 1 GewStG). Ist die Komplementär-GmbH kapitalmäßig an der GmbH & Co. KG beteiligt, sind die gewerbesteuerlichen Besonderheiten gem. § 8 Nr. 8 und § 9 Nr. 2 GewStG zu berücksichtigen. Der Gewerbeertrag der Komplementär-GmbH wird hiernach um den Gewinnanteil gekürzt, der bereits im Rahmen der GmbH & Co. KG zur Gewerbesteuer herangezogen wurde. Umgekehrt sind Verlustanteile der GmbH aus ihrer Beteiligung an der GmbH & Co. KG dem Gewerbeertrag hinzuzurechnen. Denn die Verluste wurden bei GmbH & Co. KG selbst bereits gewerbeertragmindernd berücksichtigt. Erzielt die Komplementär-GmbH darüber hinaus keine weiteren Einkünfte, hat sie also keine Gewerbesteuer zu entrichten.

IV. Bewertung des Betriebsvermögens für Zwecke der Erbschaftsteuer

32 Die maßgebende Regelung zur Bewertung des Betriebsvermögens einer GmbH & Co. KG findet sich in § 97 BewG. Die Regelung zur Bewertung des Betriebsvermögens von Personengesellschaften in § 97 Abs. 1 Nr. 5 BewG hat für die Erbschaft- und Schenkungsteuer erhebliche Bedeutung, wenn Gegenstand des unentgeltlichen Erwerbs ein Anteil an einer Personengesellschaft ist. Nach § 12 Abs. 5 ErbStG ist der Anteil an einer Personengesellschaft mit dem bewertungsrechtlichen Wert des Anteils am Betriebsvermögen (§§ 97 Abs. 1 Nr. 5, Abs. 1a BewG) in die Steuerbemessungsgrundlage einzubeziehen.

---

62 Vgl. Abschn. 66 Abs. 5 GewStR 1998.

63 Das Erfordernis der Unternehmensidentität ergibt sich aus dem Objektcharakter der Gewerbesteuer; BFH BStBl. II 1981, 748.

64 Der große Senat des BFH hat am Erfordernis der Unternehmeridentität ausdrücklich festgehalten, BFH BStBl. II 1993, 616.

65 A.A. Binz/Sorg § 17 Rn. 20, der aufgrund des Objektcharakters der Gewerbesteuer ein Entfallen des Verlustvortrags verneint.

3

Bevor jedoch auf die derzeit (noch) geltenden Regeln für die erbschaftsteuerliche Bewertung eingegangen wird, soll zunächst auf die Vorgaben des BVerfG eingegangen werden. Mit seinem am 31.1.2007 veröffentlichten Beschluss vom 7.11.2006 hat das Bundesverfassungsgericht[66] die Verfassungswidrigkeit des geltenden Erbschaftsteuerrechts festgestellt. Eine verfassungsgemäße Regelung muss nach den Vorgaben des Gerichts in jedem Fall eine Bewertung sämtlicher Vermögenswerte mit dem gemeinen Wert vorsehen.

Die derzeitige Bewertung von **Betriebsvermögen** auf Grundlage der Steuerbilanzwerte trägt dieser vom BVerfG vorgegebenen Bewertungsbasis aber gerade nicht Rechnung. Denn der Steuerbilanzwert stimmt nur in Ausnahmefällen mit dem gemeinen Wert überein. Mittels bilanzpolitischer Maßnahmen[67] kann gezielt auf die Höhe des Steuerbilanzwertes Einfluss genommen werden; bestimmte immaterielle Vermögenswerte – etwa der Firmenwert – oder Ertragskomponenten bleiben völlig unberücksichtigt. Der Steuerbilanzwert bleibt daher regelmäßig erheblich hinter dem gemeinen Wert zurück. Aus dem gleichen Grund ist auch die Bewertung von **Anteilen an Kapitalgesellschaften** nicht mit dem Gleichheitssatz vereinbar. Denn auch dort bildet der Steuerbilanzwert – neben einer Ertragskomponente – die Ausgangsbasis für die erbschaftsteuerliche Bewertung.[68]

Auch die Bewertung von **Immobilienvermögen** erachtet das BVerfG für verfassungswidrig. Denn die derzeitige Bewertungsmethode ist ebenfalls nicht geeignet, den gemeinen Wert des jeweiligen Immobilienvermögens zu erfassen. Insbesondere bleiben wertrelevante Aspekte wie Art und Lage des Grundstücks bislang unberücksichtigt.

Das BVerfG hat dem Gesetzgeber aufgegeben, Bewertungsmethoden zu schaffen, die gewährleisten, dass alle Vermögenswerte in einem Annäherungswert mit dem gemeinen Wert erfasst werden. Auf der Basis der so ermittelten Verkehrswerte bleibt es dem Gesetzgeber dann unbenommen, zugunsten bestimmter Lenkungszwecke **„Verschonungsregelungen“** vorzusehen, die zu einer geringeren Steuerlast für bestimmte Vermögenswerte führen. Zur Umsetzung der verfassungsgerichtlichen Vorgaben hat das Gericht dem Gesetzgeber eine Frist bis zum 31.12.2008 gesetzt. Bis zu einer Neuregelung kommen die bisherigen Bewertungs- und Besteuerungsregelungen zur Anwendung.

Praxishinweis:

Für die Praxis ist allerdings zu beachten, dass es sich bei dem vorgegebenen Datum um eine Höchstfrist handelt; im Falle einer vorzeitigen Neuregelung, kommt das neue Recht vorher zur Anwendung.

1. Bedarfsbewertung

Die Ermittlung des Werts des Betriebsvermögens erfolgt als Bedarfsbewertung auf den Besteuerungszeitpunkt (§ 9 ErbStG). Erforderlich ist nur die Ermittlung des Anteils des Gesellschafters am Wert des Betriebsvermögens, dessen Beteiligung von einem erbschaft- oder schenkungsteuerrechtlichen Vorgang betroffen ist. Die Wertermittlung ist unselbständige Besteuerungsgrundlage im Rahmen der entsprechenden Steuerfestsetzung.[69] Dabei sind für den Bestand und die Wertermittlung des Betriebsvermögens grundsätzlich die Verhältnisse im Zeitpunkt der Ent- 33

66 BVerfG DB 2007, 320.

67 Das BVerfG nennt etwa erhöhte Absetzungen, Sonderabschreibungen oder Sofortabschreibungen als Beispiele.

68 Maßgebend ist das sog. „Stuttgarter Verfahren“; derzeit geregelt in R 96 – 108 ErbStR.

69 Ebenso Gebel in Troll/Gebel/Jülicher, 6. Aufl. 1996, § 12 ErbStG Rz. 725; a. A. Dötsch in Gürsching/Stenger, 9. Aufl. 1998, § 95 BewG Rz. 5; Christoffel, DB 1998, 155.

stehung der Steuer maßgebend. Einheitswerte des Betriebsvermögens werden nicht mehr festgestellt (§ 19 BewG).

2. Gewerbebetrieb – Bestand

34 Nach der bewertungsrechtlichen Sonderregelung für Personengesellschaften bilden alle Wirtschaftsgüter einen Gewerbebetrieb, die einer Gesellschaft i.S.d. § 97 Abs. 1 Nr. 5 BewG zuzurechnen sind und gehören damit zum Betriebsvermögen. Die Vorschrift verweist zur Festlegung ihres Anwendungsbereichs auf ertragsteuerliche Normen. Darunter fällt auch § 15 Abs. 3 EStG. Auf diese Weise werden die gewerblich geprägten Personengesellschaften (z.B. GmbH & Co. KG) einbezogen.[70] Zum Betriebsvermögen einer GmbH & CO. KG gehören alle Teile des Gewerbebetriebs. In den Gewerbebetrieb sind entsprechend der ertragsteuerlichen Regelung zunächst die Wirtschaftsgüter und sonstigen aktiven Ansätze sowie die Schulden und sonstigen Abzüge einzubeziehen, soweit sie zum Gesamthandsvermögen gehören (§ 719 BGB). Darüber hinaus gehören nach § 97 Abs. 1 Nr. 5 Satz 2 BewG aber auch die Wirtschaftsgüter zum Gewebebetrieb einer solchen Gesellschaft, die im Eigentum eines Gesellschafters, mehrerer Gesellschafter oder aller Gesellschafter stehen, sowie entsprechende Schulden, soweit diese der Gesellschaft dienen (Sonderbetriebsvermögen). Die Besonderheiten für Betriebsgrundstücke (§ 99 BewG) und die Berücksichtigung von Schulden (§ 103 BewG) sind zu beachten. Ferner zählen zum Betriebsvermögen die Bilanzansätze aus etwaigen Ergänzungsbilanzen der Gesellschafter im Hinblick auf Wirtschaftgüter des Gesamthandsvermögens.[71] Damit entspricht die bewertungsrechtliche Regelung der ertragsteuerlichen Behandlung. Das ertragsteuerliche Ergebnis einer Personengesellschaft ergibt sich aus der Addition der Ergebnisse aus der Steuerbilanz der Personengesellschaft einschließlich notwendiger Ergänzungsbilanzen sowie den Sonderbilanzen der Gesellschafter.

3. Bewertung des Betriebsvermögens

35 Im Hinblick auf die Bewertung sind bei bilanzierenden Gewerbetreibenden wie der GmbH & Co. KG die Grundsätze der steuerlichen Gewinnermittlung heranzuziehen (§ 109 BewG); maßgebend sind regelmäßig die Werte der Steuerbilanz. Die Bewertung des Betriebsvermögens erfolgt daher grundsätzlich mit dem Buchwert; wichtige Ausnahmen bestehen für Betriebsgrundstücke (§ 99 Abs. 3 BewG) sowie Anteile an Kapitalgesellschaften. Neben der Bestandsidentität ergibt sich dadurch jedenfalls im Grundsatz auch eine Bewertungsidentität zwischen der Steuerbilanz und der Vermögensaufstellung (sog. „verlängerten Maßgeblichkeit“ in Anlehnung an das Verhältnis von Handels- und Steuerbilanz).

4. Aufteilung des Betriebsvermögens

36 Die Personengesellschaft selbst ist kein Subjekt der Erbschaft- und Schenkungsteuer.[72] Der Wert des Betriebsvermögens ist daher auf die Gesellschafter zu verteilen. Die Zurechnung erfolgt unter Berücksichtigung von ertragsteuerlichen Besonderheiten (§ 97 Abs. 1 a Nr. 1–4 BewG). Der Anteil am Wert des Betriebsvermögens wird ausgehend vom Gesamtwert unter Berücksichtigung

70 Hierzu aber Fn. 39.
71 Vgl. R 115 Abs. 1 ErbStR 2003.
72 BFH BStBl II 1995, 81; zu den Vorteilen Fehrenbacher, 2005, § 6 Rz. 6.

von Vorwegzurechnungen (Sonderbetriebsvermögen) nach den Kapitalkonten in der Steuerbilanz (einschließlich Ergänzungsbilanz, aber ohne Sonderbilanz) auf die Gesellschafter verteilt. Die verbleibende Differenz wird entsprechend dem geltenden Gewinnverteilungsschlüssel aufgeteilt.

5. Bewertung der Anteile an der Komplementär-GmbH

Wegen der besonderen Bedeutung der Anteile an der Komplementär-GmbH soll ergänzend auf 37
die Bewertung der Anteile an der Komplementär-GmbH eingegangen werden. Die Bewertung von Anteilen an Kapitalgesellschaften erfolgt mit dem **gemeinen Wert** (§ 12 Abs. 1 ErbStG, § 11 Abs. 1 BewG). Dabei werden Wertpapiere, die an einem amtlichen, geregelten oder freien Markt gehandelt werden, mit dem **Handelskurs** am Bewertungsstichtag angesetzt. Sofern Anteile an einer Gesellschaft nicht gehandelt werden, ist auf den **Verkaufspreis** abzustellen. Falls kein Verkaufspreis feststellbar ist, muss auf dem Schätzwege eine Bewertung der Anteile vorgenommen werden. Für die Anteile an der Komplementär-GmbH kommt allenfalls die Ableitung aus einem Verkaufspreis in Betracht andernfalls ist eine Schätzung vorzunehmen. Für die Bewertung durch Schätzung sind nach § 12 Abs. 2 ErbStG, § 11 Abs. 2 Satz 2 BewG die Vermögens- und Ertragsaussichten der Gesellschaft zu berücksichtigen. In Bezug auf das Vermögen sollen dabei grundsätzlich die Steuerbilanzwerte herangezogen werden (§ 12 Abs. 2 Satz 3 i.V.m. Abs. 5 BewG). Bei der Beurteilung der Vermögensaussichten bleiben somit die stillen Reserven ohne Auswirkung. Gleiches gilt für den Firmenwert und diesem ähnliche Wirtschaftsgüter (§ 12 Abs. 2 Satz 3 ErbStG), die allerdings in den Ertragsaussichten ihre Berücksichtigung finden. Als geeignete Methode für die Schätzung des Werts der Anteile an Kapitalgesellschaften und damit auch an der Komplementär-GmbH hat die Rechtsprechung das „Stuttgarter Verfahren“ anerkannt. Nach der Methode des **„Stuttgarter Verfahrens“** ist für die Berücksichtigung der Ertragsaussichten von einem mittelfristigen Zeitraum von drei Jahren auszugehen, die Ertragsaussichten erhöhen dabei den Vermögenswert nur dann, wenn bei Anlage des Kapitals in Anteilen der Gesellschaft ein Mehrertrag gegenüber sonst erzielbaren Zinsen erwirtschaftet werden kann. Ein Anspruch auf Ausschüttung von erwirtschafteten, aber noch nicht ausgeschütteten Gewinnen ist neben den Anteilen an der Kapitalgesellschaft einer besonderen Bewertung nur zugänglich, wenn der Beschluss über die Gewinnverwendung vor dem Zeitpunkt der Steuerentstehung liegt und der Anspruch tatsächlich auf den Erwerber übergeht (§ 101 Nr. 2 BGB).

V. Umsatzsteuer

Die GmbH & Co. KG ist als Personengesellschaft selbst umsatzsteuerliches Steuersubjekt. Wird die 38
GmbH & Co. KG selbständig gewerblich tätig, ist sie Unternehmer i.S.d. § 2 Abs. 1 UStG.[73] Ihre Gesellschafter müssen nicht Mitunternehmer i.S.d. § 15 Abs. 1 Nr. 2 EStG sein.[74] Das Merkmal der Selbständigkeit ist insbesondere auch bei einer GmbH & Co. KG erfüllt. § 2 Abs. 2 Nr. 1 UStG steht dem – entgegen der früheren Rechtsprechung des BFH[75] – nicht entgegen.[76] Nach nunmehr gefestigter Rechtsprechung des BFH können Personengesellschaften des Handelsrechts unter Einschluss der GmbH & Co. KG nicht unselbständig i.S.d. § 2 Abs. 2 UStG sein.[77]

73 BFH NV 1998, 606.
74 BFH BStBl. II 1981, 408.
75 BFH BStBl. III 1967, 499.
76 BFH BStBl. II 1979, 362.
77 BFH BStBl. II 1979, 356; BStBl. II 1979, 362.

§ 4 Die Gesellschafter der GmbH & Co. KG

1 Zum besseren Verständnis der maßgebenden Vorschriften zur Besteuerung der Gesellschafter einer GmbH & Co. KG empfiehlt sich zunächst ein kurzer Blick auf das Gesellschaftsrecht und die sich daraus ergebenden Rechte und Pflichten der Gesellschafter.

A. Gesellschaftsrecht

2 Die GmbH & Co. KG ist eine besondere Personenhandelsgesellschaft (§ 1 Rn. 1) und kennt zwei Arten von Gesellschaftern – **Komplementäre und Kommanditisten**. In der Praxis ist es aber üblich, aus Haftungsgesichtspunkten nur der GmbH die Stellung als Komplementär einzuräumen. Da mit der Stellung als Komplementär die unbeschränkte Haftung für Verbindlichkeiten der GmbH & Co. KG verbunden ist (§§ 161 Abs. 2, 128 HGB), wird über die Wahl des Komplementärs in der Rechtsform der GmbH letztlich eine Haftungsbeschränkung für die GmbH & Co. KG erreicht. Die GmbH haftet für ihre Verbindlichkeiten nur mit ihrem Gesellschaftsvermögen, welches tatsächlich häufig sehr gering sein wird. Die Gesellschafter der GmbH haften für die Verbindlichkeiten der GmbH regelmäßig nicht persönlich (§ 13 Abs. 2 GmbHG).

3 Bei der Beurteilung der maßgebenden Rechtsverhältnisse in Bezug auf die Gesellschafter einer GmbH & Co. KG ist zu beachten, dass einerseits eine Unterscheidung zwischen Komplementären und Kommanditisten vorzunehmen ist. Andererseits ist aber im Hinblick auf die Verwaltung der Gesellschaft auch zwischen dem **Innenverhältnis** unter den Gesellschaftern und dem **Außenverhältnis** zu Dritten zu unterscheiden. Dem deutschen Gesellschaftsrecht ist ein allgemeines Prinzip zu entnehmen, das gerade für die GmbH & Co. KG große Bedeutung erlangt: Während das Innenverhältnis der Gesellschaft (Geschäftsführung, Gewinnverteilung usw.) weitgehend zur Disposition der Gesellschafter im Gesellschaftsvertrag steht, sind die gesetzlichen Regeln, die das Außenverhältniss der Gesellschaft zu Dritten (Vertretung, Haftung usw.) betreffen, grundsätzlich zwingend. Das Innenverhältnis zwischen den Gesellschaftern (Komplementär(en) und Kommanditisten) ist daher in erster Linie dem Gesellschaftsvertrag zu entnehmen. Nur soweit die Gesellschafter von ihrer Vertragfreiheit keinen Gebrauch gemacht haben, finden die gesetzlichen Regeln Anwendung. Für das Außenverhältnis der Gesellschaft zu Dritten sind dagegen die gesetzlichen Vorgaben maßgebend.

Praxishinweis:

Bevor eine Lösung für Fragen in Bezug auf eine konkrete GmbH & Co. KG erwogen wird, sollte immer zunächst der Gesellschaftsvertrag beigezogen werden.

I. Komplementär-GmbH

4 In der typischen GmbH & Co. KG ist die GmbH einzige Komplementärin der GmbH & Co. KG.[1] Häufig werden die Gesellschafter der GmbH mit den Kommanditisten der GmbH & Co. KG übereinstimmen. Zwingend ist das selbstverständlich nicht, aber zur Vermeidung von zusätzlichen Interessenkonflikten kann es von Vorteil sein.

1 Zur Zulässigkeit schon RGZ 105, 101.

1. Geschäftsführung und Vertretung

Nach der gesetzlichen Regelung ist die GmbH als einzige Komplementärin allein zur Geschäftsführung und Vertretung der GmbH & Co. KG befugt (§§ 164, 170 HGB). Die Aufgaben werden bei der GmbH durch den Geschäftsführer wahrgenommen, der demzufolge häufig auch als „mittelbarer Geschäftsführer" der GmbH & Co. KG bezeichnet wird.[2] In der Regel wird die Komplementär-GmbH keine weiteren Zwecke verfolgen, sodass sich die Aufgaben des Geschäftsführers der GmbH, abgeleitet aus dem Gesellschaftszweck, auf die Geschäftsführung und Vertretung der GmbH & Co. KG beschränken. 4

a) Geschäftsführung

Geschäftsführung ist jede Tätigkeit tatsächlicher oder rechtlicher Art. Die Reichweite der Geschäftsführungsbefugnis bei der GmbH & Co. KG bestimmt sich für den Komplementär nach § 164 HGB. Danach erstreckt sich die Befugnis der GmbH bei der GmbH & Co. KG, auf alle Geschäfte, die der gewöhnliche Betrieb des konkreten Handelsgewerbes mit sich bringt. Bei außergewöhnlichen Geschäften müssen die Kommanditisten nach der gesetzlichen Regelung mitwirken. Das Prinzip, dass die Geschäftsführung durch die Komplementäre wahrzunehmen ist (**Selbstorganschaft**), lässt sich durch die Wahl einer GmbH als Komplementär modifizieren. Die Möglichkeit der Bestellung von Personen zu Geschäftsführern der GmbH, die an der GmbH & Co. KG nicht beteiligt sind, erlaubt die Auswahl von Fachleuten, die besonders geeignet sind, die Gesellschaft zu führen. Ein gesonderter Akt zur Bestellung der Geschäftsführung der GmbH & Co. KG ist nicht erforderlich. Die Befugnis zur Geschäftsführung ist originärer Bestandteil der Stellung als Komplementär in der GmbH & Co. KG. Eine **Entziehung der Geschäftsführung** kommt bei groben Pflichtverletzungen (wichtiger Grund) in Betracht (§§ 161 Abs. 2, 117 HGB). Dabei ist es unbeachtlich, dass die GmbH in der Regel einzige Komplementärin der GmbH & Co. KG ist.[3] Die Geschäftsführung steht in diesem Fall im Zweifel der Gesamtheit der Gesellschafter zu.[4] Da es sich bei der Geschäftsführung um Innenrecht der Gesellschaft handelt, sind im Gesellschaftsvertrag weitgehende Modifikationen zulässig. Die Geschäftsführung durch die Komplementär-GmbH kann gestärkt werden. Ihre Zuständigkeit kann beispielsweise auf außergewöhnliche Geschäfte erstreckt werden. Der Kernbereich des Gesellschaftsvertrags (sog. Grundlagengeschäfte) muss einer Disposition allerdings entzogen bleiben. Auf der anderen Seite sind Einschränkungen der Geschäftsführung (z.B. Zustimmungserfordernisse) ebenso möglich, wie der Ausschluss des Komplementärs von der Geschäftsführung. Es verbleiben dann lediglich die Rechte des § 116 Abs. 2 HGB. 6

b) Vertretung

Ein Ausschnitt aus der Geschäftsführung ist die Vertretung der GmbH & Co. KG. Vertretung ist die Vornahme rechtsgeschäftlicher Handlungen für die GmbH & Co. KG im Verhältnis zu Dritten. **Vertretungsorgan** der GmbH & Co. KG ist nur der Komplementär. Die Kommanditisten sind von der Vertretung ausgeschlossen (§ 170 HGB). Die Regelung steht nicht zur Disposition 7

2 Etwa Binz/Sorg § 4 Rn. 2; Sudhoff/Breitfeld § 15 Rn. 2.
3 BGHZ 51, 198 (201).
4 Hopt ZGR 79, 1; Sudhoff/Breitfeld § 15 Rn. 8.

des Gesellschaftsvertrags.[5] Gleichwohl ist es durch Vereinbarung im Gesellschaftsvertrag möglich, die Geschäftsführung des Komplementärs an die Zustimmung der Kommanditisten zu binden. Ferner soll es zulässig sein, die Befugnis zum Handeln an die Erteilung einer Weisung der Kommanditisten zu binden.[6] Im Außenverhältnis gegenüber Dritten haben derartige Vereinbarungen allerdings keine Wirkung. Der Rechtsverkehr kann sich auf die Vertretungsbefugnis des Komplementärs verlassen (§ 170 HGB). Die Einräumung einer rechtsgeschäftlichen Vertretungsmacht an sonstige Personen bleibt davon unberührt (etwa Erteilung von Prokura, Generalbevollmächtigung). Die Reichweite der rechtsgeschäftlichen Vertretungsmacht bestimmt sich nach den insoweit geltenden gesetzlichen Regeln (§§ 49, 54 HGB), sofern nicht zulässigerweise eine andere Vereinbarung getroffen wurde. Die organschaftliche Vertretung durch den einzigen Komplementär, die GmbH, kann Probleme bereiten, wenn Rechtsbeziehungen (Dienstleistungen oder Gebrauchsüberlassungen) zwischen der GmbH und der GmbH & Co. KG begründet werden sollen. Grund ist das **Verbot des Selbstkontrahierens** und der Mehrfachvertretung nach § 181 BGB, das auch für die organschaftliche Vertretungsmacht gilt. In der Praxis ist daher eine Gestattung sowohl für den Geschäftsführer der GmbH (§ 35 Abs. 4 GmbHG) als auch für die GmbH zu empfehlen, damit die Vertragsbeziehungen zwischen der Komplementär-GmbH und der GmbH & Co. KG nicht von der schwebenden Unwirksamkeit bedroht sind.[7] Eine Entziehung der Vertretungsmacht ist nach vorzugswürdiger Ansicht wegen der zwingenden Regelung des § 170 HGB dann nicht möglich, wenn die GmbH einzige Komplementärin der GmbH & Co. KG ist.[8]

Praxishinweis:

Wegen des Verbots des Selbstkontrahierens und der Mehrfachvertretung (§ 181 BGB) empfiehlt sich eine Befreiung vom Verbot im Gesellschaftsvertrag.

c) GmbH-Geschäftsführer

8 Bei der Geschäftsführung und Vertretung durch die Komplementär-GmbH ist zu beachten, dass die Handlungsfähigkeit der GmbH durch den Geschäftsführer (§ 35 GmbHG) hergestellt wird.[9] Die Bestellung des Geschäftsführers, die Anzahl der Geschäftsführer und die Befugnisse der Geschäftsführung der GmbH werden durch die Gesellschafterversammlung bzw. den Gesellschaftsvertrag bestimmt. Eine Übertragung der Entscheidung auf andere Gremien (Aufsichtsrat, Beirat) ist möglich. Dabei ist zu berücksichtigen, dass der Einfluss der Gesellschafterversammlung auf die Geschäftsführung erheblich sein kann. Die Gesellschafterversammlung kann bestimmte Angelegenheiten an sich ziehen oder allgemeine Verhaltensregeln zur Ausübung der Geschäftsführung aufstellen. Darüber hinaus sind Weisungen im Einzelfall denkbar (§ 37 Abs. 1 GmbHG). Die Gesellschafterversammlung ist das Leitungsorgan der GmbH, die Geschäftsführung ist lediglich das Vollzugsorgan. Da Gesellschafter der Komplementär-GmbH auch die Kommanditisten der GmbH & Co. KG sein können, ist eine Einflussnahme auf die Geschäfte der GmbH & Co. KG über die Gesellschafterversammlung der GmbH möglich. In der Literatur wird vertreten, dass im Gesellschaftsvertrag der GmbH ein solches Weisungsrecht den Kommanditisten der GmbH &

5 BGHZ 51, 198 (200).
6 BGHZ 45, 204.
7 Zur Eintragung ins Handelsregister vgl. BayObLG DB 2000, 1066. Die Eintragung der Befreiung eines namentlich benannten Geschäftsführers ist nicht zulässig.
8 BGHZ 41, 367 (369); K. Schmidt Gesellschaftsrecht § 53 IV 2; a.A. wohl Schulze zur Wiesche/Ottersbach GmbH & Co. KG, Rn. 94.
9 Einzelheiten Raiser, Recht der Kapitalgesellschaften § 32.

Co. KG selbst für den Fall eingeräumt werden kann, dass sie nicht GmbH-Gesellschafter sind.[10] Die Ausrichtung der Geschäftsführung an den Weisungen der Gesellschafter wird durch eine Schadensersatzpflicht des pflichtwidrig handelnden Geschäftsführers gewährleistet (§ 43 Abs. 1 GmbHG). Wer zum Geschäftsführer bestellt werden kann, bestimmt sich nach den Vorgaben in § 6 GmbHG. Ein Verstoß gegen die gesetzlichen Anforderungen führt zur Nichtigkeit der Bestellung. Nach § 38 Abs. 1 GmbHG kann die Bestellung jederzeit widerrufen werden. Von der Abberufung als Organ ist die vertragliche Beziehung des Geschäftsführers mit der GmbH aufgrund des Anstellungsvertrags (§§ 675, 611 BGB)[11] zu unterscheiden. Es empfiehlt sich, durch entsprechende Klauseln im Anstellungsvertrag möglichst einen Gleichlauf mit der Organstellung sicherzustellen. Dabei ist zu berücksichtigen, dass die Regelung des § 38 Abs. 1 GmbHG zur Disposition des Gesellschaftsvertrags steht und qualifizierte Voraussetzungen (z.B. wichtiger Grund) für die Abberufung aufgenommen werden können.

Praxishinweis:

Es ist ein Gleichlauf der Organstellung des GmbH-Geschäftsführers mit dem Anstellungsvertrag anzustreben.

Der **Anstellungsvertrag des Geschäftsführers** mit der GmbH bezieht sich häufig ausschließlich 9
auf die Geschäftsführung der GmbH & Co. KG. Wird die GmbH & Co. KG an dem Vertrag nicht direkt beteiligt, entfaltet der Anstellungsvertrag mit der GmbH gleichwohl Schutzwirkung für die GmbH & Co. KG. Bei einer schuldhaften Verletzung der vertraglichen Sorgfalts- und Obhutspflichten (§ 241 Abs. 2 BGB) kann die GmbH & Co. KG einen Schadensersatzanspruch gegen den Geschäftsführer der GmbH geltend machen, wenn sie dadurch einen Schaden erleidet. Grundlage des Anspruchs ist die drittschützende Wirkung des Anstellungsvertrages. Die Rechtsprechung hat eine solche Schutzwirkung mehrfach anerkannt und dabei das Vorliegen der allgemeinen Voraussetzungen für die Einbeziehung in den vertraglichen Schutzbereich (Leistungsnähe, Gläubigernähe bzw. Schutzinteresse, Erkennbarkeit und Schutzbedürftigkeit) angenommen.[12] Es ist allerdings zu berücksichtigen, dass eine Pflichtverletzung des Geschäftsführers regelmäßig ausscheidet, wenn er durch seine Handlung eine Weisung der Gesellschafterversammlung der GmbH (§ 37 Abs. 1 GmbHG) ordnungsgemäß umgesetzt. Fehler im Rahmen der Geschäftsführung der GmbH wirken sich bei der typischen Komplementär-GmbH fast zwangsläufig bei der GmbH & Co. KG aus. Hier zeigt sich gleichzeitig eine Grenze der Schutzwirkung. Die Geschäftsführung der GmbH & Co. KG muss „wesentliche Aufgabe“ der GmbH sein. Ist der Geschäftsführer der GmbH gleichzeitig Kommanditist der GmbH & Co. KG ist bei schädigenden Handlungen ferner an eine Haftung wegen der Verletzung gesellschaftlicher Treuepflichten zu denken, die ihre Grundlage im Gesellschaftsvertrag der GmbH & Co. KG haben. Deliktische Schadensersatzansprüche sind zwar ebenfalls möglich, werden aber wegen fehlender Rechtsgutsverletzung (§ 823 Abs. 1 BGB) bzw. mangels Vorliegen der hohen subjektiven Voraussetzungen (§§ 823 Abs. 2 BGB i.V.m. 263 StGB; § 826 BGB) selten vorliegen oder schwer zu beweisen sein.

d) Wettbewerbsverbot

Für die GmbH als Komplementär der GmbH & Co. KG besteht grundsätzlich ein Wettbewerbs- 10
verbot nach §§ 112, 161 Abs. 2 HGB.[13] Auf diesem Wege soll einem Missbrauch der Geschäfts-

10 Konzen NJW 89, 2982.
11 PWW/Fehrenbacher § 675 BGB Rn. 41 – Dienstvertrag, der eine Geschäftsbesorgung zum Gegenstand hat.
12 BGHZ 75, 321; 72, 326 (337); BGH ZIP 2002, 984.
13 Nach ganz h.M. tritt § 1 GWB hinter die besondere gesetzliche Regelung zurück BGHZ 38, 306; 70, 331.

führungsbefugnis zu eigenen Zwecken vorgebeugt werden. Das Wettbewerbsverbot umfasst ein Geschäfts- und Beteiligungsverbot. Relevant wird ein solches Wettbewerbsverbot nur, wenn die GmbH nicht ausschließlich für die Übernahme des Haftungsrisikos der GmbH & Co. KG gegründet wurde. Auf die Zeit nach dem Ausscheiden aus der GmbH & Co. KG bezieht sich das Wettbewerbsverbot nur bei ausdrücklicher Vereinbarung im Gesellschaftsvertrag. Bei einem Verstoß droht neben dem Unterlassungsbegehren der Gesellschaft ein Schadensersatzanspruch, falls Verschulden vorliegt und das Eintrittsrecht der Gesellschaft in das Geschäft (§ 113 HGB). Von dem Wettbewerbsverbot der GmbH ist das Wettbewerbsverbot zu unterscheiden, dem der Geschäftsführer der Komplementär-GmbH unterliegt. Es ist allgemein anerkannt, dass sich aus der Treuepflicht des Geschäftsführers gegenüber der Gesellschaft, die ihre Grundlage im Anstellungsvertrag hat, ein Verbot ergibt, der Gesellschaft in ihrem Bereich Konkurrenz zu machen bzw. Geschäftschancen der Gesellschaft anderweitig wahrzunehmen.[14] Bei einem Verstoß ist der Geschäftsführer zur Unterlassung und bei Verschulden (§ 280 Abs. 1 Satz 2 BGB) zum Schadensersatz verpflichtet. Eine Befreiung von den Wettbewerbsverboten ist bei entsprechender Vereinbarung möglich.

2. Vermögensbeteiligung

11 Träger des Gesellschaftsvermögens ist die GmbH & Co. KG. Sie kann unter ihrer Firma Rechte erwerben und Verbindlichkeiten eingehen (§ 124 HGB). **Zuordnungssubjekt** der Rechte und Pflichten sind die Gesellschafter in ihrer gesamthänderischen Verbundenheit. Die Bildung von Gesamthandsvermögen ist bei der Gründung der GmbH & Co. KG nicht zwingend erforderlich, wird sich aber beim Betrieb eines Unternehmens zwangsläufig ergeben. Schon die Ansprüche gegen die Gesellschafter auf Erbringung ihrer Einlagen, falls solche im Gesellschaftsvertrag vereinbart sind, gehören zum gesamthänderisch gebundenen Vermögen. Die gesamthänderische Bindung hat weitreichende Konsequenzen. Die Gesellschafter können weder über ihren Anteil am Gesellschaftsvermögen oder an den einzelnen Gegenständen des Vermögens verfügen, noch können sie Teilung verlangen (§ 719 BGB). Eine weitere Ausprägung der Zuordnung der Gegenstände zur Gesamthand ist das Prinzip der Anwachsung nach § 738 Abs. 1 BGB. Das Ausscheiden eines Gesellschafters lässt die Vermögenszuordnung unberührt.

12 Von der rechtlichen Zuordnung des Gesellschaftsvermögens ist die **wertmäßige Beteiligung** der Gesellschafter am Vermögen der GmbH & Co. KG zu unterscheiden. Die wertmäßige Beteiligung wird häufig durch das Verhältnis der Einlagen bestimmt. In Höhe der Einlage wird regelmäßig in der Buchführung ein Kapitalkonto für den Komplementär eingerichtet. Dabei ist für die GmbH als Komplementär der GmbH & Co. KG zu berücksichtigen, dass ihre kapitalmäßige Beteiligung am Vermögen der GmbH & Co. KG tatsächlich eher gering ausfallen wird. Die Aufgabe der GmbH bleibt die Geschäftsführung und die Übernahme des Haftungsrisikos. Bei der typischen GmbH & Co. KG ist es durchaus üblich, **die GmbH am Vermögen gar nicht zu beteiligen**. Die Förderung des Gesellschaftszwecks kann sie durch die Geschäftsführung und die Übernahme des Haftungsrisikos bewirken. An den stillen Reserven oder einem Firmenwert kann die GmbH ohne Beteiligung am Kapital aber nicht partizipieren. Gleiches gilt für die Gewinnbeteiligung und im Hinblick auf die Beteiligung am Liquidationserlös.

13 Hat die GmbH keine Einlage zu leisten und ist folgerichtig auch nicht am Gewinn oder Verlust der GmbH & Co. KG beteiligt, muss ihr aber aus steuerlichen Erwägungen (siehe Rn. 79) zumindest

14 BGHZ 49, 30.

eine **Vergütung für die Geschäftsführung und die Übernahme des Haftungsrisikos** gewährt werden. Die Risikovergütung sollte aus steuerlichen Gesichtspunkten einer Provision für einen Bürgschafts- oder einen Avalkredit entsprechen.[15] Die Vergütung für die Geschäftsführung wird zumindest in der Höhe zu leisten sein, dass der GmbH-Geschäftsführer von der GmbH vergütet werden kann. Alternativ kann insoweit aber auch ein Aufwendungs- oder Auslagenersatz der GmbH gegen die GmbH & Co. KG vereinbart werden. Ist die GmbH am Gewinn- und Verlust der GmbH & Co. KG beteiligt, bedarf es keiner weiteren Vereinbarungen, die allerdings möglich sind. Für die GmbH ist in der Buchführung ein Kapitalkonto einzurichten, auf dem die Einlage sowie Gewinnanteile zugeschrieben und Verlustanteile sowie Entnahmen abgeschrieben werden (§§ 120 Abs. 2, 161 Abs. 2 HGB). In der Bilanz wird auf dem Kapitalkonto der Kapitalanteil der Komplementär-GmbH ausgewiesen. Die Regelung über ein einheitliches Kapitalkonto steht allerdings zur Disposition der Gesellschaft. Die **Gewinn- und Verlustverteilung** richtet sich in erster Linie nach dem Gesellschaftsvertrag. Fehlt eine Vereinbarung, wird nach § 168 Abs. 1 HGB zunächst eine Verzinsung der Kapitalanteile von 4 % nach Maßgabe der §§ 121 Abs. 1 und 2 HGB vorgenommen. Der übersteigende Betrag ist nach einem angemessenen Verhältnis zu verteilen (§ 168 Abs. 2 HGB). Letzteres gilt auch für den Verlust.[16] Dem Komplementär steht nach der gesetzlichen Regelung ferner ein laufendes Entnahmerecht bis zu 4 % des Kapitalanteils zu, der für das letzte Geschäftsjahr festgestellt wurde. Grenzen können sich allenfalls aus der Treuepflicht zur Gesellschaft ergeben. Kommanditisten steht ein solches Entnahmerecht nicht zu (§ 169 Abs. 1 HGB). Wird das Kapitalkonto und damit der Kapitalanteil des Komplementärs durch Verlustzuweisungen negativ, besteht während des Bestehens der GmbH & Co. KG keine Nachschusspflicht (§ 707 BGB).

Praxishinweis:

Es ist zu empfehlen, in dem Gesellschaftsvertrag eine Regelung zur Gewinn-/Verlustverteilung aufzunehmen. Auf diesem Wege lassen sich die Besonderheiten der jeweiligen GmbH & Co. KG sachgerecht berücksichtigen.

3. Haftung der Komplementär-GmbH

Die Haftung der Komplementär-GmbH für Verbindlichkeiten der GmbH & Co. KG ist nach §§ 161 Abs. 2, 128 HGB persönlich und unbeschränkt. Eine entgegenstehende Vereinbarung (z.B. im Gesellschaftsvertrag) ist Dritten gegenüber unwirksam. Eine individuelle Vereinbarung über einen Haftungsausschluss mit Dritten ist allerdings möglich. Bei der gesetzlichen Regelung handelt es sich um eine **akzessorische Haftung** für die Verbindlichkeit der GmbH & Co. KG. Das bedeutet, dass sich ein Gläubiger an die GmbH & Co. KG oder (unmittelbar) an die Komplementär-GmbH halten kann und der Inhalt der Verbindlichkeit grundsätzlich gleich ist.[17] Einwendungen und Einreden gegen die Verbindlichkeit sind nur im Rahmen des § 129 HGB möglich. Die Haftung erstreckt sich auch auf Verbindlichkeiten der GmbH & Co. KG, die begründet wurden, bevor die GmbH als Komplementär in die GmbH & Co. KG eingetreten ist (§ 130 HGB). Maßgebender Zeitpunkt für das Auslösen der Haftung ist das Wirksamwerden des Beitritts als Gesellschafter gegenüber Dritten (entsprechend § 123 HGB). Nach dem **Austritt aus der GmbH & Co. KG** bleibt die Haftung für bereits begründete Verbindlichkeiten der GmbH & Co. KG im Rahmen des § 160 14

15 BFH BStBl. II 1977, 346.

16 Tavakoli BB 2006, 1882.

17 Ausnahmen können sich aus der Verbindlichkeit selbst ergeben: Abgabe von Willenserklärungen oder besondere Duldungs- bzw. Unterlassungspflichten.

HGB bestehen (siehe § 5 Rn. 26). Für neue Verbindlichkeiten der GmbH & Co. KG, die begründet werden, nachdem die GmbH ausgeschieden ist, haftet die GmbH nicht.

15 Die GmbH haftet ihrerseits für Verbindlichkeiten der Gesellschaft nur mit dem Gesellschaftsvermögen (§ 13 Abs. 2 GmbHG). Dabei wird das Gesellschaftsvermögen bei einer GmbH, die als Komplementär einer GmbH & Co. KG deren Geschäftsführung übernimmt, kaum höher sein als das gezeichnete Stammkapital. Wird die GmbH für Verbindlichkeiten der GmbH & Co. KG in Anspruch genommen, steht ihr nach der gesetzlichen Regelung ein **Ausgleichsanspruch gegen die GmbH & Co. KG** zu. Für entsprechende Aufwendungen in Gesellschaftsangelegenheiten enthält § 110 HGB einen besonders geregelten Erstattungsanspruch der Gesellschafter gegen die GmbH & Co. KG. Darüber hinaus kann im Gesellschaftsvertrag eine Haftungsfreistellung der GmbH vereinbart werden. Ferner ist ein Rückgriff auf die Kommanditisten denkbar, soweit deren persönliche Haftung reicht. Grundlage dafür ist das Gesamtschuldverhältnis unter den Gesellschaftern. Aufgrund der gesellschaftsvertraglichen Treuepflichten ist der Ausgleich von der Gesellschaft aber vorrangig. Nach dem Ausscheiden aus der Gesellschaft richtet sich der Regressanspruch des Gesellschafters nach §§ 161 Abs. 2, 105 Abs. 2 HGB, 738 Abs. 1 BGB.

4. Informationsrechte

16 Die Informationsrechte der Gesellschafter lassen sich in **Einsichts- und Auskunftsrechte** unterteilen. Die Einsicht setzt eine Aktion des begehrenden Gesellschafters voraus. Zweck des Einsichtsrechts ist die Kontrolle des Rechnungsabschlusses. Daher sind nur Bücher und Papiere erfasst, die für den Jahresabschluss eine Relevanz besitzen.[18] Das Auskunftsbegehren löst eine Handlung durch die Geschäftsführung aus. Häufig sollen durch eine Auskunft lückenhafte Unterlagen oder widersprüchliche Darstellungen aufgeklärt werden. Da der Komplementär-GmbH die Geschäftsführung und Vertretung der GmbH & Co. KG obliegt, verfügt sie durch ihren Geschäftsführer regelmäßig über alle erforderlichen Informationen, welche die Angelegenheiten der GmbH & Co. KG betreffen. Ein besonderes Informationsrecht für Komplementäre ist daher vom Gesetz nur für den Fall vorgesehen, dass sie von der Geschäftsführung ausgeschlossen sind (§ 118 Abs. 1 HGB). Bei der GmbH & Co. KG kommt das typischerweise nicht vor.[19] Neben den individuellen Informationsrechten gibt es das **kollektive Informationsrecht** der Gesellschafter (Komplementäre und Kommanditisten, die von der Geschäftsführung ausgeschlossen sind) gegen die Geschäftsführer aus §§ 713, 666 BGB i.V.m. §§ 105 Abs. 2, 161 Abs. 2 HGB. Danach kann eine Benachrichtigung, eine Auskunft, aber auch Rechnungslegung verlangt werden.[20] Unter den Voraussetzungen der actio pro socio kann das Recht auch von einzelnen Gesellschaftern durchgesetzt werden.

II. Kommanditisten

17 Die Stellung der Kommanditisten ist nach der gesetzlichen Regelung dadurch gekennzeichnet, dass sie als Gesellschafter der GmbH & Co. KG von der Geschäftsführung und Vertretung ausgeschlossen sind. Die zentrale Verpflichtung der Kommanditisten besteht in der Erbringung ihrer Kommanditeinlage. Die Rechte und Pflichten der Kommanditisten können im Gesellschaftsver-

18 BGHZ 25, 115 (120).
19 Einzelheiten zum Informationsrecht nach § 118 HGB etwa Sudhoff/Schlitt § 24 Rn. 57 ff.
20 Vgl. Einzelheiten bei PWW/Fehrenbacher BGB § 666 Rn. 2 ff.

trag abhängig vom Gesellschaftszweck gestaltet werden. In der GmbH & Co. KG, die ein Familienunternehmen betreibt, sind andere Gestaltungen verbreitet und erforderlich als in einer Publikumsgesellschaft in der Rechtsform der GmbH & Co. KG.

1. Kommanditeinlage

Im Zusammenhang mit der Kommanditeinlage sind die **Hafteinlage**, welche für die Haftung gegenüber den Gläubigern der Gesellschaft maßgebend ist (§§ 171, 172 Abs. 1 HGB), und die **(Pflicht-)Einlage**, die im Gesellschaftsvertrag als Beitrag des Kommanditisten vereinbart wird, zu unterscheiden. In vielen Fällen werden die beiden Einlagen übereinstimmen. Die Hafteinlage lautet auf einen Betrag in Euro. Eine gesetzliche Mindesteinlage ist nicht vorgesehen. Bei der Vereinbarung, dass die Einlage durch Thesaurierung künftiger Gewinnanteile erbracht wird, handelt es sich um eine Schenkung des Kommanditanteils. Die Art und Weise der Erbringung der vereinbarten Einlage kann im Gesellschaftsvertrag festgelegt werden (Sacheinlage oder Bareinlage). Mangels Vereinbarung eines Zeitpunktes für die Einlage gilt im Zweifel die sofortige Fälligkeit nach § 271 Abs. 1 BGB. Als **Beiträge** können darüber hinaus weitere Leistungen der Kommanditisten vereinbart werden, beispielsweise Wirtschaftsgüter zur Nutzung zu überlassen oder besondere Dienstleistungen zu erbringen. Zur Haftungsbefreiung ist allerdings erforderlich, dass es sich bei der Einlage um eine bewertbare Leistung handelt. Persönliche Dienste sind zur Befreiung von der Hafteinlage allenfalls nach ihrem Bewirken tauglich. Eine Haftungsbefreiung kommt auch nicht in Betracht, wenn die Anteile an der Komplementär-GmbH in die GmbH & Co. KG einzubringen sind (§ 172 Abs. 6 HGB). Die Einlage des Kommanditisten steht in engstem Zusammenhang mit seiner persönlichen Haftung. Weitere Einzelheiten werden daher im Rahmen der Ausführungen zur Haftung des Kommanditisten erörtert (siehe Rn. 30 ff.). 18

4

a) Mitwirkungsrechte

Aufgrund ihrer besonderen Gesellschafterstellung stehen den Kommanditisten Mitwirkungsrechte in der Regel nur bei außergewöhnlichen Geschäften und den Grundlagengeschäften der Gesellschaft zu (§ 164 HGB). Während **außergewöhnliche Geschäfte** lediglich über den gewöhnlichen Geschäftsbetrieb hinausgehen, betreffen **Grundlagengeschäfte** den Kern der Gesellschaft, in der Regel den Gesellschaftsvertrag. Die Ausübung der Mitwirkungsrechte erfolgt in der Versammlung der Gesellschafter (siehe § 3 Rn. 1). Dabei ist zu beachten, dass sich aus dem Widerspruchsrecht des Kommanditisten bezüglich außergewöhnlicher Geschäfte (§ 164 HGB) ein Zustimmungserfordernis ergibt. Bei einem anderen Verständnis der Norm wäre die Rechtsposition der Kommanditisten nicht ausreichend geschützt. Die Kenntnis der Kommanditisten von den Maßnahmen der Geschäftsführung ist nicht sichergestellt und kann sich um erhebliche Zeiträume verzögern, was dem Schutz seiner Stellung als Gesellschafter im Hinblick auf außergewöhnliche Geschäfte nicht gerecht wird.[21] Für Grundlagengeschäfte, die der Änderung des Gesellschaftsvertrags bedürfen, ist die Zustimmung der Kommanditisten ohnehin erforderlich. Wichtige Bereiche, in denen ein Zustimmungserfordernis der Kommanditisten besteht, sind die Feststellung des Jahresabschlusses und die Ergebnisverwendung. Die Aufstellung des Jahresabschlusses ist dagegen eine Maßnahme der Geschäftsführung und obliegt daher in der Regel der Komplementär-GmbH. Insgesamt ist zu beachten, dass zumindest im Hinblick auf die außergewöhnlichen Geschäfte eine Disposition im Gesellschaftsvertrag auch zulasten der Kommanditisten möglich ist. Dabei kommt gerade bei 19

21 Vgl. K. Schmidt Gesellschaftsrecht § 53 III 2 b; Binz/Sorg § 5 Rn. 1.

Publikumsgesellschaften einer Verlagerung der Rechte auf einen Beirat erhebliche praktische Bedeutung zu. Eine Erweiterung der Rechte und Pflichten des Kommanditisten im Gesellschaftsvertrag ist bis zur Grenze des § 170 HGB jederzeit möglich. Den Kommanditisten kann insbesondere Prokura oder Handlungsvollmacht für die GmbH & Co. KG eingeräumt werden. Darüber hinaus ist es denkbar, dass Kommanditisten in die Geschäftsführung der GmbH berufen werden. Insoweit unterliegen sie dann den für die GmbH-Geschäftsführer geltenden Regeln.

b) Kapitalaufbringung und Kapitalerhaltung

20 Die **Kapitalaufbringung** durch den Kommanditisten wird über die persönliche Haftung sichergestellt (§§ 171, 172 HGB). Dem Gläubigerschutz und dem Schutz der anderen Gesellschafter wird dadurch ausreichend Rechnung getragen. Zur **Kapitalerhaltung** der Kommanditeinlage wird ebenfalls das Instrument der persönlichen Haftung eingesetzt. Die Rückzahlung der Einlage löst die persönliche Haftung des Kommanditisten aus (§ 172 Abs. 4 HGB). Erweitert und ergänzt wird der Schutzmechanismus durch das Eigenkapitalersatzrecht (§ 172a HGB). Im Grundsatz sind die Kommanditisten frei, der GmbH & Co. KG bei Bedarf Eigenkapital in Form der Erhöhung der Kommanditeinlage oder Fremdkapital in Form eines Darlehens zuzuführen. Die Finanzierung der Gesellschaft obliegt vollständig den Gesellschaftern, wobei sie sich natürlich an den Erfordernissen des Marktes orientieren werden.

21 Einen Schritt in Richtung auf einen erweiterten Kapitalschutz bei der GmbH & Co. KG ist der Gesetzgeber durch die Einführung des § 172a HGB gegangen.[22] Die Vorschriften der §§ 32a, 32b GmbHG über **eigenkapitalersetzende Leistungen** der Gesellschafter an die Gesellschaft (GmbH) werden insbesondere für die GmbH & Co. KG für sinngemäß anwendbar erklärt.[23] Bei der Anwendung der Vorschrift bezieht sich der Begriff des Gesellschafters nach der ausdrücklichen Anordnung im Gesetz nicht nur auf die GmbH-Gesellschafter, sondern auch auf die Kommanditisten. Dabei ist es nicht von Belang, ob die Kommanditisten auch Gesellschafter der Komplementär-GmbH sind. Inhaltlich ist der Schutz wie folgt ausgestaltet: Von Kommanditisten im Stadium der Kreditunwürdigkeit gewährte Kredite an die GmbH & Co. KG können nach der Regelung nicht zurückgefordert werden, solange die Gesellschaft nicht wieder kreditwürdig wird.[24] Die Kredite werden funktional als Eigenkapital behandelt. In § 172a HGB fehlt allerdings eine Anordnung über die **Rechtsfolge** bei Auszahlung an Kommanditisten trotz bestehender Kreditunwürdigkeit. Die wirksamste Rechtsfolge dürfte das Rückzahlungsverlangen entsprechend § 31 GmbHG sein, das sich auch gegen einen nur als Kommanditisten an der Gesellschaft beteiligten Gesellschafter richten kann.[25] Daneben stehen die Anfechtungsrechte nach § 6 AnfG und in der Insolvenz der Kommanditgesellschaft nach § 135 InsO zur Verfügung. Der Kreditgewährung durch Kommanditisten gleichgestellt sind Kredite Dritter (z.B. Kreditinstitute), wenn die Gesellschafter dafür Sicherheiten einräumen (z.B. Bürgschaft oder Hypothek). Erforderlich ist aber auch insoweit, dass sich zum Zeitpunkt der Bestellung der Sicherheit die Gesellschaft in einer Krise befindet.

---

22 Eingefügt durch die GmbH-Novelle 1980, Gesetz v. 4.7.1980, BGBl. I, S. 836. Die Rechtsprechung hatte die Grundsätze schon vor der Gesetzesänderung auf die GmbH & Co.KG angewandt. Grundlegend BGHZ 67, 171; Ulmer FS Duden, 661 ff.

23 Der Anwendungsbereich der Vorschrift umfasst alle Kommanditgesellschaften, bei denen kein persönlich haftender Gesellschafter eine natürliche Person ist. Dazu Baumbach/Hopt, HGB § 172a Rn. 3.

24 Zum Inhalt der Vorschriften aus dem Blickwinkel des Gläubigerschutzes siehe Fehrenbacher Registerpublizität und Haftung im Zivilrecht S. 47 ff.

25 BGHZ 110, 342.

Für **Publikumsgesellschaften** ist die Rechtsprechung noch eine Stufe weiter gegangen. Werden im Gesellschaftsvertrag der Kommanditgesellschaft Beiträge durch den Kommanditisten versprochen, die zum Teil Einlage und zum Teil Darlehen oder stille Einlage sein sollen, stellt sich die Frage nach der Qualifizierung: Können die Geldleistungen getrennt betrachtet werden – „Einlagensplitting"– oder handelt es sich insgesamt um Leistungen, die ihren Grund in der gesellschaftsrechtlichen Verbindung haben und daher wie Einlagen (Eigenkapital) zu behandeln sind? Die Rechtsprechung hat sich gegen eine Trennung entschieden und die Beiträge insgesamt als Kapital behandelt, das der Gesellschaft zugeführt werden muss und nicht separat wieder abgezogen werden kann.[26] Die Funktionszuordnung von Leistungen als Eigenkapital bleibt erhalten, selbst wenn die Ansprüche gegen die Gesellschaft an außenstehende Dritte abgetreten werden.[27] 22

c) Wettbewerbsverbot

Ein gesetzliches Wettbewerbsverbot für Kommanditisten gibt es nicht (§ 165 HGB). In Ausnahmefällen kann sich aus der gesellschaftsrechtlichen Treuepflicht eine besondere Bindung an die Interessen der Gesellschaft ergeben, die einem Wettbewerbsverbot in einer Konkurrenzsituation nahe kommt. Ist den Kommanditisten oder einzelnen Kommanditisten ein dem Komplementär vergleichbarer Einfluss auf die Geschäftsführung möglich, sei es durch im Gesellschaftsvertrag eingeräumte Befugnisse oder faktisch über die Zugehörigkeit zur Geschäftsführung der GmbH, erscheint eine **analoge Anwendung des Wettbewerbsverbots** aus § 112 HGB gerechtfertigt. Soweit das Wettbewerbsverbot dem Erhalt des Unternehmens dient und das Gesellschaftsverhältnis an sich kartellrechtsneutral ist, bestehen keine Bedenken im Hinblick auf § 1 GWB.[28] Die aufgrund seiner Stellung erlangten Informationen soll der Kommanditist nur zum Vorteil der Gesellschaft einsetzen.[29] Ausreichend für die analoge Anwendung des Wettbewerbsverbots ist auch, wenn ein Kommanditist beherrschenden Einfluss auf die Gesellschaft ausüben kann und auf diesem Wege Zugang zu Insiderinformationen hat.[30] Gegenüber dem § 166 HGB erweiterte Informationsrechte rechtfertigen allerdings noch kein Wettbewerbsverbot für den Kommanditisten, da insoweit regelmäßig die Kontrollfunktion im Vordergrund steht. Hat die Geschäftsführung bei einzelnen Informationen begründete Bedenken, kommt eine Verweigerung der Information in Betracht (Rechtsgedanke aus § 51 a Abs. 2 GmbHG). Eine vertragliche Disposition über das Wettbewerbsverbot beim Kommanditisten kommt nur in engen Grenzen in Betracht. Liegen die Voraussetzungen für ein Wettbewerbsverbot vor, ist dieses einer vertraglichen Ausgestaltung zugänglich. Andernfalls verstößt die Vereinbarung eines Wettbewerbsverbots mit dem Kommanditisten regelmäßig gegen § 1 GWB und ist daher nicht wirksam. Ist der Kommanditist zugleich Geschäftsführer der Komplementär-GmbH, unterliegt er im Hinblick auf die GmbH dem Wettbewerbsverbot, das sich aus seinem Anstellungsvertrag mit der GmbH ergibt.[31] 23

26 Zur Kündigung des „Darlehens" unabhängig von der Kommanditeinlage BGHZ 70, 61 (verneinend). Zur Einzahlungspflicht einer Leistung im Stadium der Liquidation der Gesellschaft, BGH NJW 1980, 1522 (bejahend). Zur Haftungsbefreiung des Kommanditisten bei Gewährung eines „Darlehens" BGH NJW 1982, 2253 (bejahend).

27 BGHZ 104, 33, zur Abtretung des Rückzahlungsanspruchs eines vom Kommanditisten gewährten Darlehens an eine Bank.

28 BGHZ 89, 162 (169).

29 BGHZ 89, 162 (171).

30 BGH NJW 2002, 1046.

31 BGHZ 49, 30 (31).

2. Vermögensbeteiligung

24 Träger des Gesellschaftsvermögens ist, wie bereits zur Komplementärstellung ausgeführt, die GmbH & Co. KG. Sie kann unter ihrer Firma Rechte erwerben und Verbindlichkeiten eingehen (§ 124 HGB). Zuordnungssubjekt der Rechte und Pflichten sind die Gesellschafter in ihrer gesamthänderischen Verbundenheit.

a) Gesamthänderische Bindung

25 Die gesamthänderische Bindung des Vermögens der Gesellschaft betrifft auch die Stellung des Kommanditisten. Er kann weder über seinen Anteil am Gesellschaftsvermögen oder an den einzelnen Gegenständen des Vermögens verfügen, noch kann er Teilung verlangen (§ 719 BGB). Das Prinzip der Anwachsung nach § 738 Abs. 1 BGB gilt beim Ausscheiden als Kommanditist ebenfalls. Die Vermögenszuordnung bleibt unberührt. Für den Erbfall ist die gesetzliche Sonderregelung in § 177 HGB zu beachten. Danach wird die Gesellschaft beim Tod des Kommanditisten mit dessen Erben fortgesetzt. Ferner wird in vielen Gesellschaftsverträgen der Kommanditanteil so ausgestaltet, dass er mit oder ohne Zustimmung der übrigen Gesellschafter oder Geschäftsführer veräußert und auf Dritte übertragen (§§ 398, 413 BGB) werden kann (siehe § 5 Rn. 9 f.).

26 Von der rechtlichen Zuordnung des Gesellschaftsvermögens ist die **wertmäßige Beteiligung der Kommanditisten** am Vermögen der GmbH & Co. KG zu unterscheiden. Die wertmäßige Beteiligung wird häufig durch das Verhältnis der Einlagen bestimmt. In Höhe der Einlage wird in der Buchführung ein Kapitalkonto für jeden Kommanditisten geführt. An den stillen Reserven oder dem Firmenwert partizipiert jeder Kommanditist entsprechend seinem (Fest-)Kapitalkonto. Gleiches gilt in der Regel für die Gewinnbeteiligung; dagegen richtet sich die Beteiligung am Liquidationserlös in der Regel nach seinem einheitlichen Gesamtkapitalkonto.

Praxishinweis:

Um Missverständnisse im Hinblick auf die Beteiligung des Kommandistiten zu vermeiden, ist eine klare Regelung in den Gesellschaftsvertrag aufzunehmen.

b) Kapitalanteil des Kommanditisten

27 Für jeden Kommanditisten wird in der Buchführung der GmbH & Co. KG ein Kapitalkonto eingerichtet, auf dem die Einlage sowie Gewinnanteile zugeschrieben und Verlustanteile sowie Entnahmen abgeschrieben werden (§§ 120 Abs. 2, 161 Abs. 2 HGB). In der Bilanz wird auf dem Kapitalkonto der Gesamtkapitalanteil der Kommanditisten ausgewiesen. Die Führung eines einheitlichen Kapitalkontos steht -ebenso wie bei der Komplementär-GmbH- zur Disposition der Gesellschaft.[32] Für den Kommanditisten sind dabei zwei Besonderheiten zu beachten: Ein **Entnahmerecht** in Höhe eines Prozentsatzes bezogen auf das Kapitalkonto ist im Gesetz nicht vorgesehen (§ 169 Abs. 1 Satz 1 HGB). Lediglich die Gewinnanteile können entnommen werden, soweit der jeweilige Kapitalanteil durch die Auszahlung nicht unter die Einlage absinkt. Spätere Verluste begründen keinen Rückzahlungsanspruch in Bezug auf rechtmäßig entnommene Gewinne (§ 169 Abs. 2 HGB). Es erfolgt lediglich eine Entnahmesperre für künftige Gewinne bis

32 Zum Kapital der Personengesellschaft im Handels- und Ertragsteuerrecht Röhrig/Doege DStR 2006, 489.

der Einlagebetrag wieder erreicht wird. Der für die Bestimmung der Beteiligung an der GmbH & Co. KG maßgebende Kapitalanteil wird nicht durch den Gesamtkapitalanteil des Kommanditisten, sondern durch seine Einlage (Festkapital) bestimmt (§ 167 Abs. 2 HGB). In der Praxis hat sich daher durchgesetzt, für den Kommanditisten ein **festes Kapitalkonto** zu führen, das seine Einlage widerspiegelt und ein oder mehrere **variable Kapitalkonten**. Das Führen von mindestens einem variablen Kapitalkonto für den Kommanditisten hat den Vorteil, dass die maßgebenden Daten für die Gewinnverteilung und Entnahme übersichtlich zur Verfügung stehen. Zudem wird ohne weiteres ersichtlich, wann eine Rückzahlung der versprochenen Einlage vorliegt. Alle Auszahlungen, die das variable Kapitalkonto negativ werden lassen, führen zum Wiederaufleben der persönlichen Haftung (§ 172 Abs. 4 HGB). Darüber hinaus eignen sich die festen Kapitalkonten, um die Stimmrechte in der Gesellschafterversammlung zuzuweisen. Eine nachträgliche Veränderung der festen Kapitalkonten bedarf als Änderung des Gesellschaftsvertrags der Zustimmung aller Gesellschafter. Eine Erhöhung des variablen Kapitalkontos hat keinen Einfluss auf die Stimmenverhältnisse. Weitere Kapitalkonten bieten sich an, wenn die Kommanditisten nicht den gesamten Gewinnanteil entnehmen dürfen (Rücklagenbildung). Eine Trennung von entnahme- und nicht entnahmefähigen Gewinnanteilen auf separaten Konten ist für die Übersichtlichkeit empfehlenswert.

Die **Gewinn- und Verlustverteilung** richtet sich in erster Linie nach dem Gesellschaftsvertrag. 28
Fehlt eine Vereinbarung, wird nach § 168 Abs. 1 HGB zunächst eine Verzinsung der Kapitalanteile von 4 % nach Maßgabe der §§ 121 Abs. 1 und 2 HGB vorgenommen. Dabei sind alle Kapitalkonten der Kommanditisten einzubeziehen. Der übersteigende Betrag ist nach einem angemessenen Verhältnis zu verteilen (§ 168 Abs. 2 HGB). Letzteres gilt auch für den Verlust. Wird das Gesamtkapitalkapitalkonto eines Kommanditisten durch Verlustzuweisungen negativ, besteht während des Bestehens der GmbH & Co. KG keine Nachschusspflicht (§ 707 BGB).

Praxishinweis:

Es empfiehlt sich, in den Gesellschaftsvertrag Regeln zur Gewinnverteilung aufzunehmen. Häufig werden in solchen Vereinbarungen für die Verteilung des Gewinns zwei Stufen eingebaut. Auf der ersten Stufe soll eine Verzinsung der variablen Kapitalkonten jedes Kommanditisten erfolgen. Der jeweilige Prozentsatz kann abweichend von § 121 Abs. 1 HGB festgelegt werden. Das Festkapital (Einlage) der Kommanditisten ist regelmäßig nicht zu verzinsen, sondern bestimmt die Verteilung des Restgewinns und ist damit Maßstab im Sinne des § 168 Abs. 2 HGB.

3. Haftung der Kommanditisten

Für die Haftung des Kommanditisten gelten die Regeln über die Haftung des Komplementärs 29
grundsätzlich entsprechend. Allerdings ist die unmittelbare und persönliche Haftung des Kommanditisten im Verhältnis zu den Gläubigern der Gesellschaft auf die im Handelsregister **eingetragene Haftsumme** begrenzt (§§ 171 Abs. 1, 172 Abs.1 HGB). Von der Haftsumme ist die gesellschaftsvertragliche Verpflichtung zur Einlage zu unterscheiden. Die Haftsumme betrifft das Verhältnis des Kommanditisten zu den Gesellschaftsgläubigern. Bei der Einlage geht es um die im Gesellschaftsvertrag übernommene Verpflichtung gegenüber den anderen Gesellschaftern. Nur wenn die Einlage und die im Handelsregister eingetragene Haftsumme übereinstimmen, wird der Kommanditist durch Leistung der Einlage in das Gesellschaftsvermögen von der persönlichen Haftung gegenüber den Gläubigern der Gesellschaft frei. Maßgebend ist insoweit also die eingetragene Haftsumme (§ 172 Abs. 1 HGB); diese kann die vereinbarte Einlage über- oder un-

terschreiten. Bei einer Sacheinlage ist auf die objektive Wertdeckung abzustellen.[33] Das gilt auch dann, wenn im Gesellschaftsvertrag ein anderer Wertansatz für die Sache festgelegt wurde. Die Hafteinlage kann auch durch erzielte Gewinnanteile erbracht werden, die nicht entnommen werden. Der Erlass oder die Stundung der vereinbarten Einlage durch die Gesellschaft hat den Gläubigern gegenüber keine Wirkung (§ 172 Abs. 3 HGB).

30 Wird der Kommanditist durch Gläubiger der GmbH & Co. KG in Anspruch genommen, leistet er nicht auf die versprochene Einlage. Gleichwohl kann seine Verpflichtung zur Leistung der Einlage an die Gesellschaft erlöschen, wenn er mit seinem Regressanspruch aus §§ 110, 161 Abs. 2 HGB die Aufrechnung erklärt. Die **Haftung des Kommanditisten lebt wieder auf**, wenn und soweit die Einlage aus dem Gesellschaftsvermögen zurückfließt (§ 172 Abs. 4 HGB). Grundlage für den Rückfluss muss dabei das Gesellschaftsverhältnis sein. Es führen allerdings nur solche Rückflüsse zum Wiederaufleben der Haftung, die ein Kapitalkonto unter der Hafteinlage zur Folge haben.[34] Maßstab soll das Kapitalkonto in der Bilanz sein, sodass stille Reserven nicht berücksichtigt werden. Gleiches gilt, wenn der Kommanditist Gewinnanteile entnimmt und sich dadurch oder durch eine Verlustzuweisung sein Kapitalanteil unter den Betrag der Hafteinlage absenkt (§ 172 Abs. 4 Satz 2 HGB). Hier ist aber zu berücksichtigen, dass Scheingewinne, die der Kommanditist in gutem Glauben erhalten hat, von der Regel ausgenommen sind (§ 172 Abs. 5 HGB).[35] Zum Wiederaufleben der persönlichen Haftung kann ferner die Abfindungszahlung beim Ausscheiden aus der GmbH & Co. KG führen. Der Kommanditist haftet im Rahmen des § 160 HGB für die vor seinem Ausscheiden in der GmbH & Co. KG begründeten Verbindlichkeiten. Bei einem Gesellschafterwechsel durch Übertragung des Gesellschaftsanteils (§§ 398, 413 BGB) wirkt die geleistete Hafteinlage für den Rechtsnachfolger. Für den ausscheidenden Kommanditisten hängt die weitere Haftung davon ab, ob ein sog. Nachfolgevermerk im Handelsregister eingetragen wird oder nicht. Lediglich bei Eintragung eines solchen Vermerks kann er sich auf die geleistete Hafteinlage berufen. Anderenfalls wirkt die Haftungsbefreiung ihm gegenüber nicht (§§ 171, 172 analog, 15 HGB).[36]

31 Besondere Bedeutung für Kommanditisten der GmbH & Co. KG erlangt die Regelung des § 172 Abs. 6 HGB. Danach kann eine Haftungsbefreiung gegenüber den Gläubigern der GmbH & Co. KG nicht dadurch erreicht werden, dass die **Anteile an der Komplementär-GmbH** in das Vermögen der GmbH & Co. KG eingebracht werden. Auf diesem Wege soll sichergestellt werden, dass für die Gläubiger neben dem Stammkapital bei der GmbH auch die Hafteinlagen der Kommanditisten bei der GmbH & Co. KG zur Verfügung stehen. Für Kommanditisten, die gleichzeitig Gesellschafter der GmbH sind, kann das Aufbringen der Stammeinlage daher nicht gleichzeitig zur Leistung der Hafteinlage als Kommanditist eingesetzt werden.

32 Die Begrenzung der Haftung des Kommanditisten auf die Hafteinlage greift nur ein, wenn die GmbH & Co. KG bereits im Handelsregister eingetragen ist (§ 176 Abs. 1 HGB). Vor der Eintragung droht dem **Kommanditisten eine persönliche und unbeschränkte Haftung** entsprechend dem Komplementär. Voraussetzung ist allerdings, dass der Kommanditist der Geschäftsaufnahme vor der Eintragung zugestimmt hat und es sich nicht um Kleingewerbetreibende, eine GbR oder Vermögensverwaltungsgesellschaften handelt (§ 176 Abs. 1 Satz 2 HGB). In den letztgenannten Fällen kann eine GmbH & Co. KG nicht schon mit Geschäftsbeginn entstehen (§ 123 Abs. 2 HGB). Ferner wird das Auftreten als GmbH & Co. KG das schützenswerte Vertrauen

33 BGHZ 95, 188 (195); Zur Beweislast des Kommanditisten BGH WM 1977, 167.
34 BGHZ 84, 383; 109, 334.
35 K. Schmidt Gesellschaftsrecht § 54 III 3 b.
36 BGHZ 81, 82 (85 ff.).

des Rechtsverkehrs regelmäßig zerstören.[37] Zur Vermeidung der unbeschränkten Haftung nach § 176 Abs. 1 HGB empfiehlt sich, die Kommanditistenstellung von der Bedingung der Eintragung abhängig zu machen. Gleiches ist bei einem späteren Eintritt in eine bestehende GmbH & Co. KG zu empfehlen (§ 176 Abs. 2 HGB). Die Regelung des § 176 HGB kann auf der Grundlage des schutzwürdigen Vertrauens des Geschäftsverkehrs nur eine Haftung für rechtsgeschäftliche Verbindlichkeiten umfassen.[38] Bei Verbindlichkeiten aus gesetzlichen Schuldverhältnissen ohne rechtsgeschäftlichen Bezug (z.B. unerlaubte Handlung, Eingriffskondiktion) kommt dem Vertrauensschutz keine Bedeutung zu.

Eine **Erweiterung der Haftung** kann sich nicht allein dadurch ergeben, dass die Kompetenzen des Kommanditisten erweitert bzw. denen des Komplementärs angenährt werden. Dem Ansatz, die Haftung in Abhängigkeit von der Herrschaft auszugestalten, hat der BGH schon früh eine Absage erteilt.[39] Gleichwohl sind insoweit Haftungsgrundlagen denkbar, die für den gewöhnlichen Kommanditisten nicht in Betracht kommen (z.B. § 823 Abs. 2 BGB i.V.m. §§ 177 a, 130 a HGB oder die Haftung wegen eines existenzvernichtenden Eingriffs[40] aus dem Gesellschaftsvertrag). Dagegen sind die Gefahren einer Rechtsscheinshaftung allgemein zu beachten, falls die GmbH & Co. KG nicht als solche im Rechtsverkehr auftritt oder auf Briefbögen nach einer Firmenänderung noch die alte Firmierung verwendet. Nach zutreffender Ansicht kommt aber eine unbeschränkte Haftung entsprechend § 176 HGB nicht in Betracht, wenn im Rechtsverkehr ein Unternehmen als GmbH & Co. KG auftritt, tatsächlich aber noch keine GmbH & CO. KG besteht.[41] 33

4. Informationsrechte

Für Kommanditisten sind die Informationsrechte von zentraler Bedeutung, um die Verhältnisse in der Gesellschaft sachgerecht einordnen zu können. Die Kommanditisten sind in der Regel von der Geschäftsführung ausgeschlossen und damit auf andere Wege zur Erlangung von Informationen über die Angelegenheiten der Gesellschaft angewiesen. Bei der GmbH & Co. KG ist dabei eine weitere Differenzierung erforderlich. Sind die Kommanditisten gleichzeitig Gesellschafter der Komplementär-GmbH, stehen ihnen auch die Rechte als Gesellschafter der GmbH aus § 51 a GmbHG zu. Da der GmbH die Geschäftsführung der GmbH & Co. KG obliegt, handelt es sich bei den Angelegenheiten der GmbH & Co. KG regelmäßig auch um solche der GmbH. 34

a) Informationsrechte in der KG

Den Kommanditisten steht einerseits das kollektive Informationsrecht nach §§ 713, 666 BGB zu. Dabei handelt es sich um eine Benachrichtigungs-, Auskunfts- und Rechenschaftspflicht des geschäftsführenden Organs gegenüber den anderen Gesellschaftern (nicht nur Kommanditisten, sondern auch von der Geschäftsführung ausgeschlossene Komplementäre). Das Recht steht der Gesellschaftergesamtheit zu und ergibt sich aus der Verantwortlichkeit des Organs gegenüber den anderen Gesellschaftern. **Gegenstand des kollektiven Rechts** sind alle Informationen, welche zur Ausübung der Gesellschafterrechte notwendig sind. Informationen über die laufende Geschäftsführung sind aber regelmäßig ausgenommen.[42] Das ergibt sich letztlich aus der Wertung des § 166 35

37 BGH NJW 1983, 2258; K. Schmidt GmbHR 2002, 341.
38 BGHZ 82, 209 (215).
39 BGHZ 45, 204 – sog. „Rektorfall".
40 BGHZ 149, 10; BGHZ 151, 181.
41 BGHZ 61, 59 (66); 69, 95 (98).
42 BGH NJW 1992, 1890 (1891).

Abs. 2 HGB. Danach soll der Kommanditist auch kein Kontrollrecht in Bezug auf die laufende Geschäftsführung haben. Die Geltendmachung bedarf eines entsprechenden Beschlusses der Gesellschafterversammlung. Zur Durchsetzung steht die actio pro socio zur Verfügung. Der vollständige Ausschluss des Rechts ist unwirksam. Das Recht kann allerdings auf ein besonderes Gremium übertragen werden.[43]

36 Darüber hinaus ist für die Kommanditisten das **individuelle Kontrollrecht** des § 166 Abs. 1 HGB von zentraler Bedeutung. Danach kann jeder Kommanditist die abschriftliche Mitteilung des Jahresabschlusses verlangen und dessen Richtigkeit unter Einsicht der Bücher und Papiere prüfen. Das Kontrollrecht ist aber ausdrücklich auf den Jahresabschluss und die erforderlichen Prüfungsunterlagen begrenzt (§ 166 Abs. 2 HGB). Nicht vom Jahresabschluss umfasst sind der Lagebericht (§ 289 HGB) und ein etwaiger Bericht des Abschlussprüfers (§ 321 HGB).[44] Aufgrund des funktionalen Zusammenhangs bezieht sich das Recht allerdings auf den Anhang (§ 264 Abs. 1 HGB) und wohl auch auf eine gesondert aufgestellte Steuerbilanz.[45] Das Einsichtsrecht erfasst alle für die Aufstellung des Jahresabschlusses erforderlichen Unterlagen, dazu kann im Einzelfall auch der Bericht des Abschlussprüfers zählen. Auf Unterlagen der Komplementär-GmbH bezieht sich das Kontrollrecht ebenfalls nur, soweit diese für den Jahresabschluss der GmbH & Co. KG relevante Informationen enthalten. Bei dem Kontrollrecht handelt es sich um ein **höchstpersönliches Recht des Kommanditisten**. Die Abtretung ist nicht möglich.[46] Die Hinzuziehung von Dritten, insbesondere sachkundigen Personen wie Rechtsanwälte, Steuerberater oder Wirtschaftsprüfer, ist allerdings möglich, soweit ein berechtigtes Interesse besteht. Ein solches wird schon vorliegen, wenn der Kommanditist nicht über die ausreichende Sachkunde verfügt.[47] Die Kosten für die hinzugezogenen Personen trägt grundsätzlich der Gesellschafter. Für die Ausübung des Einsichtsrechts ist ein zeitlicher Zusammenhang mit der Übermittlung des Jahresabschlusses erforderlich. Dabei dürften vier Wochen wohl stets ausreichen.[48] Einer vertraglichen Disposition sind die Rechte nur bis zur Grenze der völligen Abbedingung zugänglich.

37 Ferner räumt § 166 Abs. 3 HGB dem Kommanditisten ein **außerordentliches Kontrollrecht** bei Vorliegen eines wichtigen Grundes ein. Das außerordentliche Recht kann nur mit Hilfe des Gerichts durchgesetzt werden (Verfahren der freiwilligen Gerichtsbarkeit). Der Kommanditist hat einen entsprechenden Antrag einzureichen. Ein wichtiger Grund ist neben der Verweigerung der Information nach § 166 Abs. 1 HGB beispielsweise die Krise der Gesellschaft oder Unregelmäßigkeiten in der Buchführung. Inhalt des Informationsrechts ist die Mitteilung der Bilanz und eines Jahresabschlusses sowie die sonstige Aufklärung einschließlich der Vorlage der Bücher und Papiere, welche eine Kontrolle der Geschäftsführung ermöglichen. Bei Vorliegen eines wichtigen Grundes geht das Informationsrecht also erheblich über den Zweckbezug der Information nach § 166 Abs. 1 HGB hinaus. Auf diesem Wege kann die Vorlage von Verträgen und auch eine Sonderprüfung verlangt werden. Im **Gesellschaftsvertrag können die Kontroll- und Informationsrechte** eingeschränkt werden. Die vollständige Entziehung der Informationsrechte ist dagegen nicht möglich. Der BGH rechnet die Informationsrechte zum Kernbereich der Gesellschafterrechte, die einer Disposition entzogen sind.[49] Eine Erweiterung der Informationsrechte der Kommanditisten ist selbstverständlich zulässig.

43 Vgl. Sudhoff/Schlitt § 24 Rn. 42.
44 BGH NJW 1989, 3272.
45 Zur Steuerbilanz siehe MüKo/Grunewald HGB § 166 Rn. 9; Binz/Freudenberg/Sorg BB 1991, 785 (786).
46 BGHZ 25, 115 (122).
47 BGH BB 1979, 1315 (1316).
48 Vgl. MüKo/Grunewald HGB § 166 Rn. 4.
49 BGH NJW 1989, 225 (226).

In Ergänzung zu seinen Informationsrechten wird dem Kommanditisten ganz überwiegend ein individueller **Auskunftsanspruch** eingeräumt. Der Anspruch soll zweckgebunden und unabhängig von § 166 HGB bestehen. § 166 Abs. 2 HGB soll einem solchen Anspruch nicht entgegenstehen, da das Entstehen des Rechts von der Zweckbindung an die Ausübung der Mitgliedschaftsrechte abhängig ist.[50] Die erforderlichen Informationen beim Kommanditisten für die Ausübung des Stimmrechts in der Gesellschafterversammlung wären ohne ein solches Auskunftsrecht nicht gewährleistet. Ein allgemeines Informationsrecht des Kommanditisten, insbesondere mit Bezug auf die laufende Geschäftsführung ist dagegen abzulehnen. Die Erfüllung des Anspruchs richtet sich nach den Gegebenheiten des Einzelfalles. Insgesamt wird die Regelung des § 131 AktG als Anhaltspunkt heranzuziehen sein. Das Auskunftsrecht ist einer näheren Bestimmung im Gesellschaftsvertrag zugänglich. Eine Erweiterung zugunsten der Kommanditisten ist unproblematisch möglich. Eine Beschneidung des Auskunftsrechts ist nur möglich, soweit die sachgerechte Ausübung der Mitgliedschaftsrechte noch gewährleistet erscheint. Mit dem Ausscheiden aus der Gesellschaft fallen alle erörterten Informationsrechte weg. Zur Durchsetzung seiner Ansprüche können einem ausgeschiedenen Gesellschafter allgemeine Informationsrechte aus §§ 810, 242 BGB zustehen.[51] 38

b) Informationsrechte als Gesellschafter der Komplementär-GmbH

Die Gesellschafter der (Komplementär-)GmbH haben gegen die Geschäftsführung der GmbH einen Anspruch auf Auskunft über die Angelegenheiten der Gesellschaft sowie auf Einsicht in die Bücher und Unterlagen der Gesellschaft (§ 51 a GmbHG). Dabei handelt es sich um **individuelle Informationsrechte** der Gesellschafter. Die Informationsrechte sind umfassend und beziehen sich auf alle Angelegenheiten der Gesellschaft. Neben Fragen der Organisation, Geschäfts- und Unternehmensführung zählen dazu auch die wirtschaftlichen Verhältnisse der GmbH. Wenn die Komplementär-GmbH die Geschäftsführung für die GmbH & Co. KG übernimmt und das Haftungsrisiko für Verbindlichkeiten der GmbH & Co. KG trägt, handelt es sich bei den Angelegenheiten der GmbH & Co. KG um solche der GmbH.[52] Sind die Kommanditisten gleichzeitig Gesellschafter der GmbH, verfügen sie daher mittelbar über ein umfassendes Informationsrecht (Auskunft und Einsicht) im Hinblick auf die Angelegenheiten der GmbH & Co. KG. Grenzen können sich insoweit allenfalls aus der Befugnis der Geschäftsführung bei der GmbH & Co. KG ergeben. Auf das Verweigerungsrecht nach § 51 a Abs. 2 GmbHG soll nur hingewiesen werden. Die Informationsrechte sind nicht von bestimmten Ereignissen (Gesellschafterversammlungen) oder Zeitpunkten (Abschlussstichtag usw.) abhängig und können ohne weitere Begründung formlos geltend gemacht werden. Die Rechtsausübung ist unzulässig, sofern sie rechtsmissbräuchlich erfolgt. Die Informationsanspruche sind regelmäßig persönlich geltend zu machen. Eine Bevollmächtigung oder Hinzuziehung von Sachverständigen ist aber grundsätzlich möglich. Zur Durchsetzung ist in § 51 b GmbHG ein Erzwingungsverfahren vorgesehen. Die Rechte können im Gesellschaftsvertrag nicht eingeschränkt werden (§ 51 a Abs. 3 GmbHG). Es können aber Regeln zur Erteilung von Informationen aufgestellt werden. Darüber hinaus besteht für die Gesellschafter ein **kollektives Informationsrecht** im Hinblick auf die Gegenstände der Gesellschafterversammlung (§ 46 GmbHG). Die Informationsrechte sind an die Gesellschafterstellung gebunden. Eine Erweiterung auf Kommanditisten der GmbH & Co. KG, die nicht an der GmbH beteiligt sind, kommt daher 39

50 Siehe etwa MüKo/Grunewald HGB § 166 Rn. 12 mit zahlreichen Nachweisen.
51 OLG Düsseldorf NZG 1999, 876 (877).
52 BGH NJW 1989, 225 (226).

nicht in Betracht. Nach dem Ausscheiden aus der GmbH kann allerdings ein allgemeines Informationsrecht nach §§ 810, 242 BGB bestehen.[53]

B. Ertragsteuer

40 Die Personengesellschaft und damit auch die GmbH & Co. KG ist weder Steuersubjekt nach dem Einkommen- noch nach dem Körperschaftsteuergesetz. Eine Ertragsbesteuerung der Personengesellschaft selbst gibt es daher nur bei der Gewerbesteuer (§ 5 GewStG). Gleichwohl unterliegen die Einkünfte, die über Personengesellschaften erzielt werden, der Einkommen- oder Körperschaftsteuer. **Steuersubjekt**, dem die Einkünfte zugerechnet werden, sind die einzelnen Gesellschafter der Personengesellschaft. Handelt es sich bei den Gesellschaftern um natürlichen Personen, sind die Einkünfte, je nach Tätigkeit der Gesellschaft, einer der sieben Einkunftsarten (§ 2 Abs. 1 EStG) zuzurechnen. Die Gesellschafter einer GmbH & Co. KG erzielen wegen der gewerblichen Prägung (§ 15 Abs. 3 EStG) der Gesellschaft regelmäßig gewerbliche Einkünfte (siehe § 3 Rn. 13). Handelt es sich bei den Gesellschaftern um Subjekte der Körperschaftsteuer (insbesondere GmbH), sind die Einkünfte in die Ermittlung des körperschaftsteuerlichen Einkommens (§ 8 KStG) einzubeziehen. Die Einkünfte von Personengesellschaften werden daher für die Ertragsbesteuerung quasi auf der Ebene der einzelnen Gesellschafter erzielt.[54] In der Literatur wird auch vom „**Transparenzprinzip**" bei der ertragsteuerlichen Behandlung der Personengesellschaften gesprochen (Einzelheiten siehe § 3 Rn. 25).

41 Voraussetzung für eine solche ertragsteuerliche Behandlung ist allerdings, dass es sich bei der konkreten GmbH & Co. KG um eine **Mitunternehmerschaft** handelt (siehe § 3 Rn. 17). Erforderlich dafür ist insbesondere, dass bei der Betätigung auf der Ebene der Personengesellschaft Gewinnerzielungsabsicht vorliegt.[55] Als Teil einer Mitunternehmerschaft erzielen die Gesellschafter gewerbliche Einkünfte (§ 15 Abs. 1 Nr. 2 EStG). Zur Mitunternehmerschaft gehören die Gesellschafter allerdings nur, wenn sie eine Mitunternehmerstellung einnehmen.[56] Für jeden Gesellschafter ist daher zu prüfen, ob er unter Berücksichtigung seiner gesellschaftsvertraglichen Stellung als Mitunternehmer anzusehen ist. Die Mitunternehmer einer GmbH & Co. KG erzielen gewerbliche Einkünfte nach § 15 Abs. 3 Nr. 2, Abs. 1 Nr. 2 EStG.

I. Mitunternehmerstellung der Gesellschafter

42 Handelt es sich bei der GmbH & Co. KG um eine Mitunternehmerschaft, müssen die Voraussetzungen für die Besteuerung als Mitunternehmer sowohl für die Komplementär-GmbH als auch für die Kommanditisten vorliegen. **Mitunternehmer** ist ein Gesellschafter einer GmbH & Co. KG, aber auch einer anderen Gesellschaft, wenn er als Unternehmer des Betriebs anzusehen ist (§ 15 Abs. 1 Nr. 2 EStG – Typusbegriff). Aus der Umschreibung lassen sich die drei maßgeblichen Voraussetzungen ableiten, die den Mitunternehmer auszeichnen: In Anlehnung an die in § 15 Abs. 1 Nr. 2 EStG ausdrücklich benannten Gesellschaftsformen der OHG und KG muss zunächst ein Gesellschaftsverhältnis bestehen. Ausreichend ist insoweit auch ein dem Gesellschaftsverhält-

53 BGHZ NJW 1989, 225.
54 Zur überholten Bilanzbündeltheorie, nach welcher die Personengesellschaft schlicht hinwegdacht wurde, siehe Weber-Grellet DStR 1982, 699.
55 BFH BStBl. II 1984, 751.
56 BFH BStBl. II 1993, 616 (621).

nis ähnliches Verhältnis (sog. „verdeckte" Mitunternehmerschaft).[57] Das bedeutet gleichzeitig, dass Mitunternehmer einer GmbH & Co. theoretisch auch eine Person sein kann, die nicht Komplementär oder Kommanditist der GmbH & Co. KG ist. Ferner setzt das Betreiben eines Unternehmens die Übernahme von **Unternehmerrisiko und Unternehmerinitiative** voraus. Entscheidend ist das Gesamtbild der Verhältnisse, wobei ein geringeres Risiko durch stärker ausgeprägte Unternehmerinitiative kompensiert werden kann.[58] Nur unter diesen Voraussetzungen scheint es gerechtfertigt, die Gesellschafter einer GmbH & Co. KG einem Einzelunternehmer (§ 15 Abs. 1 Nr. 1 EStG) gleichzustellen.

1. Komplementär-GmbH

Ist die GmbH nach dem gesetzlichen Modell des Komplementärs an der GmbH & Co. KG betei- 43
ligt, bestehen keine Zweifel an ihrer Stellung als Mitunternehmer. Die **Mitunternehmerinitiative** ergibt sich aus der Befugnis des Komplementärs zur Geschäftsführung und Vertretung der Gesellschaft (siehe Rn. 5 ff.), welche durch die Geschäftsführung der GmbH wahrgenommen wird. Das **Unternehmerrisiko** trägt die GmbH als Komplementär der GmbH & Co. KG, da sie für die Verbindlichkeiten der GmbH & Co. KG persönlich und unbeschränkt haftet. Ferner ist die GmbH nach Maßgabe des § 168 HGB am Gewinn und Verlust der Gesellschaft beteiligt.

Im **Gesellschaftsvertrag** können allerdings zahlreiche Abweichungen vom gesetzlichen Modell 44
vereinbart werden. Auswirkungen auf das Ergebnis, die GmbH als Mitunternehmer der GmbH & Co. KG anzusehen, ergeben sich aber in der Regel nicht. Entscheidend ist nach der Rechtsprechung das Gesamtbild der Verhältnisse und daher kann ein Minus auf der einen Seite durch eine starke Position auf der anderen Seite ausgeglichen werden.[59] Geprägt wird die Stellung als Komplementär dabei insbesondere von der Übernahme des persönlichen Haftungsrisikos. Das Risiko wird auch nicht dadurch ausgeschlossen, dass eine Freistellung von der Haftung mit den Kommanditisten vereinbart wird. Dem Risiko der Inanspruchnahme durch Dritte bleibt die Komplementär-GmbH weiterhin ausgesetzt. Keinen Einfluss auf die Stellung als Mitunternehmer hat danach der Ausschluss der GmbH von der Geschäftsführung der GmbH & Co. KG. Die Mitunternehmerinitiative ist insoweit zwar erheblich reduziert, die persönliche Haftung soll das Defizit aber ausgleichen.[60] Zudem kann der Komplementär-GmbH die Vertretung zumindest nicht mit Wirkung gegen den Rechtsverkehr entzogen werden. Ein Rest an Unternehmerinitiative, die nach außen entfaltet werden kann, bleibt daher erhalten. Gleiches dürfte für den Fall gelten, dass die GmbH in der Gesellschafterversammlung kein Stimmrecht hat.[61] Das Unternehmerrisiko bei der Komplementär-GmbH wird ferner nicht dadurch beseitigt, dass sie weder am Vermögen der GmbH & Co. KG beteiligt ist, noch Anteile am Verlust zu tragen hat. Die Haftung gegenüber den Gläubigern bleibt trotz einer solchen internen Abrede bestehen. Daher steht der Mitunternehmerstellung auch nicht entgegen, wenn die GmbH statt einer Gewinnbeteiligung für die Haftungsübernahme nur eine Festvergütung erhält.

57 BFH BStBl. II 1984, 751 (768).
58 Grundlegend BFH BStBl. II 1984, 751; BStBl. II 1993, 616.
59 BFH BStBl. II 1991, 691.
60 BFH BStBl. II 1987, 553.
61 A.A. wohl Schulze zur Wiesche/Ottersbach Rn. 458.

2. Kommanditisten

45 Ein Kommanditist der GmbH & Co. KG ist nur Mitunternehmer, wenn er Mitunternehmerinitiative entfalten kann und Mitunternehmerrisiko trägt. Die folgende Beurteilung soll dabei zunächst vom gesetzlichen Modell des Kommanditisten ausgehen. Zu berücksichtigen ist aber auch insoweit, dass das Fehlen einzelner, die Mitunternehmerstellung prägender Merkmale nicht ausreicht, um dem Kommanditisten die Stellung abzusprechen. Vielmehr muss das Gesamtbild aus Mitunternehmerrisiko und -initiative betrachtet werden.

a) Mitunternehmerrisiko

46 Das Ertragsteuerrecht beurteilt die Übernahme von Unternehmerrisiko in erster Linie danach, ob jemand am Gewinn und Verlust sowie am Vermögen, insbesondere an den stillen Reserven einschließlich eines Geschäftswerts, beteiligt ist oder nicht.[62] Der Gesetzgeber geht davon aus, dass die Stellung eines Kommanditisten, wie sie in §§ 162 ff. HGB ausgestaltet ist, ausreicht, um Mitunternehmerrisiko zu begründen. Das ergibt sich aus der Gleichbehandlung von Komplementär und Kommanditist in § 15 Abs. 1 Nr. 2 EStG. Die stille Beteiligung auf der anderen Seite (§§ 230 ff. HGB) reicht in der Regel nicht aus, um Unternehmerrisiko zu tragen. Der Gesetzgeber ordnet Überschüsse aus stillen Beteiligungen den Einkünften aus Kapitalvermögen zu (§ 20 Abs. 1 Nr. 4 EStG). **Maßgebende Gesichtspunkte** für die Beurteilung der Übernahme von Mitunternehmerrisiko sind somit die Beteiligung an den Erträgen der Gesellschaft, die Beteiligung am Verlust (§ 167 Abs. 3 HGB) sowie die Teilhabe am Liquidationserlös.[63] Atypisch ausgestaltete stille Beteiligungen (Beteiligung am Vermögen) beinhalten daher die Übernahme von Mitunternehmerrisiko.[64]

b) Mitunternehmerinitiative

47 Die Entfaltung von Mitunternehmerinitiative ist anzunehmen, wenn der Einfluss auf Entscheidungen in der Gesellschaft gewährleistet ist. Bei Geschäftsführungs- oder Vertretungsbefugnissen ist von einer ausreichenden Teilhabe an unternehmerischen Entscheidungen in der Regel auszugehen. Die Mindestanforderungen ergeben sich aus den gesetzlichen Stimm-, Kontroll- und Widerspruchsrechten des Kommanditisten (§§ 162 ff. HGB). Der Kommanditist kann danach beispielsweise außergewöhnliche Maßnahmen der Geschäftsführung verhindern. Eine gesellschaftsvertraglich ausgestaltete Kommanditistenstellung, die erheblich eingeschränkte Rechte vorsieht (kein Widerspruchsrecht, Beschneidung der Kontrollrechte), kann dagegen zum Verlust der Mitunternehmerinitiative führen.[65]

c) Vertragliche Vereinbarungen

48 Aus der Rechtsprechung des BFH lassen sich einige Gefahren ableiten, die zum Verlust der Mitunternehmerstellung führen können. So ist davon auszugehen, dass es nicht gelingt, **Mitunternehmerinitiative** auf Seiten des Kommanditisten zu entfaltet, wenn dieser vom Komplementär

62 BFH BStBl. II 1984, 751.
63 Vgl. BFH BStBl. II 2000, 183.
64 BFH BStBl. II 1994, 700.
65 BFH BStBl. II 1984, 751; 1989, 762.

jederzeit durch einfache Kündigung mit Abfindung zum Buchwert aus der Gesellschaft gedrängt werden kann.[66] Dagegen schadet allein die Vereinbarung einer Buchwertklausel beim Ausscheiden aus der GmbH & Co. KG nicht.[67] Das gilt insbesondere dann, wenn die Klausel für das Ausscheiden aller Kommanditisten einheitlich anzuwenden ist. An der Mitunternehmerinitiative fehlt es einem Kommanditisten ferner, wenn ihm kein Stimmrecht zusteht und auch ein Widerspruch ausgeschlossen ist.[68] Problematisch im Hinblick auf die Übernahme von **Unternehmerrisiko** ist es, wenn Kommanditisten keine Einlage zu leisten haben. Eine Mindesteinlage ist nach der gesetzlichen Regelung zwar nicht vorgesehen. Wird eine Vermögenseinlage aber erst aus späteren Gewinnanteilen aufgebaut, ergeben sich Zweifel im Hinblick auf die Übernahme von typischen wirtschaftlichen Risiken eines Unternehmers.[69] Die Übernahme eines erheblichen Haftungsrisikos kann insoweit eine andere Bewertung rechtfertigen. Das Unternehmerrisiko wird ferner nicht vorliegen, wenn der Kommanditist am Verlust der GmbH & Co. KG nicht teilnimmt und im Falle seines Ausscheidens lediglich seine Einlage zurückerhält.[70]

d) „verdeckter" Mitunternehmer

Ist eine Person nicht als Kommanditist an der GmbH & Co. KG beteiligt, aber gleichwohl in der Lage, in der Gesellschaft Mitunternehmerrisiko und – initiative zu entfalten, kann die Person ebenfalls als Mitunternehmer anzusehen sein. Erforderlich ist, dass eine dem Kommanditisten **wirtschaftlich vergleichbare Stellung** vorliegt. Dafür lässt die Rechtsprechung eine Verbindung durch ein gleichwertiges Gemeinschaftsverhältnis genügen.[71] Ein entsprechender Bindungswille muss feststellbar sein. Einzelne schuldrechtliche Verträge (z.B. Dienst-, Mietvertrag), die eine umsatz- oder gewinnabhängige Vergütungsregelung vorsehen, sind dafür allein nicht ausreichend. Stehen die vereinbarten Entgelte allerdings in keinem Verhältnis zur Leistung und mangelt es ferner an der Üblichkeit der Entgelte im Vergleich mit fremden Dritten, ist in der Regel der Schluss zulässig, dass durch die Austauschverträge in Wirklichkeit Beiträge zu einem gemeinsamen Zweck vereinbart sind.[72] Vereinbarungen, die auch unter Dritten üblich sind, müssen allerdings als Austauschverträge akzeptiert werden. Eine Umqualifizierung zu einem Gemeinschaftsverhältnis kommt insoweit regelmäßig nicht in Betracht. Insgesamt ist darauf zu achten, dass das Vorliegen eines Gemeinschaftsverhältnisses nicht mit den Argumenten des Mitunternehmerrisikos und der -initiative begründet wird.[73] Vielmehr muss das Gemeinschaftsverhältnis als zusätzliche Voraussetzung vorliegen. Praktische Bedeutung erlangt die Frage häufig beim Gesellschafter-Geschäftsführer der Komplementär-GmbH, der nicht zugleich als Kommanditist an der GmbH & Co. KG beteiligt ist. Solche Gestaltungen finden sich insbesondere bei Familienunternehmen. Maßgebend für die Entscheidung ist dabei neben den genannten Kriterien letztlich das Gesamtbild der Verhältnisse. Indizien können sich auch daraus ergeben, dass den Personen ganz ungewöhnliche Rechte zustehen (z.B. Entnahmen bei der GmbH & Co. KG)[74] oder Vereinbarungen nicht durchgeführt bzw. tatsächlich weitere Rechte ausgeübt werden.[75] 49

66 BFH BStBl. II 1882, 342.
67 BFH BStBl. II 1987, 54.
68 BFH BStBl. II 1989, 762.
69 BFH BStBl. II 1973, 526.
70 BFH BStBl. II 2000, 183.
71 Etwa BFH BStBl. II 1999, 384; kritisch zur Erweiterung etwa Binz/Sorg § 16 Rn. 81.
72 BFH BStBl. II 1997, 272 (276).
73 Siehe BFH/NV 1992, 803; BFH/NV 1993, 14.
74 BFH BStBl. II 1998, 480 (483).
75 BFH BStBl. II 1997, 272.

II. Gewinnermittlung

50 Komplementär-GmbH und Kommanditisten erzielen mit ihrer Beteiligung an der GmbH & Co. KG aus ertragsteuerlicher Sicht Einkünfte aus Gewerbebetrieb (§ 15 Abs. 1 Nr. 2 EStG). Die Einkünfte sind durch Gewinnermittlung zu bestimmen (§ 2 Abs. 2 Nr. 1 EStG). Zu ermitteln ist der Gesamtgewinn aus der Mitunternehmerschaft, welcher auf die Mitunternehmer aufzuteilen ist. Dabei ist zu berücksichtigen, dass die GmbH & Co. KG selbst kein Steuersubjekt der Einkommen- oder Körperschaftsteuer ist, aber ein eigenständiges **Subjekt der Gewinnerzielung und Gewinnermittlung**.[76] Die Ermittlung des Gesamtgewinns ist auf mehrere Stufen verteilt. Auf der Grundlage der Handelsbilanz ist unter Berücksichtigung der steuerlichen Bilanzierungs- und Bewertungsregeln die Steuerbilanz der GmbH & Co. KG abzuleiten (siehe Rn. 51). Für das Ergebnis der Gesamtbilanz ist die Steuerbilanz um Ergänzungsbilanzen (siehe Rn. 52) der einzelnen Gesellschafter zu erweitern. Ferner sind die Ergebnisse der Sonderbilanzen der einzelnen Gesellschafter in die Gewinnermittlung einzubeziehen (siehe Rn. 55). Die Zusammenfassung der auf den unterschiedlichen Stufen ermittelten Ergebnisse führt zur Gesamtbilanz der Mitunternehmerschaft (sog. „additive Gewinnermittlung").[77] Eine gesonderte und eigenständige Gesamtbilanz wird nicht aufgestellt.

1. Steuerbilanz der Gesamthand

51 Für die Ermittlung des Gewinns der GmbH & Co. KG gelten die allgemeinen Grundsätze. Dabei ist von der Handelsbilanz der Gesellschaft auszugehen (siehe § ??). Durch entsprechende **Anpassung der Handelsbilanz** an die steuerrechtlichen Bilanzierungs- und Bewertungsvorschriften ist die Steuerbilanz abzuleiten, in der lediglich das Gesamthandsvermögen abgebildet wird. Dabei ist zu berücksichtigen, dass die Rechtsbeziehungen zwischen der Gesellschaft und den Gesellschaftern keiner Sonderbehandlung unterliegen. Bilanzierungs- und Bewertungswahlrechte sind einheitlich mit Wirkung für alle Gesellschafter auszuüben. Der Gesellschaft kommt insoweit Steuerrechtssubjektsqualität zu. Zu den Besonderheiten bei Personengebundenheit einzelner Wahlrechte siehe Rn. 53, 54.

2. Ergänzungsbilanzen

52 Ergänzungsbilanzen sind eine Besonderheit der steuerlichen Gewinnermittlung bei Personengesellschaften. Sie weisen **Korrekturen zum Bilanzansatz** einzelner Wirtschaftsgüter in der Steuerbilanz der GmbH & Co. KG aus.[78] Ergänzungsbilanzen erhöhen die Übersichtlichkeit und Nachvollziehbarkeit der Gewinnermittlung bei der Personengesellschaft. Im EStG ist nur in § 6 Abs. 5 Satz 4 EStG im Zusammenhang mit der Überführung von Wirtschaftsgütern zwischen Mitunternehmern und Mitunternehmerschaft von einer Ergänzungsbilanz die Rede. Die Ergänzungsbilanz dient aber allgemein der Erfassung von Differenzen zwischen dem Wertansatz eines Wirtschaftsguts in der Steuerbilanz der GmbH & Co. KG und dem zutreffenden steuerlichen Wert, betrachtet aus der Sicht des einzelnen Gesellschafters. **Ergänzungsbilanzen können erforderlich werden** im Zusammenhang mit der Gründung einer GmbH & Co. KG, der entgeltlichen Übertragung von Mitunternehmeranteilen sowie dem Eintritt oder Ausscheiden eines Gesellschafters.

76 BFH BStBl. II 1984, 751.
77 BFH BStBl. II 1996, 219 (225).
78 BFH BStBl. II 1996, 68.

Darüber hinaus kommt eine Ergänzungsbilanz in Betracht, wenn von einem Gesellschafter im Hinblick auf ein Wirtschaftsgut Vergünstigungen in Anspruch genommen werden (z.B. Rücklage nach § 6b EStG oder Sonderabschreibungen). Die Ergänzungsbilanz kann als positive oder als negative Bilanz zu führen sein. Die Einordnung ist abhängig von der Richtung der Differenz zwischen den zu vergleichenden Werten.

a) Positive Ergänzungsbilanz

Die entgeltliche Übertragung eines Gesellschaftsanteils (bei der GmbH & Co. KG eines Kommanditanteils) führt beim Erwerber in der Regel zu einer positiven Ergänzungsbilanz. In der Steuerbilanz der GmbH & Co. KG werden die Ansätze der Wirtschaftsgüter unverändert fortgeführt. Die Differenz zwischen dem Buchwert des Kommanditanteils in der Steuerbilanz der Gesellschaft und dem vereinbarten Kaufpreis wird in der **Ergänzungsbilanz als Mehrkapital** des Neukommanditisten ausgewiesen. Auf der Aktivseite der Ergänzungsbilanz wird der Mehrbetrag entsprechend der Teilwerte der Einzelwirtschaftsgüter auf die Einzelkorrekturposten verteilt. Auf diesem Wege werden die anteiligen stillen Reserven der einzelnen Wirtschaftsgüter sichtbar. Beim Erwerb eines Gesellschaftsanteils können auf mehreren Ebenen Ergänzungsbilanzen erforderlich sein, wenn es sich um den Anteil einer Obergesellschaft bei einer doppel- oder mehrstöckigen Personengesellschaft handelt. 53

b) Negative Ergänzungsbilanz

Ist der Kaufpreis für den Kommanditanteil ausnahmsweise niedriger als der Buchwert, kommt es zur Erfassung des Differenzbetrags in einer negativen Ergänzungsbilanz. Während das **Minderkapital** auf der Aktivseite der Ergänzungsbilanz ausgewiesen wird, sind auf der Passivseite die Minderwerte der einzelnen Wirtschaftsgüter bzw. ein negativer Firmenwert als Korrekturposten auszuweisen. Zu einer negativen Ergänzungsbilanz kommt es auch, wenn ein Kommanditist Vergünstigungen im Hinblick auf die Anschaffung eines Wirtschaftsguts in Anspruch nimmt oder zu Sonderabschreibungen berechtigt ist. So kann beispielsweise ein Kommanditist einen begünstigten Gewinn aus der Veräußerung von Wirtschaftsgütern des Betriebsvermögens auf seinen Anteil an dem Wirtschaftsgut des Gesamthandsvermögens übertragen (§ 6b EStG). 54

3. Sonderbilanzen

Neben den Wirtschaftsgütern des Gesamthandsvermögens gibt es regelmäßig weitere Wirtschaftsgüter, die der GmbH & Co. KG dienen, aber nicht im Eigentum der GmbH & Co. KG, sondern im **Eigentum der Gesellschafter** stehen. Solche Wirtschaftsgüter sind in den Sonderbilanzen der einzelnen Gesellschafter als Sonderbetriebsvermögen (siehe Rn. 65) aufzunehmen und abzubilden. Ferner sind Wirtschaftsgüter in die Sonderbilanz aufzunehmen, die dem Unternehmen der GmbH & Co. KG zwar nicht unmittelbar dienen, aber nach dem Willen des Gesellschafters geeignet sind, seine Beteiligung an der Gesellschaft zu fördern. Im Zusammenhang mit dem Sonderbetriebsvermögen stehende Aufwendungen und Erträge werden in der zugehörigen GuV ausgewiesen. Darüber hinaus sind in der Sonderbilanz einschließlich der zugehörigen GuV die Sondervergütungen aufzunehmen, die sich aus den Rechtsbeziehungen zwischen den Gesellschaftern und der Gesellschaft ergeben. Die Sonderbilanz weist aber nicht das Vermögen eines eigenständigen Betriebs aus, sondern ist Bestandteil der Gewinnermittlung der Mitunternehmer- 55 schaft GmbH & Co. KG. Rechtsgrundlage für das Aufstellen einer Sonderbilanz sind §§ 4 Abs. 1, 5 EStG i.V.m. § 15 Abs. 1 Nr. 2 EStG.[79]

56 Für die Bilanzierung ist zu berücksichtigen, dass der BFH in ständiger Rechtsprechung eine **korrespondierende Bilanzierung** in der Steuerbilanz der GmbH & Co. KG und der Sonderbilanz der Gesellschafter fordert.[80] Die Aktivposten in der Steuerbilanz der GmbH & Co. KG und die Passivposten in der Sonderbilanz der Gesellschafter müssen sich entsprechen. Gleiches gilt für den umgekehrten Fall. Die Berücksichtigung des Imparitätsprinzips muss insoweit zurücktreten.[81] In der Literatur werden gegen die korrespondierende Behandlung Bedenken erhoben. Die Bilanzierung bei der Personengesellschaft müsse auch im Bereich von Sondervergütungen den üblichen Regeln folgen.[82] Eine Behandlung von Darlehen an Gesellschafter als „steuerliches Eigenkapital"[83] sei mit der zivilrechtlichen Entwicklung bei den Personengesellschaften[84] nicht mehr vereinbar.

4. Sondervergütungen

57 Zum ertragsteuerlichen Gewinn der GmbH & Co. KG zählen auch die Vergütungen, die ein Gesellschafter von der Gesellschaft für seine Tätigkeit im Dienste der Gesellschaft oder für die Hingabe von Darlehen oder die Überlassung von Wirtschaftsgütern bezogen hat (§ 15 Abs. 1 Nr. 2 EStG). Die Regelung soll verhindern, dass durch die Vereinbarung von entgeltlichen Leistungen zwischen der Gesellschaft und den Gesellschaftern das Besteuerungsergebnis beeinflusst wird.[85] Durch Vergütungsvereinbarungen wäre eine erhebliche Beeinflussung des steuerlichen Ergebnisses möglich. Mit der Regelung wird eine Annäherung an die Verhältnisse beim Einzelunternehmer erreicht, der keine Verträge mit sich selbst schließen kann.[86] Nach der Rechtsprechung des BFH ist die Vorschrift weit auszulegen. Entscheidendes Merkmal ist die **Veranlassung durch das Gesellschaftsverhältnis**. Eine ausreichende Veranlassung soll immer dann vorliegen, wenn Leistungen eines Mitunternehmers auf gesellschaftsrechtlicher oder schuldrechtlicher Grundlage vorgenommen werden. Ausgenommen sind nur solche Leistungen, die keinen wirtschaftlichen Zusammenhang mit der Stellung als Mitunternehmer aufweisen.[87] So hat der BFH die Vergütung an einen Arbeitnehmer-Kommanditisten, der selbst nur geringfügig an der Gesellschaft beteiligt war, als Tätigkeitsvergütung eingeordnet (§ 15 Abs. 1 Nr. 2 EStG).[88] Die Tätigkeit des Kommanditisten wird als Beitrag zur Förderung des wirtschaftlichen Zwecks der Gesellschaft angesehen. Nur in außergewöhnlichen Fällen soll der wirtschaftliche Zusammenhang abzulehnen sein.[89] In der Literatur wird die weite Auslegung der „Veranlassung" immer wieder in Frage gestellt.[90]

79 BFH BStBl. II 1995, 246.
80 BFH BStBl. II 2000, 612.
81 BFH BStBl. II 2003, 871.
82 List BB 2004, 1473 (1476).
83 So Binz/Sorg § 16 Rn. 207.
84 Zur Rechtsfähigkeit der GbR siehe BGHZ 146, 341.
85 BFH BStBl. II 2000, 612.
86 BFH BStBl. II 2000, 339 (341); BStBl. II 1991, 691.
87 Seit BFH BStBl. II 1980, 271.
88 Siehe etwa BFH/NV 1987, 237.
89 Etwa BFH BStBl. II 1980, 269.
90 Vgl. Hesselmann/Eckl § 8 Rn. 126, 128.

a) Allgemeine Grundsätze

Im Grundsatz ist davon auszugehen, dass § 15 Abs. 1 Nr. 2 EStG nicht nur der Umqualifizierung von Einkünften zu Einkünften aus Gewerbebetrieb dient, sondern auch die Zuordnung der Einkünfte zur Mitunternehmerschaft bewirken kann.[91] Auf den konkreten Maßstab der Vergütung (gewinnabhängig oder Festvergütung) kommt es dabei nicht an. Ausnahmen sollen nach Ansicht der Rechtsprechung vorliegen, wenn die **Gesellschafterstellung und die Erbringung einer Leistung „zufällig"** zusammenfallen. Zufällig soll das Zusammenfallen insbesondere dann sein, wenn es um Leistungen im Rahmen des laufenden Geschäftsverkehrs geht.[92] Betreibt also beispielsweise ein Kommanditist neben seiner Beteiligung an der GmbH & Co. KG einen eigenen Gewerbebetrieb und beliefert die GmbH & Co. KG zu fremdüblichen Konditionen, ist keine Zuordnung der Einkünfte zur GmbH & Co. KG vorzunehmen. Gleiches gilt im Verhältnis zu anderen personengleichen Personengesellschaften (sog. Schwester-Personengesellschaften), falls diese gewerblich tätig oder entsprechend geprägt sind.[93] Ferner ordnet der BFH die Einkünfte bei der mitunternehmerischen Betriebsaufspaltung (siehe § 8 Rn. 11) vorrangig dem Besitzunternehmen zu.[94] In der Praxis haben die folgenden weiteren Fallgruppen eine besondere Relevanz. 58

b) Vergütung als Geschäftsführer der GmbH

Besondere Probleme ergeben sich hinsichtlich der Beurteilung der Vergütung als Geschäftsführer der Komplementär-GmbH. Die Regelung des § 15 Abs. 1 Nr. 2 EStG kann für die Zuordnung der Geschäftsführervergütung nur zur Anwendung kommen, wenn der Geschäftsführer der GmbH gleichzeitig Mitunternehmer der GmbH & Co. KG ist. Ist der Geschäftsführer nur an der GmbH, **nicht aber als Kommanditist** an der GmbH & Co. KG beteiligt, liegen steuerlich in Höhe der Vergütung Einkünfte aus nicht selbständiger Arbeit vor.[95] Gleiches gilt natürlich auch, wenn der Geschäftsführer weder an der GmbH & Co. KG noch an der GmbH beteiligt ist. Im ersten Fall ist allerdings zu beachten, dass bei überhöhten Vergütungen in Höhe des unangemessenen Teils eine verdeckte Gewinnausschüttung vorliegen kann (§ 8 Abs. 3 Satz 2 KStG). Erhält die Komplementär-GmbH einen vereinbarten **Aufwendungsersatz in Höhe der Vergütung des Geschäftsführers**, stellt sich die Frage der Behandlung der Ersatzleistung hinsichtlich des § 15 Abs. 1 Nr. 2 EStG. Bei entsprechender vorheriger Vereinbarung des Aufwendungsersatzes ist von einer Sondervergütung an die GmbH auszugehen, die in den Gesamtgewinn der Mitunternehmerschaft einzubeziehen ist. Ohne Vereinbarung muss die GmbH die Vergütung des Geschäftsführers aus ihrem Gewinnanteil bestreiten. Besonderheiten sind insoweit nicht zu beachten.[96] 59

Die **Beteiligung des Geschäftsführers** der Komplementär-GmbH an der GmbH & Co. KG löst nach Ansicht der Rechtsprechung des BFH die Umqualifizierung der Einkünfte und Zuordnung der Vergütung als Sondervergütung im Sinne des § 15 Abs. 1 Nr. 2 EStG aus.[97] Der Kommanditist der GmbH & Co. KG, der gleichzeitig Geschäftsführer der GmbH ist, hat daher die Vergütung als Sonderbetriebseinnahme in seine Sonderbilanz aufzunehmen. In der Rechtsprechung wird die Vergütung bei der GmbH wie ein durchlaufender Posten angesehen. Nur durch einen Rück- 60

91 Grundlegend BFH BStBl. II 1979, 750; BStBl. II 1983, 771.
92 FG Niedersachsen, EFG 1995, 833.
93 BFH BStBl. II 1996, 428.
94 BFH BStBl. II 1998, 325.
95 So schon BFH BStBl. III 1965, 502.
96 BFH BStBl. II 1994, 282.
97 Vgl. BFH BStBl. II 1999, 720.

griff auf diese wirtschaftliche Betrachtungsweise lässt sich die steuerrechtliche Selbständigkeit der GmbH durchbrechen. Die Umqualifizierung und Zuordnung der Vergütung soll unabhängig davon gelten, ob die GmbH & Co. KG der GmbH zum Aufwendungsersatz verpflichtet ist oder nicht[98]. Ein mit der GmbH vereinbarter Aufwendungsersatz führt bei ihr zu Sonderbetriebseinnahmen. Gleichzeitig ist die an den Geschäftsführer bezahlte Vergütung als Sonderbetriebsausgabe der GmbH zu berücksichtigen. Ferner soll es nicht darauf ankommen, ob der Anstellungsvertrag mit der GmbH oder der GmbH & Co. KG geschlossen wurde. Eine **Ausnahme** macht die Rechtsprechung, falls sich die Aufgaben des Geschäftsführers der Komplementär-GmbH nicht nur auf die Geschäftsführung der GmbH & Co. KG erstreckt, sondern auch auf andere Tätigkeiten. Davon ist auszugehen, wenn die GmbH noch andere Tätigkeiten erbringt, die in keinem Zusammenhang mit der Geschäftsführung der GmbH & Co. KG stehen.[99] Soweit die Vergütung der anderen Tätigkeit zuzuordnen ist, liegen Betriebsausgaben der GmbH und Einkünfte aus nicht selbständiger Arbeit beim Geschäftsführer vor.

61 Die Rechtsprechung zur Reichweite des § 15 Abs. 1 Nr. 2 EStG für Kommanditisten wird gerade im Hinblick auf die Zurechnung der Vergütung für die Geschäftsführung der GmbH in der Literatur kritisiert.[100] Dabei wird insbesondere darauf abgestellt, dass auch die **wirtschaftliche Betrachtungsweise die rechtliche Selbständigkeit** der GmbH nicht überwinden kann. Die Leistung als Geschäftsführer der GmbH beruhe in erster Linie auf der Bestellung und Anstellung des Geschäftsführers bei der GmbH. Ein Beitrag zur GmbH & Co. KG liegt zwar ebenfalls vor, dürfte aber im Regelfall eher als Rechtsreflex anzusehen sein. Nur außergewöhnliche Umstände können es rechtfertigen, die zivilrechtlich und steuerrechtlich zulässige Gestaltung zu ignorieren. Die Umkehrung des Regel-Ausnahmeverhältnisses in der Rechtsprechung des BFH trägt der Selbständigkeit der Steuersubjekte nicht ausreichend Rechnung. Steuerliche Auswirkungen ergeben sich insbesondere auf die Gewerbesteuer. Das Erfassen der Vergütung als Sonderbetriebseinnahme des Kommanditisten führt zur Einbeziehung des Betrags in die Steuerbemessungsgrundlage. Die Gewerbesteueranrechnung vermag die Belastung bekanntlich häufig nicht vollständig auszugleichen (siehe Rn. 97). Auf der anderen Seite entfällt nach der Rechtsprechung des BFH die Problematik der verdeckten Gewinnausschüttung bei einer unangemessen hohen Vergütung des Geschäftsführers. Das gilt allerdings nur, solange der GmbH nach Abzug der Vergütung ein angemessener Gewinnanteil verbleibt.

c) Weitere Problembereiche

62 In ähnlicher Weise wirkt sich die Rechtsprechung des BFH auf **Pensionszusagen** an den Geschäftsführer der Komplementär-GmbH aus, sofern der Geschäftsführer gleichzeitig als Kommanditist an der GmbH & Co. KG beteiligt ist. Gründe für eine unterschiedliche Behandlung im Vergleich mit Tätigkeitsvergütungen sind nicht erkennbar. Dabei sind nicht erst die Pensionszahlungen, sondern bereits die erdienten Pensionsansprüche als Sondervergütungen beim Gesellschafter zu erfassen. Die Grundsätze der korrespondierenden Bilanzierung sind zu beachten.[101] Die Bildung einer Pensionsrückstellung richtet sich nach § 6 a EStG unter Berücksichtigung des Maßgeblichkeitsgrundsatzes. In der Literatur wird teilweise eine anteilige Aktivierung in den Sonderbilanzen aller Gesellschafter vorgeschlagen.[102] Bei bereits erdienten Ansprüchen scheint die Er-

98 Zur Kritik Binz/Sorg § 16 Rn. 223.
99 BFH BStBl. II 1999, 720.
100 Vgl. Nur Hesselmann/Eckl § 8 Rn. 141; Binz/Sorg § 16 Rn. 225.
101 BFH BStBl. II 1993, 792 (794).
102 Zum Streitstand vgl. Schmidt; EStG § 15 Rn. 586.

fassung beim konkret begünstigten Gesellschafter – entsprechend der Tätigkeitsvergütung – aber vorzugswürdig. Pensionsansprüche, die bereits vor dem Eintritt als Kommanditist in die GmbH & Co. KG als Arbeitnehmer erworben wurden, bleiben von § 15 Abs. 1 Nr. 2 EStG unberührt.[103]

Die Umqualifizierung der Einkünfte und die Zuordnung von Vergütungen zu den Sonderbe- 63
triebseinnahmen eines Kommanditisten greifen auch in den Fällen ein, in denen die GmbH & Co. KG eine **Vergütung für Managementleistungen** an eine GmbH bezahlt, die selbst nicht an der GmbH & Co. KG beteiligt ist. Voraussetzung ist aber, dass die GmbH von einem Kommanditisten als Gesellschafter-Geschäftsführer beherrscht wird.[104] Im entschiedenen Fall war der Kommanditist gleichzeitig Geschäftsführer der Komplementär-GmbH und hat die Geschäfte quasi über die zwischengeschaltete GmbH geführt, von der er die Vergütung erhalten hat. Daraus lässt sich ableiten, dass die Rechtsprechung gewillt ist, alle Vergütungen als Sonderbetriebseinnahmen eines Kommanditisten zu erfassen, die mittelbar als Beitrag zur Förderung des Gesellschaftszweckes der GmbH & Co. KG angesehen werden können. Dazu zählt auch die bewusste Zwischenschaltung einer juristischen Person. Für die Zwischenschaltung einer oder mehrerer Personengesellschaften hat der Gesetzgeber die Frage in § 15 Abs. 1 Nr. 2 Satz 2 EStG entschieden.

d) Vergütungen für die Tätigkeit im Aufsichtsorgan

Nicht nur zur Konfliktbewältigung kann die Einrichtung eines Beirats oder Aufsichtsrats in der 64
GmbH & Co. KG sinnvoll sein. Der Ausgleich von Spannungen (auch in der Unternehmensnachfolge) ist aber besonders bei Familienunternehmen ein wesentliches Argument für die Errichtung eines Aufsichtsorgans. Die Bezeichnung als **Beirat oder Verwaltungsrat** ist verbreitet. Gleichwohl wird das Gremium unabhängig von der gewählten Bezeichnung regelmäßig Aufsichtsfunktionen wahrnehmen. Abzugrenzen ist das Gremium der GmbH & Co. KG von einem möglichen Aufsichtsrat bei der Komplementär-GmbH. In Bezug auf die Ausgestaltung ist darauf zu achten, dass bei personenidentischen Aufsichtsgremien in der GmbH und GmbH & Co. KG eine klare und eindeutige Funktionsbeschränkung auf die jeweilige Gesellschaft vereinbart wird. **Vergütungen für die Tätigkeit** als Mitglied des Aufsichtsorgans sind bei der Gesellschaft grundsätzlich als Betriebsausgaben abzugsfähig. Bei der GmbH & Co. KG sind die Vergütungen an Kommanditisten, die dem Organ angehören, aber dem Gesamtgewinn der Mitunternehmerschaft nach § 15 Abs. 1 Nr. 2 EStG zuzurechnen und stellen gewerbliche Einkünfte dar. Die Vergütung an Nichtgesellschafter der GmbH & Co. KG zählt zu den Einkünften aus selbständiger Arbeit (§ 18 Abs. 1 Nr. 3 EStG). Die Vergütungen an Mitglieder des Aufsichtsorgans der Komplementär-GmbH unterliegen der Regelung des § 10 Nr. 4 KStG. Danach ist die Hälfte der Vergütungen bei der Ermittlung der Bemessungsgrundlage für die Körperschaftsteuer nicht als Betriebsausgabe abziehbar. Auf die GmbH & Co. KG findet die Regelung auch keine entsprechende Anwendung. Bei den Empfängern bleibt es dabei, dass die volle Vergütung in die Steuerbemessungsgrundlage eingeht.

5. Sonderbetriebsausgaben

Von den Sonderbetriebseinnahmen können Ausgaben abgezogen werden, die durch Maßnah- 65
men zum Nutzen der Gesellschaft veranlasst sind (§ 4 Abs. 4 EStG). Sonderbetriebsausgaben können bei der Komplementär-GmbH und beim Kommanditisten anfallen. Darunter fallen auch alle Aufwendungen, die durch die Beteiligung an der GmbH & Co. KG veranlasst sind. Die

103 BFH BStBl. II 1975, 437.
104 BFH BStBl. II 1999, 720; ferner DStRE 2003, 221.

Aufwendungen müssen im unmittelbaren Zusammenhang mit dem Gesellschaftsverhältnis, den Sondervergütungen oder dem Sonderbetriebsvermögen stehen. Dazu zählen neben Fahrtkosten auch alle anderen Aufwendungen, die Betriebsausgaben bzw. Werbungskosten wären, falls der Leistungsaustausch zwischen der Gesellschaft und den Gesellschaftern steuerlich Anerkennung finden würde. Stehen einzelne Aufwendungen in unmittelbarem Zusammenhang mit der Beteiligung an der GmbH & Co. KG, aber auch mit einem anderen Betrieb des Kommanditisten, ist die Zuordnungskonkurrenz aufzulösen. Entsprechend der Rechtslage beim Sonderbetriebsvermögen (siehe Rn. 69) ist die Berücksichtigung bei der Gewinnermittlung der Personengesellschaft vorrangig. Keine Berücksichtigung als Sonderbetriebsausgabe findet die Inanspruchnahme des Kommanditisten aus einer für Verbindlichkeiten der GmbH & Co. KG übernommen Bürgschaft, wenn der Rückgriffanspruch wertlos ist.[105] Nach Ansicht der Rechtsprechung handelt es insoweit lediglich sich um eine weitere Kapitaleinlage.

6. Sonderbetriebsvermögen

66 Zum steuerlichen Betriebsvermögen der Mitunternehmerschaft GmbH & Co. KG gehört neben dem Gesamthandsvermögen auch das Sonderbetriebsvermögen der Gesellschafter. Sonderbetriebsvermögen sind Wirtschaftsgüter, die im Eigentum eines, mehrerer oder aller Gesellschafter stehen und dem Gewerbebetrieb dienen oder ihn fördern. Rechtsgrundlage für die Erfassung der Wirtschaftsgüter als Sonderbetriebsvermögen sind die §§ 4 Abs. 1, 5 EStG. Daraus ergibt sich unmittelbar, dass Wirtschaftsgüter als Betriebsvermögen zu behandeln sind, die der Einkunftserzielung dienen.[106] § 15 Abs. 1 Nr. 2 EStG bestätigt diese Zuordnung. Es muss ein Veranlassungszusammenhang zwischen der Beteiligung an der Personengesellschaft als Mitunternehmer und dem Einsatz des entsprechenden Wirtschaftsguts bestehen.[107] Das gilt für alle Wirtschaftsgüter, unabhängig davon, ob sie zum aktiven und passiven Sonderbetriebsvermögen gerechnet werden können. Die Wirtschaftsgüter lassen sich in **Sonderbetriebsvermögen I und II** einteilen. Unter Sonderbetriebsvermögen I sind alle Wirtschaftsgüter zu fassen, die objektiv erkennbar zum unmittelbaren Einsatz im Betrieb der Gesellschaft selbst bestimmt sind und dem Betrieb dienen.[108] Zum Sonderbetriebsvermögen II sind alle Wirtschaftsgüter zu zählen, die unmittelbar der Begründung oder Stärkung der Beteiligung des Gesellschafters an der Gesellschaft dienen und den Betrieb zumindest fördern.[109] Dazu gehören beispielsweise die Anteile der Kommanditisten einer GmbH & Co. KG an der Komplementär-GmbH sowie damit im Zusammenhang stehende Schulden.[110] Ferner ist der Anteil an einer Kommanditisten-GmbH einzubeziehen, deren alleiniger Zweck darin besteht, eine wesentliche Beteiligung an der GmbH & CO. KG zu halten.[111]

67 Rechtsprechung und Finanzverwaltung sehen in § 141 A.O. eine **originäre Buchführungspflicht** auch für das Sonderbetriebsvermögen bei der GmbH & Co. KG.[112] Gewinnermittlungsart und Gewinnermittlungszeitraum entsprechen den Verhältnissen bei der GmbH & Co. KG. In der Literatur hat die Lösung aus rechtlichen und praktischen Gründen (keine Kenntnis und kein Zugriff der Personengesellschaft auf die Informationen der Gesellschafter) teilweise Kritik erfah-

105 Ständige Rechtsprechung seit BFH BStBl. II 1974, 677; BStBl. II 2000, 399.
106 BFH BStBl. II 1993, 616 (621); BStBl. II 2001, 26 (27).
107 BFH BSlBl. II 2006, 874.
108 BFH BStBl. II 1999, 357; BStBl. II 2002, 733.
109 BFH BStBl. II 2002, 733; BStBl. II 2001, 520.
110 BFH BStBl. II 1999, 286.
111 BFH BStBl. II 2001, 825.
112 BFH BStBl. II 1991, 401 (403).

ren.[113] Jedenfalls für die Ausübung von Wahlrechten ist die Mitwirkung der einzelnen betroffenen Gesellschafter zwingend erforderlich. Aus dem Prinzip der korrespondierenden Bilanzierung (siehe Rn. 56) in der Gesamthands- und den Sonderbilanzen ergibt sich die betrags- und zeitgleiche Erfassung von Forderungen und Verbindlichkeiten.[114] Ist das Sonderbetriebsvermögen überschaubar, reicht für die Praxis die Zu- und Abrechnung der Sondervergütungen und -aufwendungen sowie der Erträge und Aufwendungen im Zusammenhang mit dem Sonderbetriebsvermögen im Rahmen der Erklärung zur einheitlichen und gesonderten Feststellung (§§ 179 Abs. 2, 180 Abs. 1 A.O.) aus.

a) Zuordnung der Wirtschaftsgüter zum Sonderbetriebsvermögen

Im Rahmen des Sonderbetriebsvermögens I und II lassen sich **notwendiges und gewillkürtes Sonderbetriebsvermögen** unterscheiden. Für die Zuordnung zum Sonderbetriebsvermögen spielt es keine Rolle, ob der Mitunternehmer unmittelbar oder mittelbar über eine andere Personengesellschaft, die als Mitunternehmer anzusehen ist, an der GmbH & Co. KG beteiligt ist (§ 15 Abs. 1 Nr. 2 Satz 2 EStG). Ohne Bedeutung ist es ferner, in welchem Umfang eine Beteiligung an der GmbH & Co. KG vorliegt. Das Sonderbetriebsvermögen ist entsprechend dem Betriebsvermögen bei Einzelunternehmern vom Privatvermögen abzugrenzen. Die Kriterien zur Einteilung der Wirtschaftsgüter in Sonderbetriebs- und Privatvermögen entsprechen den Kriterien bei einzelunternehmerisch tätigen Gewerbetreibenden. Als Sonderbetriebsvermögen kommen aktive wie passive Wirtschaftsgüter in Betracht. Voraussetzung ist allerdings, dass zumindest wirtschaftliches Eigentum des Mitunternehmers an dem Wirtschaftsgut besteht. Bei Miteigentum kann das Wirtschaftsgut nur Sonderbetriebsvermögen sein, soweit der Miteigentumsanteil reicht. 68

Wird ein Wirtschaftsgut nur teilweise von der GmbH & Co. KG genutzt und dient es daneben auch einem anderen Betrieb des Mitunternehmers, stellt sich die Frage nach der Auflösung der **Bilanzierungskonkurrenz.** § 15 Abs. 1 Nr. 2 EStG wird insoweit als vorrangige Zuordnungsnorm verstanden. Selbst wenn das Wirtschaftsgut vor der Beteiligung an der GmbH & Co. KG zum sonstigen Betriebsvermögen des Mitunternehmers gehörte, greift die Vorrangregel ein und das Wirtschaftsgut zählt ab dem Zeitpunkt der Beteiligung zum Sonderbetriebsvermögen bei der GmbH & Co. KG, sofern es dieser dient. Die Verschiebung der Wirtschaftsgüter vom sonstigen Betriebsvermögen des Mitunternehmers in das Sonderbetriebsvermögen der GmbH & Co. KG ist erfolgsneutral vorzunehmen (§ 6 Abs. 5 EStG). Die Vorrangregel gilt nicht nur für die Kommanditisten, sondern auch für die Komplementär-GmbH. Von der GmbH an die GmbH & Co. KG überlassene Wirtschaftsgüter sind unter Durchbrechung des Maßgeblichkeitsgrundsatzes als Sonderbetriebsvermögen der GmbH & Co. KG zu bilanzieren.[115] Keine Zurechnung zum Sonderbetriebsvermögen erfolgt im Hinblick auf Wirtschaftsgüter, die von einer gewerblich tätigen Schwester-Personengesellschaft überlassen werden.[116] 69

113 Siehe nur Schön, DStR 1993, 185 (193).
114 BFH BStBl. II 1996, 219 (225).
115 BFH BStBl. II 1994, 282.
116 BFH BStBl. II 1999, 483.

b) Notwendiges Betriebsvermögen

70 Zum notwendigen Sonderbetriebsvermögen gehören solche Wirtschaftsgüter, die ausschließlich und unmittelbar für Zwecke der GmbH & Co. KG genutzt werden oder dazu bestimmt sind.[117] Dabei ist nicht entscheidend, ob das Wirtschaftsgut für den Betrieb notwendig, wesentlich oder unentbehrlich ist; gleiches gilt im Hinblick auf das Erfordernis der tatsächlichen Nutzung. Bei der Beurteilung ist auf die **dienende oder fördernde Funktion** des Wirtschaftsguts für den Betrieb der GmbH & Co. KG abzustellen. Der betriebliche Zusammenhang (Veranlassung, Funktionszuweisung, Widmung) ergibt sich i.d.R. aus der tatsächlichen Nutzung des Wirtschaftsguts. Gemischt genutzte Wirtschaftsgüter sind notwendiges Sonderbetriebsvermögen, wenn sie voraussichtlich überwiegend für betriebliche Zwecke genutzt werden. Davon ist auszugehen, wenn die voraussichtliche betriebliche Nutzung mehr als 50 % beträgt.

c) Gewillkürtes Sonderbetriebsvermögen

71 Als gewillkürtes Sonderbetriebsvermögen können Wirtschaftsgüter behandelt werden, die in einem gewissen objektiven (Veranlassungs-) Zusammenhang mit dem Betrieb stehen und ihn zu fördern bestimmt und geeignet sind. Die Wirtschaftsgüter dürfen nicht dem notwendigen Privatvermögen zuzurechnen sein. Das Kriterium der Förderung des Betriebs bei gewillkürtem Sonderbetriebsvermögen ist, anders als das Kriterium des Dienens bei notwendigem Sonderbetriebsvermögen, schon bei einem mittelbaren Nutzen für den Betrieb erfüllt. Für die Bestimmung und Eignung als gewillkürtes Sonderbetriebsvermögen kommen daher Wirtschaftsgüter in Betracht, die ohne eine subjektive Entscheidung sowohl Betriebs- als auch Privatvermögen sein können (**neutrale Wirtschaftsgüter**). Nicht als gewillkürtes Sonderbetriebsvermögen kommen dagegen Wirtschaftsgüter in Betracht, die dem Betrieb keinen Nutzen, sondern nur Verluste bringen (betriebsschädliche Wirtschaftsgüter).[118] Neutrale Wirtschaftsgüter, die für eine Entscheidung zum gewillkürten Sonderbetriebsvermögen zur Verfügung stehen, sind auch gemischt-genutzte Wirtschaftsgüter, deren betrieblicher Nutzungsanteil zwischen 10 und 50 % liegt. Liegt der betriebliche Nutzungsanteil unter 10 %, ist das Wirtschaftsgut zwingend dem Privatvermögen zuzuordnen. Bei neutralen Wirtschaftsgütern hängt die **Zuordnung zum Betriebsvermögen** neben der betrieblichen Funktionszuweisung von der Entscheidung des wirtschaftlichen Eigentümers ab, sie als Betriebsvermögen zu behandeln. Dabei muss der Wille des Eigentümers nach außen erkennbar werden. Die Bekundung erfolgt regelmäßig durch einen entsprechenden Ausweis in der Sonderbilanz oder entsprechenden Verzeichnissen; jedenfalls muss ein sachverständiger Dritter die Zugehörigkeit zum Sonderbetriebsvermögen ohne weitere Erklärung erkennen können.[119]

d) Privatvermögen

72 Zum Privatvermögen gehören die Wirtschaftsgüter, die in keiner Beziehung zum Betrieb der GmbH & Co. KG stehen können, sowie solche neutralen Wirtschaftsgüter, die der Mitunternehmer nicht durch die entsprechende Funktionszuweisung und Dokumentation zum gewillkürten Sonderbetriebsvermögen gemacht hat. Dazu zählen neben den Gegenständen der privaten Lebensführung (Kleidung, Schmuck) auch Forderungen und Verpflichtungen, die aus rein privaten

117 Umschreibung des BFH in ständiger Rspr. etwa BFH BStBl. II 1997, 399.
118 BFH/NV 1997, 114.
119 BFH BStBl. II 1994, 172.

Gründen eingegangen werden. Ferner sind alle Wirtschaftsgüter dem Privatvermögen zuzuordnen, die ausschließlich oder überwiegend Tätigkeiten dienen oder fördern, die der **privaten Vermögensverwaltung** zuzurechnen sind.[120] Die entsprechende Funktionszuweisung im Hinblick auf das Dienen oder Fördern wird regelmäßig beim Erwerb der Wirtschaftsgüter getroffen. In Bezug auf Verbindlichkeiten ist auf den wirtschaftlichen Zusammenhang mit aktiven Wirtschaftsgütern abzustellen.[121] Eine spätere ausschließliche oder überwiegende Funktionszuweisung zum Betrieb der GmbH & Co. KG stellt eine **Einlage des Wirtschaftsguts** dar. Eine mit dem Wirtschaftsgut zusammenhängende Schuld folgt der Zuordnung. Die Zugehörigkeit zum Betriebsvermögen endet, wenn die Funktionszuweisung geändert (notwendiges und gewillkürtes Sonderbetriebsvermögen), der Zuordnungswille neu dokumentiert (gewillkürtes Betriebsvermögen) wird oder die Eigentumsverhältnisse (zivilrechtliches oder wirtschaftliches Eigentum) wechseln. Darüber hinaus wird als Entnahme behandelt, wenn Wirtschaftsgüter des Sonderbetriebsvermögens in eine ausländische Betriebsstätte überführt werden (§ 4 Abs. 1 Satz 3 EStG). Bei Betriebsstätten innerhalb der EU ist eine gestreckte Aufdeckung der stillen Reserven möglich (§ 4g EStG).

e) Anteile an der Komplementär-GmbH

Die Rechtsprechung[122] und die Finanzverwaltung[123] zählen insbesondere die Anteile eines Kom- 73
manditisten an der Komplementär-GmbH zum steuerlichen Sonderbetriebsvermögen. Voraussetzung ist allerdings grundsätzlich, dass die GmbH außer ihrer Geschäftsführungstätigkeit für die KG keine eigene Tätigkeit ausübt, die nicht von untergeordneter Bedeutung ist. Ausnahmsweise können auch die Anteile an einer Komplementär-GmbH, die eine eigene Tätigkeit ausübt, zum Sonderbetriebsvermögen der Kommanditisten zählen, wenn zwischen dem Geschäftsbetrieb der GmbH und demjenigen der GmbH & Co. KG eine enge wirtschaftliche Verflechtung besteht.[124] Wird die GmbH satzungsgemäß für mehrere Kommanditgesellschaften als Komplementärin tätig, soll für die Zuordnung zum Sonderbetriebsvermögen bei einer Kommanditgesellschaft im Zweifel auf das Prioritätsprinzip abgestellt werden.[125] Die **Zuordnung zum Sonderbetriebsvermögen** hat zur Konsequenz, dass die ausgeschütteten Dividenden der Komplementär-GmbH zum Bestandteil des Gewinns der GmbH & Co. KG werden. Handelt es sich bei den beteiligten Kommanditisten um natürliche Personen, unterliegen die Dividenden dem Halbeinkünfteverfahren (§ 3 Nr. 40 Buchst. d EStG). Juristische Personen, die als Kommanditisten auch an der Komplementär-GmbH beteiligt sind, haben im Ergebnis nur 5 % der Dividenden zu versteuern (§ 8b Abs. 1, 5 und 6 KStG). Die Umqualifizierung der Einkünfte und Zuordnung zur GmbH & Co. KG soll sich nach Ansicht des BFH auch durchsetzen, wenn es sich bei den GmbH-Gesellschaftern um beschränkt Steuerpflichtige handelt. Der BFH hat ferner eine Umqualifizierung der Einnahmen aus dem Sonderbetriebsvermögen in Einkünfte aus der gewerblichen Betriebsstätte der GmbH & Co. KG anerkannt, wenn der Gesellschafter in einem Staat ansässig ist, mit dem ein DBA abgeschlossen wurde.[126] Für **Veräußerungsgewinne** ist die Zuordnung zum Sonderbetriebsvermögen und die damit verbundene Steuerpflicht des Veräußerungsgewinns von geringer Tragweite, da über § 17 EStG ohnehin ab einer Beteiligungsquote von 1 % gewerbliche Einkünfte

120 Umfangreiche Ausführungen mit Beispielen bei Schmidt/Heinicke, § 4 EStG Rn. 106; Kirchhof/Crezelius, § 4 EStG Rn. 51 ff.
121 BFH BStBl. II 1991, 226.
122 BFH BStBl. II 1991, 510 (511).
123 H 4.2. Abs. 2 EStR.
124 BFH BStBl. II 1998, 652.
125 Siehe Binz/Sorg § 16 Rn. 241 (sternförmige GmbH & Co. KG); Hesselmann/Klotz § 8 Rn. 413.
126 BFH BStBl. II 1992, 937 (DBA-Schweiz).

vorliegen. Darüber hinaus tragen die Gewerbesteuerentlastung (§ 35 Abs. 1 Nr. 2 EStG) und das Halbeinkünfteverfahren (§ 3 Nr. 40 Buchst. a und b EStG) zur weitgehenden Gleichbehandlung mit den gewerblichen Einkünften nach § 17 EStG bei. Für juristische Personen greift im Hinblick auf die Veräußerungsgewinne die Steuerfreistellung in § 8 b Abs. 2, 6 KStG. Die Steuerfreiheit wird allerdings über § 8 Abs. 3 KStG um 5 % reduziert, was im Ergebnis zu einer Steuerfreistellung von 95 % führt.

f) Doppelstöckige GmbH & Co. KG

74 Die Zuordnung der GmbH-Anteile zum Sonderbetriebsvermögen eines Kommanditisten ist auch vorzunehmen, wenn es sich um eine doppelstöckige GmbH & Co. KG handelt. Dabei ist der Kommanditist nicht an der zu beurteilenden GmbH & Co. KG (Untergesellschaft) selbst beteiligt, sondern an der GmbH & Co. KG (Obergesellschaft), die als Komplementär oder Kommanditist an der zu beurteilenden GmbH & Co. KG beteiligt ist (§ 15 Abs. 1 Nr. 2 Satz 2 EStG). Die Anteile an der Komplementär-GmbH der Untergesellschaft (GmbH & Co. KG) sind als Sonderbetriebsvermögen des Kommanditisten bei der Untergesellschaft zu erfassen.[127] Der **mittelbar beteiligte Gesellschafter steht also dem unmittelbar beteiligten Gesellschafter gleich**, sofern eine ununterbrochene Mitunternehmerkette die Position vermittelt. Ertragsteuerlich führt die Sichtweise zu Sonderbetriebsvermögen des Kommanditisten der Obergesellschaft bei der Untergesellschaft. Die Zurechnung zum Gesamtgewinn der Untergesellschaft erstreckt sich auch auf Sondervergütungen, die von der Untergesellschaft an den mittelbar Beteiligten Kommanditisten der Obergesellschaft bezahlt werden. Das gilt insbesondere für die Vergütung als Geschäftsführer der Komplementär-GmbH der Untergesellschaft (siehe Rn. 59). Gleiches gilt für den Fall, dass ein Kommanditist der Untergesellschaft Anteile an der Komplementär-GmbH der Obergesellschaft hält. Weiter muss für die Behandlung als notwendiges Sonderbetriebsvermögen allerdings hinzukommen, dass der Kommanditist über die Komplementär-GmbH beherrschenden Einfluss auf die Untergesellschaft ausüben kann.[128]

g) Übertragung von Wirtschaftsgütern

75 Die Übertragung von Wirtschaftsgütern zwischen der GmbH & Co. KG und dem Sonderbetriebsvermögen oder sonstigem Betriebsvermögen der Gesellschafter erfolgt regelmäßig ohne die Aufdeckung der stillen Reserven. Nach § 6 Abs. 5 EStG sind die Buchwerte bei unentgeltlicher Übertragung und bei der Übertragung gegen Gewährung von Gesellschaftsanteilen fortzuführen. Unerheblich ist, in welche Richtung die Transaktion erfolgt. Lediglich bei der Übertragung gegen Entgelt kann eine Realisierung der stillen Reserven nur verhindert werden, wenn die Voraussetzungen des § 6 b EStG vorliegen.

III. Gewinnverteilung

76 Die steuerliche Gewinnverteilung unter den Gesellschaftern der GmbH & Co. KG ist entsprechend der steuerlichen Gewinnermittlung in zwei Schritten vorzunehmen. Zunächst ist der Gewinn aus der Gewinnermittlung der Personengesellschaft zu verteilen. Dabei sind vorrangig die **gesell-**

127 Schmidt/Schmidt EStG § 15 Rn. 617.
128 BFH BStBl. II 1991, 510.

schaftsrechtlichen Vereinbarungen der Gesellschafter über die Gewinnverteilung maßgebend. Mangels gesellschaftsvertraglicher Vereinbarung sind die gesetzlichen Regeln zur handelsrechtlichen Gewinnverteilung heranzuziehen (§§ 121, 168 HGB). Die vereinbarte Gewinnverteilung ist aus steuerrechtlicher Hinsicht nur dann kritisch zu hinterfragen, wenn es am natürlichen Interessengegensatz der Gesellschafter fehlt. Das Fehlen eines solchen Interessengegensatzes ist insbesondere bei einer GmbH & Co. KG unter ausschließlicher Beteiligung von Angehörigen sowie bei Identität der Beteiligten an der GmbH und GmbH & Co. KG (Kommanditisten) anzunehmen. Die vereinbarte Gewinnverteilung ist in derartigen Fällen zur steuerlichen Annerkennung einer Angemessenheitsprüfung zu unterziehen. Maßstab ist insoweit der Fremdvergleich. Ergibt sich bei dem Vergleich ein Ungleichgewicht, stehen außerhalb des Gesellschaftsverhältnisses liegende (persönliche) Aspekte im Vordergrund und die Abrede kann steuerlich nicht berücksichtigt werden.[129] Unangemessene Vereinbarungen stellen aus steuerlicher Sicht regelmäßig Einkommensverwendung dar.

Die Änderung der Gewinnverteilung durch die Änderung des Gesellschaftsvertrags ist steuer- 77
rechtlich unter den gleichen Erwägungen zu beachten, wie die ursprünglich geltenden Regeln zur Verteilung des Gewinns. Während zivilrechtlich eine **rückwirkende Änderung der Gewinnverteilung** zulässig ist, wird steuerrechtlich eine Änderung nur für die Zukunft berücksichtigt.[130] Das gilt auch für den Fall, dass die Grundlagen zur Gewinnverteilung im Laufe eines Wirtschaftsjahrs geändert werden. Obwohl für die Ertragsteuer die Einkünfte eines Besteuerungsabschnitts maßgebend sind, werden die entsprechenden Erträge oder Verluste schon mit Abschluss der Geschäftsvorfälle realisiert. Berücksichtigt man die Position, die aufgrund einer einmal getroffenen Gewinnverteilung für die Gesellschafter geschaffen wurde, stellt sich die Frage, ob durch die Änderung der Gewinnverteilung eine vGA oder eine verdeckte Einlage begründet werden kann (siehe Rn. 84, 87).

1. Gewinnanteil der Komplementär-GmbH

Die Höhe des Gewinnanteils der Komplementär-GmbH hängt in der Praxis von unterschied- 78
lichen Aspekten ab. Aus steuerlichen Gesichtspunkten kann die Thesaurierung der Gewinne bei der GmbH Sinn machen, wenn man die Gesamtsteuerbelastung so gering wie möglich halten will. Soll der Gewinn allerdings zur Deckung der Lebensführung der Kommanditisten beitragen, ist es wirtschaftlich vorteilhaft, den Gewinnanteil der GmbH so gering wie möglich zu halten. Handelt es sich um eine **typische GmbH & Co. KG mit gleicher Gesellschafterstruktur** in der KG und GmbH wird der Gewinnanteil der Komplementär-GmbH tatsächlich häufig gering ausfallen. In solchen Fällen stellt sich allerdings die Frage nach der Angemessenheit der Gewinnverteilung. Im Zusammenhang mit dem vorzunehmenden Fremdvergleich prüft der BFH, ob der vereinbarte Gewinnanteil für die GmbH dem Beitrag des Komplementärs zur Erreichung des Gesellschaftszwecks entspricht.[131] Als relevante Beiträge der Komplementär-GmbH kommen dabei in erster Linie die Kapitaleinlage, die Übernahme der persönlichen Haftung und die Führung der Geschäfte der GmbH & Co. KG in Betracht. Ein **unangemessen niedriger Gewinnanteil** der Komplementär-GmbH führt zu **einer vGA** und damit einer Erhöhung des Gewinnanteils der GmbH zulasten der Anteile der Kommanditisten. In Höhe des unangemessenen Anteils wird dabei eine gleichzeitige Ausschüttung an die Kommanditisten angenommen, die an der GmbH beteiligt sind.

129 Siehe dazu schon BFH BStBl. II 1968, 152; BFH/NV 1992, 452.
130 BFH BStBl. II 1987, 558.
131 Seit BFH BStBl. II 1968, 152.

Bei der typischen GmbH & Co. KG ist der erhöhte Gewinnanteil damit im Rahmen des Sonderbetriebsvermögens der Kommanditisten in der Gewinnermittlung der GmbH & Co. KG zu erfassen. Ein **unangemessen hoher Gewinnanteil** für die GmbH soll nach Ansicht des BFH eine **verdeckte Einlage** der beteiligten Kommanditisten in die GmbH darstellen.[132] Die verdeckte Einlage führt in Höhe des unangemessenen Gewinnanteils zu nachträglichen Anschaffungskosten des jeweiligen GmbH-Anteils. Diese sind in der Sonderbilanz der Kommanditisten abzubilden.

a) Nicht am Kapital der GmbH & Co. KG beteiligte GmbH

79 Ist die Komplementär-GmbH nicht am Kapital der GmbH & Co. KG beteiligt, verbleiben nur zwei Beiträge der GmbH, die im Hinblick auf die Angemessenheit der Vergütung zu beurteilen sind. Dabei ist zu berücksichtigen, dass die **Übernahme der Geschäftsführung** insoweit nicht ins Gewicht fällt. Es ist ausreichend, wenn die GmbH & Co. KG der geschäftsführenden GmbH die Aufwendungen ersetzt, die ihr durch die Geschäftsführung entstehen. Davon sind die Aufwendungen abzugrenzen, die der GmbH allein aufgrund ihrer Existenz entstehen (z.B. Erstellung des Jahresabschlusses). Für solche Aufwendungen muss kein Ersatz geleistet werden.[133] Ein darüber hinausgehender Gewinnzuschlag für die Geschäftsführung ist nicht erforderlich, da an Dritte bei entsprechender Ausstattung auch keine zusätzliche Vergütung zu zahlen wäre.[134] Eine Vergütungspflicht besteht allerdings grundsätzlich für das **übernommene Haftungsrisiko**. Für Verbindlichkeiten der GmbH & Co. KG haftet die GmbH mit ihrem Vermögen. Die Angemessenheit der Vergütung kann durch einen Vergleich mit einer banküblichen Avalprovision überprüft werden. Dabei ist das konkret übernommene Risiko bei der Entscheidung über die Höhe der Provision einzustellen. Die Angabe eines üblichen Prozentsatzes ist insoweit nur aussagekräftig, wenn man ihn auf eine bestimmte Ausgangsgröße bezieht. In der Praxis kann insoweit an das Stammkapital, das Vermögen der GmbH oder den Gewinn der GmbH & Co. KG angeknüpft werden.[135] In der Regel wird im Gesellschaftsvertrag eine feste Risikoprämie für die Übernahme der Haftung vereinbart. Verändert sich das Risiko, ist die Haftungsprämie nach Kündigung der Vereinbarung anzupassen. Wird kein besonderes Haftungsrisiko übernommen, weil die Kommanditisten im Innenverhältnis eine Haftungsfreistellung mit der GmbH vereinbart haben, soll eine Risikoprämie entbehrlich sein.[136]

b) Am Kapital der GmbH & Co. KG beteiligte GmbH

80 Stellt die GmbH der GmbH & Co. KG als Teil ihres Beitrags zur Erreichung des Gesellschaftszwecks auch Kapital zur Verfügung, gelten im Hinblick auf die Beurteilung der Angemessenheit grundsätzlich keine anderen Kriterien. Dabei ist allerdings zu berücksichtigen, dass eine Risikoprämie nicht erforderlich ist, wenn die GmbH ihr gesamtes Vermögen als Kapital in die GmbH & Co. KG einbringt. Darüber hinaus ist in Bezug auf das zur Verfügung gestellte **Kapital eine Gewinnbeteiligung** der GmbH unumgänglich. Der Höhe nach ist zumindest eine angemessene Verzinsung erforderlich. Andernfalls wären auch Dritte nicht bereit, der GmbH & Co. KG Kapital zu überlassen. Die angemessene Verzinsung kann vorweg oder im Rahmen der Gewinnverteilung

132 BFH BStBl. II 1991, 172. Zur Kritik in der Literatur Knobbe-Keuk, Bilanz- und Unternehmenssteuerrecht, S. 395.
133 BFH BStBl. II 1996, 295.
134 BFH/NV 1991, 191.
135 Zur Rechtsprechung des BFH BStBl. II 1977, 346 (6% des Stammkapitals); FG Münster, EFG 1990, 586 (2% des Stammkapitals); FG Münster EFG 1975, 471 (6-15% des Gewinns).
136 BFH BStBl. II 1968, 152 (158).

erfolgen. Insgesamt wird man davon ausgehen können, dass eine Rendite in Höhe von 20 % des eingesetzten Kapitals angemessen ist.[137]

2. Gewinnanteil der Kommanditisten

Die Gewinnverteilung unter den Kommanditisten birgt steuerlich mit Ausnahme der Familien-GmbH & Co. KG keine besonderen Schwierigkeiten. Nach Berücksichtigung des Gewinnanteils der Komplementär-GmbH steht der erwirtschaftete Restgewinn zur weiteren Verteilung unter den Kommanditisten zur Verfügung. In der Praxis wird der Gewinn regelmäßig nach der Vorwegverzinsung der übrigen Gesellschafterkonten entsprechend der festen Kapitalanteile auf die Kommanditisten verteilt. 81

3. Familien-GmbH & Co. KG

Die handelsrechtliche Gewinnverteilung bei der GmbH & Co. KG ist steuerlich nur anzuerkennen, wenn neben der angemessenen Zuweisung eines Gewinnanteils an die Komplementär-GmbH keine verdeckte Einkommensverlagerung unter nahen Angehörigen vorliegt. Dem **Fremdvergleich** kommt daher bei Vereinbarungen unter nahen Angehörigen besondere Bedeutung zu. Ist die gewählte Gewinnverteilung unter fremden Dritten nicht üblich, liegt eine verdeckte Einkommensverwendung vor, die steuerlich für die Zurechnung der Einkünfte nicht beachtet wird. Probleme bereiten in der Praxis in erster Linie die Fälle, in denen Eltern ihre Kinder schenkweise als Kommanditisten in die GmbH & Co. KG aufnehmen. Leisten die Kinder keinen weiteren Beitrag zur GmbH & Co. KG hat die Rechtsprechung angenommen, dass eine **durchschnittliche Rendite von nicht mehr als 15 %** des Werts der Beteiligung angemessen ist.[138] Für die Ermittlung des Werts der Beteiligung sind die Verhältnisse des Einzelfalles zu beachten, ggf. ist ein Abschlag vorzunehmen[139] oder es ist anstelle des tatsächlichen Werts der Beteiligung der Buchwert[140] anzusetzen. Für die zu erwartende Rendite ist eine Zukunftsprognose auf der Grundlage der bekannten Daten im Zeitpunkt der Aufnahme erforderlich.[141] Bei wesentlichen Veränderungen in der Folgezeit ist die Prognose erneut vorzunehmen. Neben der isolierten Betrachtung des betroffenen Kommanditisten müssen die Renditen der anderen Kommanditisten ebenfalls noch angemessen bleiben. Die Erwägungen gelten auch für Kinder, die in der GmbH & Co. KG in einer nicht leitenden Stellung mitarbeiten. 82

Praxishinweis:

Es ist unbedingt zu empfehlen, im Gesellschaftsvertrag die Vorgaben der Rechtsprechung zu berücksichtigen.

Kinder, die unter **Einsatz eines Entgelts in die Gesellschaft** aufgenommen werden, unterliegen grundsätzlich nicht der 15 %-Grenze. Das gilt allerdings nur dann, wenn ihnen die entsprechenden Mittel nicht zuvor schenkweise überlassen werden.[142] Maßstab für die Anerkennung der Gewinnverteilungsabrede ist insoweit die unter fremden Dritten übliche Gestaltung. Die Ansicht des BFH sieht sich an dieser Stelle erheblicher Kritik ausgesetzt, weil die Vereinbarung über die 83

137 Vgl. zu den unterschiedlichen Prozentsätzen und Anknüpfungen BFH/NV 1991, 191.
138 Seit BFH BStBl. II 1974, 51; BStBl. II 1987, 54; BStBl. II 2001, 299 (302).
139 BFH/NV 1986, 327.
140 BFH BStBl. II 1980, 437.
141 Siehe etwa Binz/Sorg § 16 Rn. 179.
142 Zur Überlassung als Darlehen unter nicht fremdüblichen Bedingungen siehe BFH BStBl. II 1979, 670.

Gewinnverteilung nicht allein aufgrund der Schenkung des Geldes unangemessen werden muss. Die 15 %-Grenze kann aus ganz anderen Gründen überschritten sein[143]. Das zeigt sich bei einem vergleichbaren Sachverhalt, nämlich wenn die Eltern ihren Kindern einen gewöhnlichen Kommanditanteil an einer schon lange existierenden GmbH & Co. KG schenken und den Gesellschaftsvertrag nicht verändern. Auf die Minderjährigkeit der Kinder oder die Schenkung kommt es bei der Höhe des Gewinnanteiles insoweit nicht an. Eine unangemessene Gewinnverteilung führt zur Zurechnung des unangemessenen hohen Anteils zu den Einkünften des beteiligten Familienangehörigen. Eine angemessene Gewinnverteilung ist zu unterstellen. Eine Zurechnung zur Komplementär-GmbH soll zumindest dann erfolgen, wenn diese neben den Kindern einzige Gesellschafterin ist.[144]

III. Verdeckte Gewinnausschüttung

84 Da eine Kapitalgesellschaft als Komplementärin der GmbH & Co. KG auftritt, können sich bei der Ermittlung des steuerlichen Gewinns auch Fragen nach einer vGA ergeben. Unter einer vGA (§ 8 Abs. 3 Satz 2 KStG) versteht man eine **Vermögensminderung oder verhinderte Vermögensmehrung**, die durch das Gesellschaftsverhältnis veranlasst ist, sich auf die Höhe des Einkommens auswirkt und nicht im Zusammenhang mit einer offenen Gewinnausschüttung steht.[145] Von der Veranlassung durch das Gesellschaftsverhältnis ist auszugehen, wenn ein ordentlicher und gewissenhafter Geschäftsleiter einem Nichtgesellschafter den Vorteil unter sonst gleichen Umständen nicht gewährt hätte.[146] Bei der Komplementär-GmbH kommt in Bezug auf die Kommanditisten der GmbH & Co. KG eine vGA nur in Betracht, wenn die Kommanditisten gleichzeitig Gesellschafter der GmbH sind. **Liegt eine vGA vor**, ist der entsprechende Betrag bei der GmbH als Einkommen zu erfassen. Die Anpassung erfolgt außerhalb der Bilanz durch Hinzurechnung zum steuerlichen Gewinn. Auf der Ebene der Kommanditisten unterliegt die vGA dem Halbeinkünfteverfahren (§ 3 Nr. 40 Buchst. d EStG), sofern es sich dabei um natürliche Personen handelt. Durch die vGA kann je nach Sachverhalt nach wie vor eine Steuermehrbelastung entstehen (beachte § 3 c Abs. 2 EStG). Handelt es sich bei dem Kommanditisten um eine juristische Person, greift die Regelung des § 8 b Abs. 1, 5 i.V.m. Abs. 6 KStG und führt zur Steuerfreiheit in Höhe von 95 %. Eine vGA kann insbesondere vorliegen, wenn ein unangemessen niedriger Gewinnteil für die Komplementär-GmbH im Gesellschaftsvertrag vereinbart wird (siehe Rn. 73). Darüber hinaus kommen die allgemein bekannten Fälle als vGA in Betracht (unangemessene Gegenleistung für Leistungen an Kommanditisten und Gesellschafter der GmbH)[147]. Typische Problembereiche, die für eine vGA bei der GmbH & Co. KG relevant sind, sollen im Folgenden kurz ausgeführt werden.

1. Überhöhte Vergütung als Geschäftsführer der GmbH

85 Unangemessene Teile der Vergütung des Geschäftsführers der GmbH können vGA und für die Gewinnermittlung der GmbH & Co. KG relevant sein, wenn der Gesellschafter-Geschäftsführer gleichzeitig Kommanditist der GmbH & Co. KG ist. Seine Anteile an der GmbH rechnen zum

143 Ausführlich Binz/Sorg § 16 Rn. 189 ff.
144 Weitergehend Schmidt/Schmidt, EStG § 15 Rn. 783.
145 BFH BStBl. II 1996, 383; BStBl. II 1998, 545.
146 BFH BStBl. II 1987, 461.
147 Einzelheiten zu den Fallgruppen vgl. Stache S. 102 ff.

Sonderbetriebsvermögen II. Da die von der GmbH bezogene Geschäftsführerbvergütung in solchen Fällen aber in gewerbliche Einkünfte umqualifiziert wird (§ 15 Abs. 1 Nr. 2 EStG), scheint **eine vGA nicht vorzuliegen**. Die Vergütung gilt vielmehr als von der GmbH & Co. KG bezogen, wobei die steuerrechtliche Selbständigkeit der GmbH außer Betracht bleibt. Die Folge ist zumindest in dem Fall sachgerecht, in dem die Vergütung in voller Höhe durch eine Ausgleichszahlung vereinbarungsgemäß von der GmbH & Co. KG getragen wird.[148] Ist der Geschäftsführer nur Gesellschafter der Komplementär-GmbH, kommt eine vGA nach allgemeinen Regeln in Betracht[149]. Ist der Geschäftsführer nur als Kommanditist an der GmbH & Co. KG beteiligt, kommt eine vGA grundsätzlich mangels gesellschaftsrechtlicher Beziehung nicht in Betracht. Eine Ausnahme ist nur denkbar, wenn es sich bei dem Geschäftsführer um eine nahe stehende Person eines Gesellschafters der GmbH handelt.

2. Änderung der Gewinnverteilung

Die Änderung von ursprünglich im Gesellschaftsvertrag getroffenen Gewinnverteilungsabreden 86
zwischen Komplementär-GmbH und Kommanditisten kann ebenfalls zu einer vGA führen. Voraussetzung dafür ist neben der Beteiligung der Kommanditisten an der GmbH allerdings, dass für die Änderung zulasten der Komplementär-GmbH **keine wirtschaftlichen Gründe** ersichtlich sind. Maßstab ist auch insoweit, dass ein ordentlicher und gewissenhafter Geschäftsführer einer Minderung des Gewinnanteils in solchen Fällen nicht zugestimmt hätte. Wirtschaftliche Gründe für die Änderung der Gewinnverteilung können beispielsweise in der Überlassung besonderer Wirtschaftsgüter für den Betrieb der GmbH & Co. KG liegen.[150] Ferner kommt nach der Rechtsprechung des BFH eine vGA in Betracht, wenn bei einer **Kapitalerhöhung in der GmbH & Co. KG** die Komplementär-GmbH als einziger Gesellschafter ausgeschlossen wird und wirtschaftliche Gründe für den Verzicht der GmbH nicht ersichtlich sind.[151] Gleiches gilt bei der Veräußerung sämtlicher Anteile an der GmbH & Co. KG an einen Erwerber, wenn die Komplementär-GmbH an der KG beteiligt ist und für die Veräußerung keine angemessene Vergütung erhält.[152]

3. Gesellschafterfremdfinanzierung

Eine vGA wird nach der Regelung des § 8a KStG auch angenommen, wenn ein Gesellschafter oder eine dem Gesellschafter nahe stehende Person einer Kapitalgesellschaft Fremdkapital überlässt und die Vergütungen für das Fremdkapital ausnahmsweise in Gewinnausschüttungen umzuqualifizieren sind. Auf die GmbH & Co. KG findet die Vorschrift keine Anwendung. Eine Umqualifizierung von Fremdkapitalzinsen, die an Kommanditisten der GmbH & Co. KG bezahlt werden, kommt daher nicht in Betracht. Eine **Ausnahme** ergibt sich für den untypischen Fall einer nachgeschalteten GmbH & Co. KG (§ 8a Abs. 5 KStG). Dabei muss das Fremdkapital von einem Gesellschafter einer Kapitalgesellschaft (beispielsweise der Komplementär-GmbH) der GmbH & Co. KG direkt überlassen werden und die Kapitalgesellschaft muss zu mehr als 25 % unmittelbar oder mittelbar an der GmbH & Co. KG beteiligt sein. Die Überlassung von Fremdka-

148 Vgl. Wassermeyer GmbHR 1998, 18 (21); Binz/Sorg § 16 Rn. 227. Falls kein Ausgleich erfolgt BFH BStBl. III 1966, 250 (vGA).
149 Siehe dazu Stache S. 102 ff.
150 BFH BStBl. II 1977, 477.
151 BFH BStBl. II 1977, 467.
152 BFH BStBl. II 1985, 683.

pital durch einen Kommanditisten, der auch Gesellschafter der Komplementär-GmbH ist, reicht dafür aus, wenn die Komplementär-GmbH allein oder zusammen mit dem Kommanditisten zu mehr als 25 % an der GmbH & Co. KG beteiligt ist. Die Vorschrift dient lediglich der Umgehung der Regeln zur Gesellschafterfremdfinanzierung durch Überlassung an eine Personengesellschaft. Darüber hinaus müssen die weiteren Voraussetzungen des § 8 a KStG (über der Freigrenze und dem safe haven) für die Umqualifizierung eingreifen.[153] Ferner ist zu beachten, dass die Umqualifizierung für die Behandlung bei der GmbH & Co. KG keine Auswirkungen hat. Eine **Einkommenserhöhung kommt nur bei der Komplementär-GmbH** in Betracht. Für die Zurechnung ist die Beteiligung der Komplementär-GmbH am Gewinn der GmbH & Co. KG maßgebend. Ohne Beteiligung am Kapital der GmbH & Co. KG erfolgt daher keine Einkommenserhöhung. Handelt es sich bei den Zinsen ausnahmsweise um eine vGA, unterliegen die Beträge bei natürlichen Personen dem Halbeinkünfteverfahren und bei Kapitalgesellschaften dem § 8 b KStG.

IV. Verdeckte Einlage

87 Bei einer unangemessenen Begünstigung der Komplementär-GmbH durch ihre Gesellschafter, ist von einer verdeckten Einlage auszugehen. Eine verdeckte Einlage setzt zunächst voraus, dass ein **Gesellschafter der GmbH Vermögensvorteile verschafft**, die ihre Ursache im Gesellschaftsverhältnis haben.[154] Wird die Einlage nicht nach den gesellschaftsrechtlichen Regeln vorgenommen, spricht man von einer verdeckten Einlage. Ein Blick auf die Tatbestandsmerkmale zeigt, dass es sich im Grundsatz um das Spiegelbild der vGA handelt. Bei der verdeckten Einlage ist das Einkommen der Komplementär-GmbH zu hoch ausgewiesen.[155] Die Vermögenszuführungen sind in die Kapitalrücklage einzustellen und dürfen sich auf den Gewinn nicht auswirken. Eine besondere steuerrechtliche Korrekturvorschrift entsprechend der Norm des § 8 Abs. 3 Satz 2 KStG gibt es für die verdeckte Einlage nicht. Maßgebend ist daher die Verweisung auf § 4 Abs. 1 EStG (§ 8 Abs. 1 KStG). Dabei gilt es zu beachten, dass Gebrauchs- oder Nutzungsvorteile nach der Rechtsprechung des BFH nicht Gegenstand von Einlagen sein können.[156] Auf Seiten der Gesellschafter erfolgt die Korrektur durch die Zurechnung der verdeckten Einlage zu den Anschaffungskosten der GmbH-Anteile. **Auswirkungen auf die GmbH & Co. KG** ergeben sich nur, wenn die Gesellschafter der Komplementär-GmbH gleichzeitig Kommanditisten der GmbH & Co. KG sind. Da die GmbH-Anteile im Sonderbetriebsvermögen der Kommanditisten gehalten werden, wirkt sich die verdeckte Einlage erst bei der Veräußerung der Anteile steuermindernd aus. Eine solche verdeckte Einlage soll nach Ansicht der Rechtsprechung beispielsweise vorliegen, wenn die Gewinnverteilung in der GmbH & Co. KG zugunsten der GmbH geändert wird, um Verlustvorträge bei der GmbH auszunutzen und andere wirtschaftliche Gründe für die Änderung nicht zu ersehen sind.[157]

V. Beschränkung des Verlustausgleichs

88 In der Vergangenheit wurde die Rechtsform der GmbH & Co. KG immer wieder dazu verwendet, die steuerliche Behandlung der Personengesellschaften auf volkswirtschaftlich schädliche Art

153 Siehe Stache S. 123.
154 BFH BStBl. II 1992, 234.
155 Eine Übersicht mit Beispielen gibt Stache S. 130 ff.
156 Grundlegend BFH BStBl. II 1988, 348.
157 BFH BStBl. II 1991, 172.

und Weise auszunutzen und gleichzeitig von der Haftungsbeschränkung zu profitieren. Gerade sog. Verlustzuweisungsgesellschaften oder Abschreibungsgesellschaften wurden in der Rechtsform der GmbH & Co. KG betrieben. Derzeit hat der Gesetzgeber mit Hilfe von zwei Vorschriften den Verlustausgleich von Gesellschaftern einer GmbH & Co. KG begrenzt. Während § 15b EStG geschaffen wurde, um dem Missbrauch von Steuervorteilen zu begegnen, soll § 15a EStG den steuerlichen Verlustausgleich der zivilrechtlichen Haftung und damit letztlich dem übernommen Risiko anpassen.

1. Beschränkung der Verlustverrechnung – § 15 b EStG

Systematisch vorrangig gegenüber der Beschränkung des Verlustabzugs nach § 15a EStG ist die Regelung des § 15b EStG. Die Regelung dient der Beschränkung der Verlustverrechnung für Verluste aus sog. Steuerstundungsmodellen, unabhängig davon, ob sie in der Rechtsform der GmbH & Co. KG „betrieben werden". Von einem **Steuerstundungsmodell** ist auszugehen, wenn den Gesellschaftern (den Kommanditisten) aufgrund eines vorgefertigten Konzepts die Möglichkeit geboten wird, zumindest in der Anfangsphase der Investition die prognostizierten Verluste mit übrigen positiven Einkünften zu verrechnen. In vielen Fällen werden die von den Initiatoren vorhergesagten späteren Gewinne, die zur Begründung der notwendigen Einkunftserzielungsabsicht erforderlich sind, nicht annähernd erreicht, sodass diese Investitionen bei Außerachtlassung der steuerlichen Effekte insgesamt nur zu Verlusten führen. Vielfach handelt es sich in solchen Fällen um betriebswirtschaftlich wenig sinnvolle Investitionen, die ohne die damit verbundenen steuerlichen Vorteile nicht getätigt würden.[158] 89

Die Einschränkung steuerwirksamer Verlustverrechnung betrifft ausschließlich Steuerstundungsmodelle, deren Attraktivität für den Anleger vor allem auf den anfänglichen Verlustzuweisungen basiert. Für die **Modellhaftigkeit** spricht ein vorgefertigtes Konzept, das auf die Erzielung steuerlicher Vorteile aufgrund negativer Einkünfte ausgerichtet ist. Typischerweise, wenn auch nicht zwingend, wird das Konzept mittels eines Anlegerprospekts oder in vergleichbarer Form (z.B. Katalog, Verkaufsunterlagen usw.) vermarktet und ist mit einer Bündelung von Verträgen bzw. Leistungen durch den Anbieter verbunden. Weiterhin spricht für die Annahme eines Steuerstundungsmodells, dass der Anleger vorrangig eine kapitalmäßige Beteiligung ohne Interesse an einem Einfluss auf die Geschäftsführung anstrebt. Für übliche unternehmerische Aktivitäten ohne solche Zielrichtungen ergeben sich dagegen aus § 15b EStG keine steuerlichen Auswirkungen (Beispiel: Existenzgründer, die mit dem Unternehmern der GmbH & Co. KG in den ersten Jahren Anlaufverluste erwirtschaften). 90

Ziel der Regelung des § 15b EStG ist es, die Attraktivität sog. Steuerstundungsmodelle einzuschränken. Verluste als Gesellschafter einer GmbH & Co. KG, die ein Steuerstundungsmodell betreibt, sind nicht mehr sofort abzugsfähig, sondern können nur noch mit späteren positiven Einkünften aus derselben GmbH & Co. KG verrechnet werden.[159] Eine zeitliche Beschränkung für die Verlustverrechnung besteht nicht. Durch die **Verlustverrechnungsbeschränkung** wird ein Anreiz zu mehr Rentabilität gesetzt und die Förderung volkswirtschaftlich fragwürdiger Steuersparmodelle beendet. Die Beteiligung am jeweiligen Steuerstundungsmodell (GmbH & Co. KG) 91

158 Zur Kritik an der Regelung etwa Brandtner/Raffel BB 2006, 639 (645).

159 Von der Verlustverrechnungsbeschränkung werden neben Verlusten aus gewerblichen Steuerstundungsmodellen auch Verluste aus selbständiger Arbeit, aus typisch stillen Gesellschaften, Vermietung und Verpachtung (insbesondere geschlossene Immobilienfonds) und sonstigen Einkünften (insbesondere sog. Renten-/Lebensversicherungsmodelle gegen fremdfinanzierten Einmalbetrag) erfasst. Dies dient der Vermeidung von Umgehungsgestaltungen und der Gewährleistung der Gleichheit der Besteuerung.

stellt die Einkunftsquelle dar. Die Einkunftsquelle umfasst auch evtl. im Zusammenhang mit dem Steuerstundungsmodell vorhandenes Sonderbetriebsvermögen. Bei der Prüfung der Voraussetzungen sind daher die Verluste aus dem Sonderbetriebsvermögen mit einzubeziehen, sofern das Sonderbetriebsvermögen Bestandteil des Modells ist. Bei doppelstöckigen Gestaltungen ist die Regelung bereits auf der Ebene der Untergesellschaften zu prüfen. Ein Verlustausgleich zwischen den Beteiligungen auf der Ebene der Obergesellschaft ist damit nicht möglich.[160] Nicht betroffen von der Verlustverrechnungsbeschränkung sind solche Unternehmungen in der Rechtsform der GmbH & Co. KG, die nicht primär darauf angelegt sind, ihren Anlegern einen Verlust zuzuweisen, sondern die mit der Steuerfreiheit ihrer Renditen werben.

2. Verlustausgleichsbeschränkung bei negativem Kapitalkonto – § 15 a EStG

92 Die Beschränkung des Verlustausgleichs nach § 15 a EStG beruht auf der Überlegung, dass ein Kommanditist zivilrechtlich nur bis zur Höhe seiner Hafteinlage (siehe dazu Rn. 18) gegenüber den Gläubigern der GmbH & Co. KG haftet (§§ 171 Abs. 1, 172 Abs. 1 HGB). Am Verlust der GmbH & Co. KG nimmt der Kommanditist nach der gesetzlichen Regelung nur bis zum Betrag seines Kapitalanteils und seiner noch rückständigen Einlage teil (§ 167 Abs. 3 HGB). Bei entsprechender Vereinbarung kann der Verlustanteil gleichwohl vom Kapitalkonto des Kommanditisten abgeschrieben werden. Zum Ausgleich des negativen Kapitalkontos sind künftige Gewinnanteile einzusetzen (§ 169 Abs. 1 Satz 2 HGB). Eine Nachschusspflicht besteht aber nicht (§ 169 Abs. 2 HGB). Die steuerrechtliche Möglichkeit zum Verlustabzug und -ausgleich wird über **§ 15 a EStG an die handelsrechtliche Haftung und Risikoübernahme angepasst**. Bevor es zur Anwendung des § 15 a EStG kommt, ist aber die Frage nach der Zurechnung der Einkünfte zu klären. § 15 a EStG setzt voraus, dass das negative Kapitalkonto des Kommanditisten steuerlich anerkannt wird und der Verlustanteil dem Kommanditisten steuerlich auch zugerechnet werden kann.[161] Die umstrittene Regelung des § 15 a EStG erlangt nach der Einführung des § 15 b EStG nur noch Bedeutung für eine gewöhnliche GmbH & Co. KG. Ob und inwieweit dafür tatsächlich eine Rechtsfertigung und ein Bedarf besteht, wird in der Literatur erwartungsgemäß nicht einheitlich beurteilt. Für eine Steuervereinfachung würde sich die Abschaffung des § 15 a EStG aber sicherlich anbieten.

a) Regelung des § 15 a EStG

93 § 15 a EStG enthält Regeln zum **Verlustausgleich** der Kommanditisten. Nach § 15 a Abs. 1 EStG dürfen Anteile am Verlust der GmbH & Co. KG nicht mit anderen positiven Einkünften ausgeglichen oder nach § 10 d EStG von solchen Einkünften abgezogen werden, soweit der Verlust ein negatives Kapitalkonto begründet oder erhöht. Der nicht berücksichtigte Verlust ist vorzutragen und kann mit künftigen Gewinnanteilen verrechnet werden (§ 15 a Abs. 2 EStG). Der **verrechenbare Verlust** ist in jedem Veranlagungszeitraum gesondert festzustellen (§ 15 a Abs. 4 EStG). In Übereinstimmung mit der zivilrechtlichen Haftung darf der Verlust ausnahmsweise direkt mit anderen Einkünften verrechnet werden, wenn die im Handelsregister eingetragene Hafteinlage

160 Zur Problematik der Reglung etwa Lechner/Lemaitre DStR 2006, 689.

161 Ausnahmen bestehen falls der Gesellschaftsvertrag anderes vorsieht (BFH BStBl. II 1993, 281) oder mit einem späteren Ausgleich durch Gewinne nicht mehr zu rechnen ist (BFH BStBl. II 1981, 164).

höher ist als die in der Bilanz ausgewiesene Kapitaleinlage (§ 15 a Abs. 1 Satz 2 EStG). Über die Erhöhung der Hafteinlage kann daher ein höherer ausgleichsfähiger Verlust erreicht werden. Andere zivilrechtliche Haftungstatbestände wurden vom Gesetzgeber nicht in die Ausnahmereglung aufgenommen, sodass ein Ausgleich beispielsweise nicht mit der Übernahme einer Bürgschaft erreicht werden kann.[162] Verfassungsrechtlich wurde die entsprechende Regelung als unbedenklich angesehen.[163] Um Gestaltungen zur Umgehung der Beschränkung zu verhindern, bestimmt § 15 a Abs. 3 EStG, dass die Minderung der Haftsumme zur Gewinnzurechnung führen kann, falls dadurch ein negatives Kapitalkonto entsteht. Gleiches gilt für Entnahmen des Kommanditisten, die keine Haftung des Kommanditisten im Sinne des § 15 a Abs. 1 Satz 2 EStG begründen. Anderenfalls wäre durch gezielte Entnahme- und Einlagenpolitik um den Bilanzstichtag eine Beeinflussung und Umgehung der erstrebten Wirkung des § 15 a EStG möglich.

b) Anteil am Verlust und negatives Kapitalkonto

Die entscheidenden Größen bei der Beschränkung durch § 15 a EStG ist der Anteil am Verlust 94
und das maßgebende negative Kapitalkonto. Der **Anteil am Verlust** ergibt sich nach Ansicht der Rechtsprechung und Finanzverwaltung aus der Steuerbilanz der GmbH & Co. KG unter Einbeziehung der Ergänzungsbilanzen der Gesellschafter.[164] Steuerfreie Beträge (§ 8 b KStG, § 3 Nr. 40 EStG) erhöhen das Verlustausgleichspotential. Nicht zu berücksichtigen ist das Ergebnis des Sonderbetriebsvermögens. Derartige Verluste sind ohne Beschränkung ausgleichs- und abzugsfähig.[165] Vor diesem Hintergrund bedürfen die Sondervergütungen (§ 15 Abs. 1 Nr. 2 EStG) einer besonderen Überprüfung im Hinblick auf die Angemessenheit. Bei unberechtigter Verlagerung von Verlusten in das Sonderbetriebsvermögen (etwa durch unentgeltliche Nutzungsüberlassung) ist daher Vorsicht geboten. Im Rahmen einer Überprüfung durch die Finanzverwaltung wäre bei Umgehungsgestaltungen mit einer Korrektur zu rechnen. Entsprechend dem Anteil am Verlust umfasst das **maßgebende Kapitalkonto** die steuerliche Gesamthandsbilanz der GmbH & Co. KG einschließlich etwaiger Ergänzungsbilanzen. Nicht einzubeziehen sind die das Sonderbetriebsvermögen ausweisenden Sonderbilanzen der Gesellschafter.[166] In der Praxis bereitet die Festlegung der einzubeziehenden Konten in das maßgebende Kapitalkonto auch unter Berücksichtigung der beschriebenen Abgrenzung Schwierigkeiten. Das hängt insbesondere damit zusammen, dass in der Bilanz der GmbH & Co. KG häufig mehrere Kapitalkonten für einen Gesellschafter geführt werden (siehe Rn. 27). Neben dem festen Kapitalkonto zählen dazu insbesondere die variablen Konten auf denen Entnahmen, Einlagen und Gewinn- oder Verlustanteile abgebildet werden. Bloße Forderungskonten sind dagegen nicht einzubeziehen; das gilt auch für eigenkapitalersetzende Darlehen.[167] Ungeklärt ist die Frage, ob durch eine vorgezogene Einlage das negative Kapitalkonto mit steuerlicher Wirkung beseitigt werden kann. Während der BFH den Ausgleich mit Verlusten für das laufende und spätere Wirtschaftsjahre über einen Korrekturposten auch bei negativ werdendem Kapitalkonto erlauben möchte[168], hat die Finanzverwaltung auf das Urteil mit einem Nichtanwendungerlass[169] reagiert.

162 BFH BStBl. II 1998, 109.
163 BFH BStBl. II 2000, 265.
164 Vgl. BFH BStBl. II 2004, 231; BStBl. II 1992, 167.
165 Etwa BFH BStBl. II 1999, 163.
166 Seit BFH BStBl. II 1992, 167.
167 BFH BStBl. II 2000, 347.
168 BFH BStBl. II 2004, 359.
169 BMF BStBl. I 2004, 463.

c) Verlustverrechnung nach § 15 a Abs. 2 EStG

95 Nicht ausgleichsfähige Verluste mindern die Gewinne, die dem Kommanditisten aus seiner Beteiligung an der GmbH & Co. KG in späteren Wirtschaftsjahren zuzurechnen sind. In Einklang mit den Ausführungen zur Ermittlung des Verlusts und des maßgebenden Kapitalkontos kommt eine Verrechnung mit Gewinnen aus Sonderbilanzen, die Sonderbetriebsvermögen ausweisen, nicht in Betracht.[170] Mittels geeigneter Vereinbarungen können allerdings Sondervergütungen zu vorab zuzuweisendem Gewinn qualifiziert werden. Erforderlich ist insoweit, dass nicht eine besondere schuldrechtliche Vereinbarung, sondern der Gesellschaftsvertrag Grundlage für die Zurechnung ist.[171] Aus Haftungsgesichtspunkten ist allerdings § 172 Abs. 4 HGB zu berücksichtigen. In der Literatur hat die Trennung der Gewinnanteile immer wieder Kritik erfahren,[172] da es letztlich steuerlich um eine einheitliche Gewinnermittlung der unternehmerischen Beteiligung (Mitunternehmerschaft) gehe. Eine **Verrechnung des ausgleichsfähigen Verlusts** kommt nicht nur mit laufendem Gewinn, sondern auch mit Veräußerungsgewinnen aus späteren Wirtschaftsjahren in Betracht, beispielsweise aus der entgeltlichen Übertragung des Kommanditanteils. Gleiches gilt grundsätzlich auch beim anderweitigen Wegfall des negativen Kapitalkontos. Dabei entsteht ein steuerpflichtiger Gewinn, es sei denn, es besteht eine Ausgleichspflicht des Kommanditisten im Innenverhältnis oder er muss mit seiner Inanspruchnahme durch Gläubiger der GmbH & Co. KG rechnen.[173] Besonderheiten ergeben sich bei der doppelstöckigen GmbH & Co. KG. Da die Beteiligung der Obergesellschaft an der Untergesellschaft in den Bilanzen deckungsgleich ausgewiesen werden, ist für Zwecke des § 15 a EStG ein außerbilanzieller Merkposten zu bilden, der die Entwicklung der lediglich verrechenbaren Verluste in der Untergesellschaft widerspiegelt und um den der ausgewiesene Gewinn entsprechend erhöht wird.

d) Übertragung des verrechenbaren Verlusts

96 Im Fall der unentgeltlichen Übertragung eines Kommanditanteils unter Beibehaltung des negativen Kapitalkontos kommt die Übertragung des Verlustverrechnungspotentials auf den Rechtsnachfolger in Betracht. Dabei ist zu berücksichtigen, dass die Übernahme eines negativen Kapitalkontos in der Regel als Entgelt anzusehen ist und eine unentgeltliche Übertragung ausschließt. Das soll allerdings dann nicht gelten, wenn der Nachweis der Einigung über die Unentgeltlichkeit gelingt.[174] Mit der Rechtsnachfolge in die Buchwerte (§ 6 Abs. 3 EStG) **gehen die verrechenbaren Verluste auf den Nachfolger** über. Das gilt für die Einzel- und Gesamtrechtsnachfolge. Die Rechtslage entspricht im Hinblick auf die Vererblichkeit (noch) der Rechtsprechung zu § 10 d EStG.[175] Keine Übertragung, aber eine Veränderung in der Beteiligung liegt vor, wenn der Kommanditist in die Rechtsstellung eines Komplementärs wechselt. Die verrechenbaren Verluste blei ben erhalten und können mit künftigen Gewinnen ausgeglichen werden.[176] Der BFH verweigert den sofortigen Abzug des gesamten aufgelaufenen verrechenbaren Verlusts allein aufgrund der zivilrechtlichen Haftungsänderung. Vom Zeitpunkt der Statusänderung an greift die Beschränkung des § 15 a EStG aber nicht mehr ein.

170 BFH BStBl. II 1999, 163.
171 BFH BStBl. II 2001, 621.
172 Vgl. die Nachweise bei Binz/Sorg § 16 Rn. 292.
173 BFH BStBl. II 1995, 112.
174 BFH BStBl. II 1994, 745.
175 BFH BStBl. II 2004, 414. Zum Vorlagebeschluss des 11. Senats siehe BFH BStBl. II 2005, 262.
176 BFH BStBl. II 2004, 115.

VI. Gewerbesteueranrechnung – § 35 EStG

Die Gewerbesteueranrechnung wurde als Instrument eingeführt, die Unternehmen in der Rechtsform der Kapitalgesellschaft im Vergleich zu Personengesellschaften und Einzelunternehmen im Ergebnis annährend gleich hoch zu besteuern.[177] Um die relativ hohen Steuersätze für natürliche Personen gegenüber Kapitalgesellschaften auszugleichen, dient die Gewerbsteueranrechnung für alle gewerblichen Einkünfte der natürlichen Personen. Dabei ist zunächst daran zu erinnern, dass die Gewerbesteuer als Betriebsausgabe bei der GmbH & Co. KG den Gewinn der Mitunternehmerschaft mindert. Die GmbH & Co. KG ist Steuersubjekt der Gewerbesteuer. Sie wird mit dem in der Mitunternehmerschaft erzielten Gewinn (§ 7 GewStG) zur Besteuerung herangezogen (siehe § 3 Rn. 27). Im Rahmen der Besteuerung der Mitunternehmer, die natürliche Personen sind, erfolgt nach § 35 Abs. 1 EStG eine **pauschalierte Gewerbesteueranrechnung**. Danach ermäßigt sich die tarifliche Einkommensteuer, soweit sie anteilig auf im zu versteuernden Einkommen enthaltene gewerbliche Einkünfte entfällt, bei Mitunternehmern um das 1,8-fache des jeweils für den Erhebungszeitraum, der dem Veranlagungszeitraum entspricht, festgesetzten anteiligen Gewerbesteuermessbetrags. Es ist zu berücksichtigen, dass aufgrund der Pauschalierung nicht in jedem Fall eine vollständige Entlastung von der Gewerbesteuer erreicht werden kann. Unter Berücksichtigung des Solidaritätszuschlags wird die Kompensation bis zu einem Hebesatz von ca. 350 % erreicht. Bei niedrigeren Hebesätzen kann es sogar zur Überkompensation kommen. Die tatsächlich bezahlte Gewerbesteuer ist für die Entlastung nicht relevant. Auf einige Einzelfragen soll wegen der Bedeutung bei der GmbH & Co. KG eingegangen werden. 97

1. Anrechnungsgrundlagen

Die Gewerbesteueranrechnung kann nur auf den Steuerbetrag vorgenommen werden, der auf die im zu versteuernden Einkommen enthaltenen gewerblichen Einkünfte entfällt. Der entsprechende **Steuerbetrag ist damit gleichzeitig der Höchstbetrag** für die pauschalierte Berücksichtigung der Gewerbesteuer. Bedeutung erlangt dies insbesondere dann, wenn es unter den gewerblichen Einkünften zu einem Ausgleich mit Verlusten aus einer anderen gewerblichen Betätigung gekommen ist. Ein Rück- oder Vortrag von Überhängen ist in der gesetzlichen Regelung nicht vorgesehen. Darüber hinaus wirkt sich auch der vertikale Verlustausgleich unter verschiedenen Einkunftsarten auf die Anrechnung aus. Maßstab für den Höchstbetrag der Steuerermäßigung soll nach Ansicht der Finanzverwaltung das Verhältnis der gewerblichen Einkünfte zur Summe der Einkünfte sein.[178] Neben dem maßgebenden Steuerbetrag, der zur Entlastung zur Verfügung steht, kommt dem anteiligen Gewerbesteuermessbetrag des einzelnen Mitunternehmers entscheidende Bedeutung zu. Nach § 35 Abs. 3 Satz 2 EStG ist der anteilige Steuermessbetrag bei Mitunternehmerschaften aufzuteilen sowie gesondert und einheitlich festzustellen (§ 35 Abs. 2 EStG). Maßstab für die Aufteilung des Steuermessbetrags der Mitunternehmerschaft ist der handelsrechtliche Gewinnverteilungsschlüssel, sofern er steuerlich anzuerkennen ist. Die ertragsteuerliche Verteilung des Gewinns nach § 15 Abs. 1 Nr. 2 EStG ist dabei nicht zu berücksichtigen. Daher sind die Zurechnung von (gewinnunabhängigen)[179] Sondervergütungen, Ergänzungsbilanzen und Sonderbetriebsvermögen für die Aufteilung ohne Bedeutung. Welche Ursachen für die Zusammensetzung 98

177 Zur Frage der verfassungsrechtlichen Bedenken gegen die Vorschrift Tipke/Lang § 9 Rn. 754; dagegen die wohl h.M. etwa Kirchhof/Gosch EStG § 35 Rn. 2; Jachmann BB 2000, 1432 (1436).
178 Vgl. BMF-Schreiben BStBl. I 2002, 533 Tz. 11 ff.
179 Vgl. BMF-Schreiben BStBl. I 2002, 533 Tz. 21.

des Gewinns der Mitunternehmerschaft daher letztlich entscheidend waren, bleibt bei der Aufteilung, die sich allein an der Beteiligung ausrichtet, außer Betracht. Steuersubjekt der Gewerbesteuer ist die GmbH & Co. KG und insoweit sind alle Gesellschafter in Höhe ihrer Beteiligung mit der Steuer mittelbar belastet, was zu einer entsprechenden Anrechnungsberechtigung führt.

2. Auswirkung bei den Kommanditisten

99 Die gesetzliche Regelung zur Anrechnung der Gewerbesteuer auf die Einkommensteuer der Kommanditisten, kann wegen der Nichtberücksichtigung der (gewinnunabhängigen) Sondervergütungen, der Ergänzungsbilanzen und des Sonderbetriebsvermögens bei der Aufteilung des Steuermessbetrags zu **Vor- bzw. Nachteilen** bei einzelnen Kommanditisten führen. Das gilt insbesondere auch in dem Fall, in dem ein Kommanditist einen Teil seines Anteils an der GmbH & Co. KG veräußert. Der entstehende Gewinn ist in die Bemessungsgrundlage der Gewerbesteuer einzubeziehen (§ 7 Satz 2 GewStG). Im Hinblick auf die Anrechnung auf die Einkommensteuer wirkt sich der Gewinn allerdings nur in Höhe der Beteiligung an der GmbH & Co. KG (als handelsrechtlicher Gewinnverteilungsmaßstab) aus. Eine **abweichende Vereinbarung** nur für steuerliche Zwecke ist nicht zulässig.

Praxishinweis:

Im Gesellschaftsvertrag kann aber eine Vereinbarung getroffen werden, dass entsprechende Steuervorteile aufgrund der gesetzlichen Verteilung des Steuermessbetrags ausgeglichen werden müssen. Dabei sind die Grundlage und der Maßstab der „Schattenrechnung" genau zu regeln, möglichst in Anlehnung an § 15 Abs. 1 Nr. 2 EStG. Ein weiteres Instrument zur Beeinflussung der Aufteilung ist es, die Vergütungen der Kommanditisten gewinnabhängig zu gestalten.

3. Komplementär-GmbH

100 Die Komplementär-GmbH kann von der Gewerbesteueranrechnung als juristische Person keinen Gebrauch machen. Sie ist Subjekt der Gewerbesteuer und wird mit ihrem Gewinn als Grundlage des Gewerbeertrags zur Besteuerung herangezogen. Dabei ist allerdings zu berücksichtigen, dass Gewinnanteile, die bei der GmbH & Co. KG bei der Gewerbesteuer berücksichtigt wurden, vom Gewerbeertrag der GmbH zu kürzen sind (§ 9 Nr. 2 GewStG). Andererseits sind entsprechende Verluste aus der GmbH & Co. KG dem Gewerbeertrag der GmbH wieder hinzuzurechnen (§ 8 Nr. 8 GewStG). Auf diese Weise wird eine doppelte Berücksichtigung desselben Ergebnisses für die Gewerbesteuer vermieden. Bei der GmbH entsteht daher nur eine Gewerbesteuerbelastung, wenn sie neben der Beteiligung an der GmbH & Co. KG weitere Einkünfte erzielt.

VII. Umsatzsteuer

101 Da die GmbH & Co. KG Unternehmer im Sinne des § 2 Abs. 1 UStG sein kann und bei entsprechenden Umsätzen auch ist (siehe § 3 Rn. 38), wird die Umsatzsteuer für die Gesellschafter nur relevant, wenn diese Leistungen an die Gesellschaft erbringen oder von der Gesellschaft solche erhalten. Dabei kommt es nicht darauf an, ob es sich um die Komplementär-GmbH oder Kommanditisten handelt.

1. Leistungen der GmbH & Co. KG an die Gesellschafter

Der Leistungsaustausch zwischen der GmbH & Co. KG und den Gesellschaftern ist im Hinblick auf die Umsatzsteuer nach den gleichen Grundsätzen zu beurteilen, wie bei Leistungen an Dritte. Leistungen gegen Entgelt sind steuerbar und sofern keine Steuerbefreiung eingreift auch steuerpflichtig. Bemessungsgrundlage ist das vereinbarte Entgelt (§ 10 Abs. 2 UStG). Im Hinblick auf die verbilligte Gewährung von Leistungen der GmbH & Co. KG an die Gesellschafter ist die Mindestbemessungsgrundlage zu beachten (§ 10 Abs. 5 und Abs. 4 UStG). **Die unentgeltliche Übertragung** eines Gegenstandes der GmbH & Co. KG an einen Gesellschafter wird einer Lieferung gleichgestellt, wenn der Erwerb bei der GmbH & Co. KG zumindest teilweise zur Berechtigung des Vorsteuerabzugs geführt hat (§ 3 Abs. 1 b Nr. 1 UStG). Die Zuwendung einer unentgeltlichen sonstigen Leistung steht einer entgeltlichen sonstigen Leistung gleich (§ 3 Abs. 9 a Nr. 1 und Nr. 2 UStG). In Bezug auf die Steuerfreiheit, die Bemessungsgrundlage und den Steuersatz sind die allgemeinen Regeln maßgebend. 102

2. Leistungen der Gesellschafter an die GmbH & Co. KG

Die Leistungen der Gesellschafter an die GmbH & Co. KG sind umsatzsteuerlich relevant, wenn die Gesellschafter als Unternehmer steuerbare und steuerpflichtige Umsätze erbringen. Sind die Gesellschafter nach § 2 Abs. 1 UStG Unternehmer, erbringen sie gegenüber der GmbH & Co. KG nur insoweit Leistungen, als Grundlage ihrer Handlung nicht das Gesellschaftsverhältnis ist; hier fehlt es an einem Leistungsaustausch. Beiträgen zur Gesellschaft (§ 706 BGB) und Leistungen, die mit dem Gewinnanteil abgegolten werden, fehlt es an einem besonderen Entgelt, welches **Grundlage für den Leistungsaustausch** ist.[180] Solche Leistungen dienen unmittelbar der Verwirklichung des Gesellschaftszwecks. Sie sind damit als Leistung der Gesellschaft einzuordnen. Ob die Vereinbarung für eine Leistung im Gesellschaftsvertrag enthalten oder als zusätzliche schuldrechtliche Abrede erfolgt, ist dagegen grundsätzlich nicht maßgebend. 103

Erbringen die Gesellschafter Leistungen, für die eine besondere Vergütung vereinbart wird, sind sie regelmäßig als Unternehmer im Sinne des § 2 Abs. 1 UStG anzusehen. Das gilt insbesondere im Hinblick auf die Vergütungen für die Überlassung von Wirtschaftsgütern oder die Erbringung von Diensten (§ 15 Abs. 1 Nr. 2 EStG). Ein umsatzsteuerbarer Vorgang stellt daher auch die Geschäftsführung der Komplementär-GmbH für die GmbH & Co. KG dar.[181] Voraussetzung ist allerdings, dass ein besonderes Entgelt (Aufwendungsersatz) vereinbart wird. Kein Entgelt in diesem Sinne liegt vor, wenn der GmbH lediglich ein Gewinnanteil zugewiesen wird. Die Entscheidung zwischen Gewinnanteil und Entgelt soll nach Auffassung der Finanzverwaltung grundsätzlich anhand der Behandlung in der Handelsbilanz getroffen werden.[182] Im Hinblick auf die Übernahme des Haftungsrisikos durch die GmbH dürfte kein Leistungsaustausch mit der GmbH & Co. KG vorliegen.[183] Im Falle **einer Organschaft** zwischen der GmbH und der GmbH & Co. KG findet kein umsatzsteuerlicher Leistungsaustausch statt (§ 2 Abs. 2 Nr. 2 UStG). Denkbar scheint eine Organschaft allerdings nur bei der Eingliederung der Komplementär-GmbH in die GmbH & Co. KG. Die Eingliederung setzt die wirtschaftliche, finanzielle und organisatorische Verflech- 104

180 BFH BStBl. II 1996, 176.
181 BFH BStBl. II 2003, 36.
182 BMF-Schreiben BStBl. I 2004, 240.
183 Jedenfalls wäre ein möglicher Umsatz nach § 4 Nr. 8 Buchst. g steuerfrei.

tung voraus. Erforderlich ist dafür regelmäßig, dass die GmbH & Co. KG Alleingesellschafterin ihrer Komplementär-GmbH ist, also eine sog. „Einheitsgesellschaft“ besteht.[184]

105 Werden Umsätze mit den Anteilen an der Komplementär-GmbH oder den Kommanditanteilen der GmbH & Co. KG getätigt, ist der entsprechende Umsatz nach § 4 Nr. 8 Buchst. f UStG steuerfrei, falls die Leistung im Rahmen eines Unternehmens erfolgt. Die Beteiligung an einer GmbH & Co. KG durch Bareinlage stellt keine umsatzsteuerbare Leistung dar. Die Rechtsprechung (BFH und EuGH) verneint bei der Aufnahme eines neuen Gesellschafters in eine Personengesellschaft gegen Bareinlage eine wirtschaftliche Tätigkeit.[185] Gleiches gilt bei der Kapitalerhöhung. Je nach Fallgestaltung kann aber bei der Vereinbarung einer Sacheinlage ein umsatzsteuerbarer Leistungsaustausch vorliegen.[186]

184 Siehe auch Werner, DStR 2006, 706 (711).
185 BFH BStBl. II 2004, 1022; siehe auch § 2 Rn. 47 f.
186 Siehe BFH BStBl. II 1996, 114.

§ 5 Gesellschafterwechsel – Ausscheiden eines Gesellschafters

Zum besseren Verständnis der maßgebenden Vorschriften zu den steuerlichen Folgen eines Gesellschafterwechsels in der GmbH & Co. KG soll zunächst wieder ein Blick auf das Gesellschaftsrecht und die sich daraus ergebenden rechtlichen Rahmenbedingungen geworfen werden. 1

A. Gesellschaftsrecht

Der Wechsel im Gesellschafterbestand der GmbH & Co. KG kann sich durch unterschiedliche Vorgänge ergeben. Die Vorgänge lassen sich zunächst in zwei Gruppen einteilen. Dabei ist der Wechsel des Gesellschafterbestands durch **Tod eines Gesellschafters von anderen Fällen abzugrenzen**. Zur letztgenannten Gruppe zählen insbesondere die Anteilsveräußerung, das Ausscheiden eines Gesellschafters durch Kündigung, Austritt oder Ausschluss sowie der Eintritt eines neuen Gesellschafters. Aufgrund der verschiedenartigen Gesellschafterstellungen ist jeweils der Wechsel von Komplementär und Kommanditisten zu unterscheiden. Handelt es sich bei der GmbH, wie in der Regel, um den einzigen Komplementär, müssen die Überlegungen zum Tod einer natürlichen Person durch Erwägungen zu den Folgen bei der Auflösung der Komplementär-GmbH ersetzt werden. Im Zusammenhang mit dem Gesellschafterwechsel ergeben sich in erster Linie folgende, auch steuerlich relevante Aspekte: Die Abfindung des ausscheidenden Gesellschafters, die Haftung des Gesellschafters für Verbindlichkeiten der Gesellschaft gegenüber Dritten und gegenüber der Gesellschaft sowie die Folgen für die verbleibenden Gesellschafter (Anwachsung – § 738 Abs. 1 Satz 1 BGB). Anhand der erwähnten Fallgruppen sollen im Folgenden die gesellschaftsrechtlichen Grundlagen dargestellt werden. 2

I. Eintritt eines neuen Gesellschafters in die GmbH & Co. KG

Der Eintritt eines neuen Gesellschafters in die GmbH & Co. KG ist von der Übertragung eines Gesellschaftsanteils abzugrenzen. Ähnlich der Übertragung eines Gesellschaftsanteils kann es allerdings auch bei dem Eintritt eines neuen Gesellschafters zum gleichzeitigen Austritt eines anderen Gesellschafters kommen. Aus haftungsrechtlichen Gründen (im Einzelnen dazu später, siehe Rn. 13) empfiehlt sich aber für die **Aufnahme eines neuen Gesellschafters bei gleichzeitigem Ausscheiden** eines anderen Gesellschafters die Übertragung des Gesellschaftsanteils.[1] In der Praxis spielt der Eintritt daher nur eine Rolle, wenn der Gesellschaftsvertrag die Übertragung des Gesellschaftsanteils nicht kennt oder kein anderer Gesellschafter ausscheidet und der Eintritt zu einer Erweiterung des Gesellschafterbestandes führt. Der Eintritt eines Gesellschafters in die GmbH & Co. KG ist zur Eintragung ins Handelsregister anzumelden (§§ 161 Abs. 2, 107 HGB). In der Bekanntmachung der Eintragung finden sich allerdings keine Angaben zu den Kommanditisten (§ 162 Abs. 2 und 3 HGB). 3

1 BGHZ 81, 82.

1. Änderung des Gesellschaftsvertrags

4 Die Aufnahme eines neuen Gesellschafters in die GmbH & Co. KG durch Eintritt ist eine Änderung des Gesellschaftsvertrags. Dabei handelt es sich um ein Grundlagengeschäft der Gesellschafter.[2] Erforderlich ist daher grundsätzlich die Mitwirkung aller Gesellschafter, auch der Kommanditisten. Empfehlenswert ist es, für die Aufnahme von Kommanditisten schon in den ersten **Gesellschaftsvertrag der GmbH & Co. KG Regelungen** aufzunehmen. Darin kann der Eintritt eines neuen Gesellschafters von die Zustimmung der Mehrheit der Gesellschafter abhängig gemacht werden. Die Zuständigkeit zur Entscheidung über die Aufnahme kann auch auf die Geschäftsführung oder einen zu bildenden Beirat übertragen werden. Die Zuständigkeit zum Vollzug der Entscheidung über die Aufnahme eines neuen Gesellschafters kann ebenfalls dem Entscheidungsorgan übertragen oder auf die Geschäftsführung der KG verlagert werden Zum Vollzug ist der Abschluss einer (Beitritts-)Vereinbarung mit dem neuen Gesellschafter erforderlich. In der Praxis sind insoweit klare und eindeutige Formulierungen anzustreben. In der Vereinbarung sind alle Rechte und Pflichten des eintreten Gesellschafters zu regeln. Das gilt auch für den Zeitpunkt der Wirkung des Eintritts. Die **Rückwirkung des Eintritts** auf einen vorhergehenden Bilanzstichtag kann nur mit schuldrechtlicher Wirkung vereinbart werden.[3] Für den Eintritt als Kommanditist empfiehlt sich aus haftungsrechtlichen Gesichtspunkten (§ 176 Abs. 2 HGB), die Wirkung der Aufnahme von der aufschiebenden Bedingung der Eintragung ins Handelsregister abhängig zu machen. Besondere Formvorschriften sind für die Vereinbarung nicht zu beachten. Falls als Beitrag eine Erwerbs- oder Übertragungsverpflichtung im Hinblick auf das Eigentum an einem Grundstück vereinbart wird, ist die notarielle Beurkundung erforderlich (§§ 125, 311 b Abs. 1 BGB). Gleiches gilt für die Verpflichtung zur Abtretung von GmbH-Anteilen (§ 15 Abs. 3 GmbHG). Der **Eintritt eines Minderjährigen** bedarf, falls die GmbH & Co. KG ein Erwerbsgeschäft betreibt, der vormundschaftsgerichtlichen Genehmigung (§§ 1822 Nr.3, 1643 Abs. 1 BGB). Ferner ist bei der Aufnahme eines Minderjährigen zu beachten, dass die gesetzlichen Vertreter, die selbst als Gesellschafter an der GmbH & Co. KG beteiligt sind, von der Vertretung des Minderjährigen ausgeschlossen sind (§§ 181, 1795 Abs. 2, 1629 Abs. 2 BGB). Der Minderjährige muss durch einen bestellten Ergänzungspfleger vertreten werden (§ 1909 BGB).

2. Haftung bei Eintritt

5 Die Aufnahme eines Gesellschafters (Komplementär und Kommanditisten) in die GmbH & Co. KG führt zur Anwachsung des Gesellschaftsvermögens in Höhe der vereinbarten Beteiligung.[4] Die Haftung des eintretenden Gesellschafters hängt von seiner Rechtstellung als Komplementär oder Kommanditist ab. Der **Komplementär haftet beim Eintritt** in die GmbH & Co. KG für Verbindlichkeiten der Gesellschaft nach §§ 161 Abs. 2, 128 HGB. Die unbeschränkte und persönliche Haftung erstreckt sich nach § 130 HGB auch auf Verbindlichkeiten, die vor dem Eintritt begründet wurden. Auslöser für die Haftung ist die Eintragung des Eintritts ins Handelsregister oder die Fortsetzung der Geschäfte (entsprechend § 123 HGB). Abweichende Vereinbarungen sind Dritten gegenüber unwirksam (§ 130 Abs. 2 HGB). Über die Lehre von der fehlerhaften Gesellschaft finden die Regeln grundsätzlich auch Anwendung, wenn die Aufnahmevereinbarung unwirksam

2 BGHZ 76, 160 (164).
3 K. Schmidt, Gesellschaftsrecht § 45 II 3.
4 K. Schmidt, Gesellschaftsrecht § 45 II.

sein sollte.[5] Für den **Kommanditisten gelten** die Regeln ebenfalls, aber mit den Besonderheiten, die sich aus der Beschränkung der Haftung auf die Hafteinlage ergeben. Für vor dem Eintritt begründete Verbindlichkeiten der GmbH & Co. KG haftet der eintretende Kommanditist nach § 173 HGB ebenfalls beschränkt auf seine Hafteinlage. Eine Besonderheit ergibt sich für Verbindlichkeiten der GmbH & Co. KG, die zwischen der Aufnahme und der Eintragung des Eintritts des Kommanditisten begründet wurden. Der Kommanditist haftet für solche Verbindlichkeiten unbeschränkt, es sei denn, dem Gläubiger ist die Beteiligung als Kommanditist bekannt (§ 176 Abs. 2 HGB). Auf die Zustimmung zur Fortführung des Betriebs kommt es nicht an.[6] Zur Vermeidung der nachteiligen Haftung ist die Verschiebung der Wirksamkeit des Eintritts auf den Zeitpunkt der Eintragung im Handelsregister mittels einer aufschiebende Bedingung zu empfehlen.

3. Eintritt auch in die Komplementär-GmbH

Von dem Eintritt eines Kommanditisten in die GmbH & Co. KG ist die Aufnahme als Gesell- 6
schafter in die Komplementär-GmbH zu unterscheiden. Maßgebend für den Eintritt in die GmbH sind allein die Bestimmungen des GmbHG. Die Aufnahme eines weiteren Gesellschafters in eine GmbH kann durch **Kapitalerhöhung** verbunden mit der Schaffung einer neuen Stammeinlage erreicht werden oder durch **Abtretung von Anteilen** der anderen Gesellschafter (§ 15 GmbHG). Für die Kapitalerhöhung stehen zwei Varianten zur Verfügung. Bei der nominellen Kapitalerhöhung (§§ 57 c ff. GmbHG) können neue Geschäftsanteile gebildet werden. Allerdings stehen die Anteile nicht zur Disposition der Gesellschaft, sondern fallen zwingend den bisherigen Gesellschaftern entsprechend ihrer bisherigen Stammeinlage zu (§ 57 j GmbHG). Für den Eintritt neuer Gesellschafter ist daher lediglich die **effektive Kapitalerhöhung** geeignet. Voraussetzung dafür ist ein entsprechender Beschluss der Gesellschafter mit Dreiviertelmehrheit (§ 53 Abs. 2 GmbHG). Neben der Höhe der Änderung des Stammkapitals und der Festlegung der Stammeinlage muss in dem Beschluss das Bezugsrecht der übrigen Gesellschafter ausgeschlossen werden.[7] Ferner ist festzulegen, mit wem der Geschäftsführer den Übernahmevertrag bezüglich der Kapitalerhöhung abschließt (sog. Zulassungsbeschluss).

Der korporationsrechtliche Übernahmevertrag legt die konkrete Stammeinlage und die Bedin- 7
gungen der Übernahme fest und verpflichtet den Übernehmer zur Leistung der Einlage.[8] Die Erklärung des Übernehmers ist zumindest notariell zu beglaubigen (§ 55 Abs. 1 GmbHG). Der neue Gesellschaftsanteil entsteht mit Eintragung der Kapitalerhöhung ins Handelsregister. Für die Haftung des eintretenden GmbH-Gesellschafters gelten keine Besonderheiten. Mit Entstehen des neuen Geschäftsanteils ist die solidarische Haftung nach § 24 GmbHG verbunden. Ist für die Kommanditisten regelmäßig auch eine Beteiligung an der Komplementär-GmbH vorgesehen, kann es nützlich sein, wenn die Voraussetzungen des Eintritts in die GmbH & Co. KG und in die GmbH soweit wie möglich abgestimmt und vereinheitlicht sind.[9] Das gilt insbesondere im Hinblick auf die erforderlichen Mehrheiten für die Aufnahme in die Gesellschaft.

5 Vgl. K. Schmidt, Gesellschaftsrecht § 49 IV 2 b.
6 BGHZ 82, 209.
7 Zum Bezugsrecht siehe Lutter/Hommelhoff GmbHG § 55 Rn. 20; K.Schmidt, Gesellschaftsrecht § 37 V 1 a.
8 Zur Verpflichtung der GmbH zur Durchführung der Kapitalerhöhung BGH GmbHR 1999, 287.
9 Siehe Sudhoff/Reichert § 27 Rn. 33.

Praxishinweis:

Es ist zu empfehlen, die Gesellschaftsverträge der GmbH und der GmbH & Co. KG in Bezug auf die Entscheidung über den Eintritt neuer Gesellschafter aufeinander abzustimmen.

II. Die Übertragung des Gesellschaftsanteils

8 Die **Anteilsübertragung ist bei der GmbH** gesetzlich geregelt und durch Abtretung möglich, die notariell zu beurkunden ist (§ 15 Abs. 3 GmbHG). Dabei handelt es sich um ein Geschäft des Gesellschafters, der grundsätzlich frei über seinen Geschäftsanteil verfügen kann (Grundsatz der freien Übertragbarkeit). Im Gesellschaftsvertrag können allerdings für die Abtretung weitere Voraussetzungen (sog. Vinkulierungsklausel) bestimmt werden, insbesondere das Erfordernis der Genehmigung durch die Gesellschaft (§ 15 Abs. 5 GmbHG). Die Klausel sollte möglichst genau festlegen, wer innerhalb der Gesellschaft für die Willensbildung zur Genehmigung zuständig ist (Gesellschafterversammlung oder Geschäftsführung). Gerade bei der personalistisch orientierten GmbH wird in der Praxis die freie Übertragbarkeit häufig eingeschränkt sein, um den Gesellschafterverband auf bestimmte Personen zu begrenzen. Die freie Übertragbarkeit bezieht sich ferner nur auf volle Geschäftsanteile. Die Veräußerung von Teilen eines Geschäftsanteils kann nur mit Genehmigung der Gesellschaft stattfinden (§ 17 GmbHG). Eine abweichende Regelung ist im Gesellschaftsvertrag in Grenzen zulässig. Unwirksam ist eine Vereinbarung, die als Voraussetzung einen Mehrheitsbeschluss oder ein anderes Zustimmungserfordernis enthält.[10]

9 Die **Übertragung von Personengesellschaftsanteilen** (z.B. GmbH & Co. KG) ist gesetzlich nicht geregelt, aber nach gesicherter Rechtsprechung möglich.[11] Bei der Übertragung handelt es sich allerdings um ein Geschäft aller Gesellschafter, dessen Wirksamkeit grundsätzlich von der zustimmenden Mitwirkung aller Gesellschafter abhängt.[12] Die Zustimmung bezieht sich nur auf die Übertragung des Gesellschaftsanteils, nicht schon auf die Verpflichtung zur Übertragung. Aus der gesellschaftsrechtlichen Treuepflicht kann sich ein Anspruch auf Zustimmung ergeben. Im Gesellschaftsvertrag kann ein Anteil aber auch generell für eine Übertragung freigegeben werden. Da auf diesem Wege ein Aufdrängen von unerwünschten Gesellschaftern möglich wäre, ist die vollständige Freigabe allenfalls bei großen Publikumsgesellschaften zu empfehlen. Andernfalls sollte die freie Übertragbarkeit zumindest auf einen bestimmten Personenkreis beschränkt oder von der Zustimmung einer einfachen oder qualifizierten Mehrheit abhängig gemacht werden.[13] Darüber hinaus ist bei der GmbH & Co. KG eine **Abstimmung der Regeln zur Übertragung der Gesellschaftsanteile** der KG und der Komplementär-GmbH verbreitet, da eine Kontrolle des einheitlichen oder gewünscht unterschiedlichen Gesellschafterbestandes nur auf diesem Wege möglich erscheint. Zur Absicherung der gewünschten Ergebnisse eignen sich Vorkaufs- und Erwerbsrechte. Ein Vorkaufsrecht gibt dem Vorkaufsberechtigten die Möglichkeit, in einen zwischen dem Verkäufer und dem Erwerber abgeschlossenen Kaufvertrag einzutreten (§§ 463 ff. BGB). Erwerbsrechte setzen dagegen früher ein und ermöglichen dem Berechtigten, den Anteil bei Eintritt bestimmter Ereignisse zu erwerben. Der Verpflichtete hat den Anteil dem Berechtigten zu festgelegten Bedingungen anzubieten, bevor er Verhandlungen mit Dritten aufnimmt.

10 Sudhoff/Reichert § 28 Rn. 7; Hesselmann/Hannes § 10 Rn. 16.
11 BGHZ 13, 179; 44, 229.
12 BGHZ 13, 179 (186).
13 Allgemeine Praxis, statt vieler Hesselmann/Hannes § 10 Rn. 9.

1. Anteilsübertragung

Die **Übertragung eines Personengesellschaftsanteils** erfolgt durch Abtretung des Anteils an den Erwerber (§§ 398, 413 BGB). Die Abtretung ist grundsätzlich an keine Form gebunden. Das gilt auch, wenn zum Vermögen der GmbH & Co. KG Grundstücke oder GmbH-Anteile gehören.[14] Die Wirksamkeit kann allerdings von der Zustimmung der übrigen Gesellschafter oder eines Organs abhängig gemacht werden. Auf den Gesellschaftsvertrag hat die Übertragung keinen Einfluss. Der Erwerber erhält die Stimmrechte, Informations- und Beteiligungsrechte des Rechtsvorgängers und tritt im Hinblick auf Verpflichtungen in dessen Rechtsstellung ein. Dabei ist zu berücksichtigen, dass die höchstpersönlichen Rechte erlöschen. Welche Rechte im Gesellschaftsvertrag höchstpersönlich gewährt werden, empfiehlt sich daher klar und eindeutig zu bezeichnen; andernfalls kann nur die Auslegung des Gesellschaftsvertrags oder dessen Änderung die Frage nach der Qualität eines Rechts (z.B. Vorschlags- oder Ernennungsrechte) klären. Entsprechend dem Eintritt in eine GmbH & Co. KG sind für die Beteiligung Minderjähriger die entsprechenden Schutzvorschriften zu beachten. Zum Ausschluss (§§ 181, 1795 Abs. 2, 1629 Abs. 2 BGB) und der Beschränkung (§§ 1643, 1822 Nr. 3 BGB) der Vertretungsmacht der gesetzlichen Vertreter sowie zur erforderlichen Genehmigung des Vormundschaftsgerichts siehe auch Rn. 4. Der Gesellschafterwechsel muss zum Handelsregister angemeldet werden (zum Rechtsnachfolgevermerk siehe Rn. 14). 10

Der Anteilsübertragung liegt ein schuldrechtlicher Vertrag zugrunde, der die Verpflichtung zur Übertragung des Gesellschaftsanteils begründet. Verpflichtungen können insoweit im Hinblick auf einen Anteil an der GmbH & Co. KG und einen Anteil an der Komplementär-GmbH begründet werden. Die **Erfüllung der Verpflichtung** erfolgt dann in zwei getrennt zu beurteilende Abtretungen nach den jeweils maßgebenden Regeln, einerseits der Anteil an der GmbH & Co. KG, andererseits der Geschäftsanteil an der GmbH. Dabei ist zu beachten, dass die Abtretung des GmbH-Anteils zur Wirksamkeit der notariellen Beurkundung bedarf (§ 15 Abs. 3 GmbHG). Die Abtretungen können mit dem schuldrechtlichen Geschäft in einem Vertrag zusammengefasst werden. Wegen des Formerfordernisses in Bezug auf die GmbH-Anteile (§ 15 Abs. 3 und 4 GmbHG) bedarf regelmäßig der gesamte Vertrag der notariellen Beurkundung.[15] Auf die Besonderheiten bei der zeitgleichen Übertragung eines GmbH-Anteils wird im Folgenden nur hingewiesen. 11

Als **schuldrechtlicher Vertrag** wird in der Regel ein Kaufvertrag geschlossen. Die Veräußerung eines Gesellschaftsanteils ist ein Rechtskauf (§ 453 Abs. 1 BGB), auf welchen die Vorschriften über den Sachkauf entsprechend anzuwenden sind („share deal"). Dabei ist zu berücksichtigen, dass die Sachmängelgewährleitung wegen der Regelung des § 453 Abs. 3 BGB in Bezug auf einzelne Sachen des Gesellschaftsvermögens nur anwendbar ist, wenn alle oder nahezu alle Gesellschaftsanteile Gegenstand des Kaufs sind (Behandlung wie ein „asset deal"). Für Rechtsmängel des Gesellschaftsanteils gelten die allgemeinen Gewährleistungsregeln (§ 437 BGB). Bei erheblichen Mängeln einer bedeutenden Sache des Gesellschaftsvermögens kann ausnahmsweise auch ein Rechtsmangel des Gesellschaftsanteils vorliegen. In Fällen, in denen die Sachmängelhaftung nicht eingreift, ist eine Haftung des Veräußerers wegen Verschuldens bei den Vertragsverhandlungen denkbar (§§ 280 Abs. 1, 311 Abs. 2 BGB). 12

14 BGHZ 86, 367.

15 Zur Heilung der Formunwirksamkeit des Verpflichtungsgeschäfts beachte § 15 Abs. 4 Satz 2 GmbHG. Siehe dazu etwa Binz/Sorg § 6 Rn. 10. Falls die GmbH-Anteile, wie häufig bei der Komplementär-GmbH, keine stillen Reserven enthalten, können über die Heilung die Kosten für die notarielle Beurkundung der Verpflichtung gespart werden. Die Verpflichtung hat regelmäßig einen sehr viel höheren Wert, weil sich insoweit die stillen Reserven in den Kommanditanteilen auswirken.

Praxishinweis:

Um klare und eindeutige Haftungsbedingungen für beide Parteien zu erreichen, ist in der Praxis eine detaillierte Regelung der Gewährleistung im Kaufvertrag empfehlenswert. Gleiches gilt in Bezug auf die vermögensrechtlichen Ansprüche und Verbindlichkeiten, die auf den Erwerber übergehen sollen.

Mangels spezieller Regelungen steht das Jahresergebnis dem Alt- und dem Neugesellschafter zeitanteilig zu, wenn der Wechsel im laufenden Geschäftsjahr erfolgt (§ 101 Nr. 2 BGB). Dabei ist zu berücksichtigen, dass es sich insoweit nur um eine Verteilungsregelung handelt. Gegenüber der Gesellschaft entsteht der Gewinnanspruch in der Person des Gesellschafters im Zeitpunkt der Feststellung des Jahresabschlusses.[16]

2. Haftung

13 Für die Haftungsfolgen bei der Übertragung eines Anteils an der GmbH & Co. KG ist zwischen der Übertragung der Komplementär-Beteiligung und dem Kommanditanteil zu differenzieren. Bei der **Übertragung eines Komplementäranteils** haftet der Altgesellschafter für Verbindlichkeiten, die bis zum Zeitpunkt der Übertragung begründet waren, nach den allgemeinen Regeln (§§ 128, 161 Abs. 2 HGB). Dabei kommt es zur Enthaftung, falls die Verbindlichkeiten erst nach Ablauf von fünf Jahren nach der Übertragung fällig oder gerichtlich festgestellt werden (§ 160 Abs. 1 HGB). Für nach der Übertragung des Anteils begründete Verbindlichkeiten der GmbH & Co. KG haftet der Altgesellschafter allenfalls unter den Voraussetzungen des § 15 Abs. 1 HGB. Der Erwerber, der die Komplementärbeteiligung fortführt, haftet nach den Regeln des eintretenden Gesellschafters. Er haftet daher auch für die vor der Anteilsübertragung begründeten Verbindlichkeiten persönlich und unbeschränkt nach §§ 130, 161 Abs. 2 HGB.

14 Wird ein **Kommanditanteil übertragen**, hängt die Haftung des Erwerbers von der Hafteinlage ab, die dem Kommanditanteil zugewiesen ist. Hat der Altgesellschafter die Hafteinlage bereits vollständig erbracht, haftet der Erwerber nicht nach §§ 171 Abs. 1, 172 HGB. Das Erbringen der Hafteinlage bleibt dem Kommanditanteil verhaftet und wirkt auch für den Erwerber. Problematisch erweist sich die Situation für den Altgesellschafter. Fraglich ist, ob die geleistete Hafteinlage auch ihm gegenüber noch wirkt. Die Rechtsprechung geht davon aus, dass auf die Übertragung grundsätzlich § 172 Abs. 4 HGB anwendbar ist und damit seine Einlage gegenüber den Gläubigern als nicht mehr geleistet gilt.[17] Vermeidbar ist die Rechtsfolge nach Ansicht der Rechtsprechung nur mit einem sog. Nachfolgevermerk. Darin wird für den konkreten Kommanditanteil die Sonderrechtsnachfolge vom Altgesellschafter auf den Erwerber festgestellt. Wird der Nachfolgevermerk ins Handelsregister eingetragen, besteht kein Rechtsschein für eine Haftung des Altgesellschafters, der den Rechtsverkehr beeinflussen kann.[18]

15 Ist die **Hafteinlage nicht erbracht**, haftet der Erwerber neben dem Altgesellschafter nach den allgemeinen Regeln (§§ 171 Abs. 1, 172 HGB). Das gilt auch für die Verbindlichkeiten der GmbH & Co. KG, die vor der Anteilsübertragung begründet wurden (§ 173 HGB). Für den Altgesellschafter richtet sich die Haftung nach den gleichen Grundsätzen, die auch für den Komplementär gelten. Eine Enthaftung nach § 160 HGB kommt unter den dort genannten Voraussetzungen in Betracht. Für den Erwerber ist darüber hinaus die unbeschränkte Haftung des § 176 Abs. 2 HGB bis zu seiner Eintragung im Handelsregister zu beachten. Dabei ist aber zu berücksichtigen, dass die

16 BGHZ 80, 357.

17 BGHZ 81, 82 (89).

18 Zum Ansatz die Haftung über den allgemeinen Rechtsschein zu begründen K. Schmidt ZIP 2002, 413 ff.

Firmierung der GmbH & Co. KG eine denkbare Haftung in solchen Fällen regelmäßig ausschließen dürfte.[19] Falls darüber hinaus ein Geschäftsanteil der Komplementär-GmbH übernommen wird, droht dem Erwerber zwar keine Außenhaftung gegenüber den Gläubigern der GmbH, aber die mit dem Geschäftsanteil verhafteten Verpflichtungen können beispielsweise zur Haftung für rückständige Einlagen des Altgesellschafters führen. Daneben kommt die solidarische Haftung nach §§ 24, 31 GmbHG in Betracht.

III. Kündigung, Austritt oder Ausschluss

Während beim Eintritt und der Anteilsübertragung neue Gesellschafter in die GmbH & Co. KG 16
aufgenommen werden, führt die Kündigung, der Austritt oder Ausschluss lediglich zu einer Verringerung des Gesellschafterbestandes. Dabei ist zu berücksichtigen, dass ein **Gleichklang mit dem Ausscheiden aus der Komplementär-GmbH** nur über entsprechende Regelungen im Gesellschaftsvertrag der GmbH zu erreichen ist. Für den Fall des Ausscheidens eines Gesellschafters aus der GmbH sollte dazu die Auflösung als Rechtsfolge ausgeschlossen werden. Ferner sind für das Ausscheiden aus der GmbH weitere Maßnahmen erforderlich: Der Gesellschaftsanteil muss entweder eingezogen oder auf Dritte (auch die anderen Gesellschafter) übertragen werden.[20] Dem ausscheidenden Gesellschafter steht grundsätzlich ein Abfindungsanspruch zu. Bei der Abstimmung der Gesellschaftsverträge sollte ein wichtiger Grund zum Ausscheiden aus beiden Gesellschaften berechtigen. Möglich ist auch, das Ausscheiden aus der GmbH & Co. KG als wichtigen Grund für das Ausscheiden aus der Komplementär-GmbH festzulegen. Es ist darauf zu achten, dass bei personengleichen Gesellschaften die wirksame Kündigung der Gesellschafterstellung in einer Gesellschaft von der Wirksamkeit der Kündigung in der anderen Gesellschaft abhängig gemacht wird. Auf diesem Wege bleibt der Gesellschafterbestand identisch.[21] **Weitere Gründe**, die zur Verringerung des Gesellschafterbestandes durch Ausscheiden des betroffenen Gesellschafters führen, sind in § 131 Abs. 3 HGB enthalten (insbesondere die Eröffnung des Insolvenzverfahrens über das Vermögen des Gesellschafters oder die Kündigung durch den Privatgläubiger des Gesellschafters – § 135 HGB). Die Ereignisse lösen die gleichen Rechtsfolgen aus und sollen daher nicht gesondert erörtert werden. Der Tod des Kommanditisten hat in § 177 HGB eine Sonderregelung erfahren.

1. Kündigung des Gesellschafter

Mittels einer **ordentlichen Kündigung** kann jeder Gesellschafter aus der GmbH & Co. KG aus- 17
scheiden. Die Kündigung führt zum Ausscheiden des kündigenden Gesellschafters, hat aber keine Auswirkung auf den Bestand der Gesellschaft (§§ 131 Abs. 3 Nr. 3, 161 Abs. 2 HGB). Eine auf unbestimmte Dauer eingegangene Gesellschaft kann mit einer Frist von sechs Monaten zum Schluss eines Geschäftsjahres gekündigt werden (§§ 132, 161 Abs. 2 HGB). Eine Kündigung zur Unzeit kann Schadensersatzansprüche gegen den Gesellschafter auslösen. Wird die Gesellschaft auf eine bestimmte Zeit eingegangen, ist die ordentliche Kündigung grundsätzlich ausgeschlossen. Die Gesellschaft endet mit Zeitablauf (§§ 131 Abs. 1 Nr. 1, 161 Abs. 2 HGB). Im Gesellschaftsvertrag kann das Kündigungsrecht modifiziert werden, etwa bei einer auf unbestimmte Dauer abge-

19 BGH NJW 1983, 2258.
20 BGHZ 88, 320.
21 Vgl. Sudhoff/Jäger § 30 Rn. 68.

schlossenen Gesellschaft für eine gewisse Zeit ausgeschlossen oder bei einer auf bestimmte Zeit abgeschlossenen Gesellschaft eingeräumt werden.

18 Ein Recht zur **außerordentlichen Kündigung** ist für die GmbH & Co. KG im Gesetz nicht vorgesehen. Falls ein wichtiger Grund vorliegt, kann die Auflösung der Gesellschaft beantragt werden (§ 133 HGB). Da das Ausscheiden eines Gesellschafters gegenüber der Auflösung der Gesellschaft das mildere Mittel ist, wird im Gesellschaftsvertrag in der Regel ein Recht auf außerordentliche Kündigung aufgenommen.[22] Die in § 131 Abs. 3 Nr. 3 HGB enthaltene Wertung kann als Vorrang der Kündigung vor der Auflösung der Gesellschaft verstanden werden. Daher besteht in den Fällen, in denen ein Antrag auf Auflösung der Gesellschaft in Betracht kommt, auch ein außerordentliches Kündigungsrecht, falls keine besondere Regelung im Gesellschaftsvertrag getroffen wurde.[23] Neben einem wichtigen Grund, für dessen Vorliegen Beispiele in § 133 Abs. 2 HGB genannt sind, kommt eine außerordentliche Kündigung auch durch den volljährig gewordenen Gesellschafter in Betracht (§ 723 Abs. 1 Satz 3 Nr. 2 HGB). Die Regelung ist auf die GmbH & Co. KG zumindest dem Rechtsgedanken nach anwendbar (wichtiger Grund).[24] Eine Klarstellung im Gesellschaftsvertrag bringt für die Praxis die erforderliche Rechtssicherheit.

19 Eine **Beschränkung des Kündigungsrechts**, die einem Ausschluss des Rechts gleichsteht, ist nach § 723 Abs. 3 BGB unwirksam. Beispiele sind die Verknüpfung mit einer Vertragsstrafe oder die Abhängigkeit der Wirksamkeit von der Zustimmung eines Dritten,[25] aber auch unverhältnismäßige Abfindungsbeschränkungen, welche die Entschließungsfreiheit des betroffenen Gesellschafters ernsthaft beeinträchtigen.[26] Für Kommanditisten kann sich eine Ausnahme ergeben, wenn er berechtigt ist, den Anteil ohne weitere Voraussetzungen auf Dritte zu übertragen.[27]

2. Austritt, Ausschluss

20 Neben der Kündigung kann auch ein Austritt oder Ausschluss zum Ausscheiden eines Gesellschafters aus der Gesellschaft führen. Besondere Bedeutung erlangt der **Austritt**, wenn ein Kündigungsrecht nicht vorgesehen ist. Die Kündigung ist demnach ein besonderes Gestaltungsrecht zum Austritt (Freiwilligkeit und Eigeninitiative) aus der Gesellschaft.[28] Für die GmbH & Co. KG hat der Austritt neben der Kündigung regelmäßig keinen Anwendungsbereich. Der Austritt kann Gegenstand einer privatautonomen Vereinbarung zwischen der Gesellschaft und dem ausscheidungswilligen Gesellschafter sein. Während der Austritt vom Gesellschafter ausgeht, wird der Ausschluss von den übrigen Gesellschaftern betrieben. **Der Ausschluss** oder die Ausschließung ist nach dem Gesetz bei der GmbH & Co. KG nur möglich, wenn die Voraussetzungen des § 140 HGB vorliegen. Erforderlich ist ein wichtiger Grund in der Person des Gesellschafters, der zum Verlangen der Auflösung der Gesellschaft nach § 133 HGB geeignet wäre. Auf Antrag der übrigen Gesellschafter kann das Gericht den Ausschluss des Gesellschafters erklären. Es handelt sich dabei um das letzte Mittel, um Schaden von der Gesellschaft abzuwenden. Dabei wird für den Ausschluss eines Kommanditisten ein ähnlich strenger Maßstab anzulegen sein, wie für einen

22 Sudhoff/Schlitt § 29 Rn. 38 ff.
23 Siehe Binz/Sorg § 6 Rn. 54.
24 So die Gesetzesbegründung BT-Drs. 13/5624, S. 19.
25 Sudhoff/Schlitt § 29 Rn. 40.
26 BGH NJW 1989, 3272.
27 K. Schmidt Gesellschaftsrecht § 50 II 4 c bb).
28 Zu den Begrifflichkeiten siehe Sudhoff/Jäger § 30 Rn. 2.

Komplementär.[29] Die Möglichkeit besteht auch, wenn nach dem Ausschluss nur noch ein Gesellschafter verbleibt (§ 140 Abs. 1 Satz 2 HGB).

Als **wichtiger Grund** kommen nur besonderes schwerwiegende Konflikte oder Verletzungen der gesellschaftsrechtlichen Treuepflicht in Betracht (z.B. völliger Verlust der Vertrauensbasis oder Schädigungen des Gesellschaftsvermögens sowie schwere Verletzungen des Gesellschaftsvertrags).[30] Ein Verschulden ist allerdings nicht erforderlich. Zur Ausschließung ist die Mitwirkung aller übrigen Gesellschafter erforderlich, die aber aufgrund der Treuepflicht im konkreten Fall zur Mitwirkung und Zustimmung verpflichtet sein können.[31] Im Gesellschaftsvertrag können wichtige Gründe benannt oder aber der Ausschluss durch Gesellschafterbeschluss ermöglicht werden.[32] Bei der Aufzählung der Gründe ist auf eine klare und bestimmte Formulierung zu achten. Immer wieder scheint es Bestrebungen zu geben, den Ausschluss eines Gesellschafters von der Entscheidung der anderen Gesellschafter abhängig zu machen, ohne dass ein wichtiger Grund vorliegt. Derartige Klauseln hat die Rechtsprechung zuletzt kritisch beurteilt und wegen der möglichen Willkürentscheidung als sittenwidrig (§ 138 Abs. 1 BGB) angesehen.[33] Selbst ein vollwertiger Abfindungsanspruch mag an der Rechtsfolge nichts ändern.[34] 21

Praxishinweis:

Sollen bestimmte Geschehnisse zum Ausschluss aus der Gesellschaft führen, sollten die Ereignisse im Gesellschaftsvertrag als wichtiger Grund benannt werden (z.B. Erreichen einer Altersgrenze; Ausscheiden als Arbeitnehmer aus der Gesellschaft usw.).

3. Rechtsfolgen

Das Ausscheiden des Gesellschafters aus der GmbH & Co. KG hat die **Anwachsung** des Anteils bei den verbleibenden Gesellschaftern zur Folge (§ 738 BGB). Ein besonderer oder weiterer Übertragungsakt im Hinblick auf einzelne Gegenstände ist insoweit nicht erforderlich. An die Stelle des Gesellschaftsanteils tritt der **Anspruch auf Abfindung**. Das gilt unabhängig davon, auf welche Art und Weise der Gesellschafter aus der Gesellschaft ausgeschieden ist. Der Abfindungsanspruch orientiert sich dabei entgegen dem Wortlaut des § 738 Abs. 1 Satz 2 BGB nicht am Liquidationserlös, sondern am tatsächlichen Wert des lebenden Unternehmens.[35] Erhebliche Unsicherheiten bringt allerdings die Bewertung des Anteils mit sich. In der Regel ist davon auszugehen, dass sich der Wert des Unternehmens in der Ertragsfähigkeit spiegelt, die ihrerseits zukunftsgerichtet zu ermitteln ist.[36] Der ausscheidende Gesellschafter kann ferner Gegenstände zurückverlangen, die er der Gesellschaft zur Nutzung überlassen hat (§ 738 Abs. 1 Satz 2 BGB). Darüber hinaus kann der ausscheidende Gesellschafter von den verbleibenden Gesellschaftern und der Gesellschaft die Freistellung von Verbindlichkeiten der Gesellschaft verlangen. Der Freistellungsanspruch verwandelt sich bei entsprechender Inanspruchnahme in einen Rückgriffsanspruch. An Gewinnen und Verlusten aus den im Zeitpunkt des Ausscheidens schwebenden Geschäften nimmt der aus- 22

29 BGH NJW 1995, 597.
30 Vgl. etwa BGHZ 31, 295; 46, 392.
31 BGH NJW 1977, 1013.
32 BGHZ 68, 212.
33 Siehe etwa BGHZ 105, 213; BGH NJW 1989, 2681; NJW 1994, 1156. Das gilt auch für die GmbH, siehe BGHZ 112, 103.
34 BGHZ 81, 263.
35 Zum anteiligen Verkehrswert als Maßstab siehe etwa BGH NJW 1992, 892; BGHZ 144, 365.
36 Dazu der IDW Standard 1: Grundsätze zur Durchführung von Unternehmensbewertungen herausgegeben vom Institut der Wirtschaftsprüfer. Siehe dazu Reuter/Lenz DB 2006, 1689.

scheidende Gesellschafter teil (§ 740 BGB). Die vorstehenden Pflichten sind einer Regelung im Gesellschaftsvertrag zugänglich. Besondere Bedeutung hat die Gestaltungsfreiheit im Hinblick auf den Abfindungsanspruch.

4. Gestaltung des Abfindungsanspruch

23 In den Gesellschaftsvertrag einer GmbH & Co. KG werden regelmäßig Klauseln über die Bestimmung der Abfindung beim Ausscheiden aus der Gesellschaft aufgenommen. Inhalt der Klauseln ist häufig die Begrenzung der **Abfindung auf den Buchwert** des Gesellschaftsanteils verbunden mit einer Ratenauszahlungsvereinbarung. Auf diesem Wege soll die Liquidität des Unternehmens geschützt, die Kalkulation auf eine sichere Grundlage gestellt und der Gesellschafterbestand soweit wie möglich erhalten werden.[37] Die Klauseln sind sorgfältig zu gestalten, da die Abfindung häufig nur die Fortsetzung von Streitigkeiten oder Meinungsverschiedenheiten in der Gesellschaft ist. Die unterschiedlichen Beschränkungen der Abfindung sind nur im rechtsgeschäftlichen Rahmen zulässig. Bei der Prüfung spielen die Sittenwidrigkeit (§ 138 Abs. 1 BGB) und die unzulässige Beschränkung der Kündigung der Gesellschaft (§ 723 Abs. 3 BGB) eine entscheidende Rolle.

24 Die **Rechtsprechung hat Klauseln für unzulässig erklärt**, die nach der Person des Begünstigten differenzieren.[38] Auf die Art des Ausscheidens darf daher bei der Formulierung der Abfindungsklausel grundsätzlich nicht abgesellt werden (Verbot der Gläubigerbenachteiligung). Vielmehr muss eine Beschränkung allgemein gelten. Zulässig ist es allerdings, die Höhe der Abfindung danach zu staffeln, ob der Gesellschafter wegen eines eigenen Fehlverhaltens ausgeschlossen wird oder die Gesellschaft aus eigenem Antrieb freiwillig verlässt.[39] Besonderheiten gelten ferner für das Ausscheiden mit dem Tod eines Gesellschafters.[40] Ferner ist eine willkürliche Differenzierung bei der Abfindung einzelner Gesellschafter als Verstoß gegen den Grundsatz der Gleichbehandlung der Gesellschafter einzuordnen. Rechtsfolge ist in solchen Fällen allerdings nicht die Unwirksamkeit der Klausel und das Abstellen auf die gesetzliche Regelung, sondern die Anpassung an die maßgebende Regelung für die anderen Gesellschafter. Dabei ist aber zu berücksichtigen, dass sachliche Differenzierungskriterien, etwa die Dauer der Mitgliedschaft in der Gesellschaft, in die Höhe der Abfindung einfließen dürfen. Nach der Rechtsprechung soll die **Art des Erwerbs des Gesellschaftsanteils** (z.B. Schenkung) kein taugliches Kriterium für die Bemessung der Abfindung sein.[41]

25 Im Hinblick auf die **Höhe der Abfindung** ist nicht nur der vollständige Ausschluss unwirksam,[42] sondern auch eine Vereinbarung, nach der die Abfindung erheblich hinter dem Verkehrswert zurückbleibt.[43] Dabei sind Abfindungen in Höhe des Buchwertes durchaus üblich und von der Rechtsprechung im Grundsatz als wirksam anerkannt. Schwierigkeiten bereitet insoweit aber häufig die konkrete Berechnung, insbesondere im Hinblick auf die offenen Rücklagen.[44] Die Prognose zukünftiger stiller Reserven im Unternehmen beinhaltet naturgemäß ein gewisses Risiko. Beträgt die Abfindung eines Kommanditisten nur die Hälfte des Buchwerts, geht die Rechtsprechung von

---

37 Ausführlich Binz/Sorg § 6 Rn. 144.
38 BGH NJW 2000, 2819.
39 Vgl. Binz/Sorg § 6 Rn. 178.
40 Umstritten ist die Rechtslage bei der Schenkung, dazu BGH NJW 1989, 2685.
41 BGH NJW 1989, 2685.
42 Ausnahmen können für Gesellschaften in Betracht kommen, die kein Unternehmen betreiben und rein ideelle Zwecke verfolgen, siehe BGH NJW 1997, 2592.
43 BGH NJW 1993, 3193.
44 BGH NJW 1996, 1678; 1979, 104.

der Unwirksamkeit der Klausel aus.[45] Maßgebend sind aber stets die Umstände des Einzelfalles, sodass allgemeine Aussagen erschwert werden. Wird die Hälfte des tatsächlichen Anteilswertes allerdings unterschritten, wird in der Regel von einem erheblichen Missverhältnis auszugehen sein, das nur ausnahmsweise nicht zur Sittenwidrigkeit führt. Ein im Laufe der Zeit eintretendes Missverhältnis von Verkehrswert und dem vereinbarten Abfindungswert führt nicht zur Nichtigkeit, sondern zur Anpassung im Wege der ergänzenden Vertragsauslegung (nicht Wirksamkeits-, sondern Ausübungskontrolle). Gleiches gilt für andere Bezugswerte zur Bemessung der Abfindung, etwa den bewertungsrechtlichen Wert des Betriebsvermögens (§§ 95, 97 BewG), die zudem durch die häufigen Änderungen des Steuerrechts fremdbestimmt sind. Weniger Probleme bereiten die Auszahlungsmodalitäten. Diese müssen sich aber im Rahmen des Üblichen halten.[46] Die Fälligkeit auf einen Zeitraum von mehr als zehn Jahren zu verschieben, liegt nicht mehr im üblichen Rahmen.[47]

5. Haftung

Die Auszahlung des Abfindungsbetrags an den **ausscheidenden Kommanditisten** führt nicht 26
nur zum Erlöschen des Abfindungsanspruchs, sondern auch zur Rückgewähr der Einlage an den Kommanditisten. Dadurch lebt die Haftung des Kommanditisten nach §§ 171 Abs. 1, 172 Abs. 1 und 4 HGB wieder auf. Der ausgeschiedene Kommanditist kann von Gläubigern der GmbH & Co. KG bis zur Höhe seiner Hafteinlage wieder persönlich in Anspruch genommen werden, sofern die Verbindlichkeit bis zur Wirksamkeit seines Ausscheidens begründet wurde. Nach § 160 HGB kommt es allerdings zur Enthaftung des Kommanditisten, wenn die Verbindlichkeit nicht vor Ablauf von fünf Jahren nach dem Ausscheiden fällig wird oder nicht entsprechend der Vorgaben der Norm festgestellt wird. Eine weitere Beschränkung der Nachhaftung kommt nur durch entsprechende Vereinbarung mit den Gläubigern der GmbH & Co. KG in Betracht. Problematisch ist die Frage der Haftung des einzigen Kommanditisten der GmbH & Co. KG, wenn der einzige Komplementär aus der Gesellschaft ausscheidet. Ein solches Ausscheiden ist grundsätzlich möglich. Als Folge davon ist die GmbH & Co. KG aufzulösen.[48] Dabei würde der Kommanditist als Rechtsnachfolger und Einzelkaufmann unbeschränkt für die Verbindlichkeiten haften. Die gleiche Situation würde bei Ausscheiden der Komplementär-GmbH wegen Insolvenz (§ 131 Abs. 3 Nr. 2 HGB) und liquidationsloser Beendigung der GmbH & Co. KG eintreten. Um einen sachgerechten Interessenausgleich für den Kommanditisten zu erreichen, soll auf derartige Fälle § 27 HGB analog angewandt werden. Der Kommanditist kann danach seine Haftung auf das ihm zugefallene Gesellschaftervermögen beschränken.

IV. Tod eines Gesellschafters

Durch Tod eines Gesellschafters wird die GmbH & Co. KG nicht aufgelöst, sondern fortgesetzt 27
(§ 131 Abs. 3 Nr. 1 HGB). Wie die Fortsetzung aussieht, hängt von der Gesellschafterstellung des verstorbenen Gesellschafters ab.

45 BGH NJW 1989, 2685.
46 K. Schmidt Gesellschaftsrecht § 50 IV 2 c.
47 BGH NJW 1989, 2685.
48 Ganz h.M. siehe nur Baumbach/Hopt § 131 Rn. 35 f.

1. Gesetzliche Regelung

28 Handelt es sich bei dem **verstorbenen Gesellschafter um einen Komplementär**, wird die GmbH & Co. KG nach der gesetzlichen Regelung nach dem Ausscheiden des Komplementärs mit den übrigen Gesellschaftern fortgesetzt (§§ 131 Abs. 3 Nr. 1, 161 Abs. 2 HGB). Der Gesellschaftsanteil des verstorbenen Gesellschafters geht nicht unter, sondern wächst den verbleibenden Gesellschaftern an. Die Aufteilung richtet sich nach den Beteiligungsquoten. Die weiteren Rechtsfolgen entsprechen dem Ausscheiden in anderen Fällen. Der Abfindungsanspruch (§ 738 Abs. 1 Satz 2 BGB) fällt in den Nachlass und steht den Erben zu. Die Ermittlung des Abfindungsanspruchs richtet sich nach den gleichen Regeln, wie in anderen Fällen des Ausscheidens eines Gesellschafters aus der Gesellschaft. Maßgebend für die Höhe des Anspruchs ist grundsätzlich der Verkehrswert des Anteils. Da der Tod der natürlichen Person der Vollbeendigung einer juristischen Person insoweit gleich steht, führt die Vollbeendigung der Komplementär-GmbH zu den gleichen Rechtsfolgen. Zumindest vergleichbar ist das wirtschaftliche Ende einer natürlichen oder juristischen Person, das aber nur bei Eröffnung des Insolvenzverfahrens nach § 131 Abs. 3 Nr. 2 HGB zum Ausscheiden aus der GmbH & Co. KG führt.

29 Die Rechtsfolgen beim **Tod eines Kommanditisten** sind dem § 177 HGB zu entnehmen. Danach wird die Gesellschaft mit den Erben fortgesetzt. Die Erben treten im Wege der Sonderrechtsnachfolge in die Stellung des verstorbenen Kommanditisten ein. Der ursprüngliche Kommanditanteil zerfällt in so viele Anteile, wie Erben vorhanden sind. Das gilt nicht, soweit Beschränkungen auf dem ererbten Anteil liegen (z.B. Nacherbschaft oder Testamentsvollstreckung). Die Höhe des jeweiligen Anteils bestimmt sich nach der Erbquote. Die Erbengemeinschaft selbst wird nicht Kommanditist der GmbH & Co. KG.[49] Die Insolvenz des Kommanditisten führt dagegen zu seinem Ausscheiden aus der Gesellschaft. Insoweit bestehen für den Kommanditisten keine Sonderregeln, sodass gleiches wie für den Komplementär gilt. Dabei ist allerdings zu berücksichtigen, dass falls ein Insolvenzverfahren mangels Masse nicht eröffnet wird, der gesetzliche Ausschlussgrund nicht vorliegt. Insoweit kann nur eine Vereinbarung im Gesellschaftsvertrag Abhilfe schaffen. Falls in den Nachlass auch ein Geschäftsanteil der Komplementär-GmbH fällt, ist die unterschiedliche Rechtslage zu beachten. Der **GmbH-Anteil ist frei vererblich** und fällt unter die Verwaltungs- und Verfügungsbefugnis der Erbengemeinschaft. Die Mitgliedschaftsrechte können nur von den Erben gemeinschaftlich ausgeübt werden (§ 18 GmbHG). Die Insolvenz eines Gesellschafters hat auf seine Stellung als Gesellschafter der GmbH keine unmittelbare Auswirkung.

2. Vertragliche Gestaltungen

30 Gestaltungen der Nachfolge beim Tod eines Gesellschafters sollten nicht nur das vorgestellte Gesellschaftsrecht im Blick haben, sondern auch das Erbrecht. In der Praxis findet die Abstimmung zwischen Gesellschafts- und Erbrecht in vielen Fällen nur vordergründig oder gar nicht statt. Der in den entsprechenden Erklärungen geäußerte Wille des Gesellschafters und des Erblassers stimmen oft nicht überein bzw. sind nicht aufeinander abgestimmt. Im Hinblick auf die GmbH & Co. KG sind zahlreiche Gestaltungen im Gesellschaftsvertrag denkbar. Die gesellschaftsrechtlich gewählte Gestaltung sollte sich dann aber auch im Erbrecht niederschlagen. Bei der Nachfolgeplanung darf ferner die Komplementär-GmbH nicht außer Acht gelassen werden, wenn die Kommanditisten gleichzeitig Gesellschafter der GmbH sind. Auf der Grundlage der dargestellten

49 Ständige Rechtsprechung seit BGHZ 22, 186.

gesellschaftsrechtlichen Gesetzesregeln sollen die unterschiedlichen Gestaltungsmöglichkeiten aufgezeigt werden. Dabei ist zwischen der Nachfolge in die Komplementär- und Kommanditistenstellung zu unterscheiden. In der typischen GmbH & Co. KG mit der GmbH als einzigem Komplementär kommen für den Tod eines Gesellschafters lediglich Regelungen für den Kommanditisten in Betracht.

a) Einfache Nachfolgeklausel

Die einfache Nachfolgeklausel ist eine gesellschaftsvertragliche Regelung, nach der die Erben mit dem Tod des ausscheidenden Gesellschafters in die Gesellschafterstellung nachrücken. Die einfache Nachfolgeklausel stellt den Gesellschaftsanteil vererblich. Die aufgrund der erbrechtlichen Regeln berufenen Erben erlangen mittels Sonderrechtsnachfolge die Stellung als Gesellschafter.[50] Bei mehreren Erben wird der Gesellschaftsanteil entsprechend den Erbquoten geteilt. Die **einfache Nachfolgeklausel entspricht daher der gesetzlichen Regel in § 177 HGB beim Tod eines Kommanditisten**. Für die Nachfolge in den Komplementäranteil hat jeder Erbe das Recht des § 139 Abs. 1 HGB. Danach kann jeder Erbe sein Verbleiben in der Gesellschaft davon abhängig machen, dass ihm unter Belassung des bisherigen (anteiligen) Gewinnanteils die Stellung als Kommanditist eingeräumt wird und der entsprechende Anteil am Kapital des Erblassers als seine Kommanditeinlage anerkannt wird. Auf diesem Wege kann sich jeder Erbe vor den Folgen der unbeschränkten persönlichen Haftung schützen.[51] Der Antrag ist innerhalb von drei Monaten zu stellen. Die anderen Gesellschafter haben über den Antrag in der Regel einstimmig zu entscheiden. Sie sind in ihrer Entscheidung grundsätzlich frei und müssen die Anträge verschiedener Erben nicht gleich bescheiden. Wird ein Antrag abgelehnt, kann der betroffene Erbe ohne Einhaltung einer Frist sein Ausscheiden aus der Gesellschaft erklären (§ 139 Abs. 2 HGB). 31

Handelt es sich bei dem Erben des Komplementärs um einen Kommanditisten der GmbH & Co. KG, gehen die beiden Gesellschafterstellungen in eine einheitliche Beteiligung ein, es sei denn auf dem ererbten Anteil lastet eine Beschränkung.[52] War der Erbe bereits Komplementär, kann er von dem Antragsrecht des § 139 HGB keinen Gebrauch machen. Die Regelung des § 139 HGB ist für den Erben ein Mindeststandard. Abweichungen im Gesellschaftsvertrag sind nur zugunsten des Nachfolgers möglich. Das gilt insbesondere für sog. Umwandlungsklauseln, die den Erben automatisch zum Kommanditisten machen. Bei der GmbH & Co. KG ist die Gefahr nicht vorhanden, dass der letzte Komplementär aufgrund der Wirkung der Klausel wegfällt. 32

b) Qualifizierte Nachfolgeklausel

Die Nachfolge in einen Gesellschaftsanteil hat für die GmbH & Co. KG erhebliche Bedeutung, insbesondere, wenn es um eine hohe Beteiligungsquote geht. Sowohl für den Komplementäranteil, aber gerade in Familiengesellschaften auch für den Kommanditanteil, sind daher **Qualifizierungsmerkmale** für den Nachfolger verbreitet. Die Qualifizierung kann in qualitativer oder quantitativer Form ausgestaltet sein. Sie gilt regelmäßig nicht nur für den Erben, sondern auch für einen Vermächtnisnehmer, falls dieser zur Nachfolge berechtigt sein soll. Neben der Familienzugehörigkeit des Nachfolgers eigenen sich die Ausbildung, das Alter oder eine bestimmte Berufs- 33

50 BGHZ 22, 186.

51 Für die Zwischenzeit ist die Möglichkeit der Haftungsbeschränkung nach §§ 1975 ff. BGB eröffnet (§ 139 Abs. 4 HGB).

52 BGHZ 98, 48 (57).

erfahrung für die Qualifizierung.[53] Dabei kann die Klausel auch in der Form abgefasst werden, dass eine Qualifizierung der letztwilligen Verfügung des Erblassers vorbehalten bleibt. Gerade in der zuletzt genannten Variante ist aber ein besonderer Abstimmungsbedarf zwischen dem Gesellschaftsvertrag und dem Testament offensichtlich.

34 Der qualifizierte Nachfolger rückt als Erbe aufgrund der Sonderrechtsnachfolge unmittelbar als Gesellschafter in die GmbH & Co. KG ein.[54] Die Quote, mit der er an der Erbengemeinschaft beteiligt ist, spielt dabei keine Rolle. Bei der **Auseinandersetzung der Erbengemeinschaft** ist der Wert des Gesellschaftsanteils gegenüber den anderen Miterben auszugleichen. Um den Gesellschaftsanteil nicht mit dem Ausgleich und den damit häufig zusammenhängenden Liquiditätsproblemen zu belasten, kann sich je nach Nachlassstruktur ein Vorausvermächtnis anbieten. Das Vermächtnis kann auf den Gesellschaftsanteil oder den die Erbquote übersteigenden Wert gerichtet sein.[55] Da der Gesellschaftsvertrag die maßgebende Bestimmung für die Sonderrechtsnachfolge in den Gesellschaftsanteil darstellt, ist die letztwillige Verfügung nicht nur auf die qualifizierte Nachfolgeklausel abzustimmen, sondern auch auf die Qualifizierungsmerkmale. Erfüllt die als Nachfolger gewählte Person die gesellschaftsvertraglichen Qualifizierungsmerkmale nicht, kann sie nicht automatisch Gesellschafter werden. Nur ausnahmsweise wird die gesellschaftsvertragliche Klausel im Sinne einer Eintrittklausel ausgelegt (bzw. in eine solche umgedeutet) werden können.[56] Die Erben haben lediglich einen Abfindungsanspruch (§ 738 Abs. 1 Satz 2 BGB); der Gesellschaftsanteil wächst den übrigen Gesellschaftern nach Höhe ihre jeweiligen Beteiligungsquoten an. Falls kein Erbe die Voraussetzungen erfüllt, kann die Erweiterung der gesellschaftsrechtlichen Klausel auf Vermächtnisnehmer helfen, um den Gesellschaftsanteil auf einen vom Erblassen gewählten Nachfolger zu übertragen. Die Erben haben den Anteil an den Vermächtnisnehmer zu übertragen.

35 Bei der qualifizierten Nachfolgeklausel im Hinblick auf einen **Komplementäranteil** kann der Nachfolger ebenfalls von seinem Recht nach § 139 Abs. 1 HGB Gebrauch machen und einen Antrag auf Wandlung seiner Stellung in die eines Kommanditisten stellen. Für den Kommanditisten lässt sich das Ziel eines qualifizierten Nachfolgers auch im Rahmen der gesetzlichen Nachfolgeregelung (§ 177 HGB) erreichen. Im Gesellschaftsvertrag wird eine Klausel aufgenommen, nach der nicht qualifizierte Erben ihre Anteile auf die qualifizierten Nachfolger übertragen müssen. Als Sanktion eignet sich der Ausschluss.[57]

c) Ausschluss der Vererblichkeit

36 Da der Kommanditanteil nach der gesetzlichen Regelung des § 177 HGB auf die Erben übergeht, kann sich im Einzelfall auch eine Klausel im Gesellschaftsvertrag anbieten, welche die **Vererblichkeit des Gesellschaftsanteils ausschließt**. Nach allgemeiner Ansicht ist die Vorschrift des § 177 HGB einer Disposition zugänglich. Die gesellschaftsvertragliche Klausel schließt nur den Übergang des Gesellschaftsanteils auf den oder die Erben aus. Die Gesellschaft wird mit den übrigen Gesellschaftern fortgesetzt (§ 131 Abs. 3 HGB entsprechend). Den Erben steht ein Abfindungsanspruch zu, der im Gesellschaftsvertrag beschränkt oder ausgeschlossen werden kann. Der Gesellschaftsvertrag kann für Fall des Todes eines Gesellschafters auch bestimmen, dass die Gesellschaft aufgelöst wird. § 131 Abs. 3 HGB ist ebenfalls dispositiv.

53 Vgl. Sudhoff/Jäger § 34 Rn. 11.
54 BGHZ 68, 225.
55 Binz/Sorg § 6 Rn. 34; Götz NZG 2004, 345.
56 Siehe dazu etwa BGH NJW 78, 264.
57 BGHZ 105, 213.

d) Eintrittsklausel

Im Gegensatz zu den Nachfolgeklauseln handelt es sich bei der Eintrittsklausel nicht um eine Regelung, die zu einem automatischen Wechsel in der Gesellschafterstellung beim Tod eines Gesellschafters führt. Vielmehr wird dem Erben oder einer dritten Person lediglich das Recht eingeräumt, in die Gesellschaft einzutreten.[58] Für den Gesellschafterwechsel ist neben dem Ausscheiden eines Gesellschafters durch Tod die **Aufnahme- oder Beitrittserklärung** des Eintrittsberechtigten erforderlich. Erst mit der entsprechenden rechtsgeschäftlichen Erklärung wird der Erbe oder der begünstigte Dritte Gesellschafter der GmbH & Co. KG. In der Zeit vom Tod des Gesellschafters bis zum Eintritt des in der Klausel Begünstigten wächst der Gesellschaftsanteil den verbleibenden Gesellschaftern an. Mit dem Eintritt findet eine sog. Abwachsung des Gesellschaftsanteils bei den übrigen Gesellschaftern und die Anwachsung bei dem eintretenden Gesellschafter statt. Probleme bereitet bei der Eintrittsklausel häufig die Abfindung an die Erben verbunden mit der Verpflichtung des Eintrittsberechtigten zur Erbringung einer entsprechenden Einlage. Nur auf diesem Wege lässt sich aber ein Liquiditätsverlust bei der GmbH & Co. KG vermeiden. Für den Kommanditanteil der GmbH & Co. KG wird sich in solchen Fällen regelmäßig eine Treuhandlösung anbieten. Um die Vererblichkeit der Gesellschaftsanteile entsprechend der Regelung in § 177 HGB zu verhindern, ist ein Ausschluss des Übergangs des Anteils durch Erbfolge in den Gesellschaftsvertrag aufzunehmen. Ferner ist vorzusehen, dass die verbleibenden Gesellschafter den Anteil des verstorbenen Gesellschafters zunächst treuhänderisch halten, bis der Eintritt erklärt wird. Um die Liquidität des eintretenden Gesellschafters und der GmbH & Co. KG nicht zu belasten, wird die Abfindung für den Fall des Todes eines Gesellschafters ausgeschlossen. Auf den Nachlass hat die so formulierte Eintrittsklausel keine Wirkung, da der Anteil nicht in den Nachlass fällt. 37

e) Testamentsvollstreckung

Während die Verwaltungstestamentsvollstreckung im Hinblick auf den Komplementäranteil erhebliche Schwierigkeiten bereitet, treten Konflikte bei der Testamentsvollstreckung in den Kommanditanteil nur vereinzelt auf. Im Hinblick auf den **Komplementäranteil** ist die uneingeschränkte Testamentsvollstreckung nach wie vor unzulässig.[59] Zur Begründung wird in erster Linie zu Recht angeführt, dass sich die unbeschränkte persönliche Haftung des Komplementärs für Verbindlichkeiten der Gesellschaft gegenüber Dritten nicht mit der auf den Nachlass beschränkten Befugnis des Testamentsvollstreckers (§ 2206 BGB) verträgt. In der Praxis wird eine Testamentsvollstreckung begrenzt auf die Vermögensrechte (im Gegensatz zu den Mitgliedschaftsrechten) der Komplementärbeteiligung aber überwiegend für wirksam erachtet.[60] Als Ausweichgestaltung kommt eine Treuhandlösung in Betracht, die für den Testamentsvollstrecker allerdings mit den erheblichen Risiken der unbeschränkten Haftung verbunden ist. Am Anteil an der Komplementär-GmbH ist die Verwaltungsvollstreckung dagegen grundsätzlich zulässig. Sofern keine andere Regelung im Gesellschaftsvertrag enthalten ist, müssen die anderen Gesellschafter für die Testamentsvollstreckung nicht mitwirken. 38

58 Etwa BGH NJW 1978, 264.
59 BGHZ 24, 106; 68, 225; 98, 48.
60 BGH NJW 1998, 1313; 1996, 1284.

39 In Bezug auf **einen Kommanditanteil** ist die Möglichkeit der Testamentsvollstreckung von der Rechtsprechung anerkannt.[61] Sie wird allerdings davon abhängig gemacht, dass die übrigen Gesellschafter zustimmen oder der Gesellschaftsvertrag die Testamentsvollstreckung vorsieht. Die bereits beim Komplementäranteil angesprochenen Konflikte können beim Kommanditanteil aber in Einzelfällen ebenfalls auftreten. So ist der Testamentsvollstrecker nicht zur Mitwirkung an einer Kapitalerhöhung in der GmbH & Co. KG befugt, die für den Erben eine unbeschränkte persönliche Haftung auslösen kann.[62] Die Mitwirkung ist aber zulässig, wenn der Erbe der Maßnahme zustimmt.

5

f) Abfindungsanspruch

40 Verglichen mit den rechtlichen Möglichkeiten zur Gestaltung des Abfindungsanspruchs beim Ausscheiden aus der Gesellschaft aus anderen Gründen, ist der Spielraum beim Ausscheiden wegen des Todes eines Gesellschafters größer. Im Zusammenhang mit dem Ausscheiden durch Tod eines Gesellschafters ist es insbesondere grundsätzlich möglich, den **Abfindungsanspruch der Erben vollständig abzubedingen.**[63] Maßstab für die Wirksamkeit der im Gesellschaftsvertrag niedergelegten Abfindungsregelung ist § 138 BGB. § 723 Abs. 3 BGB kommt für den Fall des Todes eines Gesellschafters nicht in Betracht. Nach § 138 BGB ist ein vollständiger Abfindungsausschluss bedenklich, wenn es gerade die Leistung des ausgeschiedenen Gesellschafters war, der die GmbH & Co. KG zum Erfolg geführt hat. Darüber hinaus muss aber ferner die Dauer der Mitgliedschaft den Ausschluss der Erben vom Erfolg des Unternehmens unzumutbar erscheinen lassen.[64] Da für die Beurteilung der Sittenwidrigkeit auf den Abschluss der Vereinbarung abzustellen ist, handelt es sich bei dem konkreten Fall wohl richtigerweise um eine Anpassung der Vereinbarung aufgrund von Treu- und Glauben (§ 242 BGB). Ist der Abfindungsausschluss für den Tod jedes Gesellschafters vorgesehen, liegt darin keine Schenkung an die übrigen Gesellschafter, da die Chance der Anwachsung für alle gleich ist.[65] Anders wertet der BGH einen einseitigen Abfindungsausschluss. Das ist für die Form der Vereinbarung von Bedeutung; der Mangel kann durch Vollzug allerdings geheilt werden.[66] Im Hinblick auf die Pflichtteilsergänzungsansprüche kann die Bewertung als Schenkung erhebliche Auswirkungen haben (§§ 2325, 2329 BGB).

B. Ertragsteuern

41 Entsprechend der gesellschaftsrechtlichen Vorgehensweise soll auch im Hinblick auf die ertragsteuerlichen Auswirkungen zwischen den unterschiedlichen Fällen des Ausscheidens aus der Gesellschaft getrennt werden. Die Unterscheidung zwischen dem Komplementär und dem Kommanditisten ist nur an einzelnen Stellen notwendig, da die ertragsteuerliche Behandlung im Grundsatz keinen Unterschied kennt (§ 15 Abs. 1 Nr. 2 EStG). Zunächst ist allerdings der Gesell-

61 BGHZ 108, 187.

62 Teilweise wird darüber hinaus argumentiert, dass der gesamte Kernbereich der Mitgliedschaft der Testamentsvollstreckung entzogen sei. Zum Meinungsstreit Hesselmann/Hannes § 10 Rn. 168. Vorzugswürdig erscheint allerdings die Mitwirkung in der Beziehung des Testamentsvollstreckers zum Erben zu belassen und nach den entsprechenden Regeln zu argumentieren. Dazu Lorz, Testamentsvollstreckung und Unternehmensrecht, 176 ff.

63 BGHZ 22, 186 (194).

64 Vgl. BGH NJW 1993, 3193.

65 BGHZ 22, 186 (194 f.). BGHZ 50, 307.

66 Auch die Umstände können, entgegen dem Wortlaut der Klausel, für die Einseitigkeit sprechen, dazu BGH NJW 1981, 1956.

schafterwechsel durch Eintritt eines neuen Gesellschafters aus steuerlicher Sicht zu betrachten. Bei der GmbH & Co. KG wird es sich insoweit regelmäßig um einen Kommanditisten handeln.

I. Eintritt eines weiteren Gesellschafters

Beim Eintritt eines weiteren Gesellschafters in die GmbH & Co. KG ist in Bezug auf die steuer- 42
lichen Wirkungen zwischen den übrigen Gesellschafter und dem neu eintretenden Gesellschafter zu unterscheiden. Für den neu eintretenden Gesellschafter kommt es dabei auf den **Gegenstand der Einlage** an (Bareinlage, Sacheinlage oder Betrieb, Teilbetrieb bzw. Mitunternehmeranteil). Neben dem Eintritt durch Änderung des Gesellschaftsvertrags kommt für Kommanditisten der Eintritt durch Erwerb eines Kommanditanteils und dessen Abtretung in Betracht. Auf diesem Wege werden Eintritt und Austritt miteinander verbunden. Die Abtretung und Nachfolge in einen Kommanditanteil hat aber regelmäßig haftungsrechtlich Vorteile, die für die Wahl letztgenannter Variante sprechen. Zunächst soll der gewöhnliche Eintritt in die Gesellschaft betrachtet werden, bevor unter d) der Eintritt durch Erwerb eines (Kommandit-)Anteils ausgeführt wird.

1. Übrige Gesellschafter

Die Behandlung des Eintritts eines weiteren Gesellschafters, also die Gewährung von Gesell- 43
schaftsrechten gegen Einlage, hat auch für die übrigen Gesellschafter Auswirkungen, da die Anwachsung beim eintretenden Gesellschafter eine Abwachsung bei den anderen Gesellschaftern zur Folge hat. Je nach Ausgestaltung der Einlage muss damit aber keine Minderung des Werts der Beteiligung eines Gesellschafters verbunden sein. Steuerrechtlich wird der Eintritt eines neuen Gesellschafters bei den übrigen Gesellschaftern nach § 24 UmwStG beurteilt. Dabei wird unterstellt, dass die bisherigen Gesellschafter ihre Mitunternehmeranteile in eine neue Mitunternehmerschaft (Personengesellschaft) einbringen und dafür entsprechende Gesellschaftsanteile erhalten.[67] Die steuerliche Beurteilung entspricht daher der **Einbringung eines Betriebes oder Teilbetriebes** in die GmbH & Co. KG (siehe Rn. 48). Bei jedem Gesellschafter liegt eine gesondert zu beurteilende Einbringung vor. Es ist allerdings zu beachten, dass die GmbH & Co. KG durch den Eintritt eines neuen Gesellschafters als Gesamthandsgemeinschaft und Träger von Rechten und Pflichten nicht verändert wird.[68]

Die Einbringung in eine neue Mitunternehmerschaft ist eine rein steuerliche Betrachtung. Im 44
Grundsatz haben die übrigen Gesellschafter ihre eingebrachten Anteile mit dem gemeinen Wert anzusetzen (§ 24 Abs. 2 UmwStG). Sie haben aber ein Wahlrecht und können ihre Anteile auch zum Buchwert oder einem Zwischenwert einlegen. Voraussetzung für die **Buchwertfortführung** ist allerdings, dass sichergestellt ist, dass das Vermögen später bei der Gesellschaft der Besteuerung unterliegt, und das Recht der Bundesrepublik Deutschland hinsichtlich der Besteuerung des Gewinns aus der Veräußerung des eingebrachten Betriebsvermögens nicht ausgeschlossen oder beschränkt wird. Werden Ausgleichzahlungen geleistet, liegt ein Veräußerungsvorgang und keine Einbringung vor. Die steuerliche Behandlung der übrigen Gesellschafter hängt nicht davon ab, welche Gesellschafterstellung der eintretende Gesellschafter in der GmbH & Co. KG einnimmt. Ohne Beteiligung am Vermögen der GmbH & Co. KG fehlt es aber nach Ansicht der Rechtsprechung und Finanzverwaltung an einem Übertragungsvorgang, sodass § 24 UmwStG keine An-

67 BFH BStBl. II 1985, 695.
68 Bedenken gegen die steuerliche Behandlung werden daher etwa von Kirchhof/Reiß EStG § 15 Rn. 330 vorgebracht.

wendung findet. Besondere Bedeutung erlangt dies beim Eintritt einer neuen Komplementär-GmbH, die am Vermögen der Gesellschaft nicht beteiligt sein soll.[69]

2. Eintretender Gesellschafter

45 Die steuerliche Behandlung des eintretenden Gesellschafters hängt nicht davon ab, ob er künftig als Kommanditist oder Komplementär an der GmbH & Co. KG beteiligt ist. Für die steuerliche Behandlung ist vielmehr ausschlaggebend, welche Einlage von dem neu eintretenden Gesellschafter zu erbringen ist.

a) Unentgeltliche Aufnahme in die GmbH & Co. KG

46 Wird der neue Gesellschafter in die GmbH & Co. KG aufgenommen, ohne dass er eine Einlage zu leisten hat, handelt es sich um eine unentgeltliche Übertragung (eines Teils) eines Anteils an einer Mitunternehmerschaft nach § 6 Abs. 3 EStG. Für den neu eintretenden Gesellschafter ergeben sich keine besonderen steuerlichen Auswirkungen, sofern es sich bei dem Gesellschafter um eine natürliche Person handelt (§ 6 Abs. 3 Satz 1 EStG). Der unentgeltlich übertragene Kapitalanteil an der GmbH & Co. KG wird auf sein Kapitalkonto umgeschrieben. Die Buchwerte der GmbH & Co. KG werden weitergeführt. Veräußerungs- oder entsprechende Ersatztatbestände bei den übrigen Gesellschaftern liegen nicht vor.

b) Aufnahme gegen Bareinlage

47 Hat der eintretende Gesellschafter eine Bareinlage zu erbringen, stellen die Aufwendungen für den eintretenden Gesellschafter Anschaffungskosten seines Mitunternehmeranteils dar. Übersteigen die Aufwendungen den in der Gesamthandsbilanz ausgewiesenen Kapitalanteil, werden sie in der Gesamthandsbilanz der GmbH & Co. KG nicht sachgerecht abgebildet. In der Gesamthandsbilanz wird in Höhe der Differenz lediglich eine gebundene Kapitalrücklage gebildet, die allen Gesellschaftern gesamthänderisch, entsprechend ihrer Beteiligungsquote zusteht. Um den Vorgang sachgerecht abzubilden, ist für den eintretenden Gesellschafter eine **(positive) Ergänzungsbilanz** zu erstellen. Dabei stehen der überschießende Betrag der Einlage als Korrekturposten zu dem in der Gesamthandsbilanz ausgewiesenen Kapital auf der Passivseite und die – im Verhältnis der Teilwerte – aufgestockten Wirtschaftsgüter mit Korrekturposten auf der Aktivseite der Ergänzungsbilanz. Mit dem Eintritt auf den Gesellschafter übertragene stille Reserven der anderen Gesellschafter können durch negative Ergänzungsbilanzen der übrigen Gesellschafter neutralisiert werden.[70]

c) Aufnahme gegen Sacheinlage

48 Ist eine Sacheinlage -bestehend aus einem Wirtschaftsgut oder mehreren einzelnen Wirtschaftsgütern- zu leisten, hängen die steuerlichen Folgen davon ab, ob die Wirtschaftsgüter aus dem Privatvermögen oder dem Betriebsvermögen des Gesellschafters auf die GmbH & Co. KG übertra-

69 BFH BStBl. II 1994, 856.

70 Weitere Lösungen für die Darstellung in der (Gesamt)Bilanz siehe BMF BStBl. I 1998, 268; vgl. aber BMF-Schreiben vom 29.05.2006.

gen werden. Die **Übertragung von Wirtschaftsgütern des Privatvermögens** führen zum Ansatz des Teilwertes in der Bilanz der GmbH & Co. KG. Auf der Passivseite der Bilanz wird der entsprechende Kapitalanteil des neu eintretenden Gesellschafters eingestellt. Der zwingende Teilwertansatz (§ 6 Abs. 1 Nr. 5 EStG) kann beim Gesellschafter zur Besteuerung des Vorgangs entsprechend einer Veräußerung nach §§ 17, 23 EStG führen, sofern im Hinblick auf das eingebrachte Wirtschaftsgut die gesetzlichen Voraussetzungen eines Einkunftstatbestandes vorliegen. Handelt es bei dem eingebrachten **Wirtschaftsgut um Betriebsvermögen** des eintretenden Gesellschafters, ist bei der GmbH & Co. KG zwingend der Buchwert des Wirtschaftsguts fortzuführen (§ 6 Abs. 5 Satz 3 Nr. 1 EStG). Ein höherer tatsächlicher Kapitalanteil wird nicht in der Gesamthandsbilanz der GmbH & Co. KG abgebildet, sondern entsprechend der Bareinlage in einer Ergänzungsbilanz.

Haben der eintretende Gesellschafter und die übrigen Gesellschafter der GmbH & Co. KG als Einlage einen Betrieb, Teilbetrieb oder Mitunternehmeranteil vereinbart, so besteht für den Ansatz der entsprechenden Wirtschaftsgüter in der Regel ein Wahlrecht. Es gilt insoweit die Sonderregelung des § 24 Abs. 2 UmwStG, da eine Einbringung von Betriebsvermögen in eine Personengesellschaft vorliegt (siehe Rn. 44).

d) Eintritt eines Gesellschafters durch Erwerb des Gesellschaftsanteils

In Bezug auf die ertragsteuerlichen Auswirkungen ergeben sich für den eintretenden Gesellschafter keine wesentlichen Unterschiede, wenn er durch Erwerb des Gesellschaftsanteils und nicht gegen Einlage in die Gesellschaft eintritt. Der Erwerb eines Anteils an einer GmbH & Co. KG hat keine Auswirkungen auf die Gesamtshandbilanz (Handelsbilanz der GmbH & Co. KG). Der Kapitalanteil des Vorgängers wird vom Erwerber übernommen. Die über den Kapitalanteil hinausgehenden Anschaffungskosten des Erwerbes werden in der **Ergänzungsbilanz als Mehrkapital** ausgewiesen. Da der Erwerb des Gesellschaftsanteils steuerlich als Erwerb der einzelnen Wirtschaftsgüter anzusehen ist, entfällt das Mehrkapital auf die Vermögenssubstanz der GmbH & Co. KG und ist im Verhältnis der stillen Reserven auf die einzelnen Wirtschaftsgüter zu verteilen.[71] Dabei ist der selbst geschaffene Firmenwert der GmbH & Co. KG zu berücksichtigen, wenn die anteiligen stillen Reserven der anderen Wirtschaftsgüter nicht ausreichen, um das Mehrkapital abzubilden.[72] Es handelt sich im Hinblick auf den Erwerber um einen derivativen Geschäftswert, der in der Ergänzungsbilanz als Posten aufgenommen wird. Die Mehrwerte (stillen Reserven) in der Ergänzungsbilanz sind in Bezug auf die abnutzbaren Wirtschaftsgüter in den Folgejahren über festgelegte Nutzungsdauern abzuschreiben. Der Firmenwert ist bei gewerblicher Tätigkeit der Mitunternehmerschaft nach § 7 Abs. 1 Satz 3 EStG über einen Zeitraum von 15 Jahren abzuschreiben. Die Abschreibungen führen zu Verlusten aus der Ergänzungsbilanz, die den steuerlichen Gewinn des erwerbenden Gesellschafters mindern. Sind die Anschaffungskosten des Gesellschaftsanteils ausnahmsweise geringer als der in der Bilanz ausgewiesene Ansatz des zugehörigen Kapitalkontos, ist **eine negative Ergänzungsbilanz** aufzustellen. Dabei sind die Wertansätze der Wirtschaftsgüter (des Anlagevermögens) abzustocken.[73] Ein verbleibendes Minderkapi- 49

71 Sudhoff/Eberhard § 32 Rn. 7.
72 Zum sofortigen Betriebsausgabenabzug, falls kein Firmen- bzw. Geschäftswert vorhanden ist, siehe BFH BStBl. II 1994, 224.
73 BFH BStBl. II 1995, 770.

tal ist als Ausgleichsposten in die Ergänzungsbilanz aufzunehmen. Ein negativer Geschäftswert kommt nicht in Betracht.[74]

II. Ausscheiden eines Gesellschafters

50 Das Ausscheiden eines Gesellschafters aus der GmbH & Co. KG kann durch zahlreiche Sachverhalte verwirklicht werden (z.B. Kündigung durch den Gesellschafter oder Gläubiger, Abtretung des Gesellschaftsanteils, Eröffnung des Insolvenzverfahrens über das Vermögen des Gesellschafters, Tod eines Gesellschafters). Im Folgenden sollen zunächst die Sachverhalte betrachtet werden, die zum Ausscheiden eines Gesellschafters führen, ohne dass der Tod das auslösende Ereignis darstellt. Ertragsteuerlich empfiehlt es sich, insoweit zwischen dem Ausscheiden ohne eine Abfindung oder Entgelt und dem Ausscheiden gegen Abfindung oder Entgelt zu unterscheiden.

1. Entgeltliche Übertragung des Mitunternehmeranteils

51 Die Übertragung eines Anteils an der GmbH & Co. KG durch Abtretung (§§ 398, 413 BGB) ist steuerlich eine Veräußerung des Mitunternehmeranteils, wenn als Grundlage der Abtretung ein entgeltlicher Vertrag abgeschlossen wurde (z.B. Kaufvertrag). Die ertragsteuerliche Behandlung unterscheidet sich nicht von den anderen Fällen des Ausscheidens aus der GmbH & Co. KG gegen Abfindung. Auch insoweit liegt ertragsteuerlich die Veräußerung eines Mitunternehmeranteils vor. Die **Veräußerung eines Mitunternehmeranteils** führt nach § 16 Abs. 1 Nr. 2 EStG zu Einkünften aus Gewerbebetrieb. Die Differenz zwischen dem Veräußerungspreis (z.B. Kaufpreis oder Abfindung) und dem Stand des Kapitalkontos stellt den Veräußerungsgewinn dar. Ferner sind die Veräußerungskosten als Abzugsposten zu berücksichtigen. Beim Veräußerungsgewinn handelt es sich grundsätzlich um außerordentliche Einkünfte (§ 34 Abs. 2 EStG); eine begünstigte Besteuerung ist möglich. Kein (begünstigter) Veräußerungsgewinn ist die **Veräußerung eines Teils eines Mitunternehmeranteils**; § 16 Abs. 1 Nr. 2 EStG erfasst nur den gesamten Mitunternehmeranteil. Insoweit handelt es sich um gewöhnlichen laufenden Gewinn des Mitunternehmers. Zur Ermittlung des Veräußerungsgewinns ist das Kapitalkonto aus der Gesamthandsbilanz und einer etwaigen Ergänzungsbilanz zu berücksichtigen. Das Kapital aus der Sonderbilanz wird ebenfalls berücksichtigt, sofern die Wirtschaftsgüter des Sonderbetriebsvermögens mit übertragen werden. Werden die Wirtschaftsgüter in das Privatvermögen des ausscheidenden Mitunternehmers überführt, handelt es sich um einen aufgabeähnlichen Vorgang, sofern wesentliche Betriebsgrundlagen davon betroffen sind (§ 16 Abs. 3 EStG). Der gemeine Wert der ins Privatvermögen überführten Wirtschaftsgüter ist dem Veräußerungspreis hinzuzurechnen und das gesamte Kapital (Gesamthands-, Ergänzungs- und Sonderbilanz) davon abzuziehen.[75]

2. Gegenleistungsmöglichkeiten

52 Die Veräußerung eines Mitunternehmeranteils setzt kein Entgelt in Form eines Einmalbetrags in Geld voraus. Als Gegenleistung kommen auch die Vereinbarung von wiederkehrenden Leistungen und die Übertragung von Wirtschaftsgütern in Betracht. Bei der Sachwertabfindung, bei der Wirtschaftsgüter auf den ausscheidenden Gesellschafter übertragen werden, hängen die steu-

74 BFH/NV 1994, 747.
75 Schmidt/Wacker § 16 Rn. 414.

erlichen Folgen davon ab, ob die Wirtschaftsgüter bei dem ausscheidenden Gesellschafter ins Privatvermögen oder ins Betriebsvermögen gelangen.

a) Wirtschaftgüter für das Privatvermögen

Aus steuerlicher Sicht stellt sich bei der Übertragung der Wirtschaftsgüter ins Privatvermögen die Frage, wer die aufgedeckten stillen Reserven zu versteuern hat. Für den ausscheidenden Gesellschafter ändert sich an der steuerlichen Beurteilung nichts: Er hat in Höhe der Differenz zwischen Abfindungsanspruch und Buchwert des Kapitalkontos einen Veräußerungsgewinn erzielt, der nach § 16 Abs. 1 Nr. 2 EStG als Einkünfte aus Gewerbebetrieb zu versteuern ist. Bei der GmbH & Co. KG erhöhen sich aufgrund der Abfindungsverbindlichkeit der Gesellschaft die Buchwerte der Wirtschaftsgüter in der Gesamthandsbilanz entsprechend dem Anteil der aufgedeckten stillen Reserven. Die Sachwertabfindung führt anschließend dazu, dass der Abfindungsanspruch des ausscheidenden Gesellschafters nicht in Geld, sondern mit einer Sache erfüllt wird. Zivilrechtlich kann es sich insoweit um die Erfüllung (§ 362 Abs. 1 BGB) oder die Annahme einer Leistung an Erfüllungs Statt (§ 364 Abs. 1 BGB) handeln. Bei der GmbH & Co. KG stellt das Ausscheiden des entsprechenden Wirtschaftsguts somit einen tauschähnlichen Vorgang dar. In Höhe der Differenz zwischen dem Verkehrswert und dem aufgestockten Buchwert des als Sachwertabfindung übertragenen Wirtschaftsguts ist bei der GmbH & Co. KG ein laufender Gewinn aus der Veräußerung des Wirtschaftsguts zu erfassen.[76] Eine Ausnahme liegt vor, wenn der Vorgang nach § 6b EStG begünstigt ist. Der Liquiditätsabfluss in Höhe der Steuern auf die stillen Reserven lässt die Variante für den Regelfall nicht attraktiv erscheinen. 53

b) Wirtschaftsgüter für das Betriebsvermögen

Zählt das als Abfindung vereinbarte Wirtschaftsgut beim ausscheidenden Gesellschafter zum Betriebsvermögen, schreibt § 6 Abs. 5 Satz 3 EStG die Buchwertfortführung vor.[77] Es kommt zu keiner Auflösung der stillen Reserven bei der GmbH & Co. KG und damit auch zu keinem Liquiditätsabfluss für die Steuern auf die stillen Reserven. Nach richtiger Ansicht kann sich aufgrund der zwingenden Buchwertfortführung kein Veräußerungsgewinn beim ausscheidenden Gesellschafter, aber auch kein laufender Gewinn bei der GmbH & Co. KG in Höhe der übertragenen anteiligen stillen Reserven ergeben.[78] Die Regelung gilt auch, wenn das Wirtschaftsgut Sonderbetriebsvermögen bei einer anderen Personengesellschaft wird. Dagegen reicht die Zugehörigkeit zum Betriebsvermögen einer Schwesterpersonengesellschaft für die Anwendung des § 6 Abs. 5 Satz 3 EStG wohl nicht aus.[79]

c) Wiederkehrende Leistungen

Wird der Abfindungsanspruch in Form von wiederkehrenden Leistungen erfüllt, hat der ausscheidende Gesellschafter ein Wahlrecht. Er kann den Veräußerungsgewinn, der als Differenz zwischen dem Barwert der Leistungen und dem Buchwert des Kapitalkontos ermittelt wird, sofort versteuern. Dabei ist zu berücksichtigen, dass die in den Rentenzahlungen enthaltenen Ertrags- 54

76 BFH BStBl. II 1990, 837 (843).
77 Seit Einführung der Vorschrift h.M. Kirchhof/Reiß EStG § 16 Rn. 337; Schmidt/Wacker EStG § 16 Rn. 524.
78 Kirchhof/Reiß EStG § 16 Rn. 337; Schmidt/Wacker EStG § 16 Rn. 524.
79 Vgl. Sudhoff/Eberhard § 32 Rn. 35.

anteile bei der Sofortversteuerung nach § 22 Nr. 1 Satz 3 EStG zu versteuern sind. Alternativ kann er die wiederkehrenden Bezüge im Zeitpunkt des Zuflusses als nachträgliche Betriebseinnahmen behandeln.[80] Bis zum Erreichen des Werts des Kapitalkontos zuzüglich der Veräußerungskosten sind die Bezüge aber zunächst zu verrechnen, erst der übersteigende Teil führt zu Einnahmen. Die Begünstigungen der §§ 16, 34 EStG werden nur bei der ersten Variante (Sofortversteuerung) gewährt. Das Wahlrecht kann auch in Anspruch genommen werden, wenn Raten länger als zehn Jahre zu zahlen sind und eindeutig der Versorgung des Veräußerers dienen.

3. Wegfall des negativen Kapitalkontos

55 Ein negatives Kapitalkonto des Kommanditisten kann unterschiedliche Ursachen haben. Es kann durch die Zuweisung von Verlusten entstehen oder durch Entnahmen des Gesellschafters. Hat der Kommanditist seine Einlage einmal erbracht, hat er gegenüber der Gesellschaft das negative Kapitalkonto nur dann auszugleichen, wenn das negative Kapitalkonto durch Entnahmen entstanden ist, zu denen er nach dem Gesellschaftsvertrag nicht berechtigt war. Für zugewiesene Verlustanteile besteht in der Regel keine Ausgleichspflicht. Fällt das negative Kapitalkonto beim Ausscheiden eines Kommanditisten aus der GmbH & Co. KG weg (z.B. Verzicht auf die Rückforderung), wird das Vermögen des Kommanditisten vermehrt. Der Vorteil steht einem Veräußerungserlös gleich und führt zu einem **Veräußerungsgewinn nach § 16 Abs. 1 Nr. 2 EStG**. Nach der Rechtsprechung des BFH kommt es auf die Ursache des negativen Kapitalkontos nicht an. Auch wenn die Ursache des negativen Kapitalkontos in der Verlustzuweisung liegt, soll der Wegfall des negativen Kapitalkontos als zusätzliches Entgelt im Rahmen der Ermittlung des Veräußerungsgewinns anzusehen sein.[81] Der **Nachfolger in den Gesellschaftsanteil** kann Gewinnanteile aus der GmbH & Co. KG nämlich erst entnehmen, wenn das Kapitalkonto des Kommanditanteils wieder aufgefüllt ist. Ferner ist zu berücksichtigen, dass in Höhe des negativen Kapitalkontos durch Zuweisung von Verlusten wegen der Regelung des § 15a EStG in der Regel verrechenbare Verluste vorhanden sind (§ 15a Abs. 2 EStG), die mit dem Veräußerungsgewinn verrechnet werden können. Für ausscheidende Komplementäre ergeben sich die Besonderheiten nicht. Der Komplementär hat gegenüber der GmbH & Co. KG regelmäßig eine Nachschusspflicht in Höhe seines negativen Kapitalkontos, unabhängig davon, was Ursache für das Entstehen war.

56 Wird im Rahmen der Übertragung eines Gesellschaftsanteils ein Entgelt bezahlt und das negative Kapitalkonto übernommen, ist das Kapitalkonto wie die Übernahme einer Verbindlichkeit zu behandeln und erhöht den Veräußerungserlös. Gleiches gilt, falls beim Ausscheiden des Gesellschafters eine Abfindung bezahlt wird, obwohl ein negatives Kapitalkonto vorhanden ist. Geht die Abfindung über die in den Wirtschafsgütern enthaltenen stillen Reserven hinaus, kann es sich bei dem übersteigenden Betrag um sofort abzugsfähige Betriebsausgaben der GmbH & Co. KG handeln, wenn es sich um die Abfindung an einen lästigen Gesellschafter handelt.[82] Steuerlich ist zu berücksichtigen, dass die Übernahme eines negativen Kapitalkontos nicht dazu führt, dass verrechenbare Verluste (§ 15a Abs. 2 EStG) auf den Erwerber übergehen. Die verrechenbaren Verluste können nur in der Person des ausscheidenden Gesellschafters mit laufenden Gewinnen oder Veräußerungsgewinnen aus der GmbH & Co. KG verrechnet werden.

80 BFH BStBl. II 1992, 465.
81 BFH BStBl. II 1995, 112.
82 BFH BStBl. II 1992, 647.

4. Sonderbetriebsvermögen

Das Sonderbetriebsvermögen des ausscheidenden Gesellschafters ist Bestandteil der Mitunternehmerschaft. Scheidet der Gesellschafter (Kommanditist oder Komplementär) aus der GmbH & Co. KG aus, entfällt für die Wirtschaftsgüter die Zuordnung zum Sonderbetriebsvermögen. Werden die Wirtschaftsgüter auf den Erwerber übertragen, liegt insgesamt eine Veräußerung des Mitunternehmeranteils vor und der Veräußerungsgewinn wird unter Einbeziehung des Sonderbetriebsvermögens einschließlich des entsprechenden Kapitals ermittelt. Der gesamte Mitunternehmeranteil wird aber aufgegeben, wenn neben der Veräußerung des Gesellschaftsanteils wesentliche Betriebsgrundlagen aus dem Sonderbetriebsvermögen in das Privatvermögen des ausscheidenden Gesellschafters überführt werden (§ 16 Abs. 3 EStG). Der entstehende **Veräußerungs- oder Aufgabegewinn ist in beiden Fällen begünstigt** (§§ 16 Abs. 4, 34 EStG). Daraus folgt aber gleichzeitig, dass die Überführung des Sonderbetriebsvermögens in anderes Betriebsvermögen des ausscheidenden Gesellschafters oder das Sonderbetriebsvermögen bei einer anderen Personengesellschaft die Anwendung der Begünstigungsregeln nicht rechtfertigt.[83] Die Überführung ist nach § 6 Abs. 5 EStG zwingend mit dem Buchwert vorzunehmen, sodass nicht alle stillen Reserven aufgedeckt werden. Die Wirkung greift aber nur ein, falls es sich bei dem Sonderbetriebsvermögen um wesentliche Betriebsgrundlagen[84] handelt. „Einfaches" Sonderbetriebsvermögen vermag dagegen die Begünstigung nicht auszuschließen. Sofern die wesentlichen Betriebsgrundlagen im Sonderbetriebsvermögen im Zusammenhang mit dem Ausscheiden aus der Gesellschaft veräußert oder aufgegeben werden, ist dies für die Begünstigung des Veräußerungs- oder Aufgabegewinns ausreichend.[85] 57

Die angesprochenen Grundsätze gelten auch für den Anteil des ausscheidenden Gesellschafters an der Komplementär-GmbH. Der **Anteil an der Komplementär-GmbH** gehört zum Sonderbetriebsvermögen II des Gesellschafters bei der GmbH & Co. KG und wird regelmäßig eine wesentliche Betriebsgrundlage darstellen. Wird der GmbH-Anteil mit dem Anteil an der GmbH & Co. KG veräußert, ergibt sich ein begünstigter Veräußerungsgewinn. Dabei ist zu berücksichtigen, dass im Hinblick auf den Gewinn aus der Veräußerung des GmbH-Anteils das Halbeinkünfteverfahren anzuwenden ist (§ 3 Nr. 40 Buchst. b EStG).[86] Eine weitere Begünstigung des auf den GmbH-Anteil entfallenden Gewinns kommt daher nicht in Betracht (§ 34 Abs. 2 Nr. 1 EStG). Gleiches gilt im Falle der Veräußerung des Anteils an der GmbH & Co. KG und gleichzeitiger Überführung des GmbH-Anteils in das Privatvermögen. Werden die Anteile an der GmbH in ein anderes (Sonder-)Betriebsvermögen überführt, kann die Tarifbegünstigung wegen des zwingenden Buchwertansatzes nicht gewährt werden. Eine begünstigte Veräußerung liegt vor, wenn nur die Beteiligung an der Komplementär-GmbH veräußert wird und der Veräußerer einziger Gesellschafter der GmbH ist (§ 16 Abs. 1 Nr. 1 EStG). 58

5. Begünstigung nach § 34 EStG

Für außerordentliche Einkünfte, zu denen Veräußerungsgewinne nach § 16 EStG aufgrund der ausdrücklichen Bezeichnung durch das Gesetz zu zählen sind (§ 34 Abs. 2 Nr. 1 EStG), sind 59

83 BFH BStBl. II 2000, 123; Schmidt/Wacker EStG § 16 Rn. 414.

84 Zur Bestimmung der wesentlichen Betriebsgrundlage anhand „additiv funktionaler und quantitativer Kriterien" siehe Kirchhof/Reiß EStG § 16 Rn. 210.

85 BFH BStBl. II 2003, 194; BStBl. II 1998, 104.

86 Wird der GmbH-Anteil von einer an der GmbH & Co. KG beteiligten Kapitalgesellschaft gehalten, ist der Veräußerungsgewinn aus der Mitunternehmerschaft wegen der Regelung in § 8 b Abs. 2, 3 und 6 KStG) zu 95 % steuerfrei.

Begünstigungen im Steuertarif vorgesehen. Ausgenommen sind Veräußerungsgewinne nach § 16 EStG, die wegen des Halbeinkünfteverfahrens bereits einer Privilegierung unterliegen. Für die Steuerermäßigung stehen zwei Wege zur Verfügung. Dabei ist zu beachten, dass andere Begünstigungen (§§ 6 b, 6 c EStG) die Tarifermäßigung ausschließen. Um die Progressionswirkung zu mildern, ist für den Regelfall vorgesehen, dass die Steuer auf die außerordentlichen Einkünfte **durch die „Fünftelregelung" ermittelt** wird (§ 34 Abs. 1 Satz 2 EStG). Zunächst wird die Steuer ohne die außerordentlichen Einkünfte ermittelt und anschließend der Unterschiedsbetrag zwischen der ermittelten Steuer und der Steuer, die sich ergibt, wenn man ein Fünftel der außerordentlichen Einkünfte zur Bemessungsgrundlage hinzurechnet. Der Unterschiedsbetrag wird mit fünf multipliziert; das Ergebnis ist die Steuer auf die außerordentlichen Einkünfte. Die Entlastungswirkung kann durchaus spürbar sein, darf aber bei hohen Einkünften nicht überschätzt werden. Die Wirkung kann nur Progressionsvorteile sichern, wenn der Höchstsatz noch nicht erreicht ist.

60 Wahlweise kann für Veräußerungsgewinne auch die **Besteuerung mit einem ermäßigten Steuersatz** nach § 34 Abs. 3 EStG beantragt werden. Einmal im Leben kann für einen Veräußerungsgewinn die Besteuerung mit 56 % des durchschnittlichen Steuersatzes erfolgen. Der durchschnittliche Steuersatz ermittelt sich unter Berücksichtigung der allgemeinen Regeln. Insgesamt darf aber ein Mindeststeuersatz von 15 % nicht unterschritten werden. Voraussetzung für die Anwendung des § 34 Abs. 3 EStG ist, dass der Steuerpflichtige das 55. Lebensjahr vollendet hat oder dauernd berufsunfähig ist. Ferner ist die Begünstigung auf einen Veräußerungsgewinn in Höhe von 5 Mio. Euro begrenzt.

61 Unabhängig davon, aber unter den gleichen Voraussetzungen, kann für den Veräußerungsgewinn der Abzug eines **Freibetrags** von bis zu 45.000 Euro in Betracht kommen. Die Gewährung des Freibetrags hängt ebenfalls von einem Antrag ab (§ 16 Abs. 4 EStG). Er ermäßigt sich um den Betrag, um den der Veräußerungsgewinn 136.000 Euro übersteigt und entfällt damit bei einem Veräußerungsgewinn von 181.000 Euro vollständig.

6. Abfindung zum Buchwert

62 Häufig findet sich im Gesellschaftsvertrag der GmbH & Co. KG die Klausel, dass die Abfindung des ausscheidenden Gesellschafters zum Buchwert erfolgt. Unter Berücksichtigung der Grundsätze zur entgeltlichen Übertragung eines Gesellschaftsanteils ergibt dann aus der Beteiligung an der GmbH & Co. KG kein Veräußerungsgewinn, da das Kapitalkonto der Abfindung entspricht. Ein nach § 16 Abs. 3 EStG relevanter Aufgabegewinn kann sich allerdings ergeben, wenn Sonderbetriebsvermögen vorhanden ist, das ins Privatvermögen überführt wird. Auf das Sonderbetriebsvermögen und das Kapital in der Sonderbilanz wird sich eine Buchwertklausel im Gesellschaftsvertrag der GmbH & Co. KG nicht beziehen. Beim Ausscheiden aus der GmbH & Co. KG zum Buchwert sind aber in jedem Fall die Folgen im Hinblick auf die Schenkungsteuer (§ 7 Abs. 5 ErbStG) zu berücksichtigen (siehe Rn. 75). Ein Ausscheiden aus der Gesellschaft unter dem Buchwert wird der Gesellschafter nur akzeptieren, wenn die Beteiligung nicht mehr wert ist oder ein sonstiger Grund (z.B. vorzeitiges Ausscheiden) die Realisierung des vollen Werts nicht erlaubt. Der ausscheidende Gesellschafter erleidet dadurch einen Veräußerungsverlust, den er mit positiven Einkünften ausgleichen kann.[87]

87 Kirchhof/Reiß EStG § 16 Rn. 230.

7. Ausscheiden eines Gesellschafters ohne Gegenleistung

Eine unentgeltliche Übertragung des Gesellschaftsanteils sowie ein Ausscheiden des Gesellschafters ohne eine Abfindung führen steuerlich zur Fortführung der Buchwerte der Wirtschaftsgüter bei der Gesellschaft (§ 6 Abs. 3 EStG). Das gilt auch für die Ergänzungsbilanz. Unentgeltlichkeit liegt aber nicht vor, wenn ein negatives Kapitalkonto nicht ausgeglichen werden muss (siehe Rn. 55). Zum steuerlichen Mitunternehmeranteil gehört neben dem Anteil an der GmbH & Co. KG (mit Ergänzungsbilanz) auch das Sonderbetriebsvermögen. Da es sich beim **Sonderbetriebsvermögen** zivilrechtlich regelmäßig um Eigentum des Gesellschafters handelt, ist die Mitübertragung auf den Erwerber keineswegs selbstverständlich oder gar die Regel. Wird eine wesentliche Betriebsgrundlage aus dem Sonderbetriebsvermögen nicht übertragen, sondern in das Privatvermögen überführt, liegt hierin eine Aufgabe des Mitunternehmeranteils, da aus steuerlicher Sicht nicht der gesamte Mitunternehmeranteil übertragen wird. Vielmehr sind nach Ansicht der Rechtsprechung und der Finanzverwaltung die gesamten stillen Reserven aufzulösen und begünstigt zu versteuern.[88] Wird dagegen nur ein Teil des Mitunternehmeranteils unentgeltlich übertragen, hindert die Zurückbehaltung des Sonderbetriebsvermögens die Buchwertfortführung nicht (§ 6 Abs. 3 EStG). Es ist auch nicht erforderlich, das Sonderbetriebsvermögen anteilig zu übertragen (§ 6 Abs. 3 Satz 2 EStG). Allerdings ist Voraussetzung für den Erhalt der Buchwertfortführung, dass die Behaltensfrist von fünf Jahren für den Anteil an der GmbH & Co. KG beachtet wird. 63

5

8. Ausscheiden eines Gesellschafters gegen Versorgungsleistungen

Als unentgeltliche Übertragung eines Gesellschaftsanteils ist es auch anzusehen, wenn ein Gesellschafter aus der GmbH & Co. KG gegen Zusage von Versorgungsleistungen ausscheidet.[89] Die Versorgungsleistung ist dabei von der steuerlich nicht relevanten Unterhaltszahlung auf der einen Seite und dem Veräußerungsgeschäft auf der anderen Seite abzugrenzen. Von der steuerlich nicht relevanten **Unterhaltsleistung** (§ 12 Nr. 2 EStG) unterscheidet sich die Versorgungsleistung dadurch, dass die aus dem übertragenen Vermögen erzielbaren Nettoerträge ausreichen, die versprochenen Versorgungsleistungen zu erbringen.[90] Falls die Erträge die Versorgung gewährleisten, ist davon auszugehen, dass die Vermögenssubstanz unentgeltlich übertragen wurde und die Erträge zur Sicherstellung der Versorgung zurückbehalten wurden. Bei einer **Veräußerung** sind im Gegensatz zur Versorgungsleistung die Leistung und die Gegenleistung kaufmännisch abgewogen. Entscheidend ist insoweit die Beurteilung der Gleichwertigkeit aus Sicht der Parteien.[91] Unter Fremden soll eine (allerdings widerlegbare) Vermutung für ein entgeltliches Geschäft sprechen. Die wiederkehrenden Leistungen enthalten dann neben einer nichtsteuerbaren Vermögensumschichtung einen Zinsanteil.[92] Handelt es sich bei den wiederkehrenden Leistungen um Rentenzahlungen, hat der ausscheidende Gesellschafter die Wahl[93] zwischen der Sofortversteue- 64

88 BFH BStBl. II 1995, 890; BMF, DStR 2005, 475 (476). Zur Gewerbesteuer BFH BStBl. II 2000, 316.
89 BFH BStBl. II 2004, 95.
90 Die lange Zeit vertretene 50%-Grenze hat nach der Rechtsprechungsänderung im Jahr 2003 keine große Relevanz mehr. Siehe dazu die Ausführungen zur Entwicklung der Rechtsprechung bei Hesselmann/Hannes § 10 Rn. 118.
91 Siehe BFH BStBl. II 1996, 669.
92 Vgl. zur Auffassung der Finanzverwaltung BMF BStBl. I 2004, 922.
93 Siehe ergänzend Rn. 54; § 6 Rn. 41.

rung (begünstigter Veräußerungsgewinn und bei Zufluss nur den Ertragsanteil – § 22 Nr. 1 Satz 3 EStG) und der Versteuerung als nachträgliche Betriebseinnahmen (Zufluss nach Überschreiten des Kapitalkontos in voller Höhe steuerpflichtig – § 15 Abs. 1 i.V.m. § 24 Nr. 2 EStG).

65 **Echte Versorgungsleistungen** führen dagegen zur unentgeltlichen Übertragung des Anteils an der GmbH & Co. KG (§ 6 Abs. 3 EStG). Der Erwerber kann die Versorgungsleistungen als Rente oder dauernde Last bei der Einkommensteuerveranlagung als Sonderausgaben geltend machen (§ 10 Abs. 1 a EStG). Der ausscheidende Gesellschafter hat die entsprechenden Bezüge nach § 22 Nr. 1 EStG mit dem Ertragsanteil (Renten) oder dem vollen Betrag (dauernde Last) als sonstige Einkünfte zu versteuern. Versorgungsleistungen werden regelmäßig nur an die das Vermögen übertragende Person oder dessen Ehegatten geleistet werden.[94] Im Zuge der **vorweggenommenen Erbfolge** übernommene Verbindlichkeiten des Überträgers oder die Leistung von Gleichstellungsgeldern an weitere Personen, auch in der Form von wiederkehrenden Leistungen, haben Entgeltcharakter und schließen eine unentgeltliche Übertragung je nach Höhe der Leistung aus. Bei der Übertragung von Betriebsvermögen ist der Vorgang entweder als entgeltlich oder unentgeltlich zu qualifizieren. Maßstab ist das steuerliche Kapitalkonto. Sobald der Betrag das steuerliche Kapitalkonto übersteigt, liegt insgesamt ein entgeltlicher Vorgang vor (Einheitstheorie).[95]

III. Tod eines Gesellschafters

66 Das Ausscheiden beim Tod eines Gesellschafters soll zur besseren Übersicht in Anlehnung an die zum Gesellschaftsrecht ausgeführten Gestaltungsmöglichkeiten erläutert werden. Dabei ist zunächst von der gesetzlichen Rechtsfolge beim Tod eines Gesellschafters der GmbH & Co. KG auszugehen. Es ist zwischen Komplementär und Kommanditist zu unterscheiden.

1. Tod des Komplementärs

67 Für den Tod eines Komplementärs ergeben sich aufgrund der gesetzlichen Regelung keine ertragsteuerlichen Besonderheiten. Steuerlich zu beurteilen ist der Sachverhalt (siehe Rn. 28), dass die GmbH & Co. KG grundsätzlich mit den übrigen Gesellschaftern fortgesetzt wird (§ 131 Abs. 3 Nr. 1 HGB) und die Erben einen Anspruch auf Abfindung haben (§ 738 Abs. 1 Satz 2 BGB). Es handelt sich um die **entgeltliche Veräußerung eines Mitunternehmeranteils** an die übrigen Gesellschafter. Der Veräußerungsgewinn (Abfindungsbetrag minus Kapitalkonto) wird noch vom Erblasser realisiert[96] und ist nach §§ 16, 34 EStG bei Maßgabe der Verhältnisse des Erblassers begünstigt. Hat der Erblasser als Gesellschafter der GmbH & Co. KG Wirtschaftsgüter zur Nutzung überlassen (Sonderbetriebsvermögen), fällt mit dem Tod des Gesellschafters die Eigenschaft als Sonderbetriebsvermögen weg. Das Sonderbetriebsvermögen wird entnommen. Da das Sonderbetriebsvermögen Teil des Mitunternehmeranteils ist, stellt der Vorgang insgesamt eine Betriebsaufgabe dar, wenn wesentliche Betriebsgrundlagen betroffen sind. Der Aufgabegewinn (§ 16 Abs. 3 EStG) ist beim Erblasser unter Berücksichtigung der Begünstigungen (§§ 16, 34 EStG) zu besteuern. Bei den übrigen Gesellschaftern kommt es zu einer Erhöhung ihrer Beteiligung. Die Abfindungsleistung wird von der GmbH & Co. KG erbracht und stellt Anschaffungskosten dar,

94 BFH BStBl. II 1994, 107 (zur vorweggenommenen Erbfolge).
95 BFH BStBl. II 1993, 436. Zur anderen Beurteilung bei Privatvermögen siehe BFH BStBl. II 1991, 793 (teilentgeltlicher Vorgang).
96 BFH BStBl. II 1994, 227; BStBl. II 1998, 290.

welche auf die Wirtschaftsgüter zu verteilen sind, soweit sie den Buchwert des übernommenen Kapitalkontos übersteigen.

2. Tod des Kommanditisten

Der Tod des Kommanditisten führt nach § 177 HGB zur Fortsetzung der Gesellschaft mit den Erben, die als Kommanditisten im Wege der Sonderrechtsnachfolge in die Gesellschaft eintreten. Ertragsteuerlich handelt es sich um einen unentgeltlichen Vorgang, der nach § 6 Abs. 3 EStG zu beurteilen ist. Die Buchwerte des vom Erblasser erworbenen Mitunternehmeranteils sind fortzuführen. Das gilt auch für die Ergänzungsbilanz. Auf die Erben geht auch der Bestand an verrechenbaren Verlusten (§ 15 a EStG) über.[97] Sie können vom Erben mit künftigen Gewinnen aus der Mitunternehmerschaft verrechnet werden. Probleme können sich insoweit ergeben, als zu dem Mitunternehmeranteil **Sonderbetriebsvermögen** gehört. Das der Gesellschaft zur Nutzung überlassene Wirtschaftsgut geht durch Erbfolge auf die Erben (Erbengemeinschaft) über und folgt nicht im Wege der Sonderrechtsnachfolge dem Gesellschaftsanteil.[98] Gleichwohl reicht die Personenidentität aus, um das Wirtschaftsgut als Sonderbetriebsvermögen der GmbH & Co. KG zu erhalten. Steuerlich ist das Gesamthandseigentum der Erbengemeinschaft den Erben anteilig (nach Erbquoten) zuzurechnen (§ 39 Abs. 2 Nr. 2 A.O.). Die Buchwerte sind auch insoweit fortzuführen. Falls ein Wirtschaftgut des Sonderbetriebsvermögens aufgrund testamentarischer Anordnung auf Nichtgesellschafter übertragen wird, liegt eine Entnahme der Erben vor. Die stillen Reserven werden realisiert und sind regelmäßig als laufender Gewinn zu versteuern.[99] Besondere Bedeutung erlangt dies für den Anteil an der Komplementär-GmbH. 68

Praxishinweis:

Wirtschaftsgüter des Sonderbetriebsvermögens sollten der Erbengemeinschaft, bestehend aus den neuen Kommanditisten, erhalten bleiben.

3. Gestaltungsformen im Gesellschaftsvertrag

Im Gesellschaftsvertrag kann im Hinblick auf die Kommanditistenstellung eine Vereinbarung getroffen werden, dass die Erben nicht Gesellschafter werden und die GmbH & Co. KG mit den übrigen Gesellschaftern fortgesetzt wird. Ferner kann vereinbart werden, dass die Gesellschaft nur mit einem Erben fortgesetzt wird oder dass lediglich ein Eintrittsrecht der Erben besteht. Die steuerlichen Folgen beim Eintritt in eine GmbH & Co. KG wurden bereits erörtert (siehe Rn. 42 ff.). Für die Komplementäre ist ferner eine Regelung möglich, die den Erben erlaubt, die Nachfolge des Erblassers anzutreten. 69

a) Fortsetzung mit den übrigen Gesellschaftern

Die Fortsetzung mit den übrigen Gesellschaftern entspricht der gesetzlichen Regelung beim Tod des Komplementärs. Da Komplementär und Kommanditist ertragsteuerlich grundsätzlich gleich 70

97 BFH BStBl. II 1986, 896.
98 BFH BStBl. II 1992, 512.
99 Vor einer derartigen Gestaltung kann nur gewarnt werden, da auch die Aufgabe des Mitunternehmeranteils von der Finanzverwaltung nicht ausgeschossen wird. Siehe Hesselmann/Hannes § 10 Rn. 137.

behandelt werden, ergeben sich im Grundsatz keine Unterschiede zur Rechtslage beim Tod eines Komplementärs. Soweit die **Abfindung den Buchwert des Kapitalkontos übersteigt**, liegt ein begünstigter Veräußerungsgewinn beim Erblasser vor. Falls Sonderbetriebsvermögen mit wesentlichen Betriebsgrundlagen vorhanden sein sollte, kommt es zur Betriebsaufgabe. Bei der GmbH & Co. KG werden die Buchwerte der Wirtschaftsgüter erhöht, falls die Abfindung den Buchwert des Kapitalkontos übersteigt. Ist die gesellschaftsvertragliche Klausel dagegen so ausgestaltet, dass die übrigen Gesellschafter lediglich das Recht zum Erwerb haben, handelt es sich um einen Veräußerungsvorgang der Erben.[100] Das gilt auch im Hinblick auf die Aufgabe bzw. Entnahme in Bezug auf das Sonderbetriebsvermögen.

b) Nachfolgeklausel

71 Die einfache Nachfolgeklausel entspricht der gesetzlichen Regelung für die Nachfolge beim Tod eines Kommanditisten. Für den Komplementär gelten im Grundsatz die gleichen Rechtsfolgen. Es handelt sich um eine unentgeltliche Übertragung mit der Folge der Fortführung der Buchwerte des Erblassers für alle Wirtschaftsgüter des Mitunternehmeranteils.

c) Qualifizierte Nachfolgeklausel

72 Bei der qualifizierten Nachfolgeklausel wird nur ein bestimmter Erbe Nachfolger des Erblassers in der GmbH & Co. KG. Die anderen Erben haben keine Ansprüche gegen die Gesellschaft und können vom qualifizierten Miterben lediglich Ausgleich im Rahmen der Erbauseinandersetzung verlangen. Ertragsteuerlich liegt für den qualifizierten Erben eine unentgeltliche Nachfolge in den Gesellschaftsanteil (Komplementär- oder Kommanditanteil) vor. Der Erbe führt die Buchwerte des Erblassers (§ 6 Abs. 3 EStG) sowie den Bestand an verrechenbaren Verlusten fort. Da der qualifizierte Erbe unmittelbar in die Gesellschafterstellung nachfolgt, stellen die schuldrechtlichen Ausgleichszahlungen an die Miterben keinen Anschaffungsvorgang bzw. Veräußerungsvorgang dar. Es handelt sich nach Ansicht der Rechtsprechung um einen rein privaten Vorgang, der auf den Mitunternehmeranteil keine Auswirkungen hat.[101] Zur Nachfolgklausel gibt es allerdings einen wesentlichen Unterschied, falls **Sonderbetriebsvermögen** vorhanden ist und dieses nicht ausschließlich auf den qualifizierten Erben übergeht, sondern in den Nachlass fällt. Das Sonderbetriebsvermögen ist dem qualifizierten Erben nur in Höhe seiner Erbquote zuzurechnen und kann allenfalls in Höhe dieser Quote im Sonderbetriebsvermögen verbleiben. Der restliche Anteil wird entnommen. Der Gewinn ist vom Erblasser als laufender Gewinn zu versteuern.[102] In der Literatur wird darauf hingewiesen, dass aus der Regelung des § 6 Abs. 3 EStG bei der Nichtübertragung des Sonderbetriebsvermögens auf den qualifizierten Erben auf die Aufgabe des gesamten Mitunternehmeranteils zu schließen sei. Das soll zumindest bei wesentlichen Betriebsgrundlagen der Fall sein.[103]

100 Schmidt/Wacker EStG § 16 Rn. 664.

101 Eine mögliche Verbindlichkeit aus der Finanzierung des Ausgleichs ist kein Sonderbetriebsvermögen. Siehe BFH BStBl. II 1994, 625.

102 BFH BStBl. II 1992, 512.

103 Vgl. etwa Hesselmann/Hannes § 10 Rn. 157.

Praxishinweis:

Es kann daher nur empfohlen werden, bei der Nachfolgeplanung das Problem im Auge zu behalten und den sichereren Weg zu wählen. Zur Vermeidung von Risiken bietet sich an, nur den qualifizierten Nachfolger als Erben einzusetzen und die anderen Personen im Wege von Vermächtnissen gleichzustellen.[104]

4. Erbauseinandersetzung

Die Erbauseinandersetzung ist zivilrechtlich ein neben dem Erbfall selbständig zu beurteilender Sachverhalt. Dabei wird die aus mehreren Miterben bestehende Erbengemeinschaft auseinandergesetzt. Häufig sind insoweit verschiedene Schritte erforderlich. Das Steuerrecht folgt seit der Entscheidung des Großen Senats des BFH[105] aus dem Jahr 1990 dem Zivilrecht und behandelt die beiden Vorgänge Erbfall und Erbauseinandersetzung getrennt voneinander. Einen unentgeltlichen Vorgang stellt die Erbauseinandersetzung dar, wenn das Vermögen geteilt wird, ohne dass es zur Zahlung eines Spitzenausgleichs kommt, welchen der verpflichtete Erbe nur mit Vermögenswerten erbringen kann, die nicht zum Nachlass gehören.[106] Wird ein solcher Spitzenausgleich bezahlt, ist der Vorgang steuerlich in einen entgeltlichen und einen unentgeltlichen Teil aufzuteilen.[107] Die jeweiligen Rechtsfolgen bestimmen sich nach den jeweils maßgebenden Regeln und hängen davon ab, ob Gegenstände des Betriebsvermögens, ein Anteil an einer Personengesellschaft oder Gegenstände des Privatvermögens betroffen sind. Ferner stellt die Erfüllung von Vermächtnissen einen unentgeltlichen Vorgang dar. Bei Sachvermächtnissen sind die Buchwerte des Erblassers fortzuführen. Werden bei der Erbauseinandersetzung Kommanditanteile auf einen Erben übertragen, können Ausgleichszahlungen in Form eines Spitzenausgleichs zu einem entgeltlichen Vorgang mit Anschaffungskosten einerseits und Veräußerungsgewinn andererseits führen. Die Anschaffungskosten sind in einer Ergänzungsbilanz abzubilden. Die Grundsätze gelten auch im Hinblick auf Wirtschaftsgüter des Sonderbetriebsvermögens. 73

C. Erbschaft- und Schenkungsteuer

Die Erbschaft- und Schenkungsteuer ist bei unentgeltlichen oder nur zum Teil entgeltlichen Vorgängen im Zusammenhang mit einem Gesellschafterwechsel zu beachten. Im Grundsatz bestehen für die steuerlichen Folgen von Schenkungen unter Lebenden und einem Erwerb von Todes wegen keine Unterschiede. Die Erbschaftsteuer setzt neben einem Erwerb von Todes wegen oder einer Schenkung voraus, dass entweder der Erblasser bzw. Schenker oder der Erwerber zum Kreis der Inländer nach § 2 ErbStG gehören. Für die Bestimmung des Inländers wird an die üblichen Merkmale der unbeschränkten Steuerpflicht angeknüpft. Falls keine unbeschränkte Steuerpflicht vorliegt, aber Inlandesvermögen betroffen ist, kommt eine beschränkte Steuerpflicht in Betracht. Subjekt der Steuer sind natürliche und juristische Personen. Kein Subjekt der Erbschaftsteuer sind Gesellschaften oder Gemeinschaften. Insoweit ist – vergleichbar dem Ertragsteuerrecht – jeweils auf die Gesellschafter abzustellen.[108] 74

104 Zu weiteren Gestaltungsmöglichkeiten siehe Sudhoff/Düll § 36 Rn. 27 f.
105 BFH BStBl. II 1990, 837.
106 BFH BStBl. II 1990, 837.
107 BFH BStBl. II 2002, 850.
108 BFH BStBl. II 1998, 630.

I. Unentgeltliche Zuwendung unter Lebenden

75 Wird ein Gesellschaftsanteil an einer GmbH & Co. KG unentgeltlich, also ohne Gegenleistung, auf einen neuen Gesellschafter übertragen, liegt darin eine nach § 7 Abs. 1 Nr. 1 ErbStG steuerbare freigebige Zuwendung. Hat der Erwerber eine Leistung zu erbringen, die nicht im kaufmännischen Sinne ausgewogen ist oder Nutzungen zu dulden, kann eine **gemischte Schenkung** des Anteils vorliegen oder eine Schenkung unter einer Leistungsauflage, die wie eine gemischte Schenkung zu behandeln ist.[109] Der unentgeltliche Anteil stellt eine freigebige Zuwendung dar. Ferner kann eine Schenkung unter einer Nutzungs- oder Duldungsauflage (z.B. Nießbrauch oder Wohnrecht) erfolgen. Insoweit wird der gesamte Erwerb als unentgeltliche Zuwendung behandelt und die Belastung kann von dem Wert abgezogen werden, sofern nicht § 25 Abs. 1 ErbStG entgegensteht. Besonderheiten sind zu beachten, falls ein Anteil verschenkt wird, der an eine Buchwertklausel gebunden ist. § 7 Abs. 5 ErbStG stellt klar, dass eine Buchwertklausel auf den Steuerwert des Anteils an der GmbH & Co. KG zunächst keinen Einfluss hat. Die stillen Reserven in dem Anteil gelten aber als auflösend bedingt erworben. Wenn der Wert des Betriebsvermögens im Zeitpunkt des Ausscheidens aus der Gesellschaft das Kapitalkonto (Buchwert der Beteiligung) übersteigt, kann der frühere Steuerbescheid auf Antrag berichtigt werden (§ 5 Abs. 2 BewG). Erhält der ausscheidende Gesellschafter eine Abfindung und **übersteigt der Steuerwert des Betriebsvermögens den Abfindungsbetrag**, liegt kraft gesetzlicher Fiktion eine unentgeltliche Zuwendung an die übrigen Gesellschafter vor (§ 7 Abs. 7 ErbStG). Ob es sich um einen Komplementär- oder Kommanditanteil handelt spielt keine Rolle. Auf die Freiwilligkeit oder Unfreiwilligkeit des Ausscheidens kommt es ebenfalls nicht an. Eine Abfindung zum Steuerwert hat für die Erbschaftsteuer keine Folgen. Darüber hinaus ist zu beachten, dass die Einräumung einer unangemessen hohen Gewinnbeteiligung als selbständige Schenkung anzusehen ist (§ 7 Abs. 6 ErbStG). Die Unangemessenheit bestimmt sich nach den ertragsteuerlichen Regeln.

II. Erwerbe von Todes wegen

76 Die Übertragung eines Gesellschaftsanteils von Todes wegen löst erbschaftsteuerliche Folgen bei den Erwerbern aus. Wird die GmbH & Co. KG unter den übrigen Gesellschaftern fortgesetzt, ist der Abfindungsanspruch bei den Erben als Erwerb von Todes wegen zu erfassen. (§ 3 Abs. 1 Nr. 1 ErbStG). Falls der Abfindungsanspruch geringer ausfällt als der Steuerwert des Gesellschaftsanteils, liegt ein steuerlich relevanter Erwerb bei den übrigen Gesellschaftern vor. Nach § 3 Abs. 1 Nr. 2 Satz 2 ErbStG gilt als Schenkung auf den Todesfall auch der auf dem Ausscheiden eines Gesellschafters (durch Tod) beruhende Übergang eines Anteils auf die anderen Gesellschafter oder die Gesellschaft,[110] soweit der Steuerwert des Anteils den Abfindungsanspruch übersteigt. Erfolgt die Abfindung zum Steuerwert, hat der Sachverhalt für die verbleibenden Gesellschafter keine erbschaftsteuerlichen Folgen. Geht der Gesellschaftsanteil im Wege der Sondernachfolge auf alle Erben über (z.B. § 177 HGB oder einfache Nachfolgeklausel), liegt ein Erwerb von Todes wegen bei jedem Miterben in Höhe seiner Erbquote vor (§ 3 Abs. 1 Nr. 1 ErbStG). Bei der qualifizierten Nachfolgeklausel wird nur ein Erbe kraft Sonderrechtsnachfolge Gesellschafter in der GmbH & Co. KG anstelle des Erblassers. Aus Sicht der Erbschaftsteuer wird die Nachfolge wie eine Teilungsanordnung des Erblassers behandelt und hat keine besonderen Auswirkungen auf

109 BFH/NV 2002, 790.
110 Als Erwerber sind die verbleibenden Gesellschafter anzusehen, siehe BFH BStBl. II 1995, 81.

die Erbschaftsteuer.[111] Es handelt sich um einen Erwerb von Todes wegen aller Erben (§ 3 Abs. 1 Nr. 1 ErbStG). Für Wirtschaftsgüter des Sonderbetriebsvermögens sind allerdings die ertragsteuerlichen Besonderheiten ebenfalls zu beachten (siehe Rn. 72).[112]

III. Bemessungsgrundlage

Die Regelung in § 97 Abs. 1 Nr. 5 BewG bestimmt für die Erbschaft- und Schenkungsteuer den Steuerwert des Betriebsvermögens in Verbindung mit der Bewertungsvorschrift des § 109 Abs. 1 BewG, wenn Gegenstand des unentgeltlichen Erwerbs ein Anteil an einer Personengesellschaft ist.[113] Nach § 12 Abs. 5 ErbStG ist der Anteil an einer Personengesellschaft mit dem bewertungsrechtlichen Wert des Anteils am Betriebsvermögen (§§ 97 Abs. 1 Nr. 5, Abs. 1a BewG) in die Steuerbemessungsgrundlage einzubeziehen (siehe dazu § 3 Rn. 32). Im Hinblick auf die Bewertung sind die Grundsätze der steuerlichen Gewinnermittlung heranzuziehen (§ 109 BewG); maßgebend sind regelmäßig die Werte der Steuerbilanz. Die Bewertung des Betriebsvermögens erfolgt daher grundsätzlich mit dem Buchwert; wichtige Ausnahmen bestehen für Betriebsgrundstücke (§ 99 Abs. 3 BewG) sowie für Anteile an Kapitalgesellschaften. Neben der Bestandsidentität ergibt sich dadurch jedenfalls im Grundsatz auch eine Bewertungsidentität zwischen der Steuerbilanz und der Vermögensaufstellung (sog. **„verlängerte Maßgeblichkeit"**). Ausgehend vom Grundsatz, dass die Personengesellschaft kein Steuersubjekt der Erbschaft- und Schenkungsteuer sein kann, wird der Wert des Betriebsvermögens den Gesellschaftern anteilig zugerechnet. Die Aufteilung (§ 97 Abs. 1a BewG) steht im Einklang mit der steuerlichen Behandlung von Gesamthandsvermögen. Wirtschaftsgüter, die mehreren Personen zur gesamten Hand zustehen, werden den Personen anteilig zugerechnet (§ 39 Abs. 2 Nr. 2 A.O.; § 3 BewG). Die unterschiedliche Stellung der Gesellschafter im Hinblick auf die Haftung für Gesellschaftsschulden spielt bei der Behandlung als Zurechnungssubjekt keine Rolle. Kommanditisten und Komplementäre werden insoweit gleich behandelt. 77

IV. Begünstigung des Betriebsvermögens

Für unternehmerisch gebundenes Vermögen sieht die derzeit noch geltende gesetzliche Regelung[114] in § 13a Abs. 1 ErbStG einen Freibetrag von 225.000 € vor. Werden mehrere Personen bereichert, ist der Freibetrag aufzuteilen. Es handelt sich daher um eine sachliche Steuerbefreiung. Die Aufteilung kann bei Erwerben von Todes wegen vom Erblasser bestimmt werden. Fehlt eine Bestimmung, orientiert sich die Aufteilung an den Erbteilen oder sie erfolgt zu gleichen Teilen. Bei der Schenkung unter Lebenden (vorweggenommene Erbfolge) muss der Bereicherte die Berücksichtigung des Freibetrags beantragen, gleiches gilt für die Verteilung. Unabhängig von der Gewährung des Freibetrags ist das (verbleibende) **unternehmerische Vermögen stets nur mit 65 % des ermittelten Wertes** in die Steuerbemessungsgrundlage einzubeziehen (§ 13a Abs. 2 ErbStG). Darin liegt eine weitere sachliche Steuerbefreiung in Höhe von 35 % des ermittelten 78

111 BFH BStBl. II 1983, 329.
112 Vgl. Troll/Gebel/Jülicher § 13a ErbStG Rn. 41.
113 Bis zum 31.12.2008 muss der Gesetzgeber eine Neuregelung zur Bewertung von Betriebsvermögen schaffen. Dazu BVerfG NJW 2007, 573.
114 Zum Gesetz über die Erleichterung der Unternehmensnachfolge, das eine Stundungsmöglichkeit mit dem gleitendem Erlass der Steuer vorsieht, falls produktives Vermögen im Unternehmen gehalten und das Unternehmen weitergeführt wird. Bis zum 31.12.2008 muss der Gesetzgeber eine Neuregelung zur Bewertung von Betriebsvermögen schaffen. Dazu BVerfG NJW 2007, 573.

(Rest-)Wertes.[115] Das unternehmerisch gebundene Vermögen (§ 13 Abs. 4 ErbStG) umfasst insbesondere den Mitunternehmeranteil an einer Personengesellschaft (§ 12 Abs. 5 ErbStG). Auf die Höhe des übertragenen Anteils kommt es nicht an. Teilbetriebe oder Anteile an der Gesellschaft bzw. Betrieben werden auch in den Anwendungsbereich einbezogen. Die Regelung soll die Fortführung von Unternehmen insbesondere in der Familie im Rahmen der Generationennachfolge sicherstellen. Daher entfällt der Freibetrag und die Begünstigung durch den verminderten Ansatz rückwirkend, wenn das Vermögen innerhalb von fünf Jahren seit dem Erwerb dem Begünstigungszweck entzogen wird (§ 13 a Abs. 5 ErbStG). Die Entziehungshandlungen sind in der Norm im Einzelnen umschrieben. Dazu zählen insbesondere Fälle, in denen der Betrieb oder Teilbetrieb sowie wesentliche Betriebsgrundlagen veräußert, aufgegeben oder zu betriebsfremden Zwecken verwendet werden.[116] Darüber hinaus kommt die Tarifermäßigung nach § 19 a ErbStG in Betracht, wenn die Erwerber für die Besteuerung in die Steuerklasse II oder III fallen. Schließlich besteht eine zinslose Stundungsmöglichkeit für die Steuer auf das Betriebsvermögen über einen Zeitraum von zehn Jahren (§ 28 ErbStG), allerdings nur beim Erwerb von Todes wegen.

D. Gewerbesteuer

79 Im Hinblick auf die Gewerbesteuer ist die GmbH & Co. KG mit ihrem im Inland betriebenen stehenden Gewerbebetrieb Steuersubjekt (§ 2 GewStG – siehe § 3 Rn. 25). Ein Gesellschafterwechsel wirkt sich auf das Steuersubjekt nicht aus.

I. Verlustabzug

80 Besonderheiten ergeben sich allerdings im Hinblick auf den gewerbesteuerlichen Verlustvortrag (§ 10 a GewStG). Entsprechend der Einkommen- und Körperschaftsteuer kann ein Verlust auf zukünftige Veranlagungszeiträume vorgetragen werden; der Verlustrücktrag ist nicht möglich. Voraussetzung für den gewerbesteuerlichen Verlustvortrag ist neben der **Unternehmensidentität, aber auch die Unternehmeridentität.**[117] Das bedeutet, dass im Jahr der Erwirtschaftung des Verlusts und im Jahr des Verlustabzugs das Unternehmen und die Unternehmer identisch sein müssen. Während sich die Unternehmensidentität nach dem Gesamtbild der Verhältnisse im Hinblick auf den Betrieb der GmbH & Co. KG bestimmt, stellt die Unternehmeridentität auf den Gesellschafterkreis der GmbH & Co. KG ab. Dabei geht es nicht nur um die Beteiligung als Gesellschafter dem Grunde nach, sondern auch um die Größe des Anteils.[118] Mit dem Gesellschafterwechsel geht der entsprechend betroffene Verlust daher verloren, weil sich zumindest die Größe des Anteils verändert. Das gilt unabhängig davon, auf welchem Wege der Gesellschafterwechsel vorgenommen wird. Nach der Rechtsprechung des BFH kann ein Verlustanteil auch beim Erbfall nicht erhalten werden.[119] Dem Objektcharakter der Gewerbesteuer wird die Rechtsprechung des BFH mit dem Tatbestandsmerkmal der Unternehmeridentität freilich nicht gerecht.

115 Vereinbarkeit mit der Gleichmäßigkeit der Besteuerung: BFH BStBl. II 2001, 834.
116 Zur Anwendung der Regelung bei Insolvenz FG München EFG 2003, 942.
117 BFH BStBl. II 1993, 616.
118 BFH BStBl. II 1996, 601.
119 BFH BStBl. II 1994, 331.

II. Veräußerungsgewinn

Gewinne und Verluste aus der Veräußerung von Mitunternehmeranteilen unterliegen nicht der Gewerbesteuer, falls der Mitunternehmeranteil unmittelbar von einer natürlichen Person gehalten wird. Wird der Anteil dagegen von einer Personen- oder Kapitalgesellschaft gehalten, ist der Veräußerungsgewinn oder Verlust in die Bemessungsgrundlage der Gewerbesteuer einzubeziehen (§ 7 Satz 2 GewStG). Werden nur Teile eines Mitunternehmeranteils veräußert, ist die Gewerbesteuerpflicht des Gewinns umstritten. Während die Finanzverwaltung -aufgrund der Rechtslage vorzugwürdig- von einem laufenden Gewinn ausgeht, der in die Bemessungsgrundlage einzubeziehen ist, wollen einige Stimmen in der Literatur in § 7 Satz 2 GewStG eine vorrangige Sonderregelung sehen.[120] Einzubeziehen sind Gewinne aus der Veräußerung eines Mitunternehmeranteils, soweit auf beiden Seiten dieselben Personen als Mitunternehmer beteiligt sind (§§ 16 Abs. 2 Satz 3 EStG, § 24 Abs. 3 Satz 3 UmwStG). 81

E. Umsatzsteuer

Die Veräußerung von Anteilen an einer GmbH & Co. KG und die Veräußerung von Anteilen an der Komplementär-GmbH sind häufig mangels Unternehmereigenschaft des veräußernden Gesellschafters nicht steuerbar. Die Beteiligung an einer Personen- oder Kapitalgesellschaft allein begründet keine Unternehmerstellung nach § 2 UStG.[121] Falls ausnahmsweise ein steuerbarer Umsatz vorliegt, greift die Steuerbefreiung nach § 4 Nr. 8 Buchst. f UStG. Eine nicht steuerbare **Geschäftsveräußerung im Ganzen** kann bei einem einzelnen Gesellschafter vorliegen, wenn er die Wirtschaftsgüter aus seinem Sonderbetriebsvermögen veräußert und diese eine geschlossene Einheit darstellen (§ 1 Abs. 1 a UStG). Kein steuerpflichtiger Vorgang liegt ferner vor, wenn ein Gesellschafter gegen Abfindung aus der GmbH & Co. KG ausscheidet. Umsatzsteuerlich relevant wird der Sachverhalt erst, wenn das Ausscheiden mit einer Sachwertabfindung zusammenhängt. Insoweit ist von einem Leistungsaustausch auszugehen, der steuerpflichtig ist, falls keine Steuerbefreiung eingreift. Der Eintritt eines Gesellschafters in die GmbH & Co. KG gegen Bareinlage stellt keinen umsatzsteuerbaren Vorgang dar. Ein tauschähnlicher Umsatz kommt nicht in Betracht, da nicht die Personengesellschaft, sondern die übrigen Gesellschafter den Anteil an der GmbH & Co. KG gewähren. Anders ist die Situation bei einer Sacheinlage, die ein Unternehmer in die GmbH & Co. KG einbringt. Insoweit ist von einem zumindest steuerbaren und je nach Gegenstand auch steuerpflichtigen Umsatz auszugehen.[122] Problematischer erweist sich die Frage, ob bei einer unentgeltlichen Übertragung von Wirtschaftsgütern eine **unentgeltliche Wertabgabe** nach § 3 Abs. 1 b Nr. 3 UStG in Betracht kommt. Es spricht viel dafür, den Vorgang gleich einer Sacheinlage zu behandeln. Die unentgeltliche Wertabgabe steht einer Lieferung gegen Entgelt gleich.[123] 82

120 Hesselmann/Hannes § 10 Rn. 71; Füger/Rieger DStR 2002, 1021.
121 BFH BStBl. II 1988, 557.
122 Binz/Sorg § 18 Rn. 29/30.
123 Weiter differenzierend Schulze zur Wiesche/Ottersbach Rn. 1098.

F. Grunderwerbsteuer

83 Die GmbH & Co. KG ist Subjekt der Grunderwerbsteuer und ein steuerbarer Vorgang liegt immer dann vor, wenn die Gesellschaft ein Grundstück erwirbt oder veräußert. Soweit der Veräußerer oder Erwerber an der GmbH & Co. KG beteiligt ist, wird die Grunderwerbsteuer nicht erhoben (§§ 5, 6 GrEStG). Die Regelung gilt grundsätzlich auch für Einbringungsvorgänge. Der **Wechsel im Gesellschafterbestand** löst daher grundsätzlich keine Grunderwerbsteuer aus, auch wenn die Gesellschaft ein Grundstück im Gesellschaftsvermögen hält. Aufgrund der Ersatztatbestände nach § 1 Abs. 2 a bzw. § 1 Abs. 3 GrEStG führt der Wechsel im Gesellschafterbestand für Gesellschaften mit Grundbesitz aber zu grunderwerbsteuerlichen Folgen, wenn die Grenze von 95 % innerhalb von fünf Jahren erreicht wird. Dabei müssen mindestens 95 % der Anteile auf neue Gesellschafter übergehen. Während das Ausscheiden aus der Gesellschaft keinen relevanten grunderwerbsteuerlichen Vorgang nach § 1 Abs. 2 a GrEStG darstellt, ist bei der Übertragung von Anteilen an neue Gesellschafter die Grunderwerbsteuer im Blick zu behalten. Das Ausscheiden eines Gesellschafters kann zu einem grunderwerbsteuerlichen Vorgang nach § 1 Abs. 3 GrEStG führen. Dazu müssen sich aber mindestens 95 % der Anteile in der Hand eines Gesellschafters (alt oder neu) vereinigen. Mittelbare Veränderungen im Gesellschafterbestand stehen den unmittelbaren Veränderungen gleich. Anteilserwerbe von Todes wegen werden nicht mitgerechnet.

5

§ 6 Beendigung der GmbH & Co. KG

Die steuerlichen Folgen bei der Beendigung einer GmbH & Co. KG hängen eng mit den gesellschaftsrechtlichen Grundlagen zusammen. Um die steuerlichen Folgen vor dem gesellschaftsrechtlichen Hintergrund richtig einordnen zu können, empfiehlt sich zunächst wieder ein Blick auf das Gesellschaftsrecht der GmbH & Co. KG und die sich daraus ergebenden rechtlichen Rahmenbedingungen. 1

A. Gesellschaftsrecht

Die Beendigung einer GmbH & Co. KG vollzieht sich grundsätzlich in mehreren Stufen. Zunächst ist die Gesellschaft aufzulösen. Neben den gesetzlichen Auflösungsgründen (§§ 131 Abs. 1 und 2, 161 Abs. 2 HGB) können im Gesellschaftsvertrag Auflösungsgründe vereinbart werden. Mit der **Auflösung** beendet die Gesellschaft ihre werbende Tätigkeit und wird in die Abwicklungsphase überführt. Es ändert sich insoweit der Zweck der GmbH & Co. KG. Der Rechtsträger für die Zuordnung von Forderungen und Verbindlichkeiten bleibt unverändert die Gesellschaft. Für die **Abwicklung** steht von Gesetzes wegen das Liquidationsverfahren zur Verfügung. Daneben kann die Abwicklung im Insolvenzfall durch das Insolvenzverfahren oder bei entsprechender Vereinbarung durch Übernahme des Gesellschaftsvermögens durch einen Gesellschafter erfolgen. Im Liquidationsverfahren, als dem gesetzlichen Regelfall der Abwicklung, sind die schwebenden Geschäfte zu beenden, die Schulden zu bezahlen und das Vermögen zu verwerten. Der verbleibende Rest ist an die Gesellschafter auszukehren. Das **Erlöschen** der GmbH & Co. KG hängt von der Vollbeendigung der Gesellschaft ab. Das Erlöschen ist im Handelsregister einzutragen.[1] Die Beendigung der GmbH & Co. KG ist von der Beendigung der Komplementär-GmbH zu unterscheiden. Beide Gesellschaften können parallel aufgelöst und abgewickelt werden. Die Besonderheiten der jeweiligen Verfahren in Bezug auf die unterschiedlichen Rechtsträger (GmbH & Co. KG und GmbH) sind aber zu beachten. 2

I. Die Auflösung der GmbH & Co. KG

Die Gründe für die Auflösung einer GmbH & Co. KG lassen sich unterscheiden nach Gründen, in denen das Gesetz die Auflösung vorsieht und solchen Gründen, für die im Gesellschaftsvertrag die Auflösung als Rechtsfolge vereinbart wurde. Von der Auflösung sind Fälle abzugrenzen, die ebenfalls erheblichen Einfluss auf die Gesellschaft haben, aber **nicht zum Wegfall des werbenden Zwecks** bei der GmbH & Co. KG führen. Ein vollständiger Gesellschafterwechsel beispielsweise hat daher nicht die Auflösung der GmbH & Co. KG zur Folge.[2] Gleiches gilt für die formwechselnde Umwandlung (§§ 190 ff. UmwG). Darüber hinaus kommt es auch dann nicht zur Auflösung der GmbH & Co. KG, wenn die einzige Komplementär-GmbH aus der Gesellschaft ausscheidet, die Kommanditisten die Gesellschaft aber werbend fortsetzen.[3] Aus der GmbH & Co. KG wird eine OHG. Wird die GmbH & Co. KG dagegen von den Kommanditisten nicht werbend fortgesetzt, kommt es zur Auflösung der GmbH & Co. KG und die Kommanditisten haften für Verbind- 3

1 Vgl. dazu MüKo/K. Schmidt HGB § 131 Rn. 6.
2 BGHZ 44, 229.
3 BGH NJW 1979, 1705.

lichkeiten gegenüber den Gläubigern der GmbH & Co. KG nur mit dem Gesellschaftsvermögen (siehe Rn. 29).[4]

1. Gesetzliche Auflösungsgründe

4 Für die GmbH & Co. KG gelten die gesetzlichen Auflösungsgründe in § 131 Abs. 1 und 2 HGB über die Verweisung in § 161 Abs. 2 HBG entsprechend. Im Grundsatz ist davon auszugehen, dass für die GmbH & Co. KG die gesetzlichen Auflösungsgründe abschließend in der Vorschrift geregelt sind.[5] Eine Erweiterung kommt nur ausnahmsweise in Betracht. Instrument für die Erweiterung der Auflösungsgründe ist die Vereinbarung eines bestimmten Sachverhalts als Auflösungsgrund im Gesellschaftsvertrag. Als Auflösungsgründe kennt das Gesetz den Zeitablauf, einen entsprechenden Beschluss der Gesellschafter, die Eröffnung des Insolvenzverfahrens über das Vermögen der GmbH & Co. KG und die gerichtliche Entscheidung.

a) Zeitablauf

5 Wird die GmbH & Co. KG nur für eine bestimmte oder bestimmbare Zeit eingegangen, endet sie mit Zeitablauf (§ 131 Abs. 1 Nr. 1 HGB). Eine solche Zeitbestimmung für eine GmbH & Co. KG kommt in der Praxis selten vor. Eine Zeitbestimmung liegt nicht bereits in der Vereinbarung einer Mindestdauer für die GmbH & Co. KG. Darin ist in der Regel ein Ausschluss für das Kündigungsrecht der Gesellschafter zu sehen. Wird für eine GmbH & Co. KG ausnahmsweise eine Höchstdauer vereinbart, kann die Gesellschaft durch Beschluss der Gesellschafter fortgeführt werden. Der Beschluss kann auch konkludent in der Weiterführung der werbenden Tätigkeit liegen. Ohne Beschluss der Fortführung endet die GmbH & Co. KG mit Zeitablauf automatisch.[6]

b) Auflösungsbeschluss

6 Die Gesellschafter als Herren der GmbH & Co. KG können die Gesellschaft durch Beschluss jederzeit auflösen. Eine Abbedingung des Rechts im Gesellschaftsvertrag ist nicht möglich. Der Beschluss gehört zum Kernbereich der Gesellschafterstellung und bedarf daher grundsätzlich der einstimmigen Entscheidung aller Gesellschafter (§§ 119 Abs. 1, 161 Abs. 2 HGB). Die Kommanditisten müssen daher ebenfalls zustimmen. Im **Gesellschaftsvertrag können andere Erfordernisse** an den Beschluss vereinbart werden (z.B. Mehrheitsbeschluss). Dabei kann eine Abstimmung der Mehrheiten mit den Anforderungen an die Auflösung der Komplementär-GmbH nützlich sein, wenn in beiden Gesellschaften ein weitgehend gleicher Gesellschafterbestand anzutreffen ist. An eine bestimmte Form ist die Wirksamkeit des Auflösungsbeschlusses grundsätzlich nicht gebunden. Ein konkludenter Auflösungsbeschluss, etwa durch entsprechende tatsächliche Abwicklungshandlungen, ist damit ebenfalls wirksam. Bei der Beteiligung Minderjähriger an der Gesellschaft ist für die Auflösung die Genehmigung des Vormundschaftsgerichts nach der Recht-

4 BGHZ 113, 132.
5 BGHZ 75, 178; 82, 323. Bedeutung erlangt dies insbesondere im Hinblick auf die Anwendung von §§ 726 ff. BGB.
6 MüKo/K. Schmidt HGB § 131 Rn. 14.

sprechung des BGH[7] wohl nicht erforderlich (nicht nach § 1822 Nr. 3 BGB), aber im Hinblick auf die unterschiedlichen Ansichten zu § 1823 BGB[8] empfehlenswert.[9]

c) Insolvenzverfahren

Ein weiterer Auflösungsgrund für die GmbH & Co. KG ist die Eröffnung des Insolvenzverfahrens über das Vermögen der Gesellschaft (§ 131 Abs. 1 Nr. 3 HGB). Ein Insolvenzverfahren wird über das Vermögen der GmbH & Co. KG erst eröffnet, wenn Zahlungsunfähigkeit der GmbH & Co. KG vorliegt (§ 17 InsO)[10] oder Überschuldung eingetreten ist (§ 19 InsO). Die Überschuldung als Insolvenzgrund greift für die GmbH & Co. KG regelmäßig ein, weil typischerweise neben der Komplementär-GmbH keine natürliche Person als weiterer unbeschränkt haftender Gesellschafter zur Verfügung steht. Für eine solche GmbH & Co. KG steht der Eröffnung des Insolvenzverfahrens gleich, wenn die Eröffnung des Insolvenzverfahrens mangels Masse mit einem rechtskräftigen Beschluss abgelehnt wird (§ 131 Abs. 2 Nr. 1 HGB). Ferner wird die typische GmbH & Co. KG aufgelöst, wenn die Löschung wegen Vermögenslosigkeit (§ 141 a FGG) durchgeführt wird (§ 131 Abs. 2 Nr. 2 HGB). In letzterem Fall ist eine Abwicklung in Form eines Liquidationsverfahrens regelmäßig überflüssig. Falls ein Insolvenzverfahren eröffnet wird, bestimmt sich die Abwicklung nach der InsO. 7

d) Auflösung durch gerichtliche Entscheidung

Die Auflösung einer GmbH & Co. KG kann ferner durch gerichtliche Entscheidung erfolgen. Die Rechtsfolge ist als notwendige Reaktion des Gerichts eng verbunden mit der Möglichkeit der Gesellschafter, eine Auflösungsklage aus wichtigem Grund zu erheben (§ 133 HGB). An bestimmte Fristen ist die Klage nicht gebunden; eine Verwirkung ist jedoch möglich. Die Auflösungsklage ist bei den Personenhandelsgesellschaften statt der außerordentlichen Kündigung eingeführt worden. Auf diesem Wege soll mehr Rechtssicherheit im Hinblick auf den Bestand der Gesellschaft erreicht werden. Es steht den Gesellschaftern aber frei, in den Gesellschaftsvertrag das Recht zur außerordentlichen Kündigung aufzunehmen.[11] Ein **wichtiger Grund, der zum Erfolg der Auflösungsklage** führen kann, liegt vor, wenn die Verfolgung des Gesellschaftszwecks nachhaltig beeinträchtigt ist. Im Vergleich mit dem Grund für eine ordentliche Kündigung muss der wichtige Grund die Fortsetzung der Gesellschaft bis zum nächsten Kündigungstermin als unzumutbar erscheinen lassen.[12] Maßgebend sind die Umstände des Einzelfalles. Grundlage für einen wichtigen Grund können Umstände mit Bezug zur Gesellschaft sein (z.B. Ertragslosigkeit der Gesellschaft oder auch ein fehlerhafter Gesellschaftsvertrag), aber auch Umstände, die in der Beziehung der Gesellschafter untereinander liegen (z.B. schwere Zerwürfnisse und schwere Pflichtverletzungen). Die Rechtsfolge der Auflösung kann nur als letztes Mittel eingreifen, falls andere Möglichkeiten, welche die GmbH & Co. KG erhalten, nicht in Betracht kommen. Insoweit ist insbesondere an die **Ausschließung eines einzelnen Gesellschafters** zu denken (§ 140 HGB). Letztgenannte Rechtsfolge kann ebenfalls vom Gericht bei Vorliegen eines wichtigen Grundes ausgesprochen werden. 8

7 BGHZ 52, 316.
8 Vgl. nur MüKo/K. Schmidt HGB § 131 Rn. 18.
9 Für Ehegatten beachte § 1365 Abs. 1 BGB.
10 Die drohende Zahlungsunfähigkeit kann nach § 18 InsO ebenfalls Eröffnungsgrund sein, falls die Gesellschaft den Antrag stellt.
11 BGHZ 31, 295.
12 BGHZ 84, 382.

Die Ausschließung kommt vor allem in Fällen in Betracht, in denen der wichtige Grund in der Person eines Gesellschafters liegt. Im Ergebnis kann nur entweder die Auflösungsklage oder die Ausschließungsklage Erfolg haben. Daher sind entsprechende Widerklagen je nach Erfolg der Klage zu behandeln. Ist die Auflösungsklage erfolgreich, tritt mit Rechtskraft des Gestaltungsurteils die Auflösung ein.

2. Andere Auflösungsgründe

9 Im Gesellschaftsvertrag können im Hinblick auf die Auflösung der GmbH & Co. KG Regelungen getroffen werden. Die Regelungen können sich einerseits mit weiteren Auflösungsgründen beschäftigen. Auf diesem Wege ist es beispielsweise möglich, von der gesetzlichen Regelung abweichend, einige der in § 131 Abs. 3 HGB genannten Sachverhalte zu Auflösungsgründen zu bestimmen. Ferner kann andererseits das bestehende Auflösungsrecht bzw. das Verfahren der Auflösung umgestaltet werden. Dabei ist allerdings zu berücksichtigen, dass ein **Ausschluss der Auflösungsklage** sowie deren Beschränkung nicht wirksam vereinbart werden können (§ 133 Abs. 3 HGB). Möglich ist allerdings, im Gesellschaftsvertrag einen einfacheren Weg für die Auflösung bei Vorliegen eines wichtigen Grundes zu verankern. Dafür eignet sich beispielsweise ein außerordentliches Kündigungsrecht.[13]

10 Von erheblicher Bedeutung ist im Zusammenhang mit der Auflösung auch die Frage, welche Auswirkungen der Wegfall des einzigen persönlich haftenden Gesellschafters auf die GmbH & Co. KG hat. Das **Ausscheiden eines Gesellschafters** an sich führt nicht zur Auflösung der Gesellschaft, sondern zur Fortsetzung unter den übrigen Gesellschaftern (§ 131 Abs. 3 HGB). Da der Bestand der Kommanditgesellschaft aber von zumindest einem unbeschränkt haftenden Gesellschafter abhängig ist, führt das Fehlen eines Komplementärs zur Auflösung der GmbH & Co. KG.[14] Falls die verbleibenden Kommanditisten innerhalb einer angemessenen Frist einen neuen Komplementär einsetzen, kann die GmbH & Co. KG wieder aktiviert werden. Aus den dargestellten Zusammenhängen ergibt sich die weitere Frage, welche **Auswirkungen die bloße Auflösung der Komplementär-GmbH** auf die GmbH & Co. KG hat. Falls die GmbH wegen eines Auflösungsgrundes aus der GmbH & Co. KG ausscheidet, ist die Antwort aus den vorherigen Ausführungen abzuleiten (für die Insolvenz: § 131 Abs. 3 Nr. 2 HGB). In anderen Fällen ist davon auszugehen, dass bei der typischen GmbH & Co. KG mit der Auflösung der Komplementär-GmbH zwingend die Auflösung der GmbH & Co. KG verbunden ist.[15] Es erscheint nicht sachgerecht, den Liquidator der GmbH mit der Geschäftsführung der werbend tätigen GmbH & Co. KG zu betrauen. Die Auflösung der GmbH & Co. KG hat dagegen keine unmittelbare Auswirkung auf den Bestand der Komplementär-GmbH. Im Gesellschaftsvertrag der GmbH kann allerdings etwas anderes vereinbart werden. Darüber hinaus wird die Auflösung der GmbH als Folge eintreten, wenn einziger Zweck der GmbH die Komplementärstellung in der GmbH & Co. KG ist. Die Auflösung der GmbH richtet sich grundsätzlich nach den gesetzlichen Regeln in §§ 60, 61 GmbHG.

13 BGHZ 31, 295.

14 Ganz h.M. siehe die Nachweise bei MüKo/K. Schmidt HGB § 131 Rn. 46. Eine aus zahlreichen Vorschriften abgeleitete Begründung findet sich bei Binz/Sorg § 7 Rn. 7.

15 MüKo/K. Schmidt HGB § 131 Rn. 47. Anderer Ansicht unter Berufung auf Entscheidungen (BGHZ 75, 178) von Sonderfällen Hesselmann/Lüke § 11 Rn. 23.

3. Rechtsfolgen

Liegt ein gesetzlicher oder gesellschaftsvertraglicher Auflösungsgrund vor, ist die Gesellschaft aufgelöst und muss abgewickelt werden, es sei denn, ein Abwicklungsverfahren ist entbehrlich. Ein **besonderer Vollzugsakt für die Auflösung** ist nicht vorgesehen. Die Tatsache der Auflösung der GmbH & Co. KG ist aber von sämtlichen Gesellschaftern zur Eintragung ins Handelsregister anzumelden (§§ 143 Abs. 1, 161 Abs. 2 HGB).[16] Die Eintragung ins Handelsregister hat für die Haftung der Gesellschafter erhebliche Bedeutung. Die fünfjährige Verjährungsfrist für die Ansprüche gegen die Gesellschafter beginnt mit dem Tag der Eintragung der Auflösung der GmbH & Co. KG ins Handelsregister (§ 159 Abs. 2 HGB). Die GmbH & Co. KG muss in ihrer Firma einen Zusatz aufnehmen, der den Abwicklungsstatus anzeigt (z.B. i.L.). Die Auflösung führt keine Veränderungen im Hinblick auf die bestehenden Rechtsbeziehungen zwischen den Gesellschaftern oder der GmbH & Co. KG zu Dritten herbei, insbesondere werden die Rechtsbeziehungen durch Auflösung der Gesellschaft nicht beendet. Zur Vermeidung der Abwicklung kann die GmbH & Co. KG durch Beschluss der Gesellschafter wieder zu einer werbenden Gesellschaft gemacht werden. Ein entsprechender Fortsetzungsbeschluss hat allerdings nur Wirkung, wenn keine Auflösungsgründe mehr vorliegen. 11

II. Die Abwicklung der GmbH & Co. KG

Im Normalfall schließt sich an die Auflösung der GmbH & Co. KG ein Abwicklungsverfahren an. 12
Das gewöhnliche Abwicklungsverfahren ist das Liquidationsverfahren, für das bei der GmbH & Co. KG die §§ 145 ff. HGB maßgebend sind (§ 161 Abs. 2 HGB). Ein Abwicklungsverfahren findet nicht statt, wenn das Unternehmen im Wege der Gesamtrechtsnachfolge - etwa durch Anwachsung - auf den einzigen verbleibenden Gesellschafter übergeht[17] oder im Gesellschaftsvertrag etwas anderes vereinbart ist (§ 145 Abs. 1 HGB). Die Abwicklung wird im Falle der Auflösung wegen Insolvenz der GmbH & Co. KG in Form eines Insolvenzverfahrens durchgeführt. Falls gleichzeitig auch eine Liquidation der Komplementär-GmbH durchgeführt wird, handelt es sich um getrennte Verfahren, die eigenen Regeln folgen (§§ 66–74 GmbHG).

1. Liquidationsverfahren

Die GmbH & Co. KG i.L. (§ 153 HGB) ist in einem gestuften Verfahren abzuwickeln. **Ziele des** 13
Verfahrens sind: die laufenden Geschäfte zu beendigen, die Verbindlichkeiten der Gesellschaft zu begleichen und das vorhandene Vermögen zu verwerten. Am Ende des Verfahrens steht die Verteilung des restlichen Vermögens an die Gesellschafter. Mit der Verteilung des letzten Vermögensgegenstandes ist die GmbH & Co. KG vollständig beendet. Die Beendigung der Gesellschaft ist zur Eintragung ins Handelsregister anzumelden. Zur Durchführung eines Liquidationsverfahrens bedarf es verantwortlicher Personen. Die Aufgabe wird von den Liquidatoren (§ 146 HGB) wahrgenommen. Vereinbarungen über Modifikationen des Liquidationsverfahrens sind möglich. Das gilt insbesondere für die Übertragung des ganzen Vermögens auf einen Treuhänder, der sich um die Befriedigung der Gläubiger kümmert.[18] Ferner kann die Realteilung eines Teils des Ver-

16 Eine Eintragung von Amts wegen erfolgt bei Insolvenz der GmbH & Co. KG (§ 143 Abs. 1 Satz 2 HGB, § 31 InsO). Ausnahme zur Abhängigkeit der Auflösung von der Anmeldung der Liquidatoren siehe BayOLG NZG 2001, 792.
17 BGH GmbHR 2004, 952.
18 Siehe BGH NJW 1979, 1987.

mögens unter den Gesellschaftern vorteilhaft sein, wenn ausreichend Mittel zur Befriedigung der Gläubiger vorhanden sind.

a) Liquidatoren

14 Mangels anderer Regelung im Gesellschaftsvertrag sind alle Gesellschafter der GmbH & Co. KG sog. **geborene Liquidatoren** (§ 146 Abs. 1 HGB). Auf die Art der Gesellschafterstellung kommt es dabei ebenso wenig an, wie auf die Rechtsträger des Gesellschaftsanteils. Die Gesellschafter müssen das Amt als Liquidator wahrnehmen, unabhängig davon, ob sie bisher Geschäftsführungs- oder Vertretungsaufgaben wahrgenommen haben. Es empfiehlt sich daher, die Bestellung zum Liquidator im Gesellschaftsvertrag abweichend vom Gesetz zu regeln. Zum Liquidator wird in der Regel die Komplementär-GmbH bestellt. Möglich ist es aber auch, die Geschäftsführer der Komplementär-GmbH direkt als Liquidatoren zu bestellen. Die Bestellung eines Dritten zum Liquidator ist nach § 146 Abs. 1 HGB möglich.[19] Im Gegensatz zu den Gesellschaftern ist der Dritte allerdings im Hinblick auf seine Entscheidung zur Übernahme des Amtes frei. Mit der Bestellung der Geschäftsführer der Komplementär-GmbH zu Liquidatoren können parallel durchgeführte Liquidationsverfahren der GmbH & Co. KG und der Komplementär-GmbH in einer Hand gehalten werden. Bei Vorliegen eines wichtigen Grundes kann die **Bestellung des Liquidators durch Antrag eines Gesellschafters dem Gericht** übertragen werden (§ 146 Abs. 2 HGB). Der wichtige Grund muss sich auf das Abwicklungsverfahren beziehen. Von einem wichtigen Grund ist auszugehen, wenn eine ordnungsgemäße Abwicklung der GmbH & Co. KG nicht gewährleistet ist und Nachteile für die Liquidationsbeteiligten zu erwarten sind.[20] Das Gericht ist in seiner Entscheidung frei,[21] muss die Interessen der Gesellschaft und der Liquidationsbeteiligten allerdings im Blick haben. Vorschläge der Liquidationsbeteiligten muss das Gericht in seine Entscheidung ebenfalls einbeziehen. Das Gericht kann nur eine Entscheidung über die Person des Liquidators treffen. Beschränkungen im Hinblick auf die Befugnisse sind daher nicht möglich.

b) Aufgaben und Rechte

15 Die Liquidatoren haben ihr Handeln an den Zielen der Abwicklung der GmbH & Co. KG auszurichten. Bei der Erledigung der Aufgaben haben sie ihr Handeln am Wohl der Gesellschaft und den Interessen der Gesellschafter zu orientieren. Die Liquidatoren haben die laufenden Geschäfte zu beenden, die Forderungen einzuziehen, das übrige Vermögen zu versilbern und die Gläubiger zu befriedigen. Sie sind im Rahmen ihrer Aufgabenzuweisung befugt, die Gesellschaft **gerichtlich und außergerichtlich zu vertreten** (§ 149 Satz 2 HGB).[22] Sind mehrere Liquidatoren bestellt, führen sie die Geschäfte grundsätzlich gemeinschaftlich (§ 150 Abs. 1 HGB). Im Rahmen der Abwicklung schwebender Geschäfte sind sie ausnahmsweise befugt, neue Geschäfte einzugehen (§ 149 Satz 1 HGB). Die Liquidatoren haben, unabhängig von der Art ihrer Bestellung, Weisungen der Beteiligten am Liquidationsverfahren (§ 146 Abs. 2 HGB) zu befolgen. Grundsätzlich ist für Weisungen ein einstimmiger Beschluss erforderlich. Der Gesellschaftsvertrag kann eine abweichende Regelung vorsehen. Die Bestellung der Liquidatoren und die Art der Vertretungsmacht sind zur **Eintragung in das Handelsregister** anzumelden (§ 148 HGB). Die Vergütung des

19 Zur Annerkennung der GbR als Liquidator siehe BGHZ 146, 341; MüKo/K. Schmidt HGB § 146 Rn. 5.
20 So oder ähnlich die allgemein gängige Umschreibung siehe etwa MüKo/K. Schmidt HGB § 146 Rn. 30.
21 Als Rechtsmittel steht die sofortige Beschwerde zur Verfügung (§ 146 FGG).
22 Zur Beschränkung der Vertretungsmacht auf die objektiv dienlichen Geschäfte siehe BGH NJW 1984, 982.

Liquidators erfolgt auf der Grundlage eines abgeschlossenen Dienstvertrags. Nehmen die Gesellschafter die Stellung ohne besonderen Dienstvertrag wahr, steht ihnen keine besondere Vergütung zu. Die Vergütung für die Geschäftsführung der Komplementär-GmbH gilt im Zweifel auch für die Abwicklungsphase, falls die GmbH als einziger Liquidator bestellt wird.[23] Die Abberufung des Liquidators ist durch einstimmigen Beschluss möglich (§ 147 HGB). Ferner kommt eine Abberufung durch das Gericht in Betracht, falls in der Person des Liquidators ein wichtiger Grund vorliegt.

c) Liquidation

Im Rahmen der Liquidation haben die Liquidatoren die laufenden Geschäfte zu beenden. Das ist 16
notwendig, weil die Auflösung der Gesellschaft grundsätzlich keinen Einfluss auf den Bestand der Rechtsverhältnisse der GmbH & Co. KG hat. Die Vornahme neuer Geschäfte ist nur zur Erleichterung der Beendigung von Rechtsverhältnissen zulässig. Das ergibt sich aus dem Zweck der GmbH & Co. KG in Liquidation. Der Gesellschaft von den Gesellschaftern zur Nutzung überlassene Gegenstände sind zurückzugeben. Das betrifft nur Gegenstände, die im Eigentum der Gesellschafter stehen. Gesamthandseigentum wird erst am Ende der Liquidation unter den Gesellschaftern verteilt, soweit es bis dahin nicht anderweitig einzusetzen ist. **Forderungen der GmbH & Co. KG** sind von den Liquidatoren einzuziehen. Darunter fallen auch ausstehende Einlagen der Gesellschafter sowie Nachschüsse, die zur Befriedigung der Verbindlichkeiten der Gesellschaft notwendig sind. Forderungen, die sich gegen Gesellschafter der GmbH & Co. KG richten und im Gesellschaftsverhältnis ihren Grund haben, aber lediglich dem Ausgleich unter den Gesellschaftern dienen, sind nicht einzuziehen. Vielmehr sind solche Posten im Rahmen der Verteilung als Rechenposten zu berücksichtigen.[24] Die **Vermögensgegenstände der Gesellschaft sind in Geld umzusetzen**. Welcher Weg für die Umsetzung gewählt wird, steht im Ermessen der Liquidatoren. Diese haben sich grundsätzlich von dem Kriterium des höchsten Erlöses leiten zu lassen. Das kann für den Erhalt des Unternehmens als Einheit, aber auch für die Zerschlagung und Veräußerung der einzelnen Gegenstände sprechen. Die Liquidatoren haben für die Befriedigung der Gläubiger zu sorgen. Dabei sind sie verpflichtet, mögliche Einwendungen oder Einreden der GmbH & Co. KG notfalls gerichtlich klären zu lassen. Ein Grundsatz, nach dem die Gläubiger im Liquidationsverfahren gleich zu behandeln sind, kennt das Gesetz nicht.[25] Ist ein Gesellschafter Gläubiger der GmbH & Co. KG i.L. steht er anderen Gläubigern grundsätzlich gleich, sofern es sich um Drittgeschäfte handelt. Etwas anderes kann sich ausnahmsweise aus der weiterhin bestehenden Treuepflicht ergeben.

d) Bilanzierung und Verteilung

Nach § 154 HGB haben die Liquidatoren auf den Zeitpunkt der Auflösung der GmbH & Co. KG 17
eine **Liquidationseröffnungsbilanz** zu erstellen. Die Bilanz hat den Zweck, die Vermögensgegenstände der Gesellschaft für die Liquidatoren und die Liquidationsbeteiligten sichtbar zu machen. Da es sich um eine Vermögensbilanz handelt, sind die wirklichen Werte der Vermögensgegenstände abzubilden, nicht die Buchwerte des Jahresabschlusses.[26] Am Ende der Liquidationsphase,

23 Sudhoff/Salger § 46 Rn. 37.
24 Beachte dazu BGH NJW 1968, 2005; DStR 2002, 228.
25 H.M. vgl. nur MüKo/K. Schmidt HGB § 149 Rn. 42.
26 Vgl. nur K. Schmidt in MüKo/HGB § 154 Rn. 5.

also nach Abschluss aller Handlungen, ist eine **Liquidationsschlussbilanz** zu erstellen. Sie ist Grundlage der Verteilung des Restvermögens an die Gesellschafter und der damit verbundenen Vollbeendigung der Gesellschaft. Von der Erstellung der Liquidationsbilanz ist der gewöhnliche Jahresabschluss nach §§ 242, 264 a HGB zu unterscheiden. Während die Liquidationsbilanzen zur Rechenschaftslegung gegenüber den Liquidationsbeteiligten bestimmt sind, handelt es sich beim Jahresabschluss um ein Instrument der externen Rechnungslegung. Beide Verpflichtungen bestehen nebeneinander.[27]

18 Die Vermögensverteilung erfolgt nach Kapitalanteilen in der Liquidationsschlussbilanz (§ 155 HGB). Die Komplementär-GmbH bleibt somit bei der Vermögensverteilung unberücksichtigt, wenn sie -wie im Regelfall- keine Kapitaleinlage erbracht hat. Die Gesellschafter können im Gesellschaftsvertrag einen **anderen Maßstab als die Kapitalanteile zur Verteilung** (z.B. die Gewinnverteilung) des Restvermögens wählen. Bei Maßgabe der Kapitalanteile nehmen Gesellschafter mit negativem Kapitalkonto ebenfalls nicht an der Verteilung des Restvermögens teil. Ist schon während des Liquidationsverfahrens absehbar, dass ausreichend Geld für die Befriedigung aller Gläubiger zur Verfügung steht, können die Gesellschafter eine vorläufige Verteilung des überschüssigen Vermögens verlangen (§ 155 Abs. 2 HGB). Erweist sich die entsprechende Prognose als falsch, sind die zur Liquidation erforderlichen Mittel zurückzugewähren.[28] Grundsätzlich sieht das Gesetz vor, die Verteilung nach der Tilgung der letzten Verbindlichkeit der Gesellschaft durchzuführen. Für die Liquidation der GmbH ergibt sich auf der Grundlage des § 73 GmbHG die Verpflichtung, die Verteilung erst nach Ablauf eines Sperrjahres vorzunehmen. In der Literatur wird überwiegend argumentiert, die Vorschrift für die Verteilung bei der GmbH & Co. KG entsprechend herzuziehen.[29] Unter Berücksichtigung der Anwendung anderer Vorschriften des GmbHG auf die GmbH & Co. KG, insbesondere solcher zum Gläubigerschutz, sprechen gute Gründe dafür, vor der Verteilung des Restvermögens bei der GmbH & Co. KG ein **Sperrjahr** abzuwarten.

e) Beendigung

19 Ist das verbleibende Vermögen unter den Gesellschaftern verteilt und die Liquidation der GmbH & Co. KG dadurch abgeschlossen, ist die Gesellschaft vollständig beendet. Die Liquidatoren haben das Erlöschen der Firma der GmbH & Co. KG zur Eintragung ins Handelsregister anzumelden (§ 157 HGB). Die Eintragung ins Handelsregister hat aber nur noch deklaratorische Wirkung.[30] Die **Papiere und Bücher der Gesellschaft** sind weiterhin aufzubewahren (§ 157 Abs. 2 HGB). Es besteht weiterhin ein Einsichtsrecht für die Gesellschafter und deren Erben (§ 157 Abs. 3 HGB). Sollte in der Folgezeit weiteres Vermögen der GmbH & Co. KG auftauchen, ist die GmbH & Co. KG entgegen der Eintragung im Handelsregister tatsächlich nicht beendet. Die Liquidatoren haben ihre Tätigkeit wieder aufzunehmen und abzuschließen.

27 Vgl. etwa MüKo/K. Schmidt HGB § 154 Rn. 14 mwN.
28 Zur Verzinsungspflicht schon RGZ 151, 125.
29 MüKo/K. Schmidt HGB § 155 Rn. 49; Sudhoff/Salger § 46 Rn. 65.
30 BGH NJW 1979, 1987.

f) Haftung der Gesellschafter

Die Haftung der Gesellschafter gegenüber den Gläubigern der GmbH & Co. KG wird durch das Liquidationsverfahren nicht beeinträchtigt. Falls das Liquidationsvermögen zur Befriedigung der Gesellschaftsgläubiger nicht ausreicht, haften die Komplementäre und Kommanditisten nach den allgemeinen Vorschriften. Während der Komplementär persönlich und unbeschränkt haftet (§§ 128, 161 Abs. 2 HGB), kann sich ein Kommanditist auf die Erbringung seiner Hafteinlage berufen, solange sie nicht ganz oder teilweise zurückgewährt wurde (§§ 171 Abs. 1, 172 Abs. 4 HGB). Die Ansprüche der Gläubiger der GmbH & Co. KG gegen die Gesellschafter verjähren allerdings innerhalb von fünf Jahren nach der Auflösung der GmbH & Co. KG (§ 159 Abs. 1 HGB). Die Frist kann sich verkürzen, falls der Anspruch gegen die Gesellschaft einer kürzeren Verjährung unterliegt. Für den Beginn der Frist ist die Eintragung der Auflösung ins Handelsregister maßgebend (§ 159 Abs. 2 HGB). 20

2. Insolvenzverfahren

Die Eröffnung eines Insolvenzverfahrens über das Vermögen der GmbH & Co. KG sowie die Ablehnung der Eröffnung eines Insolvenzverfahrens mangels Masse führen zwingend zur Auflösung der GmbH & Co. KG (§§ 131 Abs. 1 Nr. 3 und 2 Nr. 1, 161 Abs. 2 HGB). Von dem Insolvenzverfahren über die GmbH & Co. KG sind die Insolvenzverfahren über das Vermögen der Gesellschafter streng zu unterscheiden. Wenn das Insolvenzverfahren über das Vermögen der Komplementär-GmbH gleichzeitig eröffnet werden soll, handelt es sich dennoch um unterschiedliche Verfahren, die rechtlich getrennt voneinander zu behandeln sind. Das gilt insbesondere im Hinblick auf die Eröffnungsvoraussetzungen: Insolvenzreife und Insolvenzantrag. Gleichwohl bestehen häufig **gegenseitige Abhängigkeiten** im Hinblick auf die Insolvenzreife. Die Insolvenz der GmbH & Co. KG zieht die Insolvenz der Komplementär-GmbH aufgrund der persönlichen Haftung für Verbindlichkeiten der GmbH & Co. KG in der Regel nach sich. In die andere Richtung lässt sich die Abhängigkeit dagegen trotz des Freistellungs- und Ausgleichsanspruchs der Komplementär-GmbH nur ausnahmsweise feststellen. 21

a) Insolvenzgrund

Die Eröffnung des Insolvenzverfahrens über das Vermögen einer GmbH & Co. KG setzt Zahlungsunfähigkeit (auch drohende – §§ 17, 18 InsO) oder Überschuldung (§ 19 Abs. 3 InsO) der Gesellschaft voraus. Die Überschuldung ist bei der GmbH & Co. KG allerdings nur Insolvenzgrund, wenn keine natürliche Person als persönlich haftender Gesellschafter zur Verfügung steht. **Zahlungsunfähig** ist eine GmbH & Co. KG, wenn sie nicht mehr in der Lage ist, ihre fälligen Zahlungspflichten zu erfüllen (§ 17 Abs. 2 InsO). Es kommt insoweit auf die gegenwärtig fälligen Zahlungspflichten an. Häufigster Fall ist die Zahlungseinstellung. Für die drohende Zahlungsunfähigkeit nach § 18 Abs. 2 InsO ist dagegen eine Zukunftsprognose aufzustellen. Es geht um die Beurteilung der Frage, ob die Gesellschaft voraussichtlich nicht mehr in der Lage sein wird, die bestehenden Verbindlichkeiten im Zeitpunkt der Fälligkeit zu erfüllen. Die **Überschuldung** ist in § 19 Abs. 2 InsO legal definiert. Überschuldung liegt danach vor, wenn das Vermögen der GmbH & Co. KG die bestehenden Verbindlichkeiten nicht mehr deckt. Dabei sind die wirklichen 22

Werte der Vermögensgegenstände maßgebend.[31] Die untere Grenze bilden insoweit die Auflösungswerte, falls mit einer Fortführung des Unternehmens nicht zu rechnen ist. Die obere Grenze stellt der Wiederbeschaffungswert des einzelnen Vermögensgegenstandes dar. Voraussetzung dafür ist allerdings, dass mit einer Fortführung des Unternehmens zu rechnen ist. Falls sich die Prognose nicht bewahrheitet, tragen die vertretungsberechtigten Personen die Last, den Nachweis zu führen, dass die Prognose unter Einhaltung der Sorgfalt eines ordentlichen Kaufmanns unter Berücksichtigung der konkreten Umstände so zu treffen war.[32] Zur Beurteilung der Überschuldung ist eine Überschuldungsbilanz aufzustellen. Umstritten ist, ob ein originärer Geschäftswert in der Bilanz abzubilden ist.[33]

b) Insolvenzantrag

23 Bei Vorliegen eines Insolvenzgrundes besteht die Verpflichtung der organschaftlichen Vertreter der GmbH & Co. KG, die Eröffnung eines Insolvenzverfahrens zu beantragen (§§ 130 a, 130 b, 177 a HGB). Die Antragspflicht trifft auch die Liquidatoren. Der Antrag ist unverzüglich, spätestens aber drei Wochen nach Eintritt eines Insolvenzgrundes zu stellen (§ 130 a Abs. 1 Satz 3 HGB). Nach Eintritt des Insolvenzgrundes dürfen die zur Vertretung berechtigten Personen grundsätzlich keine Zahlungen mehr vornehmen (**Zahlungsverbot**). Ein Fehlverhalten der verpflichteten Personen ist nicht nur mit dem Schadensersatzanspruch nach § 130 a Abs. 3 HGB sanktioniert,[34] sondern auch strafbar (§ 130 b HGB). Die verpflichteten Personen haften gegenüber der Gesellschaft und auch gegenüber den Gläubigern, da § 130 a Abs. 3 HGB als Schutzgesetz im Sinne des § 823 Abs. 2 BGB einzuordnen ist.[35] Adressat der Verpflichtung sind bei der gewöhnlichen GmbH & Co. KG in erster Linie die Geschäftsführer der Komplementär-GmbH. Bei mehreren Geschäftsführern trifft die Pflicht jeden Geschäftsführer. Im Fall drohender Zahlungsunfähigkeit besteht keine Verpflichtung zur Antragstellung; das Insolvenzverfahren wird daher nur bei einem freiwilligen Antrag der GmbH & Co. KG vertreten durch den Geschäftsführer eröffnet. Eine Sanktion ist daher nicht vorgesehen und wäre auch nicht sachgerecht.

b) Insolvenzverfahren

24 Nach Eröffnung des Insolvenzverfahrens hat der Insolvenzverwalter das gesamte Vermögen zur Insolvenzmasse zu ziehen und in Besitz und Verwaltung zu nehmen (§ 148 InsO). Zur Insolvenzmasse zählt grundsätzlich das gesamte Vermögen, das der GmbH & Co. KG zur Zeit der Verfahrenseröffnung gehört oder das sie im Laufe des Verfahrens erlangt, soweit es der Zwangsvollstreckung unterliegt. Zur Insolvenzmasse gehören auch Ansprüche der GmbH & Co. KG gegen die Gesellschafter wegen ausstehender Einlagen oder Ansprüche auf Schadensersatz. Als **verwertbare Vermögensposition** steht ferner die Firma der GmbH & Co. KG zur Verfügung.[36] Da die Gesellschafter nicht gezwungen sind, für die Firmierung der GmbH & Co. KG ihre Namen einzusetzen, hängt die Übertragung der Firma auch nicht von ihrer Zustimmung ab. Das Persönlichkeitsrecht muss insoweit hinter das Verwertungsinteresse an der Firma zurücktreten. Die mit Zustimmung

31 BGH WM 2001, 959.
32 Vgl. OLG Naumburg GmbHR 2004, 361.
33 Die h.M. verneint die Frage mit dem Hinweis auf den Gläubigerschutz. Siehe etwa Binz/Sorg § 12 Rn. 13; a.A. Hesselmann/Lüke § 11 Rn. 83.
34 Zum Schadensersatzanspruch vgl. BGHZ 126, 181.
35 Vgl. nur Baumbach/Hopt § 130 a Rn. 13.
36 BGHZ 109, 364.

des Namensträgers gebildete Personenfirma wird einem anderen Rechtsträger zugerechnet, der über den Vermögenswert verfügen kann.

Der Insolvenzverwalter hat ein Verzeichnis aller Gegenstände der Insolvenzmasse, ein Gläubigerverzeichnis und eine Vermögensübersicht (§§ 151 ff. InsO) zu erstellen. Im Berichtstermin hat der Insolvenzverwalter über die Lage der GmbH & Co. KG zu berichten und eine Einschätzung hinsichtlich der Fortführung des Unternehmens abzugeben. Die Gläubigerversammlung beschließt anschließend die weiteren Maßnahmen, also die Liquidation oder die Fortführung des Geschäftsbetriebs. In der Regel wird der Insolvenzverwalter beauftragt, einen **Insolvenzplan** (§§ 217 ff. InsO) für die GmbH & Co. KG zu erstellen.[37] Die Umsetzung des Plans hängt von der Annahme durch die Gläubiger und der Zustimmung der GmbH & Co. KG ab. Wird der Plan abgelehnt, erfolgt die Liquidation der Gesellschaft; bei Zustimmung kann der Insolvenzplan durch übertragende Sanierung (z.B. durch Übertragung von Teilen des Unternehmens an Auffanggesellschaften) oder Sanierung des Unternehmensträgers (GmbH & Co. KG) umgesetzt werden. 25

c) Beschränkungen

Mit der Eröffnung des Verfahrens geht die Befugnis zur Verwaltung des Vermögens der GmbH & Co. KG und zur Verfügung über die Gegenstände auf den Insolvenzverwalter über (§ 80 InsO). Verfügungen des organschaftlichen Vertreters der GmbH & Co. KG über Gegenstände der Insolvenzmasse sind nach Eröffnung des Insolvenzverfahrens unwirksam (§ 81 InsO). Insolvenzgläubiger können ihre Forderungen gegenüber der GmbH & Co. KG nur nach den Vorschriften über das Insolvenzverfahren verfolgen (§ 87 InsO). Zwangsvollstreckungen einzelner Insolvenzgläubiger in das Vermögen der GmbH & Co. KG sind während des Insolvenzverfahrens unzulässig (§ 89 InsO). **Ansprüche der Gesellschaftsgläubiger gegenüber den Gesellschaftern** der GmbH & Co. KG können während des Insolvenzverfahrens nur durch den Insolvenzverwalter geltend gemacht werden. Das ergibt sich im Hinblick auf die Kommanditisten aus § 171 Abs. 2 HGB und in Bezug auf die Komplementäre aus § 93 InsO.[38] Bei gegenseitigen Verträgen, die von der GmbH & Co. KG und vom anderen Teil noch nicht vollständig erfüllt sind, steht dem Insolvenzverwalter ein Wahlrecht zu (§ 103 InsO).[39] Ist der Vertrag für die Insolvenzmasse vorteilhaft, wird er Erfüllung wählen und den Vertrag seinerseits erfüllen. Bei Ablehnung durch den Insolvenzverwalter steht dem Vertragspartner lediglich ein Schadensersatzanspruch als normale Insolvenzforderung zu. 26

d) Insolvenzgläubiger

Insolvenzgläubiger ist nur derjenige, der gegen die GmbH & Co. KG zum Zeitpunkt der Eröffnung des Insolvenzverfahrens einen Anspruch hat (§ 38 InsO). Auf welcher Grundlage der Anspruch beruht, ist für die Einteilung als gewöhnlicher Insolvenzgläubiger (§ 38 InsO), nachrangiger Insolvenzgläubiger (§ 39 InsO) und Massegläubiger (§ 53 InsO) entscheidend. Die Insolvenzgläubiger haben ihre Forderungen grundsätzlich anzumelden (§§ 174 ff. InsO). Bestrittene Forderungen werden besonders geprüft (§ 176 InsO). Das Insolvenzgericht trägt in Bezug auf jede angemeldete Forderung in die sog. Tabelle ein, inwieweit die Forderung ihrem Betrag und ihrem Rang nach festgestellt ist oder wer der Feststellung widersprochen hat. Die Eintragung in 27

37 Zum Inhalt des Plans §§ 200, 221 InsO.
38 Zur Rechtslage bei besonderen Verpflichtungen siehe BGH NJW 2002, 2718.
39 Zu den Besonderheiten beim Eigentumsvorbehalt siehe § 107 InsO.

die Tabelle wirkt für die Forderung wie ein rechtskräftiges Urteil (§ 178 Abs. 3 InsO). Bei einem Widerspruch muss der Gläubiger die Forderung gerichtlich feststellen lassen (§ 180 Abs. 1 InsO). Die **Verteilung der Insolvenzmasse** (§ 187 InsO) führt zur Befriedigung der Gläubiger, soweit diese auf der Grundlage des Verteilungsverzeichnisses (§ 188 InsO) begünstigt sind. Nach der Schlussverteilung wird das Insolvenzverfahren durch Beschluss des Insolvenzgerichts beendet. Besonderheiten sind zu berücksichtigen, falls die Gesellschafter als Insolvenzgläubiger auftreten. Sie nehmen im Grundsatz nach den allgemeinen Regeln am Insolvenzverfahren teil. Zur Benutzung an die GmbH & Co. KG überlassene Gegenstände der Gesellschafter können nach § 47 InsO zurückverlangt werden. Ist eine Forderung aber als **eigenkapitalersetzende Leistungen** zu beurteilen (§§ 172a HGB), sind diese im Insolvenzverfahren als nachrangige Insolvenzforderungen der Gesellschafter zu behandeln (§ 39 Abs. 1 Nr. 5 InsO). Unter den Voraussetzungen des § 135 InsO ist die Sicherung oder Befriedigung im Hinblick auf die Rückgewähr von eigenkapitalersetzenden Leistungen anfechtbar.

e) Haftung der Gesellschafter

28 Für Verbindlichkeiten, die im Zeitpunkt der Eröffnung des Insolvenzverfahrens gegen die GmbH & Co. KG bestehen, haften die Gesellschafter nach allgemeinen Regeln. Allerdings ist für die Dauer des Insolvenzverfahrens die Besonderheit zu beachten, dass die Ansprüche gegen die Gesellschafter aufgrund der persönlichen Haftung für Verbindlichkeiten der Gesellschaft nach §§ 128, 161 Abs. 2 HGB bzw. §§ 171, 172 HGB[40] nur vom Insolvenzverwalter geltend gemacht werden können (§§ 93 InsO, 171 Abs. 2 HGB). Die Regelung dient wie das Insolvenzverfahren der **Gleichbehandlung aller Gläubiger der GmbH & Co. KG.** Für Verbindlichkeiten, die im Laufe des Insolvenzverfahrens begründet werden, scheint eine Haftung der Gesellschafter der GmbH & Co. KG nicht angemessen, da sie auf die Handlungen des Insolvenzverwalters keinen Einfluss haben.[41] Eine im gestaltenden Teil eines Insolvenzplans vereinbarte Befreiung von Verbindlichkeiten wirkt auch für den persönlich unbeschränkt haftenden Gesellschafter (§ 227 Abs. 2 InsO).

Praxishinweis:

Die Erstreckung der Wirkung auf die Haftung des Kommanditisten ist in der gesetzlichen Regelung nicht vorgesehen,[42] kann aber im Insolvenzplan gesondert vereinbart werden.

3. Anwachsung

29 Die Abwicklung ist entbehrlich, wenn alle Gesellschafter aus der GmbH & Co. KG ausscheiden und das Vermögen der GmbH & Co. KG auf einen Gesellschafter übergeht. Mit dem Ausscheiden der anderen Gesellschafter erwirbt der letzte verbleibende Gesellschafter das Gesellschaftsvermögen im Wege der Gesamtrechtsnachfolge (§ 738 Abs. 1 BGB). Die Anwachsung erfolgt unmittelbar mit dem Ausscheiden der anderen Gesellschafter. Weitere Handlungen zur Übertragung sind nicht mehr erforderlich. Ein Abwicklungsverfahren ist nicht notwendig. Ein bereits eingeleitetes Verfahren wird durch die Anwachsung automatisch beendet. Die GmbH & Co. KG erlischt.[43] Im

40 Anders dagegen, falls die Haftung auf einem anderen Schuldgrund beruht (z.B. Schuldübernahme, Garantie oder Bürgschaft sowie steuerliche Normen). Siehe etwa BGHZ 151, 245.
41 Siehe nur MüKo/K. Schmidt HGB § 128 Rn. 81 zur Haftung des Komplementärs.
42 Zum Meinungsstreit siehe K. Schmidt, Gesellschaftsrecht § 54 V 4.
43 BGH NJW 2000, 1119.

Gegensatz zur Auflösung hat die GmbH & Co. KG bei der **Anwachsung an den verbleibenden Gesellschafter einen Gesamtrechtsnachfolger**, der grundsätzlich für alle Verbindlichkeiten der GmbH & Co. KG haftet. Problematisch ist die Rechtsfolge, wenn es sich bei dem verbleibenden Gesellschafter um einen Kommanditisten handelt. Ist der Kommanditist ohne seinen Willen zum Gesamtrechtsnachfolger geworden, wird ihm von der Rechtsprechung die Möglichkeit eingeräumt, die unbeschränkte Haftung entsprechend § 27 HGB zu vermeiden.[44] Er kann seine Haftung durch Einstellung des Betriebs innerhalb von drei Monaten auf das Gesellschaftsvermögen beschränken.

Praxishinweis:

Im Hinblick auf die Unsicherheiten der Haftungsbeschränkung ist eine Regelung im Gesellschaftsvertrag empfehlenswert, die anstelle der Anwachsung die Auflösung der GmbH & Co. KG vorsieht.[45]

B. Ertragsteuerrecht

Aus ertragsteuerlicher Sicht kann die Beendigung der GmbH & Co. KG unterschiedliche Folgen 30
auslösen. Die Wirtschaftsgüter können erfolgsneutral in ein anderes Betriebsvermögen übergehen oder es kann unter Aufdeckung der stillen Reserven zu Veräußerungsgewinnen kommen, die wiederum unter bestimmten weiteren Voraussetzungen begünstigt sind. Entscheidend ist insoweit weniger das zivilrechtliche Verfahren zur Abwicklung und Beendigung einer GmbH & Co. KG, sondern die Maßnahmen, die vorgenommen werden, um das Gesellschaftsvermögen zu versilbern. Die nachstehenden steuerlichen Grundsätze gelten auch, wenn die entsprechenden Handlungen im Rahmen eines Insolvenzverfahrens vorgenommen werden. Anknüpfungspunkt für die ertragsteuerlichen Folgen ist der Gesamtvorgang, also die Frage, **ob das Unternehmen ganz bzw. teilweise veräußert, aufgegeben oder auf anderem Wege eingestellt wird**. Die Wirtschaftsgüter des Betriebsvermögens können auch unentgeltlich auf Dritte oder einzelne Gesellschafter übergehen. Darüber hinaus kommt die Teilung des Betriebsvermögens und Übertragung der Wirtschaftsgüter in das Betriebsvermögen der Mitunternehmer in Betracht. Der Blick richtet sich dabei aus ertragsteuerlicher Sicht in erster Linie auf die Regelungen in den §§ 16, 34 EStG. Liegt ein steuerpflichtiger Veräußerungs- oder Aufgabetatbestand vor, folgt die Frage nach der steuerlichen Begünstigung des Veräußerungs- oder Aufgabegewinns. Neben dem Vermögen der GmbH & Co. KG darf insoweit das Sonderbetriebsvermögen bei der Mitunternehmerschaft nicht außer Betracht bleiben. Während zivilrechtlich nur das Gesellschaftsvermögen abzuwickeln ist, geht es im Steuerrecht um die steuerlichen Folgen bei der Mitunternehmerschaft. Dazu zählen auch die Wirtschaftsgüter, die im Sonderbetriebsvermögen der Gesellschafter gehalten werden.

I. Veräußerung des Geschäftsbetriebs

Die Übertragung des Geschäftsbetriebs einer GmbH & Co. KG auf einen anderen „Geschäft- 31
herren“ ist im Rahmen einer Einzelrechtsnachfolge auf zwei Wegen möglich: Gegenstand der Übertragung können einerseits die Anteile an der Kommanditgesellschaft sein („share deal“), andererseits können die einzelnen Wirtschaftsgüter von der GmbH & Co. KG auf einen anderen Rechtsträger übertragen werden („asset deal“). Bei der ersten Variante besteht die GmbH &

44 BGH GmbHR 2004, 952.
45 Vgl. Binz/Sorg § 7 Rn. 16.

Co. KG fort, es handelt sich lediglich um einen Gesellschafterwechsel durch die **Veräußerung eines Mitunternehmeranteils** oder eines Teils eines Mitunternehmeranteils. Die steuerrechtlichen Konsequenzen der Übertragung eines Mitunternehmeranteils werden im Abschnitt über den Wechsel im Gesellschafterbestand erörtert (siehe dazu § 5 Rn. 42 ff.). Davon ist die Veräußerung des Geschäftsbetriebs durch **Übertragung der Wirtschaftsgüter** von einer GmbH & Co. KG auf einen anderen Rechtsträger zu unterscheiden. Letztere Variante eignet sich zur Abwicklung der GmbH & Co. KG. Nach dem Abgang aller Wirtschaftsgüter aus dem Gesellschaftsvermögen kann die Verteilung unter den Gesellschaftern vorgenommen werden und die GmbH & Co. KG erlischt.

32 Bei der Veräußerung des gesamten Geschäftsbetriebs (§ 16 Abs. 1 Nr. 1 EStG) werden alle wesentlichen Betriebsgrundlagen aufgrund eines entgeltlichen Vorgangs im Ganzen auf einen anderen Rechtsträger übertragen. Die GmbH & Co. KG als Veräußerer gibt damit ihre werbende Tätigkeit auf.[46] Nach der Übertragung der Wirtschaftsgüter verbleibt für die GmbH & Co. KG der Anspruch auf die Gegenleistung. Der Anspruch ist von den Liquidatoren zu realisieren und an die Gesellschafter auszukehren. Bis zur Beendigung der Gesellschaft erzielen die Mitunternehmer der GmbH & Co. KG aufgrund der gewerblichen Prägung weiterhin gewerbliche Einkünfte nach § 15 Abs. 3 Nr. 2 EStG.[47]

1. Betriebsveräußerung

33 Die Betriebsveräußerung im Ganzen ist in § 16 Abs. 1 Nr. 1 EStG geregelt. Danach müssen verschiedene Voraussetzungen vorliegen, um den Vorgang als begünstigte Betriebsveräußerung einordnen zu können. Es muss sich um einen entgeltlichen Vorgang handeln, bei dem alle wesentlichen Betriebsgrundlagen auf einen Erwerber übergehen und die GmbH & Co. KG ihre werbende Tätigkeit in Bezug auf den bisherigen Zweck aufgibt.

a) Entgeltlicher Vorgang

34 Das Gegenstück zur entgeltlichen Betriebsveräußerung ist die unentgeltliche Übertragung des Betriebsvermögens. Der Unterschied liegt in der Vereinbarung einer Gegenleistung. Wie hoch die Gegenleistung ist, spielt dabei keine Rolle. Eine Gegenleistung, die unter dem Verkehrswert der zu übertragenden Wirtschaftsgüter liegt, führt aber nicht etwa zu einer Trennung in einen unentgeltlichen und einen entgeltlichen Teil. Der Gesamtvorgang ist vielmehr einheitlich zu behandeln.[48] Entscheidendes Kriterium für die einheitliche Entscheidung ist, ob das Entgelt unter dem Buchwert der Wirtschaftsgüter liegt oder darüber. Ein Entgelt über den Buchwerten der übertragenen Wirtschaftsgüter führt zu einem Veräußerungsgewinn nach § 16 Abs. 1 Nr. 1 EStG. Falls das Entgelt unter den Buchwerten der übertragenen Wirtschaftgüter liegt, entsteht alledings kein Veräußerungsverlust, vielmehr wird der Vorgang wie eine unentgeltliche Übertragung behandelt und der Erwerber hat die Buchwerte fortzuführen.[49]

46 Vgl. BFH BStBl. II 1990, 420; BStBl. II 1996, 527; BStBl. II 2003, 700.
47 Siehe Sudhoff/Düll § 47 Rn. 4.
48 BFH BStBl. II 1993, 436. Anders ist dies bei der teilentgeltlichen Übertragung von Privatvermögen, siehe BFH BStBl. II 1991, 793.
49 Vgl. BFH BStBl. II 1993, 436; Schmidt/Wacker EStG § 16 Rn. 58.

b) Wesentliche Betriebsgrundlage

Gegenstand der Veräußerung müssen alle wesentlichen Betriebsgrundlagen sein. Diese sind in einem einheitlichen Vorgang auf einen Erwerber zu übertragen. Die Übertragung der Wirtschaftsgüter auf verschiedene Erwerber stellt eine Betriebsaufgabe dar (§ 16 Abs. 3 EStG), da der Geschäftsbetrieb zerschlagen und nicht als solcher mit dem entsprechenden Bestand übertragen wird. Von einer wesentlichen Betriebsgrundlage ist auszugehen, wenn ein Wirtschaftsgut besonderes Gewicht für die Betriebs(fort)führung hat. Dabei ist die Funktion des Wirtschaftsguts für den Geschäftsbetrieb das entscheidende Kriterium (**sog. funktionale Betrachtungsweise**).[50] Allgemeine Aussagen in der Form, dass bestimmte Wirtschaftsgüter immer wesentliche Betriebsgrundlagen sind, lassen sich nicht treffen. Entscheidend sind die Umstände des Einzelfalles. Regelmäßig wird aber das Betriebsgrundstück auch ohne speziellen Zuschnitt auf den Betrieb der GmbH & Co. KG eine wesentliche Betriebsgrundlage darstellen.[51] Ferner sind andere Wirtschaftsgüter des Anlagevermögens grundsätzlich wesentliche Betriebsgrundlagen, wenn sie nicht lediglich einen geringen Wert haben und auf einfachem sowie schnellem Wege austauschbar sind. Das gilt auch für Wirtschaftsgüter, die dem Sonderbetriebsvermögen eines Mitunternehmers zuzurechnen sind.[52] Für immaterielle Wirtschaftsgüter gelten insoweit keine Besonderheiten, auch sie können wesentliche Betriebsgrundlage sein. 35

6

c) Entnahme einzelne Wirtschaftsgüter

Die Überführung von einzelnen Wirtschaftsgütern in das Privatvermögen eines Gesellschafters der GmbH & Co. KG hindert eine Betriebsveräußerung nicht, sofern es sich um keine wesentlichen Betriebsgrundlagen handelt. Werden dagegen wesentliche Betriebsgrundlagen entnommen und nicht auf den Erwerber übertragen, liegt keine Betriebsveräußerung, sondern eine Betriebsaufgabe vor. Die ins Privatvermögen überführten, aber nicht wesentlichen Betriebsgrundlagen sind bei der Ermittlung des Veräußerungserlöses mit dem gemeinen Wert entsprechend § 16 Abs. 3 Satz 5 EStG zu berücksichtigen[53] und nicht wie bei gewöhnlichen Entnahmen mit dem Teilwert.[54] Werden die entnommenen Wirtschaftsgüter einem **anderen Betriebsvermögen eines Mitunternehmers** zugeführt, sind die Buchwerte fortzuführen; es kommt zu keiner Hinzurechnung beim Veräußerungserlös, aber auch zu keiner Aufdeckung der stillen Reserven verbunden mit Anschaffungskosten beim Erwerber. 36

d) Besonderheiten – § 16 Abs. 2 Satz 3 EStG

Die Veräußerung muss an einen Erwerber erfolgen. Handelt es sich bei dem Erwerber um einen Mitunternehmer, ist im Hinblick auf den entstehenden Veräußerungsgewinn die Regelung des § 16 Abs. 2 Satz 3 EStG zu beachten. Danach handelt es sich insoweit um einen laufenden Gewinn und keinen begünstigten Veräußerungsgewinn, als der Erwerber an der veräußernden GmbH & Co. KG beteiligt ist. Wirtschaftlich betrachtet liegt in Höhe der Beteiligungsquote **keine echte Vermögensübertragung** vor. Aus steuerrechtlicher Sicht soll die Regelung vermeiden, 37

50 BFH BStBl. II 1993, 710; BStBl. II 1998, 388.
51 BFH/NV 1994, 533.
52 BFH BStBl. II 1995, 890.
53 Siehe Schmidt/Wacker EStG § 16 Rn. 122, 124 unter Hinweis auf BFH BStBl. II 1988, 829.
54 So etwa Sudhoff/Düll § 47 Rn. 7.

dass bei einer Person über einen steuerlich begünstigten Veräußerungsgewinn auf der einen Seite erhöhtes Abschreibungspotential auf der anderen Seite geschaffen wird. Gleiches gilt, falls es sich beim Erwerber um eine teilweise beteiligungsidentische Personengesellschaft handelt. Die Übertragung der wesentlichen Betriebsgrundlagen auf eine beteiligungsidentische Schwesterpersonengesellschaft hat keinen Veräußerungsgewinn, sondern ausschließlich laufenden Gewinn zur Folge.

e) Begünstigter Veräußerungsgewinn

38 Der Veräußerungsgewinn nach § 16 Abs. 1 EStG ist der Betrag, um den der Veräußerungspreis abzüglich der Veräußerungskosten den Buchwert des Betriebsvermögens übersteigt. Zum Veräußerungserlös zählt auch der gemeine Wert, der ins Privatvermögen überführten Wirtschaftsgüter. Der Gewinn wird im Zeitpunkt des Übergangs des wirtschaftlichen Eigentums von der GmbH & Co. KG auf den Erwerber realisiert. Auf den Zufluss oder Abfluss der Geldbeträge kommt es nicht an. Der Veräußerungsgewinn ist grundsätzlich nach dem allgemeinen Gewinnverteilungsschlüssel auf die Gesellschafter aufzuteilen. Der Veräußerungsgewinn ist nach §§ 16, 34 EStG begünstigt und unterliegt – jedenfalls bei natürlichen Personen als Gesellschafter – nicht der Gewerbesteuer. Eine Abgrenzung vom laufenden Gewinn ist daher für die Steuerbelastung von erheblicher Bedeutung.

6

39 Für **außerordentliche Einkünfte**, zu denen Veräußerungsgewinne nach § 16 EStG aufgrund der ausdrücklichen Bezeichnung durch das Gesetz zu zählen sind (§ 34 Abs. 2 Nr. 1 EStG), ist eine Begünstigungen beim Steuertarif vorgesehen. Ausgenommen sind Veräußerungsgewinne nach § 16 EStG, die wegen des Halbeinkünfteverfahrens bereits einer Privilegierung unterliegen. Für die Steuerermäßigung stehen zwei Wege zur Verfügung. Dabei ist zu beachten, dass andere Begünstigungen (§§ 6b, 6c EStG) die Tarifermäßigung ausschließen. Um die Progressionswirkung zu mildern, ist für den Regelfall vorgesehen, dass die Steuer auf die außerordentlichen Einkünfte durch die „Fünftelregelung" ermittelt wird (§ 34 Abs. 1 Satz 2 EStG – zur Ermittlung § 5 Rn. 59). Wahlweise kann für Veräußerungsgewinne auch die **Besteuerung mit einem ermäßigten Steuersatz** nach § 34 Abs. 3 EStG beantragt werden. Einmal im Leben kann für einen Veräußerungsgewinn die Besteuerung mit 56 % des durchschnittlichen Steuersatzes erfolgen. Der durchschnittliche Steuersatz ermittelt sich unter Berücksichtigung der allgemeinen Regeln. Insgesamt darf aber ein Mindeststeuersatz von 15 % nicht unterschritten werden. Voraussetzung für die Anwendung des § 34 Abs. 3 EStG ist, dass der Steuerpflichtige das 55. Lebensjahr vollendet hat oder dauernd berufsunfähig ist. Ferner ist die Begünstigung auf einen Veräußerungsgewinn in Höhe von 5 Mio. Euro begrenzt. Unabhängig davon, aber unter den gleichen Voraussetzungen, kann für den Veräußerungsgewinn der Abzug eines Freibetrags von bis zu 45.000 Euro in Betracht kommen (§ 16 Abs. 4 EStG). Er ermäßigt sich um den Betrag, um den der Veräußerungsgewinn 136.000 Euro übersteigt und entfällt damit bei einem Veräußerungsgewinn von 181.000 Euro vollständig. Die Gewährung des Freibetrags hängt ebenfalls von einem Antrag ab. Über die Gewährung des Freibetrags wird im Rahmen der persönlichen Einkommensteuerveranlagung entschieden.[55]

55 R 16 Abs. 13 EStR.

f) Sonderfälle

Da der Veräußerungsgewinn unabhängig von der Erfüllung der Gegenleistung im Zeitpunkt des Übergangs des wirtschaftlichen Eigentums auf den Erwerber entsteht und zu besteuern ist, stellt sich die Frage, welche Auswirkungen der **Ausfall der Gegenleistung** (z.B. der Kaufpreisforderung) auf die Besteuerung hat. Nach überzeugender Rechtsprechung des BFH handelt es sich beim Ausfall der Gegenleistungsforderung um ein Ereignis, das auf den Zeitpunkt der Realisierung des Gewinns zurückwirkt.[56] Der Veräußerungsgewinn ist nicht oder nicht in der bisher berücksichtigten Höhe entstanden. Um die entsprechenden Konsequenzen auch in bereits bestandskräftigen Steuerbescheiden zu ziehen, sieht § 175 Abs. 1 Nr. 2 A.O. eine besondere Korrekturmöglichkeit vor. Ein solches rückwirkendes Ereignis liegt auch vor, falls sich herausstellt, dass der Wert des Betriebsvermögens zu hoch oder zu niedrig bemessen wurde.[57] 40

Werden als Gegenleistung **wiederkehrende Leistungen** vereinbart, haben die Gesellschafter der veräußernden GmbH & Co. KG ein Wahlrecht. Jeder Mitunternehmer kann den anteiligen Veräußerungsgewinn, der als Differenz zwischen dem Barwert der Leistungen und dem Buchwert des Kapitalkontos ermittelt wird, sofort versteuern. Dabei ist zu berücksichtigen, dass die in den Rentenzahlungen enthaltenen Ertragsanteile bei der Sofortversteuerung nach § 22 Nr. 1 Satz 3 EStG zu versteuern sind. Alternativ kann er die wiederkehrenden Bezüge im Zeitpunkt des Zuflusses als nachträgliche Betriebseinnahmen behandeln.[58] Bis zum Erreichen des Werts des Kapitalkontos zuzüglich der Veräußerungskosten sind die Bezüge aber zunächst zu verrechnen, erst der übersteigende Teil führt zu Einnahmen. Die Begünstigungen des §§ 16, 34 EStG werden nur bei der ersten Variante (Sofortversteuerung) gewährt. Das Wahlrecht kann auch in Anspruch genommen werden, wenn Raten länger als zehn Jahre zu zahlen sind und eindeutig der Versorgung des Veräußerers dienen. Zwischen nahen Angehörigen können bei der Vereinbarung von wiederkehrenden Leistungen auch Unterhaltszahlungen oder Versorgungsleistungen vorliegen. Von einem Veräußerungsentgelt unterscheiden sich die beiden letztgenannten Leistungen dadurch, dass keine kaufmännische Abwägung zwischen Leistung und Festlegung der wiederkehrenden Bezüge stattgefunden hat (siehe auch § 5 Rn. 64). Es handelt sich dann um eine unentgeltliche Übertragung des Betriebsvermögens, deren Folgen nach § 6 Abs. 3 EStG zu beurteilen sind. 41

2. Teilbetriebsveräußerung

Eine im Zuge der Abwicklung der GmbH & Co. KG erfolgte Veräußerung von einem oder mehreren Teilbetrieben ist ebenfalls entsprechend den vorstehenden Ausführungen zu den §§ 16, 34 EStG begünstigt. Voraussetzungen für einen begünstigt zu besteuernden Veräußerungsgewinn ist das Vorliegen eines Teilbetriebs als Gegenstand der Veräußerung und Übertragung. Die Rechtsprechung des BFH geht **von einem Teilbetrieb** aus, wenn ein organisch geschlossener Teil des Gesamtbetriebs vorliegt, der einen gewissen Grad an Selbständigkeit aufweist und für sich allein lebensfähig ist.[59] Für die Beurteilung sind die Verhältnisse des Einzelfalles maßgebend. Dabei kommt den Kriterien: eigener Kundenkreis, angebotene Produkte, eigenständiges Personal, räumliche Trennung und eigene Kalkulation sowie eigene Buchführung eine besondere Bedeutung zu. Es handelt sich regelmäßig um mehrere Wirtschaftsgüter, mit denen nach ihrer Struk- 42

56 BFH BStBl. II 1993, 894; BStBl. II 1993, 897.
57 Vgl. Einzelheiten bei Schmidt/Wacker EStG § 16 Rn. 360 ff.
58 BFH, BStBl. II 1992, 465.
59 Etwa BFH BStBl. II 2000, 123.

tur eine eigenständige betriebliche Tätigkeit ausgeübt werden kann. Häufig ergibt sich die Selbständigkeit in solchen Fällen aus der räumlichen Trennung. Der GmbH & Co. KG muss nach der Veräußerung eines Teilbetriebs – zumindest theoretisch – noch ein Geschäftsbetrieb verbleiben. Entsprechend der Betriebsveräußerung ist das Vorliegen einer Teilbetriebsveräußerung davon abhängig, dass alle wesentlichen Betriebsgrundlagen des Teilbetriebs auf den Erwerber übergehen. Dabei ist zu beachten, dass auch die Wirtschaftsgüter mit übergehen müssen, die wesentliche Betriebsgrundlagen des Teilbetriebs darstellen und im Sonderbetriebsvermögen der Mitunternehmerschaft gehalten werden. Das Verbleiben einer wesentlichen Betriebsgrundlage des Teilbetriebs im Sonderbetriebsvermögen eines Gesellschafters bei der GmbH & Co. KG oder die Übertragung in dessen sonstiges Betriebsvermögen schließt den Übergang eines Teilbetriebs grundsätzlich aus.

II. Betriebsaufgabe

43 Die GmbH & Co. KG kann neben einer Veräußerung des Betriebs im Ganzen oder mehrerer Teilbetriebe auch durch die Betriebsaufgabe abgewickelt werden. Aufgrund der gesetzlichen Fiktion in § 16 Abs. 3 EStG gilt die Betriebsaufgabe als Veräußerung und führt auf diesem Wege zur steuerlichen Gleichbehandlung des Aufgabe- und des Veräußerungsgewinns.

1. Voraussetzungen der Betriebsaufgabe

44 Die Betriebsaufgabe unterscheidet sich von der Betriebsveräußerung dadurch, dass nicht alle wesentlichen Betriebsgrundlagen an einen Erwerber gelangen. Es handelt sich daher um eine Betriebsaufgabe, wenn Wirtschaftgüter, die als wesentliche Betriebsgrundlage anzusehen sind, auf **verschiedene Erwerber übertragen** werden. Unerheblich ist dabei, ob Grundlage der Übertragung eine Veräußerung oder Entnahme ist. Der Geschäftsbetrieb oder Teilbetrieb wird bei einer Betriebsaufgabe nicht erhalten, sondern in Einzelteile aufgespalten.[60] Die gewerbliche Tätigkeit der GmbH & Co. KG muss in der Folge eingestellt werden. Die (begünstigte) Betriebsaufgabe erfordert ferner, dass die Handlungen im Hinblick auf die wesentlichen Betriebsgrundlagen auf einem einheitlichen Entschluss beruhen und sich als einheitlichen Vorgang darstellen. Im Rahmen der Abwicklung einer GmbH & Co. KG werden die letztgenannten Voraussetzungen regelmäßig vorliegen, da es um eine Gesellschaft geht, deren Zweck in der Abwicklung liegt. Zwar wird ein kurzer Zeitraum als maßgebendes Kriterium für einen einheitlichen Vorgang sprechen, die Rechtsprechung geht aber auch dann noch von einem kurzen Zeitraum aus, wenn sich die Handlungen über zwei Veranlagungszeiträume erstrecken.[61] Normale „kurze“ Abwicklungszeiträume sind stets im Hinblick auf die konkrete GmbH & Co. KG festzulegen. Dabei wird insbesondere die Größe und Vielfalt des Geschäftsbetriebs eine Verlängerung rechtfertigen.

2. Handlungen zur Betriebsaufgabe

45 Die Betriebsaufgabe beginnt steuerrechtlich, sobald objektiv erkennbar wird, dass der Geschäftsbetrieb als selbständige Einheit beendet werden soll. Auf einen gesellschaftsrechtlichen Auflösungsbeschluss kommt es dabei nicht an. Ausreichend ist das Einstellen der werbenden Tätigkeit

60 Siehe BFH BStBl. II 1994, 105.
61 BFH BStBl. II 1993, 710.

oder die Veräußerung wesentlicher Betriebsgrundlagen.[62] Andererseits setzen die gesellschaftsrechtlichen Maßnahmen die Betriebsaufgabe rein tatsächlich noch nicht in Gang. Für die GmbH & Co. KG ist die Betriebsaufgabe erst durchgeführt, wenn alle wesentlichen Betriebsgrundlagen übertragen wurden. Andernfalls bleibt der Gewerbebetrieb allein aufgrund der Rechtsform erhalten (§ 15 Abs. 3 Nr. 2 EStG). Die Betriebsaufgabe ist abzugrenzen von der **allmählichen Reduzierung und Abwicklung** des Geschäftsbetriebs. Eine solche Form der Beendigung der gewerblichen Betätigung stellt steuerlich keine Betriebsaufgabe oder Betriebsveräußerung dar. Gewinne bei der Veräußerung oder Entnahme von einzelnen Wirtschaftsgütern sind als laufender Gewinn bei der Besteuerung zu erfassen. Besondere Begünstigungen kommen insoweit nicht in Betracht. Allerdings ist zu berücksichtigen, dass die Verteilung der Gewinnrealisierung auf mehrere Jahre zu Entlastungen im Hinblick auf die Progression beiträgt. Die Rechtsprechung räumt bei einer Betriebseinstellung ein Wahlrecht ein, eine Betriebsaufgabe als sukzessive Beendigung zu behandeln und den Veräußerungsgewinn als laufenden Gewinn zu versteuern.[63] Das Wahlrecht muss eindeutig und klar nachvollziehbar ausgeübt werden.

3. Betriebsunterbrechung, Betriebsverlegung, Betriebsverpachtung

46 Weder eine Betriebsaufgabe noch eine sukzessive Beendigung des Geschäftsbetriebs liegt vor, wenn die GmbH & Co. KG lediglich die Fortführung in anderer Form anstrebt. Ein Strukturwandel kann dabei als Betriebsfortführung oder aber als Betriebsaufgabe mit anschließender Aufnahme eines ganz neuen Geschäftsbetriebs zu werten sein. Die Bewertung hängt davon ab, ob bei wirtschaftlicher Betrachtungsweise noch eine Vergleichbarkeit mit der vorherigen Betätigung gegeben ist oder eine völlig neue Richtung eingeschlagen wird. Kriterien für die Entscheidung sind die Mittel zur Ausübung des Betriebs, die Übernahme des Kundenstamms und die Art der werbenden Tätigkeit. Die gleichen Überlegungen sind anzustellen, falls es sich lediglich um die Verlegung des Betriebs an einen anderen Ort handelt. Eine Realisierung der stillen Reserven kommt weder bei der Fortführung des Betriebs mit neuer, aber vergleichbarer Struktur, noch bei einem bloßen Ortswechsel in Betracht.[64] An einer Betriebsaufgabe fehlt es auch, wenn die **Ausübung des Geschäftsbetriebs lediglich unterbrochen** wird. Dafür ist allerdings die Absicht erforderlich, den (vorübergehend) eingestellten Geschäftsbetrieb in ähnlicher Weise wieder aufzunehmen.[65] Die Absicht ist nur realisierbar, wenn die erforderlichen wesentlichen Betriebsgrundlagen im Geschäftsbetrieb erhalten bleiben.[66] Falls die Voraussetzungen der Betriebsunterbrechung nicht vorliegen, handelt es sich um eine Betriebsaufgabe oder sukzessive Beendigung des Geschäftsbetriebs; das hängt von den tatsächlichen Gegebenheiten ab. Gibt die GmbH & Co. KG die werbende Tätigkeit auf und entscheiden sich die Gesellschafter, den Geschäftsbetrieb an einen Dritten zu verpachten, bleibt es gleichwohl bei der gewerblichen Tätigkeit der GmbH & Co. KG aufgrund ihrer gewerblichen Prägung (§ 15 Abs. 3 Nr. 2 EStG). Das in anderen Fällen in Betracht kommende **Verpächterwahlrecht**[67] hat bei der GmbH & Co. KG daher im Hinblick auf die Betriebsaufgabe keine Bedeutung.

---

62 BFH BStBl. II 1994, 105.
63 Seit BFH BStBl. III 1964, 406; BStBl. II 1996, 276.
64 Vgl. BFH BStBl. II 1997, 561 mit zahlreichen Rechtsprechungsnachweisen.
65 BFH BStBl. II 1985, 131.
66 BFH BStBl. II 2002, 519.
67 BFH BStBl. II 1998, 388.

4. Realteilung

47 Eine besondere Form der Beendigung der GmbH & Co. KG ist die reale Teilung des Gesellschaftsvermögens. Die Realteilung hat in § 16 Abs. 3 Satz 2 EStG eine Sonderregelung erfahren, wird aber vom Gesetz nicht definiert. Dabei kann die Realteilung einerseits durch die Aufteilung der einzelnen Wirtschaftgüter oder von Teilbetrieben auf die Gesellschafter vorgenommen werden. Die Wirtschaftsgüter werden in das Betriebsvermögen der einzelnen Gesellschafter übernommen. Andererseits ist zivilrechtlich auch die Spaltung der GmbH & Co. KG im Wege der partiellen Gesamtrechtsnachfolge denkbar (§ 123 UmwG).

a) Voraussetzungen der Realteilung

48 Eine Realteilung setzt als Form der Betriebsaufgabe voraus, dass die GmbH & Co. KG den Geschäftsbetrieb vollständig beendet. Dagegen ist eine Spaltung auch als Abspaltung möglich, bei der ein Teil des Geschäftsbetriebs beim ursprünglichen Rechtsträger erhalten bleibt. Die Realteilung ist daher eine besondere Form der Betriebsaufgabe, die an keine bestimmte zivilrechtliche Gestaltung anknüpft, sondern durch verschiedene Gestaltungen erreicht werden kann. In Bezug auf die Aufgabe der gewerblichen Tätigkeit unterscheidet sich die Realteilung auch von der Sachwertabfindung, bei der es nur um die Abfindung von ausscheidenden Gesellschaftern geht, nicht aber um die Beendigung der Personengesellschaft. Die Folge einer Realteilung ist der Übergang des Betriebsvermögens auf die einzelnen Gesellschafter, ohne dass es zur Aufdeckung von stillen Reserven kommt. Ein Aufgabegewinn entsteht daher bei dieser Form der Betriebsaufgabe nicht; die übernehmenden Gesellschafter haben die Buchwerte fortzuführen. Gegenüber der Regelung des § 6 Abs. 5 EStG, die ebenfalls den Übergang von einzelnen Wirtschaftsgütern in das Betriebsvermögen der Gesellschafter zu Buchwerten erlaubt, geht die **Realteilung von einer einheitlichen Gesamtbetrachtung** aus. Falls beispielsweise Verbindlichkeiten aus dem Gesellschaftsvermögen der GmbH & Co. KG von einem Gesellschafter übernommen werden, hat dies keinen Einfluss auf die Realteilung des Gesellschaftsvermögens. Im Rahmen der Realteilung können positive und negative Wirtschaftsgüter zwischen den Gesellschaftern unter Erhaltung der stillen Reserven verteilt werden, da es sich insoweit nur um unselbständige Einzelposten eines Gesamtvorgangs handelt.[68] Im Rahmen des § 6 Abs. 5 EStG ist bei Übernahme einer Verbindlichkeit wohl von einem teilentgeltlichen Erwerb auszugehen, der zur Aufdeckung von stillen Reserven führt.[69]

b) Begünstigte Vorgänge

49 Im Rahmen der Realteilung ist die Übertragung von Gesellschaftsvermögen der GmbH & Co. KG in das Betriebsvermögen eines Mitunternehmers begünstigt. Gleiches gilt für die Übertragung in das Sonderbetriebsvermögen eines Mitunternehmers bei einer anderen Mitunternehmerschaft. Umstritten sind andere Fallgruppen, so etwa die Übertragung auf eine personenidentische GmbH & Co. KG (Schwester-Personengesellschaft) oder eine andere Mitunternehmerschaft, an der ein Gesellschafter beteiligt ist.[70]

68 BFH BStBl. II 2002, 420.
69 Hesselmann/Klotz § 11 Rn. 159.
70 Zur Auffassung der Finanzverwaltung siehe BMF DStR 2006, 426.

Praxishinweis:

Im Ergebnis kann der Praxis nur empfohlen werden, solche Gestaltungen auszusparen, wenn das Ziel erreicht werden soll, auf der einen Seite keinen Veräußerungsgewinn zu erzielen und auf der anderen Seite die Buchwerte fortzuführen.[71]

c) Realteilung und Spitzenausgleich

Im Idealfall einer Realteilung kann das Gesellschaftsvermögen auf die einzelnen Gesellschafter entsprechend ihrer Beteiligungsquoten verteilt werden. Dabei entsteht in der Mitunternehmerschaft kein Veräußerungsgewinn und die Buchwerte werden im Betriebsvermögen der übernehmenden Gesellschafter zwingend fortgeführt (§ 16 Abs. 3 Satz 2 EStG). In der Praxis wird die Realteilung in reiner Form aber nur selten zu erreichen sein, sondern regelmäßig mit der Vereinbarung von Ausgleichzahlungen (sog. Spitzenausgleich) verbunden. Im Hinblick auf die Ausgleichszahlungen stellt sich zunächst die Frage, inwieweit durch eine Ausgleichszahlung ein steuerpflichtiger Gewinn entsteht. Die Rechtsprechung geht davon aus, dass die Ausgleichszahlung der Realteilung nachfolgt und daher der Anspruchsberechtigte der Geldzahlung einen gewöhnlichen Veräußerungsgewinn in Höhe der Ausgleichszahlung zu versteuern hat.[72] Die Finanzverwaltung und die h.M. in der Literatur sehen die **Ausgleichzahlung und die Realteilung ebenfalls als getrennte Vorgänge** an. Zunächst kommt es zur Realteilung mit der Aufteilung der Wirtschaftsgüter auf die Gesellschafter. Der Vorgang erfolgt ohne Gewinnrealisierung und unter Fortführung der Buchwerte durch die Übernehmer. Die nachfolgende Ausgleichzahlung stellt sich als Veräußerungsvorgang dar, der zu einem Veräußerungsgewinn führt, allerdings nur in Höhe der Differenz zwischen dem Ausgleichsbetrag und dem anteiligen Buchwert des Wirtschaftsguts.[73] Eine andere Problematik ergibt sich dadurch, dass die Buchwerte der übernommenen Wirtschaftgüter regelmäßig nicht dem Kapitalkonto des einzelnen Gesellschafters entsprechen werden. Das hängt mit dem Maßstab der Aufteilung zusammen, der sich unter Einbeziehung der stillen Reserven ergibt, die in den verschiedenen Wirtschaftsgütern in unterschiedlichem Umfang enthalten sind. Die Fortführung der Buchwerte im Betriebsvermögen des übernehmenden Gesellschafters wird sichergestellt, indem die Kapitalkonten der Gesellschafter an die Summe der Buchwerte der übernommenen Wirtschaftsgüter erfolgsneutral angepasst werden.[74] 50

6

d) Ansatz des gemeinen Wertes

Der Gesetzgeber hat in § 16 Abs. 3 Sätze 3 und 4 EStG ergänzende Voraussetzungen aufgestellt, 51
die letztlich einem Missbrauch der Begünstigung durch Realteilung vorbeugen sollen. Die Buchwertfortführung beim übernehmenden Gesellschafter wird davon abhängig gemacht, dass eine Behaltefrist von drei Jahren eingehalten wird. Die Behaltefrist gilt allerdings nur im Hinblick auf wesentliche Betriebsgrundlagen. Unabhängig von ihrer Eigenschaft als wesentliche Betriebsgrundlage gilt die Frist für Grund und Boden sowie Gebäude. Auf diesem Wege sollen Umstrukturierungen zur Vorbereitung einer Veräußerung von der Begünstigung ausgenommen werden. Die Frist beginnt mit Abgabe der Feststellungserklärung durch die GmbH & Co. KG für den Veranlagungszeitraum der Realteilung. Scheidet das Wirtschaftsgut vor Ablauf der Behaltefrist

71 Vgl. Hesselmann/Klotz § 11 Rn. 160.
72 BFH BStBl. II 1994, 607.
73 Siehe etwa Schmidt/Wacker EStG § 16 Rn. 549.
74 Zur Kapitalkontenanpassung als den allgemeinen Gewinnermittlungsgrundsätzen am ehesten entsprechend siehe BFH BStBl. II. 1994, 607.

aus dem Betriebsvermögen des Gesellschafters durch Veräußerung aus, kommt rückwirkend der gemeine Wert zum Ansatz. Der gemeine Wert ist ferner maßgebend, wenn einzelne Wirtschaftsgüter im Wege der Realteilung **unmittelbar oder mittelbar auf Körperschaften, Personenvereinigungen** oder sonstige Vermögensmassen übertragen werden. Eine Begünstigung für derartige Übertragungen könnte im Zusammenspiel mit dem Halbeinkünfteverfahren, das auch Gewinne aus der Veräußerung von Anteilen an Kapitalgesellschaften erfasst, zu unerwünschten Besteuerungslücken führen. Die Einschränkung gilt nicht, falls auf die Kapitalgesellschaft ein Betrieb oder Teilbetrieb übertragen wird.

III. Sonderbetriebsvermögen

52 Während für die zivilrechtliche Abwicklung der GmbH & Co. KG nur das Gesellschaftsvermögen im Blickpunkt steht, geht es im Steuerrecht bei der Veräußerung oder Aufgabe einer Mitunternehmerschaft auch um das Sonderbetriebsvermögen. Die Begünstigung des Veräußerungs- oder Aufgabegewinns nach § 16 Abs. 1 oder Abs. 3 EStG erfordert die Übertragung oder Entnahme aller wesentlichen Betriebsgrundlagen. Dazu zählen auch die wesentlichen Betriebsgrundlagen, die im Sonderbetriebsvermögen gehalten werden.[75] Im Zuge der Abwicklung des Gesellschaftsvermögens einer GmbH & Co. KG ist es daher erforderlich, sich auch mit dem Schicksal des Sonderbetriebsvermögens der Mitunternehmerschaft auseinanderzusetzen. Die Veräußerung der Wirtschaftsgüter des Sonderbetriebsvermögens oder ihre Entnahme in das Privatvermögen hindern die Begünstigung des Gewinns nach §§ 16, 34 EStG nicht. Werden allerdings Wirtschaftsgüter des Sonderbetriebsvermögens zu **Buchwerten in ein anderes Betriebsvermögen des Mitunternehmers** überführt (§ 6 Abs. 5 EStG), geht die Begünstigung des Gewinns aus der Auflösung der stillen Reserven der Wirtschaftsgüter des Gesellschaftsvermögens der GmbH & Co. KG zumindest dann verloren, wenn es sich dabei um eine wesentliche Betriebsgrundlage handelt.[76] Allerdings erstreckt sich der Wegfall der Begünstigung nicht auf den Gewinnanteil der übrigen Mitunternehmer, sondern nur auf den Anteil des Mitunternehmers, dem die schädliche Behandlung im Hinblick auf das Wirtschaftsgut des Sonderbetriebsvermögens zuzurechnen ist.[77]

IV. Negatives Kapitalkonto des Kommanditisten

53 Die Kommanditisten einer GmbH & Co. KG sind an den Verlusten der Gesellschaft nur bis zur Höhe ihres Kapitalanteils (und ihrer rückständigen Einlage) beteiligt (§ 167 Abs. 3 HGB). Eine Nachschusspflicht besteht nicht. Nach der Abwicklung der GmbH & Co. KG durch Veräußerung oder Aufgabe muss ein verbleibendes negatives Kapitalkonto auf die anderen Gesellschafter verteilt werden. Dabei ist umstritten, ob die Zurechnung an sämtliche anderen Gesellschafter mit positivem Kapitalkonto erfolgen soll oder lediglich an die unbeschränkt und persönlich haftenden Komplementäre.[78] Der Wegfall des negativen Kapitalkontos führt bei dem betroffenen Kommanditisten zu einem begünstigten Veräußerungsgewinn (§§ 52 Abs. 33 Satz 4, 16 Abs. 4, 34 EStG). Bei den anderen Gesellschaftern erfolgt in Höhe ihres Anteils am weggefallenen negativen Kapitalkonto des Kommanditisten eine steuerlich beachtliche Verlustzuweisung. Fällt das negative Kapitalkonto nicht im Rahmen einer Betriebsveräußerung oder Betriebsaufgabe weg, etwa

75 BFH BStBl. II 1995, 890.
76 Siehe BFH BStBl. II 1994, 458.
77 BFH BStBl. II 1991, 635.
78 Vgl. Schmidt/Wacker EStG § 15a Rn. 241.

nach sukzessiver Veräußerung der einzelnen Wirtschaftsgüter, kommt die Begünstigung nicht in Betracht.[79]

C. Gewerbesteuer

Die Gewerbesteuer ist aus dem Blickwinkel der Abwicklung einer GmbH & Co. KG aus zwei Gesichtspunkten von erheblicher Bedeutung. Einerseits endet die Gewerbesteuerpflicht der GmbH & Co. KG mit der Beendigung der werbenden Tätigkeit. Mit der Einstellung der tatsächlichen Betätigung fällt die GmbH & Co. KG als Gewerbesteuersubjekt nach § 2 GewStG weg. Für die Abwicklungsphase ergibt sich keine Belastung mit Gewerbesteuer. Daraus resultiert andererseits die Frage, ob der Veräußerungs- oder Aufgabegewinn nach §§ 16, 34 EStG der Gewerbesteuer unterliegt oder in der Bemessungsgrundlage keine Berücksichtigung findet. Für Personengesellschaften ist nach ständiger Rechtsprechung des BFH ein Veräußerungs- oder Aufgabegewinn grundsätzlich nicht in den Gewerbeertrag einzubeziehen.[80] Liegen dagegen keine begünstigten Veräußerungsgewinne nach §§ 16, 34 EStG vor, werden die (laufenden) Gewinne im Gewerbeertrag berücksichtigt (z.B. Gewinn nach § 16 Abs. 2 Satz 3 EStG; Gewinne aus sukzessiver Veräußerung oder Aufgabe). Für den Gewerbeertrag ist aber zusätzlich die **Sonderregelung des § 7 Satz 2 GewStG** zu beachten. Danach ist der Gewinn aus der Veräußerung oder Aufgabe des Betriebs oder Teilbetriebs einer Mitunternehmerschaft zum Gewerbeertrag zu rechnen, soweit er nicht auf eine natürliche Person als unmittelbar beteiligter Mitunternehmer entfällt. Mit der Regelung soll verhindert werden, dass Kapitalgesellschaften, bei denen der Veräußerungs- oder Aufgabegewinn zum Gewerbeertrag zählt, die Steuer umgehen, indem sie das Vermögen zuvor erfolgsneutral in eine Personengesellschaft einbringen und als Betrieb oder Teilbetrieb ohne Belastung des Gewinns mit Gewerbesteuer veräußern. Von der Regelung sind allerdings auch Mitunternehmerschaften betroffen, an denen Personengesellschaften beteiligt sind. Die Regelung gilt auch für Veräußerungs- und Aufgabeverluste. 54

D. Umsatzsteuer

Die Umsatzsteuer ist bei allen Vorgängen im Rahmen der Abwicklung der GmbH & Co. KG zu beachten. Die Gesellschaft verliert ihre Unternehmerstellung erst bei Beendigung und ist daher in der Abwicklungsphase noch Subjekt der Umsatzsteuer. Dabei ist zu berücksichtigen, dass in Bezug auf die Umsatzsteuer die GmbH & Co. KG Steuersubjekt ist. Falls die Gesellschafter Leistungen erbringen und die Voraussetzungen des § 2 UStG erfüllen, sind sie eigenständige Steuersubjekte. Die Veräußerung des Betriebs der GmbH & Co. KG im Ganzen nach § 16 Abs. 1 Nr. 1 EStG stellt aus Sicht der Umsatzsteuer eine nicht steuerbare **Geschäftsveräußerung nach § 1 Abs. 1a UStG** dar. Die Zurückbehaltung unwesentlicher Wirtschaftsgüter ist für die umsatzsteuerliche Bewertung ohne Bedeutung. Wird der Betrieb unentgeltlich übertragen, fehlt es bereits an einem Umsatz. Eine Geschäftsveräußerung im Ganzen kann auch bei einem einzelnen Gesellschafter vorliegen, wenn er die Wirtschaftsgüter aus seinem Sonderbetriebsvermögen veräußert und diese eine geschlossene Einheit darstellen. Im Gegensatz dazu führt die Betriebsaufgabe zu umsatzsteuerbaren Vorgängen. Im Hinblick auf die einzelnen Wirtschaftsgüter sind die allgemeinen Regeln des UStG zu beachten. Die Übertragung von Wirtschaftsgütern des Gesamthandsvermögens der 55

79 Vgl. Hesselmann/Klotz § 11 Rn. 177.
80 Vgl. nur R 39 Abs. 1 GewStR.

GmbH & Co. KG in das Privatvermögen der Gesellschafter gegen Minderung der Gesellschaftsanteile stellt einen tauschähnlichen Umsatz dar. Das gilt auch für die Aufteilung des Gesamthandsvermögens im Rahmen einer Realteilung. Jeder Umsatz ist dabei gesondert zu beurteilen. Weitere Tätigkeiten der Gesellschafter für die GmbH & Co. KG in der Abwicklungsphase sind entsprechend der werbenden Phase zu behandeln (siehe § 4 Rn. 103).

E. Grunderwerbsteuer

6 Die Abwicklung einer GmbH & Co. KG kann zu grunderwerbsteuerlich relevanten Erwerbsvorgängen führen, wenn Gegenstand des Gesellschaftsvermögens der GmbH & Co. KG ein Grundstück ist oder sich ein Grundstück im Sonderbetriebsvermögen der Mitunternehmerschaft befindet. Erforderlich ist allerdings, dass ein Rechtsträgerwechsel stattfindet (§ 1 Abs. 1 GrEStG). Unerheblich ist es dagegen, ob der Wechsel des Rechtsträgers durch eine Betriebsveräußerung im Ganzen oder im Rahmen der Veräußerung von einzelnen Wirtschaftsgütern erfolgt. Bemessungsgrundlage für die Grunderwerbsteuer ist der Teil der Gegenleistung, der auf das Grundstück entfällt. Es empfiehlt sind daher bei der Vertragsgestaltung, die auf das Grundstück entfallende Gegenleistung konkret im Kaufvertrag zu beziffern. Handelt es sich bei dem Erwerber um einen Gesellschafter der GmbH & Co. KG, wird die **Steuer in dem Umfang nicht erhoben**, in dem der Gesellschafter zuvor am Kapital der GmbH & Co. KG beteiligt war (§ 6 Abs. 2 GrEStG). Das gilt auch, falls ein Gesellschafter an der erwerbenden Personengesellschaft beteiligt ist. Vollständig von der Grunderwerbsteuer ausgenommen ist die Übertragung auf eine Schwester-Personengesellschaft. Zum Schutz vor Missbrauch sind aber Fristen zu beachten. In den letztgenannten Fällen darf sich der Anteil des betreffenden Gesellschafters am Vermögen der erwerbenden Gesellschaft nicht mindern. Ferner darf der Gesellschafter seinen Anteil an der Gesellschaft nicht innerhalb der letzten fünf Jahre vor dem Erwerbsvorgang durch Rechtsgeschäft unter Lebenden erworben haben (§ 6 Abs. 4 GrEStG).

§ 7 Umwandlung

1 Eine besondere Maßnahme, um die Struktur eines Unternehmens zu verbessern, ist die Veränderung des „rechtlichen Kleides" des Unternehmens. Auf diesem Wege kann die Geschäftsführung auf die unterschiedlichsten Strukturveränderungen oder Zielvorgaben in der Gesellschaft reagieren. Der Gesetzgeber hat für derartige Veränderungen das Umwandlungsgesetz geschaffen. Das Gesetz regelt die zivilrechtlichen Möglichkeiten und Voraussetzungen zur Umwandlung eines Unternehmens. Durch die unterschiedlichen Arten der Umwandlung kann eine GmbH & Co. KG entstehen;[1] es kann aber auch eine GmbH & Co. KG wegfallen und das Vermögen im Wege der Gesamtrechtsnachfolge auf einen anderen Unternehmensträger übergehen. **Umwandlung ist rechtlich nur ein Oberbegriff**, der sich nach dem UmwG in Verschmelzung, Spaltung, Vermögensübertragung und Formwechsel untergliedern lässt. Neben den Varianten im UmwG gibt es allgemeine zivilrechtliche Gestaltungsmöglichkeiten, um die Rechtsform des Unternehmens zu verändern (siehe Rn. 3).

Aus steuerrechtlicher Sicht haben derartige Vorgänge eine sondergesetzliche Regelung im UmwStG erfahren. Dabei ist allerdings zu berücksichtigen, dass die steuerrechtliche Regelung die gesellschaftsrechtlichen Vorgänge des UmwG erfasst, aber teilweise eigene Bezeichnungen verwendet. Ferner gibt es Vorgänge außerhalb des UmwG, die sich steuerrechtlich nach dem UmwStG beurteilen. Die von den beiden Gesetzen erfassten Sachverhalte sind daher nicht deckungsgleich.

A. Beendigung einer GmbH & Co. KG durch Umwandlung

2 In der Praxis spielt die Umwandlung der GmbH & Co. KG in eine Kapitalgesellschaft zur Beendigung der GmbH & Co. KG eine große Rolle. Dabei steht die Umwandlung in eine GmbH im Vordergrund. Von den Umwandlungsformen des UmwG kommen für den Wechsel von einer GmbH & Co. KG in eine GmbH der Formwechsel und die Verschmelzung auf eine bereits bestehende GmbH in Betracht. Weitere Möglichkeiten, die GmbH & Co. KG in eine GmbH umzuwandeln, gibt es außerhalb des UmwG. Hier ist insbesondere die übertragende Umwandlung von Bedeutung (siehe Rn. 16 ff.). Dabei werden sämtliche Wirtschaftsgüter der GmbH & Co. KG an die GmbH gegen Gewährung von Gesellschaftsanteilen überlassen. Ferner kommt die Übertragung der Gesellschaftsanteile an der GmbH & Co. KG auf die GmbH mit anschließendem Übergang des Vermögens (erweitertes Anwachsungsmodell) in Betracht (siehe Rn. 13 ff.). Alle Modelle haben Vor- und Nachteile. Der im Einzelfall vorzugswürdige Weg ist anhand der Art der GmbH & Co. KG und den mit der Umwandlung angestrebten Zielen zu ermitteln.

I. Formwechsel

3 Die §§ 190 ff. UmwG erlauben den Formwechsel von einer GmbH & Co. KG in eine GmbH (§ 214 Abs. 1 UmwG). Die Wirksamkeit des Formwechsels hängt von der Eintragung ins Handelsregister ab. Die GmbH & Co. KG besteht unter Wahrung ihrer Identität als GmbH fort (§ 202 UmwG). Für bereits vor dem Formwechsel begründete Verbindlichkeiten haften die Gesellschafter der GmbH & Co. KG im zeitlichen Rahmen des § 224 UmwG weiter.

1 Zur Entstehung einer GmbH & Co. KG durch Umwandlung siehe § 2 Rn. 25; Sudhoff/Ihrig § 51 ff.

1. Verfahren

4 Grundlage des Formwechsels ist der Umwandlungsbeschluss der Gesellschafter der GmbH & Co. KG. Der Beschluss bedarf grundsätzlich der Zustimmung aller Gesellschafter (§ 217 Abs. 1 UmwG). Im Gesellschaftsvertrag kann eine qualifizierte Mehrheit (mindestens ¾) festgelegt werden, sofern die Umwandlung in konkretisierbarer Form bezeichnet wird.[2] Der Beschluss muss den Gesellschaftsvertrag der GmbH enthalten (§ 218 UnwG). Die Regelung über das Mindestkapital einer GmbH (§ 5 Abs. 1 GmbHG) ist zu beachten. Die Festsetzung der einzelnen Stammeinlagen muss sich nicht am jeweiligen Kapitalkonto der Gesellschafter in der GmbH & Co. KG ausrichten. Die Gesellschafter der GmbH & Co. KG sind insoweit frei. Die Obergrenze des Stammkapitals bildet allerdings das nach Abzug der Schulden verbleibende Vermögen der GmbH & Co. KG (§ 220 Abs. 1 UmwG). Grundlage und Maßstab sind dabei nicht die Buchwerte der Handelsbilanz, sondern die Verkehrswerte der Vermögensgegenstände.[3] Im Kern handelt es sich um eine Sachgründung der GmbH nach besonderen Vorschriften. An die Stelle der Gründer einer GmbH treten die Gesellschafter der GmbH & Co. KG, die dem Formwechsel zugestimmt haben. Diese Gesellschafter trifft folgerichtig die Differenz- und Ausfallhaftung (§§ 9, 24 GmbHG) sowie die Haftung für falsche Angaben (§ 9 a GmbHG). Der Formwechsel ist durch einen **Umwandlungsbericht** vorzubereiten (§ 192 UmwG).[4] Die Berichterstattung ist Sache der Geschäftsführer der GmbH & Co. KG. Aus dem Bericht müssen sich die Beteiligungen an der GmbH ergeben. Darüber hinaus ist dem Bericht eine Vermögensaufstellung beizufügen, aus der sich die Verkehrswerte der Vermögensgegenstände und Verbindlichkeiten ergeben. Die Unterrichtung der Kommanditisten erfolgt unter Vorlage eines Abfindungsangebots (§ 207 UmwG). Der Umwandlungsbericht wird ergänzt durch den Sachgründungsbericht, den die Gesellschafter im Hinblick auf die GmbH zu erstellen haben (§ 197 UmwG). Eine Gründungsprüfung findet allerdings nicht statt.

2. Komplementär-GmbH

5 Im Hinblick auf die Komplementär-GmbH sind bei der Umwandlung der GmbH & Co. KG in eine GmbH zwei Fallgruppen zu unterscheiden. Ist die Komplementär-GmbH am Vermögen der GmbH & Co. KG beteiligt, wird sie nach Vollzug des Formwechsels Gesellschafterin der GmbH. Die Anteilsinhaber müssen vor und nach dem Formwechsel grundsätzlich identisch sein. Auf die Zusammensetzung der Gesellschafter bei der Komplementär-GmbH kommt es dabei nicht an. Da die Komplementär-GmbH in der GmbH keine Funktion mehr hat, wird regelmäßig angestrebt werden, die Komplementär-GmbH nicht an der GmbH zu beteiligen. Neben einer etwas umständlichen Treuhandlösung[5] ist anerkannt, dass schon im Umwandlungsbeschluss das Ausscheiden der Komplementär-GmbH bestimmt werden kann. Ein widersprechender Gesellschafter kann nach § 207 UmwG gegen Abfindung aus der Gesellschaft ausscheiden. Erforderlich ist insoweit allerdings, dass der Beschluss über den Formwechsel durch Mehrheitsentscheidung getroffen werden kann. Ist die Komplementär-GmbH am Vermögen der GmbH & Co. KG nicht beteiligt, wird sie nicht Gesellschafter der GmbH. Die Beteiligung an einer GmbH ist ohne Vermögensbeteiligung nicht möglich. Eine solche Komplementär-GmbH scheidet daher mit dem Formwechsel aus der GmbH & Co. KG aus.

2 Zur Aufweichung des Bestimmtheitsgrundsatzes siehe BGH v. 15.01.2007, Az. II ZR 245/05.
3 Siehe etwa Lutter/Joost UmwG § 220 Rn. 13.
4 Zum Verzicht in notarieller Urkunde vgl. § 193 Abs. 3 UmwG.
5 Vgl. Binz/Sorg § 28 Rn. 18.

II. Verschmelzung

Die GmbH & Co. KG kann auf eine bereits bestehende GmbH verschmolzen werden (§ 2 Nr. 1 UmwG). Aufnehmender Rechtsträger, auf den die Verschmelzung durchgeführt wird, kann dabei auch die Komplementär-GmbH sein. Ferner kommt eine Verschmelzung der GmbH & Co. KG und einer anderen Gesellschaft auf eine neu zu gründende GmbH in Betracht. Die Verschmelzung wird wirksam, wenn die Eintragung der Maßnahme sowohl beim Handelsregister des übertragenden als auch als auch des übernehmenden Rechtsträgers erfolgt. Das Vermögen geht im Wege der Gesamtrechtsnachfolge auf den übernehmenden Rechtsträger über, die GmbH & Co. KG erlischt. Grundlage der Verschmelzung ist ein notariell zu beurkundender Verschmelzungsvertrag. Die Gesellschafter beider Gesellschaften müssen dem Vertrag zustimmen. Grundsätzlich ist die Zustimmung aller Gesellschafter erforderlich, es sei denn, der Gesellschaftsvertrag lässt eine qualifizierte Mehrheit (mindestens ¾) ausreichen (§ 43 UmwG). Mit Wirksamkeit der Verschmelzung erhalten die Gesellschafter der GmbH & Co. KG, deren Anteile untergehen, **Anteile an der aufnehmenden GmbH**. Die Anteile müssen regelmäßig durch eine Kapitalerhöhung geschaffen werden. Falls die GmbH über ausreichend eigene Anteile verfügt, ist eine Kapitalerhöhung nicht erforderlich. Soweit die übernehmende GmbH an der übertragenden GmbH & Co. KG beteiligt ist, kommt eine Kapitalerhöhung nicht in Betracht (§ 54 Abs. 1 UmwG). Die Kapitalerhöhung muss vor dem Wirksamwerden der Verschmelzung abgeschlossen sein, sodass die Anteile für die Gesellschafter der GmbH & Co. KG tatsächlich zur Verfügung stehen. Eine nicht am Kapital der GmbH & Co. KG beteiligte Komplementär-GmbH scheidet mit der Verschmelzung aus der GmbH & Co. KG aus. Sie wird nicht Gesellschafter der aufnehmenden GmbH. 6

B. Ertragsteuerrecht

Der Formwechsel einer GmbH & Co. KG in eine GmbH und die Verschmelzung einer GmbH & Co. KG auf eine GmbH werden **steuerrechtlich als Betriebseinbringung** behandelt. Maßgebende Vorschriften sind insoweit die §§ 25, 20 UmwStG. Das Steuerrecht geht von einer Vermögensübertragung aus. Die Vermögensüberträger und Einbringenden sind dabei die Gesellschafter der GmbH & Co. KG. Die Anteilsinhaber der übertragenden Gesellschaft werden Anteilsinhaber der übernehmenden Gesellschaft. Daraus erklärt sich das Erfordernis, auf den Übertragungsstichtag eine Schlussbilanz bei der GmbH & Co. KG (§ 25 Abs. 2 UmwStG) und eine Aufnahmebilanz bei der GmbH aufzustellen. Der Übertragungsstichtag kann bis zu acht Monate, ausgehend von der Eintragung ins Handelsregister, zurückbezogen werden. Die Wirtschaftsgüter sind grundsätzlich mit dem gemeinen Wert anzusetzen, können aber unter bestimmten Voraussetzungen auch zu Buchwerten fortgeführt werden. Das ergab sich bisher für den Formwechsel aufgrund der Identitätswahrung aus dem UmwG. Die Finanzverwaltung hat aus dem Maßgeblichkeitsgrundsatz geschlossen, dass die Buchwertfortführung auch steuerrechtlich zwingend sei. Mit der Änderung des UmwStG wurde für Umwandlungsvorgänge die strikte Maßgeblichkeit der Handelsbilanz für die Steuerbilanz aufgegeben.[6] In der Literatur wurde schon vorher wird auf die steuerrechtliche Behandlung des Formwechsels als Vermögensübertragung abgestellt. Diese fingierte Vermögensübertragung erlaube die Anwendung der entsprechenden steuerlichen Regeln. Darin findet sich in § 20 Abs. 2 UmwStG ein Bewertungswahlrecht, das auch für den Formwechsel anzuwenden sei.[7] Voraussetzung für die **steuerrechtliche Buchwertfortführung** ist allerdings, dass sicherge- 7

6 BT-Drucks. 16/2710, S. 34.
7 Vgl. Hesselmann/Dremel § 12 Rn. 206; Binz/Sorg § 28 Rn. 23.

stellt ist, dass das Vermögen später bei der übernehmenden Körperschaft der Besteuerung mit Körperschaftsteuer unterliegt, die Passivposten des eingebrachten Betriebsvermögens die Aktivposten nicht übersteigen; dabei ist das Eigenkapital nicht zu berücksichtigen und das Recht der Bundesrepublik Deutschland hinsichtlich der Besteuerung des Gewinns aus der Veräußerung des eingebrachten Betriebsvermögens bei der übernehmenden Gesellschaft nicht ausgeschlossen oder beschränkt wird.

8 Für die Verschmelzung ergeben sich im Hinblick auf die Buchwertfortführung nur die letztgenannten allgemeinen Einschränkungen. Die Buchwertfortführung ist danach möglich, kann aber auch durch einen anderen Wertansatz ersetzt werden (§ 20 Abs. 2 UmwStG). Wird für den Einbringungstatbestand (Formwechsel, Verschmelzung) zulässigerweise der Buchwertansatz gewählt, ist kein Veräußerungsgewinn zu berücksichtigen. Der Wertansatz gilt für den Einbringenden als Veräußerungspreis (§ 16 Abs. 2 EStG). Die im Zuge der Umwandlung erworbenen GmbH-Anteile werden zu sog. **einbringungsgeborenen Anteilen** (§ 22 UmwStG). Bei der Veräußerung innerhalb eines Zeitraums von sieben Jahren nach dem Einbringungszeitpunkt, ist der Gewinn aus der Einbringung rückwirkend im Wirtschaftsjahr der Einbringung als Gewinn des Einbringenden zu versteuern. Der Gewinn ergibt sich aus dem Differenzbetrag des gemeinen Werts des eingebrachten Betriebsvermögens unter Berücksichtigung der Kosten für den Vermögensübergang und dem Wert, mit dem die übernehmende GmbH das eingebrachte Betriebsvermögen angesetzt hat. Dabei ist der zu versteuernde Gewinn für jedes seit dem Einbringungszeitpunkt abgelaufene Jahr um ein Siebtel zu vermindern (§ 22 Abs. 1 UmwStG). Der Gewinn aus der Einbringung ist als laufender Gewinn der Mitunternehmerschaft zu behandeln, soweit nicht ausnahmsweise alle stillen Reserven durch Ansatz des gemeinen Werts aufgelöst werden. Bei natürlichen Personen sind im letzteren Fall die Begünstigungen der §§ 16, 34 EStG anwendbar (§ 20 Abs. 4 UmwStG).

9 Ein besonders Augenmerk ist bei der Umwandlung einer GmbH & Co. KG auf das Sonderbetriebsvermögen zu legen. Da die Einbringung durch die Mitunternehmer erfolgt, muss auch das Sonderbetriebsvermögen eingebracht werden, um in den Genuss der steuerlichen Privilegierung zu gelangen. Es müssen allerdings lediglich alle wesentlichen Betriebsgrundlagen, die im Sonderbetriebsvermögen gehalten werden, auf die GmbH übertragen werden. Was unter einer wesentlichen Betriebsgrundlage zu verstehen ist, entspricht weitgehend der Behandlung bei § 16 EStG, allerdings ist ausschließlich die funktionale Betrachtung maßgebend. Eine Ausnahme ergibt sich für die **Anteile der Kommanditisten an der Komplementär-GmbH**, wenn als übernehmender Rechträger die Komplementär-GmbH selbst an der Umwandlung beteiligt ist. Die Anteile bleiben für die Beurteilung außer Betracht, ob alle wesentlichen Betriebsgrundlagen übergegangen sind. Gleichwohl sollen sich die Anteile zu einbringungsgeborenen Anteilen wandeln. Für die Umwandlung auf andere Rechtsträger bleibt es bei den allgemeinen Regeln. Eine Gesamtrechtsnachfolge kann sich im Hinblick auf das Eigentum der einzelnen Mitunternehmer an den Wirtschaftsgütern des Sonderbetriebsvermögens nicht ergeben. Die steuerliche Einbringung erfolgt insoweit durch Einzelrechtsnachfolge.

C. Sonstige Steuern

10 Für die Umsatzsteuer ergeben sich aus dem Umwandlungsvorgang regelmäßig keine unmittelbaren Folgen. Beim Formwechsel bleibt der Unternehmer aufgrund des identitätswährenden Wechsels erhalten. Ein Leistungsaustausch liegt nicht vor. Die Verschmelzung stellt aus Sicht der Umsatz-

steuer eine Geschäftsveräußerung im Ganzen dar, die nach § 1 Abs. 1a UStG nicht steuerbar ist. Die Gegenleistung in Form der Anteile an der GmbH ist steuerfrei nach § 4 Nr. 8 Buchst. f UStG.

Aus Sicht der Grunderwerbsteuer besteht zwischen den verschiedenen Umwandlungsformen ein erheblicher Unterschied. Ein identitätswahrender Formwechsel bringt aus zivilrechtlicher Sicht keinen Vermögensübergang mit sich. Es liegt daher kein steuerbarer Vorgang im Sinne des GrEStG vor.[8] Die Verschmelzung führt aufgrund der Vermögensübertragung zu einem steuerbaren Vorgang (§ 1 Abs. 1 Nr. 3 GrEStG), für den allerdings keine Steuer erhoben wird, soweit die aufnehmende GmbH an der GmbH & Co. KG beteiligt war (§ 6 Abs. 2 GrEStG). 11

D. Weitere Umwandlungsmöglichkeiten

Das Ziel, das Unternehmen der GmbH & Co. KG in der Rechtsform der GmbH fortzuführen, lässt sich auch auf anderem Wege erreichen. 12

I. Erweitertes Anwachsungsmodell

Soll die Komplementär-GmbH das Unternehmen fortführen, können die Kommanditisten aus der GmbH & Co. KG ausscheiden und der einzig verbleibende Gesellschafter, die Komplementär-GmbH, kann das Vermögen durch Anwachsung übernehmen. Dabei handelt es sich um einen Vorgang, der bereits im Zusammenhang mit dem Ausscheiden von Gesellschaftern aus der GmbH & Co. KG erörtert wurde. Auf die dortigen Ausführungen kann daher an dieser Stellen verwiesen werden (siehe § 6 Rn. 29). Im Hinblick auf die ertragsteuerlichen Folgen ist die Möglichkeit allerdings nicht empfehlenswert, da das Ausscheiden ohne Abfindung zu einer Gewinnrealisierung bei den Kommanditisten, verbunden mit einer verdeckten Einlage in die GmbH führt. Die Rechtsfolge hängt allerdings davon ab, dass die Kommanditisten an der Komplementär-GmbH beteiligt sind.[9] Ein Einbringungsvorgang liegt nicht vor, da es an der Gewährung von Gesellschaftsanteilen fehlt. 13

Umgehen lässt sich die Rechtsfolge, wenn die Kommanditisten ihre **Kommanditanteile gegen Gewährung von GmbH-Anteilen in die Komplementär-GmbH einbringen**. Zur Bedienung der Kommanditisten mit Anteilen ist bei der GmbH eine Sachkapitalerhöhung durchzuführen. Nach der Umsetzung der Gestaltung sind alle Gesellschaftsanteile der GmbH & Co. KG in der GmbH vereinigt. Die GmbH & Co. KG erlischt und der GmbH wächst das Vermögen an. Steuerrechtlich handelt es sich um einen Einbringungsvorgang, der erfolgsneutral gestaltet werden kann. Dabei sind die Übertragung der Kommanditanteile, verbunden mit dem Ausscheiden der Gesellschafter aus der GmbH & Co. KG und der Übergang des Gesellschaftsvermögens auf die GmbH aus steuerlicher Sicht ein einheitlicher Einbringungsvorgang.[10] Eingebracht wird der jeweilige Mitunternehmeranteil des Kommanditisten. Dazu zählt auch das Sonderbetriebsvermögen, sofern darin wesentliche Betriebsgrundlagen gehalten werden. Das Wahlrecht des § 20 Abs. 2 UmwStG steht der übernehmenden GmbH zu und kann im Hinblick auf jeden Mitunternehmeranteil gesondert ausgeübt werden. Der Buchwertansatz kommt allerdings nur in Betracht, wenn sichergestellt ist, dass es später bei der übernehmenden Körperschaft der Besteuerung mit Körperschaftsteuer unterliegt, die Passivposten des eingebrachten Betriebsvermögens die Aktivposten nicht übersteigen; 14

8 BFH BStBl. II 1997, 661.
9 Vgl. etwa Hesselmann/Dremel § 12 Rn. 133.
10 BFH BStBl. II 1999, 269.

dabei ist das Eigenkapital nicht zu berücksichtigen und das Recht der Bundesrepublik Deutschland hinsichtlich der Besteuerung des Gewinns aus der Veräußerung des eingebrachten Betriebsvermögens bei der übernehmenden Gesellschaft nicht ausgeschlossen oder beschränkt wird.

15 Steuerliche **Auswirkungen für den einbringenden Kommanditisten** hat der Sachverhalt nur, wenn die GmbH für die Wirtschaftsgüter einen anderen Wert als den Buchwert wählt (§ 20 Abs. 3 UmwStG). Der Wert, mit dem die übernehmende Gesellschaft das eingebrachte Betriebsvermögen ansetzt, gilt für den Einbringenden als Veräußerungspreis der Mitunternehmeranteile und als Anschaffungskosten der Gesellschaftsanteile an der GmbH. Die Anteile an der GmbH sind als einbringungsgeborene Anteile steuerverhaftet (§ 22 UmwStG). Die steuerliche Behandlung entspricht den anderen Einbringungsvorgängen (siehe Rn. 8). Im Hinblick auf die Umsatzsteuer und die Grunderwerbsteuer gelten die gleichen Erwägungen wie zur Einbringung durch Verschmelzung (siehe Rn. 10, 11).

II. Übertragung eines Betriebs durch Einzelrechtsnachfolge

16 Die Übertragung des Betriebs der GmbH & Co. KG im Wege der Einzelrechtsnachfolge ist auf zwei Arten möglich. Einerseits können die Wirtschaftsgüter des Betriebs insgesamt von der GmbH & Co. KG an die GmbH übertragen werden. Grundlage wird in der Regel ein Kaufvertrag sein. Andererseits können die Gesellschafter der GmbH & Co. KG ihre Gesellschaftsanteile auf die GmbH übertragen. Beide Fallgruppen fallen steuerrechtlich unter die **Einbringung nach § 20 Abs. 1 UmwStG**, falls neue Gesellschaftsanteile als Gegenleistung gewährt werden. Allerdings muss sich die Einbringung auch auf die wesentlichen Betriebsgrundlagen beziehen, die im Sonderbetriebsvermögen gehalten werden. In beiden Fällen hat die GmbH ein Wahlrecht in Bezug auf den Wertansatz der Wirtschaftsgüter in der Bilanz. Dabei ist für den Buchwertansatz erforderlich, dass die eingebrachten Wirtschaftsgüter später bei der übernehmenden Körperschaft der Besteuerung mit Körperschaftsteuer unterliegen, die Passivposten des eingebrachten Betriebsvermögens die Aktivposten nicht übersteigen; dabei ist das Eigenkapital nicht zu berücksichtigen und das Recht der Bundesrepublik Deutschland hinsichtlich der Besteuerung des Gewinns aus der Veräußerung des eingebrachten Betriebsvermögens bei der übernehmenden Gesellschaft nicht ausgeschlossen oder beschränkt wird.

17 Problematisch ist insoweit, **wer als Einbringender** zu behandeln ist. Während bei der Übertragung der Mitunternehmeranteile die Gesellschafter als Einbringende zu behandeln sind, ist die Beantwortung der Frage bei der Übertragung des ganzen Betriebs schwieriger. Werden die Mitunternehmeranteile eingebracht, kann das Wahlrecht des § 20 Abs. 2 UmwStG für jeden Mitunternehmeranteil einzeln ausgeübt werden. Die Finanzverwaltung sieht aber auch bei der Einbringung des ganzen Betriebs die Mitunternehmer als Einbringende.[11] Zu Recht wird in der Literatur darauf hingewiesen, dass dies nur insoweit richtig sein kann, als die GmbH & Co. KG erlischt.[12] Anderenfalls erhält die GmbH & Co. KG die Gesellschaftsanteile an der GmbH als Gegenleistung. Werden die Anteile anschließend entnommen oder anlässlich der Abwicklung verteilt, kommt es nicht zwingend zur Aufdeckung der stillen Reserven. Für die sonstigen Steuern ergeben sich insoweit gegenüber der Einbringung durch Verschmelzung keine Besonderheiten (siehe Rn. 10, 11).

11 Siehe dazu etwa Hesselmann/Dremel § 12 Rn. 182; Binz/Sorg § 28 Rn. 6 f.
12 H.M. in der Literatur vgl. nur Blümich/Wolff UmwStG § 20 Rn. 28.

§ 8 Betriebsaufspaltung

A. Einführung

Bei der sog. Betriebsaufspaltung handelt es sich um eine **rein steuerliche Begrifflichkeit**. Vermögenswerte, die zivilrechtlich unterschiedlichen Rechtsträgern zustehen, werden ertragsteuerlich einem einzigen Rechtsträger zugerechnet. Während typischerweise ein Unternehmen im steuerlichen Sinn auch zivilrechtlich ein einheitliches Gebilde darstellt, ist bei der Betriebsaufspaltung ein **einheitliches Unternehmen in zwei Unternehmen aufgespaltet**. Auf der einen Seite handelt es sich hierbei um das Betriebsunternehmen, das die eigentliche unternehmerische Tätigkeit entfaltet und auf der anderen Seite um das Besitzunternehmen, das Anlagevermögen – etwa in Form von Grundstücken, Maschinen usw. – zur Verfügung stellt. Die Überlassung der Betriebsmittel von der Besitzgesellschaft an die Betriebsgesellschaft kann unterschiedlich zivilrechtlich ausgestaltet sein, etwa in Form eines Mietverhältnisses oder eines unentgeltlichen Leihverhältnisses. 1

Die Vorteile der Betriebsaufspaltung resultieren aus der zivilrechtlichen Separierung zweier Vermögensmassen. Wirtschaftsgüter, die außerhalb der Betriebsgesellschaft gehalten werden, fallen nicht in deren Haftungsverbund und stehen somit den Gläubigern der Betriebsgesellschaft nicht zur Verfügung. So können die wirtschaftlich bedeutsamen Güter des Anlagevermögens, insbesondere die Betriebsgrundstücke, hinter die „Brandmauer" geschafft werden. Bei Insolvenz der Betriebs-GmbH bleiben die Vermögenswerte außerhalb der Betriebsgesellschaft unangetastet. Nur ausnahmsweise ist ein Durchgriff auf das Besitzunternehmen möglich. Stellt sich etwa die Gebrauchsüberlassung seitens des Besitzunternehmens an das Betriebsunternehmen als eigenkapitalersetzend dar, kann eine Haftung gem. §§ 32 a, 32 b GmbHG in Betracht kommen.[1] Darüber hinaus kann sich eine Durchgriffshaftung aus den Grundsätzen des existenzvernichtenden Eingriffs ergeben.[2] 2

B. Voraussetzungen

Steuerliche Voraussetzung für die Begründung einer Betriebsaufspaltung ist das Vorliegen einer sachlichen und personellen Verflechtung.[3]

I. Sachliche Verflechtung

Eine sachliche Verflechtung liegt vor, wenn das Besitzunternehmen der Betriebs-GmbH solche Wirtschaftsgüter entgeltlich oder unentgeltlich zur Nutzung überlässt, die als wesentliche Betriebsgrundlagen anzusehen sind. An das Vorliegen einer wesentlichen Betriebsgrundlage stellt die Rechtsprechung keine gesteigerten Anforderungen, sodass eine solche bspw. bereits dann angenommen wird, wenn es sich bei dem überlassenen Wirtschaftsgut lediglich um die (austauschbare) Geschäftsimmobilie handelt.[4] 3

1 Voraussetzung ist allerdings, dass der in die Haftung Genommene auch Gesellschafter der GmbH ist.
2 Vgl. BGH ZIP 2002, 1578 ff.
3 Hierzu grundlegend BFH BStBl. II 1972, 63; näher hierzu L. Schmidt § 15 EStG Rn. 8 ff.
4 Z.B. Bürogebäude, BFH BStBl. II 2000, 621.

II. Personelle Verflechtung

4 Die personelle Verflechtung liegt vor, wenn Besitz- und Betriebsunternehmen von einem einheitlichen geschäftlichen Betätigungswillen getragen werden;[5] dieser liegt unzweifelhaft bei Beteiligungsidentität zwischen Besitz- und Betriebsgesellschaft vor. Ausreichend ist aber auch, dass dieselbe **Personengruppe** ihren Willen in beiden Unternehmen durchsetzen kann, auch wenn innerhalb der Gruppe die Beteiligungsverhältnisse in den beiden Unternehmen unterschiedlich sind; abzustellen ist also auf die Beherrschungsidentität durch die Gruppe von Personen.[6] Nicht zu verwechseln ist diese gruppenweise Betrachtung der Beherrschungsmöglichkeit mit einer (unzulässigen) Zusammenrechnung der Stimmrechte verschiedener Gesellschafter. Die früher von der Finanzverwaltung und Rechtsprechung vorgenommene **Zusammenrechnung** der Stimmrechte von Ehegatten stellte einen Verstoß gegen Art. 3 Abs. 1 und Art. 6 Abs. 1 GG dar. Seitdem das BVerfG[7] dies ausdrücklich im Jahr 1985 aussprach, findet eine derartige Zusammenrechnung nicht mehr statt.[8]

C. Steuerneutrale Begründung einer Betriebsaufspaltung

5 Während bis zum 31.12.1998 die Einbringung von Betriebsvermögen in eine Betriebs-Kapitalgesellschaft keine Aufdeckung stiller Reserven zur Folge hatte und somit eine Betriebsaufspaltung auch aus einem „laufenden" Unternehmen heraus möglich war, besteht diese Möglichkeit heute nicht mehr.[9] § 6 Abs. 6 S. 2 EStG sieht nämlich vor, dass sich bei der Übertragung einzelner Wirtschaftsgüter im Wege der verdeckten Einlage die Anschaffungskosten der „Beteiligung an der Kapitalgesellschaft" um den Teilwert des eingelegten Wirtschaftsgutes erhöhen. Bei der Übertragung von Wirtschaftsgütern auf die Betriebs-GmbH findet somit eine (steuerpflichtige) Gewinnrealisierung infolge Aufdeckung stiller Reserven statt.[10] Eine steuerneutrale Begründung einer Betriebsaufspaltung kann somit nur noch bei Neugründung eines Unternehmens erreicht werden, indem die jeweiligen Vermögenswerte von vornherein separiert werden.

D. Steuerliche Folgen

I. Besteuerung der laufenden Erträge

6 Wesentliche Rechtsfolge der Betriebsaufspaltung ist die einheitliche steuerliche Betrachtung von Betriebs- und Besitzgesellschaft. **Beide Gesellschaften erzielen Einkünfte aus Gewerbebetrieb.** Selbst wenn die Besitzgesellschaft keinen Gewerbebetrieb unterhält und auch nicht gewerblich geprägt ist, erzielt sie aufgrund der Betriebsaufspaltung dennoch Einkünfte aus Gewerbebetrieb. Grundsätzlich unterliegen die Einkünfte der Besitzgesellschaft somit auch der Gewerbesteuer. Als weitere Besonderheit ist zu nennen, dass die **Geschäftsanteile an der Betriebs-GmbH**

5 L. Schmidt § 15 EStG Rn. 20 ff.

6 Vgl. hierzu BFH BStBl. II 1994, 466 m.w.N.

7 BVerfG BStBl. II 1985, 475.

8 Vgl. BMF-Schreiben vom 18.11.1986, BStBl. I 1986, 527; BFH BStBl. II 1989, 152; BStBl. II 1991, 405. Zum Ganzen auch L. Schmidt § 15 EStG Rn. 869 ff.

9 Seit 01.01.1999.

10 Das StEntlG 1999/2000/2002 hatte gerade zum Zweck, Betriebsaufspaltungen nicht mehr steuerneutral zuzulassen; vgl. hierzu die Gesetzesbegründung BT-DR. 14/23, 173.

zum notwendigen Betriebs- bzw. Sonderbetriebsvermögen des Besitzunternehmens zählen.[11] Ist das Besitzunternehmen – wie häufig – eine Personengesellschaft, erzielen sämtliche Gesellschafter Einkünfte aus Gewerbebetrieb, unabhängig davon, ob sie ebenfalls an der Betriebsgesellschaft beteiligt sind oder nicht.[12] Steuerlich vorteilhaft ist die Betriebsaufspaltung im Hinblick auf die Abzugsfähigkeit der Tätigkeitsvergütungen für Gesellschafter-Geschäftsführer der Betriebs-GmbH. Soweit die Vergütungen angemessen sind, mindern sie als Betriebsausgabe die Körperschaft- und Gewerbesteuer der Betriebs-GmbH.[13] Bei der reinen GmbH & Co. KG mindern Tätigkeitsvergütungen zugunsten von Gesellschaftern die gewerblichen Einkünfte dagegen nicht;[14] die auf Ebene der GmbH & Co. KG anfallende Gewerbesteuer verringert sich aufgrund der Leistungsvergütungen somit nicht.[15] Ebenso können für die Geschäftsführer der Betriebs-GmbH Pensionsrückstellungen in angemessener Höhe gebildet werden, die steuerlich ertragsmindernd wirken.[16] Die hieraus resultierende Verminderung der Gewerbesteuerlast ist jedoch durch die Anrechenbarkeit der Gewerbesteuer auf die Einkommensteuer gem. § 35 EStG relativiert worden. Gem. § 35 Abs. 1 Nr. 2 EStG können Gesellschafter einer Personengesellschaft die Gewerbesteuer in Höhe des 1,8fachen des anteiligen Gewerbesteuer-Messbetrages auf ihre persönliche Einkommensteuer anrechnen. Soweit die Anrechenbarkeit hiernach möglich ist, bietet die Betriebsaufspaltung also keinen gewerbesteuerlichen Vorteil mehr. Nachteilig kann sich die Betriebsaufspaltung im Falle eines überhöhten Pachtzinses für die überlassenen Wirtschaftsgüter auswirken. Soweit der Pachtzins nämlich über das Maß des Angemessenen hinausgeht, ist er als **verdeckte Gewinnausschüttung** zu qualifizieren. Dies hat zur Folge, dass insoweit das Einkommen der Betriebs-GmbH nicht gemindert wird.

Schließlich stellt sich die Betriebsaufspaltung – wie jede Kapitalgesellschaft – dann als nachteilig dar, wenn Verluste erwirtschaftet werden. Denn trotz der einheitlichen steuerlichen Beurteilung einer Betriebsaufspaltung sind die von der Betriebs-GmbH erwirtschafteten Verluste nur dort steuerwirksam. Sie sind quasi in der GmbH „eingeschlossen". Innerhalb der GmbH können die Verluste zurückgetragen werden[17] oder als Verlustvortrag[18] genutzt werden. Die erwirtschafteten Verluste stehen den Gesellschaftern der Betriebs-GmbH nicht zur Verrechnung zur Verfügung, wie dies aufgrund des Transparenzprinzips bei der GmbH & Co. KG der Fall ist.[19] Erwirtschaftet die Betriebs-GmbH keinen Gewinn, sondern hat darüber hinaus noch entsprechende Pachtzinsen an die Besitzgesellschaft zu zahlen, kann dies zu unerwünschten steuerlichen Ergebnissen führen: Die in der GmbH aufgelaufenen Verluste können nur innerhalb der Gesellschaft gewinnmindernd geltend gemacht werden. Die im Besitzunternehmen entstandenen Gewinne aufgrund der vereinnahmten Pachtzinsen sind von den Gesellschaftern (der Personengesellschaft) jedoch in voller Höhe zu versteuern. 7

11 Weiterführend Söffing, Die Betriebsaufspaltung, 2001, 208 ff.; L. Schmidt § 15 EStG Rn. 869 ff.
12 Hierzu Hesselmann/Mueller-Thuns § 2 Rn. 132.
13 BFH BStBl. II 1970, 722.
14 § 15 Abs. 1 S. 1 Nr. 2 S. 1 Hs. 2 EStG.
15 Der Gewerbeertrag i.S.d. § 7 S. 1 GewStG wird hierdurch nicht verringert.
16 Hierzu Kaligin, Die Betriebsaufspaltung, 2001, 234.
17 Ein Verlustrücktrag ist zeitlich auf ein Jahr und der Höhe nach auf EUR 511.500,– beschränkt.
18 Ein Verlustvortrag ist zeitlich und der Höhe nach bis zu einem zu versteuerndem Einkommen von EUR 1 Mio unbeschränkt möglich; der hierüber hinausgehende Verlust kann in Höhe von 60 % vorgetragen werden.
19 Zu beachten ist hierbei allerdings die Grenze des § 15 a EStG; vgl. hierzu § 4 Rn. 92 ff.

Praxishinweis

Bei Ausgestaltung des Pachtvertrages zwischen Besitz- und Betriebsgesellschaft sollte daher zur Vermeidung derartiger Konstellationen eine gewinnabhängige Höhe des Pachtzinses vereinbart werden. Erfolgt dies nicht, kann nur mittels eines Ergebnisabführungsvertrages zwischen Besitz- und Betriebsgesellschaft der in der Betriebs-GmbH aufgelaufene Verlust den Gesellschaftern der Besitzgesellschaft nutzbar gemacht werden. Der mit der Betriebsaufspaltung verfolgte Zweck einer haftungsrechtlichen Separierung des Anlagevermögens wird durch einen Ergebnisabführungsvertrag jedoch vereitelt.[20]

8 Erwirtschaftet die Betriebs-GmbH hingegen Gewinne, kann die Betriebsaufspaltung je nach Ausschüttungspolitik der Gesellschaft ertragsteuermindernd wirken. Werden die Gewinne in der Betriebs-GmbH thesauriert, unterliegen sie dort der Körperschaftsteuer, dem Solidaritätszuschlag und der Gewerbesteuer. Bei der GmbH & Co. KG hingegen unterliegen die Gewinne dem persönlichen Steuersatz der Gesellschafter zzgl. Solidaritätszuschlag. Die von der Gesellschaft entrichtete Gewerbesteuer ist im Rahmen des § 35 EStG auf die Einkommensteuer anrechenbar. Da in der Praxis der persönliche Steuersatz der Gesellschafter entsprechend hoch ist, entsteht eine höhere Gesamtsteuerbelastung, als dies bei der Thesaurierung von Gewinnen in der GmbH der Fall ist. Konträr stellt sich die Situation hingegen dar, wenn die Gewinne in der Betriebs-GmbH nicht thesauriert, sondern an die Gesellschafter ausgeschüttet werden. Zu der oben beschriebenen Steuerbelastung der GmbH selbst tritt dann noch die Steuerlast der Gesellschafter hinzu. Diese haben die ausgeschütteten Dividenden nach dem Halbeinkünfteverfahren ihrer persönlichen Einkommensteuer zu unterwerfen.[21] Die Kumulierung der Steuerlast in der GmbH selbst und der anschließenden Steuerbelastung des Gesellschafters führt im Ergebnis regelmäßig zu einer höheren Gesamtsteuerbelastung als bei einer GmbH & Co. KG.

II. Gewerbesteuerliche Behandlung von Dauerschuldzinsen

9 Nachteilig kann sich die Betriebsaufspaltung auch im Hinblick auf die Gewerbesteuer auswirken. Sinn und Zweck der Betriebsaufspaltung ist es regelmäßig, eine Haftungsbegrenzung auf die Vermögenswerte der Betriebs-GmbH zu erreichen. Aus diesem Grund ist die Betriebs-GmbH meist nur mit einem Mindestmaß an Eigenkapital ausgestattet. Dies erfordert, um den eigentlichen Geschäftsbetrieb führen zu können, eine erhebliche Zuführung von Fremdmitteln. Vorrangig wird diese Finanzierung durch das Besitzunternehmen oder durch deren Gesellschafter gestellt. Diese hierauf zu zahlenden Schuldzinsen sind gewerbesteuerlich als Dauerschuldzinsen dem Gewerbeertrag der Betriebs-GmbH zur Hälfte zuzurechnen (§ 8 Nr. 1 GewStG). Wird das Darlehen durch die Gesellschafter der Besitz-Personengesellschaft gewährt, sind die Darlehensforderungen dem Sonderbetriebsvermögen der Gesellschafter zuzurechnen. Die hieraus resultierenden Darlehenszinsen stellen Sonderbetriebseinnahmen gem. § 15 Abs. 1 S. 1 Nr. 2 S. 1 Halbsatz 2 EStG dar. Diese Sonderbetriebseinnahmen unterliegen ebenfalls der Gewerbesteuer.[22] Gleich ob das Darlehen durch das Betriebsunternehmen oder durch deren Gesellschafter zur Verfügung gestellt wird, entsteht regelmäßig eine gewerbesteuerliche Zusatzbelastung. Die Möglichkeit der Gewerbesteueranrechnung zugunsten der Gesellschafter gem. § 35 Abs. 1 Nr. 2 EStG kompensiert diese Gewerbesteuer-Mehrbelastung regelmäßig nur teilweise. Auf Ebene der Betriebs-GmbH kommt die Vorschrift hingegen gar nicht zur Anwendung, sodass die Erhöhnung des Gewerbeertrags

20 Die Verlustausgleichspflicht aufgrund des Ergebnisabführungsvertrages führt zu einer wirtschaftlichen Haftungseinheit zwischen Besitz- und Betriebsgesellschaft.
21 § 20 Abs. 3 i.V.m. Abs. 1 Nr. 1 S. 1 EStG.
22 BFH BStBl. II 1973, 26.

gem. § 8 Nr. 1 GewStG in Höhe der hälftigen Dauerschuldzinsen durch § 35 EStG nicht verringert wird.

Praxishinweis

Für die Praxis ist daher zu empfehlen, die Darlehenszinsen entsprechend niedrig zu vereinbaren oder ganz auf diese zu verzichten.[23]

Eine gewerbesteuerliche Besonderheit ergibt sich bei der Betriebsaufspaltung auch im Hinblick 10
auf die von der Betriebs-GmbH zu zahlenden Miet- und Pachtzinsen. Diese stellen beim Besitzunternehmen Betriebseinnahmen dar, und unterliegen dort der Gewerbesteuer. Sollten die Miet- oder Pachtzinsen für nicht in Grundbesitz bestehende Wirtschaftgüter des Anlagevermögens beim Empfänger nicht der Gewerbesteuer unterliegen, ist die Hälfte der Miet- und Pachtzinsen für Zwecke der Gewerbesteuer dem Gewerbeertrag wieder hinzuzurechnen (§ 8 Nr. 7 S. 1 u. 2 GewStG). In Übereinstimmung mit dem Korrespondenzprinzip findet eine solche Hinzurechnung beim Betriebsunternehmen hingegen nicht statt, soweit die Gewerbesteuerpflicht beim Besitzunternehmen gegeben ist. Betrachtet man bei einer Betriebsaufspaltung Betriebs- und Besitzunternehmen als eine Einheit, werden gewerbesteuerliche Belastungen im einen Unternehmen durch damit korrespondierende Entlastungen im anderen Unternehmen neutralisiert.[24]

III. Mitunternehmerische Betriebsaufspaltung

Handelt es sich sowohl bei dem Besitzunternehmen als auch bei der Betriebsgesellschaft um eine 11
Personengesellschaft und liegen die Voraussetzungen einer sachlichen und personellen Verflechtung vor, spricht man von einer mitunternehmerischen Betriebsaufspaltung. Die von der Besitzgesellschaft zur Verfügung gestellten Wirtschaftgüter sind Betriebsvermögen der Besitzgesellschaft und nicht etwa Sonderbetriebsvermögen der Betriebsgesellschaft. Voraussetzung ist allerdings, dass die Wirtschaftsgüter entgeltlich überlassen werden.[25] Nach der Rechtsprechung genießt die Eigenschaft als Betriebsvermögen bei der Besitzgesellschaft Vorrang vor der möglichen Eigenschaft als Sonderbetriebsvermögen bei der Betriebsgesellschaft.[26] Dasselbe gilt auch für den Fall, dass zwar keine Betriebsaufspaltung vorliegt, Betriebs- und Besitzgesellschaft aber Schwesterpersonengesellschaften mit Beteiligungsidentität[27] sind, wobei die Besitzgesellschaft ebenfalls originär gewerblich tätig oder zumindest gewerblich geprägt sein muss.[28] Der **Vorrang der Eigenschaft als Betriebsvermögen vor dem Sonderbetriebsvermögen** hat zur praktischen Konsequenz, dass zwei eigenständige Steuersubjekte i.S.d. Gewerbesteuerrechts vorliegen. Die Gewerbesteueranrechnung nach § 35 EStG erfolgt somit für jede Mitunternehmerschaft separat.

23 Ist das Darlehen unverzinslich überlassen, ist eine Abzinsung gem. § 6 Abs. 1 Nr. 3 EStG bei der Betriebs-GmbH durchzuführen.
24 Einer vollständigen Neutralisierung kann jedoch der Staffeltarif des § 11 Abs. 2 Nr. 1 GewStG sowie der Freibetrag in Höhe von EUR 24.500,– für das Besitzunternehmen gem. § 11 Abs. 1 Nr. 1 GewStG entgegenstehen.
25 BMF-Schreiben BStBl. I 1998, 583.
26 BFH BStBl. II 1998, 325; BMF-Schreiben BStBl. I 1998, 583.
27 Die Beteiligungsidentität kann ganz oder nur teilweise bestehen.
28 BMF-Schreiben BStBl. I 1998, 583.

VI. Steuerliche Folgen bei Beendigung der Betriebsaufspaltung

12 Erhebliche steuerliche Risiken bringt die Betriebsaufspaltung für den Fall ihrer Beendigung mit sich. Tatbestandsvoraussetzung einer Betriebsaufspaltung ist das Vorliegen einer personellen und sachlichen Verflechtung. Kommt auch nur eine dieser beiden Voraussetzungen in Wegfall, wird die Betriebsaufspaltung zwingend aufgelöst. Verändern sich die Mehrheitsverhältnisse in den Unternehmen dergestalt, dass dieselben Gesellschafter ihren Willen nicht mehr in beiden Gesellschaften durchsetzen können, kommt es zur personellen Entflechtung. Die rechtsgeschäftliche Übertragung von Gesellschaftsanteilen oder – noch häufiger – der Übergang von Anteilen im Wege der Erbfolge können die personelle Verflechtung zerstören. Insbesondere eine hierauf nicht Rücksicht nehmende Unternehmensnachfolge kann zu einer **ungewollten Beendigung** der Betriebsaufspaltung durch den Erbfall führen. Die sachliche Verflechtung kann dadurch entfallen, dass das Nutzungsverhältnis zwischen Besitz- und Betriebsunternehmen beendet wird. Sie kann aber auch dadurch entfallen, dass der Nutzungsvertrag zwar weiterbesteht, die Überlassung der wesentlichen Betriebsgrundlagen aber infolge Zerstörung oder Veräußerung faktisch unmöglich wird.

Wird die Betriebsaufspaltung durch Wegfall der personellen oder sachlichen Verflechtung beendet, hat dies regelmäßig erhebliche steuerliche Nachteile zur Folge. Für das Besitzunternehmen stellt die Beendigung der Betriebsaufspaltung eine **Betriebsaufgabe** i.S.d. § 16 Abs. 3 EStG dar. Folglich sind alle **stillen Reserven** im Besitzunternehmen aufzudecken. Daneben findet eine Gewinnrealisierung im Hinblick auf die GmbH-Anteile des Betriebsunternehmens statt. Denn die zunächst im Sonderbetriebsvermögen des Betriebsunternehmens enthaltenen Anteile an der Betriebs-GmbH werden durch Wegfall des Besitzunternehmens zu Privatvermögen.

Bei ungewollter Beendigung einer Betriebsaufspaltung kann die hierdurch ausgelöste Steuerbelastung erheblich oder gar existenzvernichtend sein. In besonderen Härtefällen ist die Finanzverwaltung daher ausnahmsweise bereit, auf die Aufdeckung der stillen Reserven zu verzichten.[29]

E. Bewertung und mögliche Alternativen

13 In haftungsrechtlicher Hinsicht ermöglicht die Betriebsaufspaltung eine Haftungsbeschränkung auf das Vermögen der Betriebsgesellschaft. Die im Besitzunternehmen befindlichen Wirtschaftsgüter werden der Betriebsgesellschaft nur auf schuldrechtlicher Basis zur Verfügung gestellt; somit haften sie nicht für Verbindlichkeiten der Betriebsgesellschaft. Eine derartige Haftungsbegrenzung ließe sich freilich auch bei einer GmbH & Co. KG erreichen. Die entsprechenden Vermögenswerte würden dann von den Gesellschaftern der operativ tätigen GmbH & Co. KG zur Nutzung überlassen. Diese Wirtschaftsgüter stellten dann Sonderbetriebsvermögen der Gesellschafter bei der GmbH & Co. KG dar. Die steuerliche Verhaftung des zur Verfügung gestellten Vermögens wäre in beiden Fällen gegeben, sei es durch die Betriebsaufspaltung oder durch die Eigenschaft als Sonderbetriebsvermögen.

29 Dies ist bspw. dann der Fall, wenn sich mit Eintritt der Volljährigkeit von Kindern die Herrschaftsverhältnisse innerhalb der Gesellschaften verschieben, da die Gesellschafterrechte der Kinder dann nicht mehr von den Eltern ausgeübt werden (R 137 Abs. 8 EStR 2005). Der BFH (BStBl. II 1989, 363, 365) hält einen Verzicht auf die Gewinnrealisierung für billig, wenn die Umstände für die Beendigung der Betriebsaufspaltung nicht vom Steuerpflichtigen beeinflusst werden konnten und die Gewinnrealisierung den Bestand der Betriebsgesellschaft gefährden würde.

Das entscheidende Motiv, eine Betriebsaufspaltung zu begründen, kann letztlich nur in der unterschiedlichen steuerlichen Behandlung von Personengesellschaft einerseits und Kapitalgesellschaft andererseits erblickt werden. Beabsichtigt man, die in der Betriebsgesellschaft auflaufenden Gewinne weiterhin im Unternehmen zu belassen, bietet sich diesbezüglich die Rechtsform der Kapitalgesellschaft an. Die erwirtschafteten Gewinne unterfallen dann bei der GmbH lediglich der Körperschaftsteuer von derzeit 25 %.[30] Ist hiernach die Rechtsform der GmbH als Betriebsgesellschaft gewünscht und soll eine haftungsrechtliche Separierung bestimmter Vermögenswerte erfolgen, erscheint die Betriebsaufspaltung nach wie vor als probates Mittel. Allerdings ist die praktische Bedeutung der Betriebsaufspaltung selbst bei einer solchen Interessenlage gering. Dies resultiert aus der mangelnden Möglichkeit, Wirtschaftgüter von einem **bereits existierenden** Besitzunternehmen auf die Betriebs-GmbH steuerneutral übertragen zu können. § 6 Abs. 6 S. 2 EStG steht seit dessen Neufassung im Jahre 1999 einer Übertragung zu Buchwerten entgegen. Die Gestaltung einer Betriebsaufspaltung aus einem bereits existierenden Unternehmen scheidet daher praktisch immer aus.

Bei **Neuaufnahme** eines Handelsgeschäfts kann die Betriebsaufspaltung steuerneutral begründet werden. 14
Zu beachten sind dann aber andererseits die erheblichen steuerlichen Risiken, die sich aus einer Beendigung der Betriebsaufspaltung ergeben. Die unbeabsichtigte Beendigung der personellen Verflechtung birgt hier ein erhebliches Risiko in sich, gerade im Hinblick auf die erforderliche Abstimmung der letztwilligen Verfügungen sämtlicher Gesellschafter und mit den Regelungen des Gesellschaftsvertrages.

Praxishinweis:

Um dieses Risiko einer ungewollten Beendigung der Betriebsaufspaltung und der damit verbundenen Gewinnrealisierung zu vermeiden, empfiehlt sich eine besondere Gestaltung für das Besitzunternehmen. Dieses sollte als gewerblich geprägte Personengesellschaft i.S.d. § 15 Abs. 3 Nr. 2 EStG geführt werden und gerade nicht als Einzelunternehmen oder sonstige Personengesellschaft.

Denn die gewerblich geprägte GmbH & Co. KG stellt dann alleine kraft ihrer Rechtsform Betriebsvermögen dar, unabhängig von der Gewerblichkeit ihrer Unternehmung und den Tatbestandsvoraussetzungen der Betriebsaufspaltung. Entfällt also bspw. die personelle Verflechtung, führt dies nicht zu einer Betriebsaufgabe und Gewinnrealisierung bei dem Besitzunternehmen. Vielmehr bleibt die Eigenschaft als steuerliches Betriebsvermögen alleine durch die gewerbliche Prägung erhalten. Eine Aufdeckung stiller Reserven ist hiernach nur noch in den GmbH-Anteilen denkbar. Diese wiederum kann bereits dadurch vermieden werden, dass der entsprechende GmbH-Gesellschafter – gleich in welcher Höhe – auch Gesellschafter der GmbH & Co. KG ist. Unabhängig von den Voraussetzungen der Betriebsaufspaltung sind die GmbH-Anteile dann als Sonderbetriebsvermögen zu betrachten.

30 Zzgl. Solidaritätszuschlag und Gewerbesteuer.

§ 9 Muster-Vertrag für eine GmbH & Co. KG

Nachfolgendes Vertragsmuster für den (ausführlichen) Gesellschaftsvertrag einer GmbH & Co. KG bezieht sich auf eine sog. Einheitsgesellschaft; die Satzung der Komplementär-GmbH kann daher inhaltlich auf den gesetzlichen Mindestinhalt beschränkt werden. Vom Abdruck einer derartigen GmbH-Satzung wird daher abgesehen.

GESELLSCHAFTSVERTRAG

der Kommanditgesellschaft in Firma
... GmbH & Co. KG
mit dem Sitz in ...

– im folgenden auch „Gesellschaft“ oder „KG“ genannt –

A. Allgemeine Bestimmungen

§ 1
Firma, Sitz, Geschäftsjahr

(1) Die Firma der KG lautet

... GmbH & Co. KG.

(2) Sitz der KG ist ......

(3) Das Geschäftsjahr ist das Kalenderjahr; das erste Geschäftsjahr ist ein Rumpfgeschäftsjahr.

§ 2
Gegenstand des Unternehmens

(1) Gegenstand des Unternehmens ist ......

(2) Die Gesellschaft kann Beteiligungen an anderen Unternehmen, Tochtergesellschaften und Zweigniederlassungen im In- und Ausland erwerben, errichten und führen, Unternehmensverträge, insbesondere Beherrschungs- und Gewinnabführungsverträge sowie Unternehmenspachtverträge, abschließen und alle weiteren Geschäfte betreiben, die dem Gegenstand des Unternehmens unmittelbar oder mittelbar zu dienen geeignet sind.

§ 3
Gesellschafter, Festkapitalanteile, Haftsummen, Gesellschafterstämme

(1) Einzige persönlich haftende Gesellschafterin (Komplementärin) ohne Kapitalanteil ist die ...... Verwaltung GmbH mit dem Sitz in ....

(2) Kommanditisten sind mit folgenden, voll erbrachten Kommanditeinlagen (Kapitalanteilen):

a) Herr ......
mit einem Kapitalanteil
(= Haftsumme) von Euro 500.000,– (50 %)

b) Herr ......
mit einem Kapitalanteil
(= Haftsumme) von Euro 500.000,– (50 %)

Gesamtes Festkapital Euro 1.000.000,– (100 %)

Die Kapitalanteile der Kommanditisten sind fest und sind als ihre Haftsummen in das Handelsregister einzutragen. Sie bilden zusammen das Festkapital der KG im Sinne dieses Vertrags.

(3) Am Gesellschaftsvermögen einschließlich der stillen Reserven, an einem etwaigen Liquidationserlös sowie an Gewinn und Verlust partizipieren die Gesellschafter im Verhältnis ihrer Festkapitalanteile.

B. Gesellschaftsorgane und Geschäftsführung

§ 4
Organe der Gesellschaft

Die Organe der KG sind:

a) die Geschäftsführung und

b) die Gesellschafterversammlung.

§ 5
Geschäftsführung und Vertretung, Allgemeines

(1) Zur Geschäftsführung und zur Vertretung der KG ist ausschließlich die Komplementärin berechtigt und verpflichtet. Sie und ihre Organe haben bei der Geschäftsführung die Sorgfalt eines ordentlichen Kaufmannes walten zu lassen und sind im Übrigen der KG gegenüber verpflichtet, die ihnen durch das Gesetz, die Gesellschaftsverträge der KG oder der Komplementärin, die Beschlüsse der Gesellschafterversammlung der KG oder Komplementärin oder den mit Ihnen geschlossenen Dienstvertrag auferlegten Beschränkungen einzuhalten.

(2) Die Komplementärin selbst und ihre Geschäftsführer sind für Rechtsgeschäfte zwischen der Komplementärin und der KG von den Beschränkungen des § 181 BGB befreit; das gleiche gilt für Rechtsgeschäfte zwischen der KG einerseits und einer Gesellschaft andererseits, an deren gezeichnetem Kapital die Kommanditisten unmittelbar oder mittelbar im selben Verhältnis beteiligt sind wie am Festkapital der KG. Im übrigen kann der Komplementärin selbst und deren Geschäftsführern durch Gesellschafterbeschluss Befreiung von § 181 BGB erteilt werden.

(3) Wenn und soweit der KG Geschäftsanteile an der Komplementärin zustehen, werden die Gesellschafterrechte aus diesen Geschäftsanteilen an der Komplementärin, insbesondere – aber nicht ausschließlich – für Beschlüsse, welche die Verfügung über Geschäftsanteile der Komplementärin, die Änderung ihres Gesellschaftsvertrags oder ihre Auflösung zum Gegenstand haben, von den hiermit dazu bevollmächtigten Kommanditisten der KG ausgeübt.

(4) Soweit die KG bei der Wahrnehmung ihrer Gesellschafterrechte in der Gesellschafterversammlung der Komplementärin nach Abs. 3 von den Kommanditisten vertreten wird, hat das jeweilige Organ (Kommanditistenversammlung) vor der Ausübung der Gesellschafterrechte über die Maßnahme Beschluss zu fassen. Die Kommanditistenversammlung entscheidet hierbei entsprechend den jeweils für ihre Beschlussfassung geltenden Regelungen gemäß § 8. Die betreffende Maßnahme wird dann durch den im Beschluss bestimmten Kommanditisten namens der Gesellschaft unter Wahrung der jeweils vorgeschriebenen Form ausgeführt.

§ 6
Beschränkungen der Geschäftsführung im Innenverhältnis

(1) Die Komplementärin hat den Gesellschaftern spätestens einen Monat vor Beginn eines neuen Geschäftsjahres für die KG selbst sowie für alle Unternehmen, an denen die KG mehrheitlich beteiligt ist oder auf die sie in anderer Weise einen beherrschenden Einfluss ausüben kann (Beteiligungsunternehmen), eine den betriebswirtschaftlichen Grundsätzen entsprechende Unternehmensplanung (Investitions- und Finanzplan, Liquiditäts-, Umsatz- und Ergebnisplan sowie Personalplan) für das neue Geschäftsjahr vorzulegen. Die Genehmigung der Unternehmensplanung erfolgt durch die Gesellschafterversammlung. Die Komplementärin hat der Gesellschafterversammlung im Abstand von drei Monaten über die Einhaltung der vorgelegten Unternehmensplanung zu berichten.

(2) Die Komplementärin bedarf zur Vornahme von Geschäftsführungsmaßnahmen, die über den gewöhnlichen Geschäftsbetrieb hinausgehen, der vorherigen Zustimmung der Gesellschafterversammlung. Diese Genehmigungsbedürftigkeit gilt jeweils auch dann, wenn das jeweilige Geschäft in einem Beteiligungsunternehmen vorgenommen werden soll und die Geschäftsführung auf die Vornahme des Geschäftes beim Beteiligungsunternehmen Einfluss nehmen kann.

Als Geschäfte, die über den gewöhnlichen Geschäftsbetrieb hinausgehen, sind insbesondere die folgenden Geschäfte anzusehen, es sei denn, diese sind bereits gem. Abs. 1 im Rahmen der Unternehmensplanung konkret oder in Sammelpositionen durch die Gesellschafterversammlung genehmigt worden:

a) Veräußerung und/oder Übertragung des gesamten Geschäftsbetriebs oder wesentlicher Teile des Geschäftsbetriebs sowie Verpachtung des gesamten Geschäftsbetriebs oder wesentliche Teile desselben;

b) Abschluss, Änderung und Aufhebung von Betriebspacht- und Überlassungsverträgen sowie Ergebnisabführungs- und sonstigen Unternehmensverträgen im Sinne der §§ 291, 292 AktG;

c) Abschluss neuer Dauerschuldverhältnisse mit einer Laufzeit von mehr als drei Jahren, insbesondere Abschluss von Miet-, Leasing- und Pachtverträgen, soweit der jährliche Miet- oder Pachtzins im Einzelfall [€ ....] oder insgesamt [€ ....] übersteigt;

d) Erwerb, Veräußerung und/oder Belastung von Grundstücken oder grundstücksgleichen Rechten soweit im Einzelfall [€ ....] und im Geschäftsjahr insgesamt [€ ....] überschritten werden;

e) Abschluss, Änderung und/oder Beendigung von Verträgen mit

   aa) Gesellschaftern oder mittelbar an der KG beteiligten Personen, Mitgliedern der Geschäftsführung der Komplementärin oder Angehörigen (i.S.v. § 15 A.O.) oder nahestehenden Personen (i.S.v. § 138 Abs. 1 InsO) dieser Personen oder

   bb) Unternehmen, an denen eine der zu aa) genannten Personen mittelbar oder unmittelbar mit mehr als [10 %] beteiligt ist;

f) Termingeschäfte mit Finanzderivaten, Devisen und anderen Finanzprodukten oder börsenmäßig gehandelten Waren und Rechten, soweit solche Geschäfte nicht zu Kurssicherungszwecken abgeschlossen werden;

g) Erteilung und Widerruf von Prokuren und Generalvollmachten und Einstellung von Mitarbeitern mit einer Jahresgesamtvergütung von mehr als [€ ......] bzw. eines in der Geschäftsordnung für die Geschäftsführung genannten geringeren oder höheren Betrages sowie Änderungen des Vergütungssystems für solche Mitarbeiter.

Die Gesellschafterversammlung kann jederzeit eine Geschäftsordnung für die Komplementärin beschließen und darin bestimmen, dass weitere bestimmte Arten von Geschäften nur mit ihrer Zustimmung vorgenommen werden dürfen.

(3) Die Gesellschafterversammlung kann jederzeit beschließen, dass weitere bestimmte Arten von Geschäften nur mit ihrer Zustimmung vorgenommen werden dürfen.

(4) Das Widerspruchsrecht der Kommanditisten nach § 164 HGB ist durch die vorstehenden Regelungen ersetzt.

§ 7
Gesellschafterversammlung

(1) Die ordentliche Gesellschafterversammlung, die über die Feststellung des Jahresabschlusses und die Entlastung der Geschäftsführung beschließt, findet jährlich einmal innerhalb von sechs Monaten nach Ende des Geschäftsjahres statt.

In der ordentlichen Gesellschafterversammlung hat die Komplementärin über die wirtschaftliche Lage des Unternehmens und seiner verbundenen Unternehmen, den Gang der Geschäfte, insbesondere im abgelaufenen Geschäftsjahr, sowie über die beabsichtigte künftige Geschäftspolitik und andere Fragen der künftigen Geschäftsführung zu berichten. Auf Wunsch eines Gesellschafters ist der Jahresabschluss näher zu erläutern.

(2) Eine außerordentliche Gesellschafterversammlung ist einzuberufen, wenn Gesellschafter, denen mindestens 10 % der Festkapitalanteile gehören, die Einberufung schriftlich unter Angabe des Zwecks und der Gründe gegenüber der Komplementärin verlangen. Kommt die Komplementärin diesem Verlangen nicht binnen einer Frist von 2 Wochen nach, so können die betroffenen Gesellschafter die Gesellschafterversammlung auch selbst einberufen.

(3) Zu den Gesellschafterversammlungen hat die Komplementärin schriftlich unter Wahrung einer Ladungsfrist von zwei Wochen, bei außerordentlichen Gesellschafterversammlungen von einer Woche, unter Ankündigung der Tagesordnung und – bei der Einladung zur ordentlichen Gesellschafterversammlung – unter Übersendung eines Exemplars des Jahresabschlusses schriftlich einzuladen, wobei der Tag der Aufgabe der Ladung zur Post und der Tag der Gesellschafterversammlung jeweils bei der Berechnung der Ladungsfrist nicht mitzählen.

(4) Gesellschafterversammlungen finden am Sitz der KG oder auf entsprechenden Beschluss an einem beliebigen anderen Ort in Deutschland statt.

(5) Den Vorsitz führt der Gesellschafter mit der höchsten Stimmenzahl, bei gleicher Stimmenzahl mit dem höchsten Lebensalter.

(6) Der Vorsitzende hat für die Protokollierung der Ergebnisse der Gesellschafterversammlung, insbesondere der Gesellschafterbeschlüsse, Sorge zu tragen und allen Gesellschaftern das von ihm unterzeichnete Protokoll zuzuleiten. Das Protokoll gilt als durch den einzelnen Gesellschafter genehmigt, wenn dieser der Richtigkeit des Protokolls nicht binnen zwei Wochen nach Erhalt gegenüber der KG schriftlich und unter Angabe der Gründe widerspricht.

(7) Jeder Gesellschafter kann sich in der Gesellschafterversammlung durch einen volljährigen Mitgesellschafter oder durch ein von Berufs wegen zur Verschwiegenheit verpflichtetes Mitglied der rechts-, steuer- oder wirtschaftsberatenden Berufe vertreten lassen oder in Beistand einer solchen Person erscheinen. Die Vollmacht bedarf der Schriftform, sie ist zu den Gesellschaftsakten zu nehmen. Über die Zulassung anderer Personen als Vertreter eines Gesellschafters entscheidet die Gesellschafterversammlung.

Die Ablehnung eines Bevollmächtigten oder Beistandes durch die Gesellschafterversammlung ist zulässig, wenn in dessen Person ein wichtiger Grund vorliegt.

§ 15 Abs. 3 (Testamentsvollstreckung) bleibt unberührt.

(8) Die Gesellschafterversammlung ist beschlussfähig, wenn mindestens [51 %] sämtlicher vorhandener Stimmrechte anwesend bzw. vertreten sind. Ist dies nicht der Fall, so hat die Komplementärin unverzüglich unter Beachtung der in § 7 Abs. 3 festgelegten Form- und Fristvorschriften zu einer neuen Gesellschafterversammlung mit derselben Tagesordnung einzuladen, die dann ohne Rücksicht auf die erschienenen oder vertretenen Gesell-

schafter oder deren Stimmrechte beschließen kann, sofern hierauf in der Ladung hingewiesen wurde. Dasselbe gilt für Beschlussfassungen außerhalb von Gesellschafterversammlungen.

Eine nicht ordnungsgemäß einberufene Gesellschafterversammlung kann Beschlüsse nur fassen, wenn alle Gesellschafter anwesend oder vertreten sind und kein Widerspruch gegen die Beschlussfassung erhoben wird (Universalversammlung).

§ 8
Gesellschafterbeschlüsse

(1) Die Gesellschafter entscheiden über die ihnen nach Gesetz oder diesem Gesellschaftsvertrag zugewiesenen Angelegenheiten durch Beschlüsse. Diese sollen grundsätzlich in Gesellschafterversammlungen gefasst werden.

Auf Anordnung des Vorsitzenden der Gesellschafterversammlung können Beschlüsse jedoch auch außerhalb von Gesellschafterversammlungen im Umlaufverfahren (schriftlich, per Telefax, per E-Mail oder auf anderem elektronischem Wege) gefasst werden, sofern kein Gesellschafter diesem Verfahren schriftlich oder per Telefax widerspricht. Hierzu hat der Vorsitzende der Gesellschafterversammlung jeden Gesellschafter zur Stimmabgabe unter Angabe des Beschlussgegenstandes und des Tages, bis zu welchem die Stimmabgabe bei der Gesellschaft eingegangen sein muss, damit sie wirksam ist, schriftlich oder per Telefax aufzufordern. Zwischen der Absendung des Aufforderungsschreibens und dem letzten Abstimmungstag müssen mindestens fünf Tage liegen. Die Nichtbeantwortung der Aufforderung zu einer solchen Stimmabgabe innerhalb der vom Vorsitzenden der Gesellschafterversammlung gesetzten Frist gilt als Ablehnung. Das Abstimmungsergebnis ist allen Gesellschaftern schriftlich oder per Telefax mitzuteilen.

(2) Je 1,– Euro Nennbetrag des festen Kapitalkontos gewähren bei der Beschlussfassung in und außerhalb einer Gesellschafterversammlung eine Stimme. Stimmenthaltungen gelten als nicht abgegebene Stimmen.

(3) Grundsätzlich sind Gesellschafter auch in eigenen Angelegenheiten stimmberechtigt. Ein Gesellschafter, der durch eine Beschlussfassung entlastet oder von einer Verbindlichkeit befreit werden soll, hat hierbei jedoch kein Stimmrecht und darf ein solches auch nicht für andere ausüben. Das gleiche gilt für eine Beschlussfassung, die die Vornahme eines Rechtsgeschäftes mit einem Gesellschafter oder die Einleitung oder Erledigung eines Rechtsstreits zwischen ihm und der KG betrifft. Gesellschafter, die persönlich oder deren Privatgläubiger das Gesellschaftsverhältnis gekündigt haben, haben ebenfalls kein Stimmrecht mehr und können dies auch nicht für andere ausüben.

(4) Zur Beschlussfassung der Gesellschafter ist grundsätzlich eine einfache Mehrheit der abgegebenen Stimmen erforderlich und genügend, soweit nicht zwingende gesetzliche Vorschriften oder dieser Vertrag etwas anderes bestimmen.

(5) Abweichend von Abs. 4 ist für folgende Beschlüsse eine Mehrheit von 75 % der abgegebenen Stimmen oder – soweit gesetzlich zwingend vorgeschrieben – die gesetzlich mindestens erforderliche Mehrheit der abgegebenen bzw. vorhandenen Stimmen, erforderlich und genügend:

a) Beschlüsse nach § 6 Abs. 3 (Erweiterung des Zustimmungskatalogs).

b) Feststellung des Jahresabschlusses nach § 10 Abs. 2.

c) Beschlüsse nach § 11 Abs. 4 (Erhöhung/Herabsetzung der Rücklagenzuweisung).

d) Beschlüsse nach § 13 Abs. 1 (Verfügungen über Gesellschaftsanteile).

f) Beschlüsse nach § 15 Abs. 2 (Nachfolge in die Gesellschaftsbeteiligung).

g) Beschlüsse nach § 17 Abs. 1 (Ausschluss eines Gesellschafters).

h) Auflösung der Gesellschaft nach § 20 Abs. 1.

i) Änderungen des Gesellschaftsvertrages oder des Gesellschaftsverhältnisses unter Wahrung des Gleichbehandlungsgrundsatzes und zwar auch solche von einschneidender Bedeutung, insbesondere auch:

- Umwandlungen (Verschmelzung, Spaltung, Vermögensübertragung, Formwechsel) der KG im Sinne des § 1 UmwG, soweit die betreffende Umwandlungsvorschrift eine solche Mehrheitsentscheidung zulässt (z.B. nach § 217 UmwG), sowie Festlegung der Einzelheiten der künftigen Rechtsform (z.B. Satzung der künftigen Gesellschaft, Übergang des Gesellschaftsvermögens auf die künftige Gesellschaft, Aufteilung des neuen Gesellschaftskapitals auf die Gesellschafter, Aufteilung der Konten der Gesellschafter der KG auf das Kapital, die Rücklagen und gegebenenfalls die Darlehenskonten in der künftigen Gesellschaft - jeweils unter Wahrung des Gleichbehandlungsgrundsatzes).
- Erweiterung der Übertragungsmöglichkeiten oder Vererbungsmöglichkeiten von Gesellschaftsanteilen.
- Verkürzung der erstmaligen Möglichkeit zur Kündigung der Gesellschaft.
- Änderung der Vorschriften über die Rücklagenbildung und Erweiterung der Entnahmemöglichkeiten.

Soweit Beschlüsse zur Änderung des Gesellschaftsvertrags den Gleichbehandlungsgrundsatz aller Gesellschafter verletzen, Sonderrechte beeinträchtigen oder Gesellschaftern zusätzliche Verpflichtungen, insbesondere Einlageverpflichtungen, auferlegen, bedürfen sie der Zustimmung des jeweils betroffenen Gesellschafters.

(6) Die Unwirksamkeit oder Unzulässigkeit eines Gesellschafterbeschlusses kann nur binnen einer Ausschlussfrist von zwei Monaten nach Absendung des Beschlussprotokolls (§ 7 Abs. 6) bzw. nach Absendung des schriftlichen Abstimmungsergebnisses (§ 8 Abs. 1 Unterabs. 2) durch Anrufung des Schiedsgerichts (§ 24) geltend gemacht werden. Nach Ablauf der Frist gilt ein etwaiger Mangel als geheilt, soweit dem nicht zwingende gesetzliche Regelungen entgegenstehen.

C. Konten, Jahresabschluss, Ergebnisverteilung, Entnahmen

§ 9
Gesellschafterkonten

Bei der KG werden folgende Konten geführt:

a) Für jeden Gesellschafter jeweils ein unverzinsliches **Kapitalkonto** (Festkonto), auf dem seine Festkapitalanteile (§ 3 Abs. 2) verbucht werden.

b) Für jeden Gesellschafter jeweils ein unverzinsliches **Rücklagenkonto I**, auf dem die gemäß § 11 Abs. 4 zu bildenden Rücklagen gutgeschrieben und von dem ggf. Jahresfehlbeträge gemäß § 11 Abs. 6 abgebucht werden.

c) Für alle Kommanditisten gemeinsam ein gesamthänderisch gebundenes unverzinsliches **Rücklagenkonto II**, auf dem ausschließlich von den Gesellschaftern ggf. geleistete verdeckte Einlagen gebucht werden und an dem die Kommanditisten im Verhältnis ihrer Festkapitalanteile beteiligt sind und von dem ggf. Jahresfehlbeträge gemäß § 11 Abs. 6 abgebucht werden. Die Gesellschafter können beschließen, dass ein Guthaben auf dem Rücklagenkonto II ganz oder teilweise aufgelöst und auf die Privatkonten der Kommanditisten im Verhältnis ihrer Festkapitalanteile umgebucht wird.

d) Für jeden Gesellschafter jeweils ein unverzinsliches Kapitalgegenkonto (=Verlustvortragskonto) als Unterkonto zum **Kapitalkonto**, auf dem den Gesellschaftern Verlustanteile im Rahmen des § 11 Abs. 6 belastet werden.

e) Für jeden Gesellschafter jeweils ein verzinsliches **Privatkonto**, welches dem Rechnungsverkehr zwischen der KG und den Gesellschaftern dient.

Den Privatkonten werden - soweit jeweils einschlägig - Habenzinsen für Guthaben, Aufwendungsersatz, Tätigkeitsvergütungen, Auslagenersatz, Gehälter und Tantiemen für Gewinnanteile gemäß § 11 Abs. 1 und Abs. 2 gutgeschrieben und Entnahmen und Sollzinsen für Verbindlichkeiten belastet. Die Privatkonten werden im Soll und Haben jeweils mit [3 %]-Punkten über dem jahresdurchschnittlichen, für das betreffende Geschäftsjahr geltenden Basiszinssatz (§ 247 BGB) verzinst. Grundlage der Zinsberechnung ist der Durchschnitt der 12 Monats-Endsalden des Privatkontos des jeweiligen Gesellschafters im Geschäftsjahr. Zinsen werden zum Schluss des Geschäftsjahres gutgeschrieben und ab dem Folgejahr wieder verzinst. Einzahlungen auf Privatkonten sind nur mit Zustimmung der Komplementärin zulässig.

§ 10
Jahresabschluss

(1) Die Komplementärin hat innerhalb der gesetzlichen Fristen (§ 264 Abs. 1 HGB) den Jahresabschluss sowie ggf. den Konzernabschluss für das vergangene Geschäftsjahr unter Beachtung der handelsrechtlichen Grundsätze ordnungsgemäßer Buchführung und Bilanzierung und der Bestimmungen dieses Gesellschaftsvertrages aufzustellen und - erforderlichenfalls - dem Abschlussprüfer vorzulegen. Über die Wahl des Abschlussprüfers entscheidet die Gesellschafterversammlung.

(2) Der Jahresabschluss wird von der Gesellschafterversammlung festgestellt. Bei der Feststellung sind die für seine Aufstellung geltenden Vorschriften anzuwenden, wobei die Gesellschafterversammlung bei der Ausübung von Ansatz- und Bewertungswahlrechten nicht an den Vorschlag der Komplementärin gebunden ist.

(3) Alle Gesellschafter haben das Recht, den Bericht des Wirtschaftsprüfers über die Prüfung des Jahresabschlusses und ggf. des Konzernabschlusses einzusehen.

§ 11
Gewinn- und Verlustverteilung, Vergütung der Komplementärin

(1) Die Komplementärin erhält für ihre Tätigkeit und die Übernahme des Haftungsrisikos neben dem Ersatz ihrer im Interesse der KG getätigten Aufwendungen, wozu auch die Gehälter und sonstige Vergütungen für ihre Geschäftsführer gehören, für jedes Wirtschaftsjahr eine Tätigkeitsvergütung in Höhe von [5 %] ihres bilanziellen Eigenkapitals (Stammkapital zuzüglich Gewinnvortrag und Rücklagen abzüglich Verlustvortrag) zu Beginn des Wirtschaftsjahres. Die der Komplementärin hiernach zu ersetzenden Ausgaben und Aufwendungen sowie die geschuldete Haftungsentschädigung verstehen sich zzgl. etwaig hierauf anfallender Umsatzsteuer.

(2) Zinsen auf Privatkonten, Aufwendungsersatz und Tätigkeitsvergütungen der Komplementärin sowie Auslagenersatz, Gehälter und Tantiemen für Gesellschafter sind im Verhältnis der Gesellschafter untereinander – gleich wie diese Positionen steuerlich zu behandeln sind – als Aufwand bzw. Ertrag zu behandeln und werden daher von dem „vorläufigen Jahresüberschuss" bzw. „vorläufigen Jahresfehlbetrag" in Abzug gebracht bzw. zu diesem hinzuaddiert, soweit sie nicht bereits bei Ermittlung des „vorläufigen Jahresüberschusses" bzw. „vorläufigen Jahresfehlbetrages" berücksichtigt wurden. Der so entstehende Betrag wird nachfolgend „Jahresüberschuss" bzw. „Jahresfehlbetrag" genannt.

(3) Am Jahresüberschuss und am Jahresfehlbetrag nehmen die Kommanditisten nach Maßgabe der folgenden Bestimmungen im Verhältnis ihrer Festkapitalanteile teil.

(4) Aus dem Jahresüberschuss sind zunächst die Rücklagenkonten I der Gesellschafter (§ 9 lit. b)) zu dotieren; Abs. 6 bleibt unberührt. Dazu sind [20 %] des Anteils des Gesellschafters am handelsbilanziellen Jahresüberschuss seinem Rücklagenkonto I zuzuführen.

Die Gesellschafterversammlung kann den Rücklagenanteil der Gesellschafter bis auf [0 %] des jeweiligen Anteils am Jahresüberschuss ermäßigen oder bis auf [50 %] des jeweiligen Anteils am Jahresüberschuss erhöhen. Der Beschluss der Gesellschafterversammlung muss spätestens gleichzeitig mit dem Beschluss über die Feststellung des Jahresabschlusses ergehen.

(5) Der sich aus dem Jahresabschluss ergebende Bilanzgewinn (Jahresüberschuss abzüglich Rücklagenzuführung) wird auf die Privatkonten der Kommanditisten im Verhältnis ihrer Festkapitalanteile verteilt.

(6) Ein Jahresfehlbetrag ist zunächst durch Auflösung des Rücklagenkontos II zu decken. Ein danach etwa verbleibender Anteil eines Gesellschafters am Jahresfehlbetrag ist zunächst durch Auflösung seines Rücklagenkontos I zu decken.

Ein danach noch verbleibender Bilanzverlust ist auf die Kapitalgegenkonten der Kommanditisten im Verhältnis ihrer Festkapitalanteile zu verteilen, ohne dass dadurch jedoch eine Nachschusspflicht begründet oder die Beschränkung der Kommanditistenhaftung berührt würde; § 167 Abs. 3 HGB bleibt unberührt.

Solange bei einem Gesellschafter Verluste auf Kapitalgegenkonten gebucht sind, wird dessen Anteil am Jahresüberschuss in den Folgejahren solange dem Kapitalgegenkonto gutgeschrieben, bis dieses ausgeglichen ist.

(7) Soweit sich aufgrund von Sonder- und/oder Ergänzungsbilanzen der Gesellschafter ein höherer Gewerbesteueraufwand ergibt, wird der höhere Gewerbesteueraufwand nach Maßgabe vorstehender Regelungen dem entsprechenden Konto des Gesellschafters belastet, dem die Sonder- und/oder Ergänzungsbilanzen steuerlich zuzurechnen sind. Soweit sich aufgrund von Sonder- und/oder Ergänzungsbilanzen ein niedrigerer Gewerbesteueraufwand ergibt, wird die ersparte Gewerbesteuer nach Maßgabe vorgenannter Regelungen dem entsprechenden Konto des Gesellschafters gutgeschrieben, dem die Sonder- und/oder Ergänzungsbilanzen steuerlich zuzurechnen sind. Nachträgliche Änderungen und Berichtigungen hinsichtlich des Gewerbesteueraufwandes (z.B. aufgrund von Außenprüfungen) sind zu berücksichtigen.

§ 12
Entnahmen

(1) Die Gesellschafter können von ihren Privatkonten folgende Beträge entnehmen, wobei ausschließlich die Entnahmen nach lit. a) bis lit. c) auch dann zulässig sind, wenn das Privatkonto durch die Entnahme negativ wird:

a) Die Komplementärin kann die ihr zustehenden Vergütungen (§ 11 Abs. 1) entnehmen.

b) Jeder Gesellschafter kann den ihm gebührenden Aufwendungs- bzw. Auslagenersatz, seine Gehälter und seine Tantiemen entnehmen.

c) Jeder Gesellschafter kann persönliche Ertragsteuern und Steuervorauszahlungen einschließlich Ergänzungsabgaben, z.B. Solidaritätszuschlag, und einschließlich Kirchensteuer entnehmen, soweit diese auf seinen steuerlichen Gewinnanteil an der KG entfallen. Dabei ist der zum Zeitpunkt der Entnahme geltende höchste Steuertarif (auch bei Steuervorauszahlungen) zugrunde zu legen. Werden persönliche Steuern aus betrieblichen Gründen, z.B. wegen § 35 EStG, ermäßigt, so ist der Ermäßigungsbetrag vom entnahmefähigen Betrag in Abzug zu bringen.

d) Jeder Gesellschafter kann Erbschaft- und Schenkungsteuern von seinem Privatkonto entnehmen, soweit diese auf den Erwerb von Gesellschaftsanteilen an der KG einschließlich sämtlicher ererbter Guthaben auf Gesellschafterkonten von Todes wegen oder im Wege einer Schenkung entfallen. Bei der Berechnung der auf den Erwerb der Beteiligung an der KG entfallenden Erbschaftsteuer bzw. Schenkungsteuer ist der Tarif zugrunde zu legen, der sich für den Rechtsnachfolger von Todes wegen ergibt, wenn der erbschaftsteuerliche Wert der erhaltenen Beteiligung seinen übrigen von Todes wegen erhaltenen Werten hinzugerechnet wird.

e) Jeder Gesellschafter kann Guthaben von seinem Privatkonto unbegrenzt entnehmen, wobei bei Beträgen über [...] Euro eine Kündigungsfrist von [...] Wochen, bei Beträgen über [...] Euro eine Kündigungsfrist von [...] Monaten und bei Beträgen über [...] Euro eine Kündigungsfrist von [...] Monaten einzuhalten ist; diese Fristen gelten nicht für Entnahmen nach lit. a) bis d).

(2) Über die Regelungen des Abs. 1 hinausgehende Entnahmen oder Einzahlungen auf Privatkonten sind nur mit Zustimmung der Gesellschafterversammlung zulässig.

(3) Die Gesellschafter sind nicht verpflichtet, Steuererstattungen, die sie infolge ihrer Beteiligung an der KG erhalten, wieder auf Privatkonten einzulegen, es sei denn, das jeweilige Privatkonto eines Gesellschafters wird zum Zeitpunkt der Steuererstattung negativ geführt; in letzterem Fall ist der betroffene Gesellschafter verpflichtet, eine Steuererstattung, die er infolge einer zu hohen Entnahme im Rahmen einer vorangegangenen Steuervorauszahlung oder infolge eines Verlustrücktrages erhält, zum Ausgleich seines Privatkontos wieder in die KG einzulegen. Bei der Berechnung des auf die Gesellschaftsbeteiligung entfallenden Anteils der Steuererstattung ist davon auszugehen, dass der Gesellschafter dem jeweils geltenden Höchststeuersatz unterfällt.

D. Veränderungen im Gesellschafterkreis

§ 13
Rechtsgeschäftliche Verfügungen über Gesellschaftsanteile

(1) Gesellschafter können ihren Gesellschaftsanteil nur dann ganz oder teilweise übertragen oder sonstwie über ihren Gesellschaftsanteil verfügen (z.B. Verpfändung, Einräumung eines Nießbrauchs u.ä.) oder daran Unterbeteiligungen einräumen, wenn die Gesellschafterversammlung dem zuvor zugestimmt hat. Die Erteilung oder Verweigerung der Zustimmung steht im freien Ermessen der Gesellschafterversammlung. Der verfügungswillige Gesellschafter hat hierbei selbst ein Stimmrecht. § 14 (Vorkauf, Mitverkauf) bleibt unberührt.

(2) Eine Zustimmung gemäß Abs. 1 ist nicht erforderlich, wenn ein Gesellschafter die dort genannten Maßnahmen (Übertragung, Verfügung, Belastung, Einräumung von Unterbeteiligungen) zugunsten von eigenen ehelichen leiblichen Abkömmlingen, anderen Gesellschaftern oder deren ehelichen leiblichen Abkömmlingen vornimmt.

(3) Die Zustimmungsbedürftigkeit und die Ausnahmen hiervon gelten auch bei Abtretung oder Belastung von Ansprüchen aus dem Gesellschaftsanteil.

(4) Mit dem übertragenen Gesellschaftsanteil gehen jeweils auch das Rücklagenkonto I, der entsprechende Anteil am Rücklagenkonto II, das Verlustvortragskonto sowie das Privatkonto bzw. bei einer Teilübertragung der entsprechende Anteil dieser Konten auf den Erwerber über, welcher somit auch für etwaige Schulden seines Vorgängers auf dessen Privatkonto bzw. für einen dem übertragenen Teil des Gesellschaftsanteils entsprechenden Teil desselben haftet.

Abweichend hiervon können Guthaben auf Privatkonten ganz oder teilweise auch ohne Übertragung des Gesellschaftsanteils an Mitgesellschafter übertragen werden oder von Gesellschaftern, die ihren Gesellschaftsanteil teilweise übertragen, zurückbehalten werden. Eventuelle Entnahmebeschränkungen einschließlich der fehlenden Kündigungsmöglichkeit oder sonstige Beschränkungen dieses Gesellschaftsvertrages im Hinblick auf Privatkonten, insbesondere gemäß § 12, bleiben auch gegenüber dem neuen Inhaber des Privatkontos bestehen.

(5) Testamentsvollstreckung am Gesellschaftsanteil ist im Rahmen des § 15 Abs. 3 zulässig.

§ 14
Vorkaufsrecht, Mitverkaufsverpflichtung

(1) Im Falle eines Verkaufs eines Gesellschaftsanteils steht den übrigen Gesellschaftern ein Vorkaufsrecht nach §§ 463 ff. BGB zu. Dieses Vorkaufsrecht besteht auch dann, wenn die Gesellschafterversammlung der Veräußerung zugestimmt hat. Das Vorkaufsrecht steht jedem einzelnen der übrigen Gesellschafter unmittelbar zu. Das Vorkaufsrecht kann von jedem einzelnen der übrigen Gesellschafter nur insgesamt und nicht in Teilen ausgeübt werden. Machen mehrere Gesellschafter von ihrem Vorkaufsrecht Gebrauch, so erwerben sie die verkaufte Gesellschaftsbeteiligung im Verhältnis ihrer bisherigen Gesellschaftsanteile. Wird das Vorkaufsrecht von einzelnen Gesellschaftern nicht oder nicht fristgerecht ausgeübt, so wächst es in Höhe des nicht ausgeübten Anteils den übrigen Gesellschaftern im Verhältnis deren Gesellschaftsanteile zu. Die Frist zur Ausübung des Vorkaufsrechtes

beträgt – abweichend von § 469 BGB – zwei Monate. Soweit ein Teil des Vorkaufsrechtes gemäß vorstehendem Satz 6 weiteren Gesellschaftern anwächst, kann dieser Teil des Vorkaufsrechtes bis zum Ablauf von drei Monaten nach Empfang der Mitteilung gemäß § 469 BGB ausgeübt werden.

(2) Beabsichtigt der Gesellschafter Herr .... seine Gesellschaftsanteile ganz oder teilweise an beliebige dritte Personen zu verkaufen, so kann er per eingeschriebenem Brief von den übrigen Gesellschaftern verlangen, dass diese ihre Gesellschaftsanteile quotal mitverkaufen. Wird also ein solches Verlangen von Herrn .... gestellt, so sind die übrigen Gesellschafter verpflichtet, ihre Gesellschaftsanteile an der KG jeweils in demselben Verhältnis ganz oder teilweise dem von Herrn .... mitgeteilten Erwerber zu denselben Bedingungen anzubieten, zu denen auch Herr .... seine eigenen Gesellschaftsanteile ganz bzw. teilweise anbietet. Im Falle der Annahme des Angebots durch den Erwerber sind die übrigen Gesellschafter verpflichtet, ihre Gesellschaftsanteile ganz oder teilweise im vorgenannten Umfang an den Erwerber zu verkaufen und zu übertragen. Es handelt sich bei diesem Abs. 2 um ein höchstpersönliches und nicht übertragbares oder vererbbares Sonderrecht von Herrn ::::, welches nur dieser ausüben kann. Eine Zustimmung der Gesellschafterversammlung nach § 13 Abs. 1 ist nicht notwendig.

§ 15
Tod eines Gesellschafters

(1) Beim Tod eines Gesellschafters wird die Gesellschaft nicht aufgelöst, sondern mit derjenigen nachfolgeberechtigten Person im Sinne des nachstehenden Satz 2 fortgesetzt, die der verstorbene Gesellschafter in der Form einer Verfügung von Todes wegen bestimmt und letztwillig mit dem Gesellschaftsanteil bedacht hat; gleiches gilt bei gesetzlicher Erbfolge bei Alleinerbschaft durch eine nachfolgeberechtigte Person. Nachfolgeberechtigte Person im vorstehenden Sinne kann nur sein ein Mitgesellschafter, ein Abkömmling des verstorbenen Gesellschafters oder ein Abkömmling eines Mitgesellschafters. Nachfolger eines Gesellschafters können nicht mehrere, sondern jeweils nur eine (nach Satz 1 nachfolgeberechtigte) Person sein; diese Beschränkung hinsichtlich der Anzahl der Nachfolger gilt nicht für die Erbfolge nach Herrn ...., der auch mehrere nachfolgeberechtigte Personen letztwillig mit dem Gesellschaftsanteil bedenken kann. Würde der Gesellschaftsanteil erbrechtlich auf mehrere nachfolgeberechtigte Personen übergehen, ohne dass der Erblasser eine Festlegung im Sinne von Satz 1 getroffen hat, so kann von mehreren nachfolgeberechtigten Personen nur der älteste Abkömmling in die Beteiligung nachrücken.

(2) Hinterlässt ein Gesellschafter keine gemäß Abs. 1 nachfolgeberechtigte Person oder hat ein Gesellschafter seine Gesellschaftsbeteiligung Personen hinterlassen, die nicht im Sinne von Abs. 1 nachfolgeberechtigt sind, so wächst der Gesellschaftsanteil des verstorbenen Gesellschafters (einschließlich sämtlicher Konten, auch des Privatkontos und des Rücklagenkontos) dem oder den verbleibenden Gesellschaftern entsprechend deren Gesellschaftsbeteiligung an, sofern nicht die Gesellschafterversammlung, gebildet aus den verbleibenden Gesellschaftern, binnen dreier Monate nach dem Tode des Gesellschafters mit einer Mehrheit von 75 % der abgegebenen Stimmen beschließt, dass auch Erben oder Vermächtnisnehmer, die nicht nachfolgeberechtigt im Sinne von Abs. 1 sind, in die Beteiligung des verstorbenen Gesellschafters nachfolgen können.

(3) Gesellschafterrechte des Rechtsnachfolgers eines verstorbenen Gesellschafters können durch Testamentsvollstrecker wahrgenommen werden, sofern der Testamentsvollstrecker Mitgesellschafter ist oder es sich bei ihm um einen Angehörigen der rechts-, steuer- oder wirtschaftsberatenden Beruf handelt, der gesetzlich zur Berufsverschwiegenheit verpflichtet ist. Erforderlichenfalls handelt der Testamentsvollstrecker als Bevollmächtigter. Gesellschafter können letztwillig auch dann anordnen, dass ihr Testamentsvollstrecker als Bevollmächtigter für den Nachfolger in die Beteiligung handelt, wenn dies nach dem zum Zeitpunkt des Todes gegebenen Stand der Rechtslage zur Testamentsvollstreckung über Gesellschaftsanteile nicht unbedingt erforderlich wäre. Hat der verstorbene Gesellschafter letztwillig Testamentsvollstreckung angeordnet, so werden sämtliche Gesellschaftsrechte und -pflichten des verstorbenen Gesellschafters von dem oder den Testamentsvollstrecker(n) bis zur Beendigung der Testamentsvollstreckung ausgeübt.

§ 16
Dauer der Gesellschaft, Kündigung

(1) Die Dauer der KG ist zeitlich nicht begrenzt.

(2) Die KG kann von jedem Gesellschafter unter Einhaltung einer Kündigungsfrist von einem Jahr auf das Ende eines Geschäftsjahres durch eingeschriebenen Brief gegenüber allen anderen Gesellschaftern gekündigt werden, frühestens jedoch zum .... [31.12.2030]. Für die Einhaltung der Kündigungsfrist kommt es auf das Datum des Poststempels an.

Weitergehende gesetzlich zwingende Kündigungsrechte aus wichtigem Grund bleiben unberührt.

Eine Kündigung kann von dem kündigenden Gesellschafter oder ggf. dessen Rechtsnachfolgern bis zum Ablauf von zwei Monaten nach Abgabe der Kündigungserklärung durch eingeschriebenen Brief zurückgenommen werden.

(3) Jeder andere Gesellschafter kann sich innerhalb von zwei Monaten nach Zugang des Kündigungsschreibens oder innerhalb von einem Monat nach Zugang eines Anschlusskündigungsschreibens mittels eingeschriebenem Brief an sämtliche übrige Gesellschafter der Kündigung oder der Anschlusskündigung anschließen; Abs. 2 Unterabs. 3 gilt entsprechend.

(4) Abs. 3 findet ebenfalls Anwendung für die Kündigung durch einen Privatgläubiger eines Gesellschafters nach § 135 HGB.

§ 17
Ausschluss eines Gesellschafters

(1) Ein Gesellschafter kann durch Beschluss der Gesellschafterversammlung aus der KG ausgeschlossen werden, wenn in seiner Person ein wichtiger Grund i.S.d. §§ 133, 140 HGB gegeben ist oder wenn der Gesellschafter seine Gesellschafterpflichten in grober Weise verletzt. Bei der Abstimmung über den Ausschluss hat der betroffene Gesellschafter kein Stimmrecht. Ist aus einem solchen Grund auf Auflösung der KG geklagt worden (§ 133 HGB), so scheidet der Gesellschafter, in dessen Person der wichtige Grund vorliegt, mit der Rechtskraft des Urteils, das auf die Auflösung erkennt, aus der KG aus.

(2) Ein wichtiger Grund i.S.d. Abs. 1, der den Ausschluss eines Gesellschafters rechtfertigt, liegt insbesondere vor, wenn

a) ein Gesellschafter unter Verstoß gegen §§ 13, 14 über einen Gesellschaftsanteil verfügt oder diesen zugunsten Dritter belastet, wobei bereits der Abschluss des zugrundeliegenden schuldrechtlichen Geschäfts genügt;

b) ein Fall des § 22 (Verstoß gegen die Bestimmungen hinsichtlich des ehelichen Güterrechts) vorliegt oder

c) die Zwangsvollstreckung in den Gesellschaftsanteil des betreffenden Gesellschafters erfolgt und nicht innerhalb von zwei Monaten wieder beseitigt wird.

§ 18
Ausscheiden eines Gesellschafters

(1) Durch die Kündigung eines Gesellschafters, durch die Kündigung eines Privatgläubigers eines Gesellschafters nach § 135 HGB oder durch die Eröffnung des Insolvenzverfahrens über das Vermögen eines Gesellschafters wird die KG nicht aufgelöst.

(2) Soweit sich nicht aus diesem Vertrag etwas anderes ergibt, scheidet in den in Abs. 1 genannten Fällen der betroffene Gesellschafter auf den Tag des Wirksamwerdens der Kündigung (nachfolgend „Kündigungsstichtag") bzw. des Eintritts der Rechtskraft des Beschlusses über die Eröffnung des Insolvenzverfahrens (nachfolgend „Insolvenzstichtag") aus der KG aus; der Eröffnung des Insolvenzverfahrens steht die Ablehnung der Eröffnung mangels Masse gleich. Dies gilt nicht, wenn der Gesellschaftsanteil des betreffenden Gesellschafters mit dem Eintritt der in

Abs. 1 genannten Ereignisse aufgrund vertraglicher Regelungen mit dinglicher Wirkung einer nachfolgeberechtigten Person unmittelbar zu Eigentum zufällt. In diesem Fall steht dem betroffenen Gesellschafter abweichend von § 21 - soweit gesetzlich zulässig - auch keinerlei Abfindungsentgelt zu.

Abweichend hiervon wird die Gesellschaft jedoch aufgelöst, wenn

(a) nach dem Ausscheiden kein persönlich haftender Gesellschafter verbleibt und die verbleibenden Gesellschafter nicht spätestens zwei Monate vor dem Kündigungsstichtag oder binnen 2 Wochen nach dem Insolvenzstichtag einen neuen vertretungsberechtigten persönlich haftenden Gesellschafter mit einer Mehrheit von [....%] bestellen;

(b) die verbleibenden Gesellschafter vor dem Kündigungsstichtag oder binnen 2 Wochen nach dem Insolvenzstichtag die Auflösung der Gesellschaft beschließen; oder

(c) sich im Falle einer Kündigung alle Gesellschafter einer (Anschluss-)Kündigung anschließen.

§ 19

Fortsetzungsklausel, Übernahme der Beteiligung bei Ausscheiden

(1) In allen Fällen, in denen ein Gesellschafter gemäß den Bestimmungen dieses Vertrags aus der KG ausscheidet, wird die KG von den übrigen Gesellschaftern unter der bisherigen Firma fortgesetzt. Ist nur noch ein Gesellschafter vorhanden, so ist dieser berechtigt, jedoch nicht verpflichtet, das Unternehmen mit Aktiven und Passiven unter der bisherigen Firma fortzusetzen.

(2) Der Gesellschaftsanteil eines ausscheidenden Gesellschafters geht – soweit sich nicht aus diesem Vertrag etwas anderes ergibt - auf die verbleibenden Gesellschafter entsprechend ihrer Beteiligung am Festkapital (§ 3 Abs. 2) zum Zeitpunkt des Ausscheidens über.

(3) Der ausscheidende Gesellschafter erhält – soweit in diesem Vertrag nichts anderes bestimmt ist – eine Abfindung in Höhe des nach § 21 zu bestimmenden Gesamtabfindungsguthabens.

(4) Abweichend von Abs. 3 erhält der ausscheidende Gesellschafter jedoch keine Abfindung, wenn er unter (ggf. entsprechender) Anwendung der Kündigungsmöglichkeit des § 723 Abs. 1 Satz 3 Ziff. 2 BGB – vorausgesetzt diese Kündigungsmöglichkeit findet auf den Kündigenden rechtswirksam Anwendung – kündigt.

In diesem Fall stehen ihm jedoch die KG und sämtliche Mitgesellschafter dafür ein, dass er nach Ausscheiden aus der KG wirtschaftlich nicht schlechter steht, als er stehen würde, wäre er nie vor Vollendung seines 18. Lebensjahres Gesellschafter geworden und ihm steht (abweichend von Abs. 6) auch das Recht zu, Sicherheitsleistung wegen nicht fälliger Schulden der Gesellschaft, für welche er persönlich haftet, zu verlangen; dies gilt auch dann, wenn der nach diesem Unterabsatz Kündigende zwar aus der KG ausscheidet, sein Gesellschaftsanteil aber aufgrund schenkungsrechtlicher Beziehungen an einen Schenker zurückfällt.

(5) Beschließen die verbleibenden Gesellschafter innerhalb von sechs Monaten nach dem Zeitpunkt des Ausscheidens die Auflösung der Gesellschaft, stellt der seiner bisherigen Beteiligung am Festkapital entsprechende Anteil am Liquidationserlös die Obergrenze des Gesamtabfindungsguthabens des ausscheidenden Gesellschafters dar.

(6) Ein ausscheidender Gesellschafter kann außer in den Fällen des Abs. 4 weder Befreiung von noch Sicherheitsleistung für Gesellschaftsverbindlichkeiten verlangen. Die KG steht ihm jedoch dafür ein, dass er für Gesellschaftsverbindlichkeiten nicht in Anspruch genommen wird.

§ 20

Auflösung der Gesellschaft

(1) Wird die Auflösung der KG beschlossen oder kommt es nach den Regelungen dieses Vertrags zu einer Auflösung der KG, so nehmen auch solche Gesellschafter am Liquidationsverfahren teil, die zu dem relevanten Zeitpunkt bereits gekündigt haben, aber noch nicht aus der KG ausgeschieden sind.

(2) Liquidator ist die Komplementärin. Durch Beschluss der Gesellschafterversammlung können andere Personen zu Liquidatoren bestellt oder der Komplementärin weitere Liquidatoren beigegeben werden.

(3) Liquidationsgewinne und -verluste sind im Verhältnis der Festkapitalanteile unter die Gesellschafter zu verteilen. Eine Haftung der Kommanditisten für Fehlbeträge wird oder Nachschussverpflichtungen werden dadurch nicht begründet.

§ 21
Abfindung

(1) Ein Gesellschafter, der gemäß den Bestimmungen dieses Vertrages aus der Gesellschaft ausscheidet, erhält – vorbehaltlich einer abweichenden Regelung in diesem Vertrag – als Abfindung den Anteil am Ertragswert der Gesellschaft, der seiner Beteiligungsquote entspricht.

(2) Der Ertragswert i.S.d. Abs. 1 errechnet sich wie folgt:

a) Basis für die Berechnung des Ertragswertes der Gesellschaft sind die in den letzten drei handelsrechtlichen Jahresabschlüssen ausgewiesenen Ergebnisse der gewöhnlichen Geschäftstätigkeit (§ 275 Abs. 2 Nr. 14 HGB).

b) Erfolgt das Ausscheiden eines Gesellschafters zum Ablauf eines Geschäftsjahres, so rechnet der Gewinn dieses Geschäftsjahres zu den letzten drei Ergebnissen i.S.d. lit. a); erfolgt das Ausscheiden im Laufe eines Geschäftsjahres, so rechnet der Gewinn des laufenden Geschäftsjahres nicht mit.

c) Die in den handelsrechtlichen Jahresabschlüssen ausgewiesenen Gewinne i.S.d. lit. a) werden sodann gewichtet, wobei das dritte Jahr vor dem Ausscheiden einfach, das zweite Jahr vor dem Ausscheiden 1,5-fach und das letzte Jahr vor dem Ausscheiden 2-fach zu zählen sind. Die Summe der gewichteten Gewinne wird sodann durch 4,5 dividiert und mit [4] multipliziert. Das hiernach gefundene Ergebnis ist der „Ertragswert 1".

d) Der nach den vorstehenden Vorschriften ermittelte „Ertragswert 1" bildet den Ertragswert im Sinne dieses Gesellschaftsvertrages.

e) Nach Vorlage und Prüfung der drei handelsrechtlichen Jahresabschlüsse, die auf den letzten der gemäß Abs. 2 lit. a) zugrunde gelegten Jahresabschlüsse folgen, wird ein „Ertragswert 2" ermittelt. Dazu werden die in diesen drei (in dieser lit. e) Satz 1 definierten) Jahresabschlüssen unter Einhaltung der Grundsätze ordnungsgemäßer Buchführung und Bilanzierung und der Bilanzierungs- und Bewertungskontinuität ermittelten Gewinne ungewichtet addiert, durch 3 dividiert und mit [4] multipliziert. Das hiernach gefundene Ergebnis ist „Ertragswert 2", der als Korrekturposition im Rahmen der Auszahlung der fünften Rate nach den Bestimmungen des nachfolgenden Abs. 5 Bedeutung erlangt. Der „Ertragswert 2" kann nicht weniger als „Null" betragen.

(3) Das Gesamtabfindungsguthaben setzt sich sodann zusammen aus dem

a) anteiligen Ertragswert gemäß Abs. 1 und 2 lit. a) bis d) und

b) eventuellen Forderungen, welche der Ausscheidende im Zeitpunkt seines Ausscheidens gegen die Gesellschaft (z.B. Guthaben auf seinem Privatkonto) hat und abzüglich eventueller Schulden des Ausscheidenden gegenüber der Gesellschaft (z.B. Schulden auf seinem Privatkonto) im Zeitpunkt seines Ausscheidens.

(4) Sollten Abs. 1 bis Abs. 3 nach Gesetz oder Rechtsprechung nicht rechtswirksam oder nicht anwendbar sein, so erhält der ausscheidende Gesellschafter den Betrag, der ihm nach Gesetz oder Rechtsprechung mindestens gezahlt werden muss.

(5) Das nach den vorstehenden Absätzen ermittelte Gesamtabfindungsguthaben ist dem ausscheidenden Gesellschafter in vier gleich hohen Raten und einer fünften Schlussrate, die - vorbehaltlich der nachfolgenden Bestimmungen - grundsätzlich ebenso hoch ist, wie die vorhergehenden Raten, auszuzahlen, wobei die erste Rate sechs Monate nach Ablauf desjenigen Geschäftsjahres fällig ist, in dem das Ausscheiden erfolgt, frühestens jedoch zwölf Monate nach dem Tag des Ausscheidens und nicht vor der endgültigen Einigung über das Entgelt gemäß

Abs. 1 und 2 lit. a) bis lit. d) und Abs. 3 oder dessen Festsetzung nach Abs. 6. Die weiteren drei Raten sind jeweils ein Jahr nach Fälligkeit der vorhergehenden Rate zur Zahlung fällig. Die fünfte Schlussrate ist unter Berücksichtigung der nachfolgenden Regelungen dieses Abs. 5 zwei Jahre nach Fälligkeit der vierten Rate zur Zahlung fällig.

Liegt der gemäß Abs. 2 lit. e) ermittelte „Ertragswert 2" unter oder über dem „Ertragswert 1", so verringert oder erhöht sich die nach Abs. 1, Abs. 2 lit. a) bis lit. d) und Abs. 3 berechnete fünfte Schlussrate des Gesamtabfindungsguthabens um den Anteil an der Differenz zwischen „Ertragswert 1" und „Ertragswert 2", der der Beteiligungsquote des ausscheidenden Gesellschafters entspricht. Der Erhöhungs- oder Verringerungsbetrag des Gesamtabfindungsguthabens entspricht jedoch höchstens dem Betrag, der sich ohne Berücksichtigung des „Ertragswertes 2" als fünfte Rate ergeben hätte. Die fünfte Rate kann sich also höchstens verdoppeln oder sie kann entfallen.

Der jeweils ausstehende Betrag ist ab dem Tag des Ausscheidens mit 2 %-Punkten über dem Basiszinssatz zu verzinsen, wobei die Zinsen mit den Raten fällig werden. Die Gesellschaft ist zur früheren Auszahlung des Entgelts ohne Zinsausgleich, auch in Teilbeträgen, berechtigt.

(6) Können sich der Abfindungsberechtigte und die Gesellschaft als Abfindungsverpflichtete über den nach Abs. 1 bis 3 festzulegenden Abfindungsbetrag nicht einigen, so ist dieser von einem Wirtschaftprüfer als Schiedsgutachter gemäß §§ 317 ff. BGB für alle Parteien verbindlich zu ermitteln. Der Gutachter wird von dem Abfindungsberechtigten und dem Abfindungsverpflichteten gemeinsam bestellt. Wird eine Einigung über die Person des Gutachters nicht bis zum Ablauf von zwei Monaten nach dem Tag des Ausscheidens des Gesellschafters erzielt, so wird der Gutachter vom Institut der Wirtschaftsprüfer auf Antrag der Gesellschaft oder des Abfindungsberechtigten für alle Beteiligten verbindlich bestellt. Die Kosten des Gutachtens tragen der Abfindungsberechtigte und der Abfindungsverpflichtete je zur Hälfte.

(7) Die nach den vorstehenden Absätzen ermittelte Abfindung wird durch eine spätere Änderung der ihr zugrunde liegenden Jahresabschlüsse im Zuge einer steuerlichen Außenprüfung nicht beeinflusst. Dem ausgeschiedenen Gesellschafter steht auch ein Mehrgewinn nicht mehr zu. Soweit dem ausgeschiedenen Gesellschafter jedoch nachträglich steuerliche Mehrgewinne zugerechnet werden, hat die Gesellschaft ihn von den hierauf entfallenden Einkommensteuernachzahlungen unter Verrechnung mit eventuellen Gewerbesteueranrechnungsguthaben freizustellen, soweit ihm nicht der der Nachzahlung zugrunde liegende Mehrgewinn wirtschaftlich zugute gekommen war. Weitere Steuern oder Ergänzungsabgaben, die gegebenenfalls auf die vorstehenden Mehrgewinne entfallen, sind dem ausgeschiedenen Gesellschafter nicht mehr zu erstatten.

(8) Ein Gesellschafter, dessen Privatgläubiger gekündigt hat oder über dessen Vermögen das Insolvenzverfahren eröffnet wurde und infolgedessen aus der Gesellschaft ausscheidet sowie ein Gesellschafter, der aus einem in seiner Person liegenden wichtigen Grund aus der Gesellschaft ausscheidet, erhält eine nach vorstehenden Regelungen ermittelte Abfindung, die um 40 % reduziert ist.

E. Sonstige Bestimmungen

§ 22
Ehelicher Güterstand

(1) Jeder verheiratete Gesellschafter ist verpflichtet, durch Ehevertrag für seine Ehe entweder Gütertrennung oder zu vereinbaren, dass der Güterstand der Zugewinngemeinschaft so modifiziert ist, dass der Zugewinnausgleich wenigstens in Bezug auf seine Beteiligung an dieser KG ebenso ausgeschlossen ist wie die Verfügungsbeschränkungen des § 1365 BGB.

Desweiteren hat jeder verheiratete Gesellschafter eine Vereinbarung zu treffen, die im Falle seines Ablebens gewährleistet, dass bei der Berechnung von Pflichtteils- und Pflichtteilsergänzungsansprüchen der Wert seiner

Beteiligung an der KG und die für ihn bei der KG geführten Guthaben keine Berücksichtigung finden (modifizierter Pflichtteilsverzicht).

Die vorstehenden Regelungen gelten auch dann, wenn die ursprünglich getroffene Güterstandsvereinbarung bzw. der ursprünglich vereinbarte Pflichtteilsverzicht im Verlauf der Ehe geändert wird.

(2) Jeder Gesellschafter verpflichtet sich, den bei Eheschließung geltenden Güterstand innerhalb von 4 Wochen nach Eheschließung der Gesellschaft bekannt zu geben und die Gesellschaft von jeder nachträglichen Änderung des Güterstands unverzüglich zu unterrichten; gleiches gilt im Hinblick auf den Abschluss des modifizierten Pflichtteilsverzichts.

Weist ein Gesellschafter der Gesellschaft nicht innerhalb einer Frist von 3 Monaten, nachdem ihn ein anderer Gesellschafter mittels eingeschriebenem Brief hierzu aufgefordert hat, durch Vorlage geeigneter Unterlagen nach, dass er den Verpflichtungen gem. Abs. 1 nachgekommen ist, so gilt dies ebenfalls als Verstoß gegen die Verpflichtungen des Abs. 1.

(3) Binnen 6 Monaten nach Feststellung eines Verstoßes gegen Abs. 1 kann die Ausschließung des betroffenen Gesellschafters aus wichtigem Grund gemäß § 17 beschlossen werden. Eine Ausschließung ist jedoch nicht mehr möglich, wenn der Gesellschafter bis zum Ausschließungsbeschluss der Verpflichtung gem. Abs. 1 nachkommt und dies der Gesellschaft nachweist.

(4) Die Regelungen dieses § 22 gelten für eine eingetragene Lebenspartnerschaft entsprechend. Anstelle einer Regelung im Ehevertrag ist eine den Vorgaben dieses § 22 entsprechende Regelung in einem Lebenspartnerschaftsvertrag nachzuweisen.

§ 23
Wettbewerbsverbot, Geheimhaltungspflicht

(1) Den Gesellschaftern ist es untersagt, sich auf den Gebieten, auf denen die KG tätig ist, mittelbar oder unmittelbar in irgendeiner Form geschäftlich zu betätigen. Sie dürfen sich insoweit weder an einem eigenen Unternehmen noch an dem Unternehmen eines Dritten – auch nicht durch Beratung – beteiligen, noch in einem solchen Unternehmen sich als Angestellter oder Handelsvertreter betätigen. Ausgenommen ist eine Beteiligung an oder eine Betätigung für ein Unternehmen, an deren gezeichnetem Kapital die Gesellschafter unmittelbar oder mittelbar in dem selben Verhältnis beteiligt sind wie am Festkapital dieser Gesellschaft.

(2) Die Gesellschafterversammlung kann von der Vorschrift des Abs. 1 Befreiung erteilen.

(3) Die Gesellschafter sind verpflichtet, über alle Angelegenheiten der KG und ihrer Beteiligungsgesellschaften, namentlich über Geschäfts- und Betriebsgeheimnisse, gegenüber Außenstehenden Stillschweigen zu bewahren. Ausgenommen ist das Recht der Gesellschafter, bei Besprechungen mit zur Berufsverschwiegenheit verpflichteten Personen (Rechtsanwälten, Wirtschaftsprüfern, Steuerberatern, Notaren etc.) die im Interesse der KG oder einzelner Gesellschafter notwendigen Informationen zu geben. Diese Verpflichtung dauert auch nach dem Ausscheiden aus der KG zeitlich unbegrenzt fort.

§ 24
Schiedsgerichtsvertrag

(1) Über alle Streitigkeiten aus diesem Gesellschaftsvertrag und der mit diesem Gesellschaftsvertrag zusammenhängenden Rechtsbeziehungen der Gesellschafter untereinander und der Gesellschafter zu der KG entscheidet – soweit dem nicht zwingendes Recht entgegensteht, unter Ausschluss des ordentlichen Rechtswegs – ein Schiedsgericht. Dies gilt auch für Streitigkeiten über die Gültigkeit dieses Vertrags oder einzelner seiner Bestimmungen. Über das Schiedsgericht wird ein besonderer Vertrag geschlossen, der diesem Vertrag beigefügt wird.

(2) Jeder neue Gesellschafter, der in die KG eintritt – gleichgültig ob aufgrund eines Rechtsgeschäftes unter Lebenden oder von Todes wegen – unterwirft sich dem Schiedsgericht entsprechend der in gesondertem Vertrag geschlossenen Vereinbarungen.

§ 25
Mitteilungen

(1) Jeder Gesellschafter hat der KG die Adresse mitzuteilen, unter der ihm gegenüber schriftliche Mitteilungen und Erklärungen aller Art abzugeben sind. Die KG hat diese Adresse und jede Änderung jedem anderen Gesellschafter unverzüglich mitzuteilen.

(2) Schriftliche Mitteilungen und Erklärungen der KG an Gesellschafter oder der Gesellschafter untereinander sind an die der KG zuletzt nach Abs. (1) mitgeteilte Adresse zur richten. Ist für sie eine Frist bestimmt, so genügt zur Wahrung der Frist die rechtzeitige Aufgabe des Briefes an die angegebene Adresse zur Post. Ist für die Wirksamkeit der Mitteilungen oder Erklärungen der Zugang erforderlich, so gelten sie vier Tage nach Aufgabe des Briefes zur Post als zugegangen, sofern sie nicht nachweislich früher zugegangen sind.

§ 26
Schlussbestimmungen

(1) Sämtliche Gesellschafter, auch neu eintretende, sind verpflichtet, der Komplementärin unverzüglich eine öffentlich beglaubigte, über den Tod hinaus gültige Registervollmacht zur Vertretung in allen die KG betreffenden Anmeldungen zum Handelsregister zu erteilen.

(2) Sollten einzelne Bestimmungen dieses Vertrages ganz oder teilweise unwirksam sein oder werden, berührt dies die Wirksamkeit der übrigen Bestimmungen nicht. Die Parteien verpflichten sich, anstelle der unwirksamen Bestimmung eine wirksame Regelung zu vereinbaren, die dem Sinn und dem Zweck der unwirksamen Bestimmung am nächsten kommt. Im Falle einer Lücke werden die Parteien eine Bestimmung vereinbaren die dem entspricht, was sie nach Sinn und Zweck dieses Vertrages vereinbart hätten, wenn sie die Angelegenheit vorher bedacht hätten. Dies gilt auch dann, wenn die Unwirksamkeit einer Bestimmung auf einem in diesem Vertrag normierten Maß der Leistung oder der Zeit beruht; in solchen Fällen soll ein dem Gewollten möglichst nahe kommendes rechtlich zulässiges Maß der Leistung oder Zeit an die Stelle des Vereinbarten treten.

(3) Sofern und soweit einem Gesellschafter steuerrechtlich ein Gewinnanteil zugerechnet wird, welcher ihm handelsrechtlich nicht zusteht, hat derjenige Gesellschafter, welcher den Gewinn zu versteuern hat gegenüber demjenigen Gesellschafter, dem der Gewinn handelsrechtlich zusteht, einen entsprechenden Ersatzanspruch.

(4) Die Gesellschafter sind einander kraft Treuepflicht zu Änderungen und Ergänzungen des Gesellschaftsvertrags verpflichtet, die im Interesse der KG geboten und den Gesellschaftern zuzumuten sind.

(5) Änderungen und Ergänzungen dieses Vertrages bedürfen der Schriftform. Dies gilt auch für einen Verzicht auf das Schriftformerfordernis. Etwaige weitergehende gesetzliche Formvorschriften bleiben unberührt. Mündliche Nebenabreden sind nicht erfolgt.

[...], den ....

[Unterschriften aller Gesellschafter inkl. Komplementärin]

Stichwortverzeichnis